# CARTULAIRE

DE

# L'ABBAYE DE LA MADELEINE

DE CHATEAUDUN

PAR

L. MERLET ET L. JARRY

Membres de la Société Dunoise.

CHATEAUDUN
LOUIS POUILLIER, LIBRAIRE
—
M DCCC XCVI

# CARTULAIRE
DE
L'ABBAYE DE LA MADELEINE
DE CHATEAUDUN

# CARTULAIRE

DE

# L'ABBAYE DE LA MADELEINE

DE CHATEAUDUN

PAR

L. MERLET ET L. JARRY

Membres de la Société Dunoise.

CHATEAUDUN
LOUIS POUILLIER, LIBRAIRE
—
M DCCC XCVI

# AVANT-PROPOS

*Quelques mots suffiront pour exposer la genèse de ce volume.*

*En nous occupant jadis de Jean, bâtard d'Orléans, comte de Dunois, le compagnon de Jeanne d'Arc, commençant avec elle et continuant seul l'affranchissement de l'Orléanais et de la patrie, nous avons eu l'occasion de parcourir à la Bibliothèque Nationale quelques-uns des portefeuilles de Lancelot. Au cours de ces recherches, nous avons rencontré, dans le manuscrit actuellement coté : Lancelot 134, de copieux extraits d'un cartulaire de la Madeleine de Châteaudun.*

*Cette découverte agréable n'avait rien de trop surprenant, puisque Lancelot a publié dans les anciens Mémoires de l'Académie royale des inscriptions et belles-lettres [1], la Description des Figures qui sont sur la façade de l'Église de l'Abbaye Royale de la Magdeleine de Châteaudun. Elle prend cependant de l'importance, si l'on juge que, le cartulaire de la Madeleine comprenant 81 folios, devant être considéré comme perdu, les fragments qu'on en peut retrouver, originaux ou copies, conservent l'intérêt qui s'attache naturellement à la plus notable église de la ville de Châteaudun.*

---

[1] In-8, t. V, p. 285 à 302, avec figures.

*L'obligeance habituelle de M. Léopold Delisle, administrateur-général de la Bibliothèque Nationale, nous ayant permis de prendre copie du recueil ainsi retrouvé des principales chartes de la Madeleine, nous le présentâmes aussitôt à MM. Brossier-Géray et H. Lecesne, les zélés présidents de la Société Dunoise. Ils s'offrirent spontanément, comprenant toute la valeur de ces extraits, à en obtenir de nos confrères la publication intégrale; mais, tout en promettant un concours actif à notre volonté d'arrondir la gerbe, ils se dérobèrent l'un et l'autre à une collaboration que leur connaissance parfaite du pays eût rendue bien précieuse.*

*Le savant archiviste d'Eure-et-Loir, M. Lucien Merlet, a bien voulu nous faire cet honneur. Il se proposa volontiers pour nous aider de toutes ses forces et avec son désintéressement accoutumé, en procurant les copies des documents du fonds de la Madeleine, contenu dans le riche dépôt qu'il a si longtemps et si bien conservé et utilisé. Cela n'était pas suffisant : à une avance aussi gracieuse que favorable au projet longtemps caressé, nous répondîmes par des exigences dont les érudits nous sauront certainement gré.*

*Sans insister plus qu'il ne convient ici sur la personnalité de l'honorable M. Merlet, ni sur la notoriété de ses remarquables travaux couronnés par tant de flatteuses distinctions, on nous permettra de rappeler que Châteaudun, en particulier, lui doit l'Inventaire-sommaire des Registres et minutes des notaires de Châteaudun, source historique si précieuse et si variée, et celui de ses archives hospitalières ; pour ne citer que cela.*

*Parmi la grande variété de ses recherches, M. Merlet s'est surtout signalé, et s'est ménagé une place hors rang, aux côtés de B. Guérard, son maître et son ami, par la publication des importants cartulaires d'Eure-et-Loir. A ce titre, celui de la Madeleine de Châteaudun lui revenait de droit ; et l'on comprendra que l'accord fut facile entre nous.*

*Lancelot indique assez clairement, en reproduisant à chacune de ses 118 chartes la pagination du cartulaire original, qu'il n'en donne guère que la moitié, sans doute la plus intéressante. Notre premier souci fut donc d'en compléter la collecte, autant qu'il était possible, et de tenter un Essai de restitution du cartulaire de la Madeleine de Châteaudun, titre que nous avons bien été forcé d'abréger. Comme l'acte le plus récent de Lancelot porte la date de 1279, nous avons décidé de prendre la fin du XIII*e *siècle comme limite extrême ; ce qui donnait lieu d'insérer quelques documents en langue vulgaire.*

*L'impression du volume étant votée en principe, les membres de la Société Dunoise, particulièrement MM. Brossier-Géray, H. Lecesne, Amédée Lefèvre-Pontalis, auxquels nous offrons un témoignage de gratitude, nous apportèrent en outre généreusement leur aide, tirant de leurs notes et de leurs collections, de la bibliothèque de Châteaudun, des archives du château de Dampierre et d'ailleurs, tout ce qui pouvait être utile.*

*De notre côté, nous poursuivions nos recherches à Orléans et à Paris. Les archives départementales du Loiret ne nous donnèrent rien et la bibliothèque d'Orléans bien peu de chose, sinon quelques actes copiés ou analysés par Polluche et Dom Verninac (manuscrits 425 bis et 394). Le bibliothécaire de Bonne-Nouvelle, au cours de ses explorations à travers l'ancien Orléanais, ayant obtenu l'accès du chartrier de la Madeleine, en commença le* dépouillement ; mais, se refusant à partager des prétentions à une très ancienne origine, il fut brusquement forcé d'interrompre. Nous avons extrait aussi quelques chartes originales de notre propre collection.

A Paris, nos demandes aux trois sections des Archives nationales reçurent une réponse presque négative, puisque le document le plus ancien concernant notre sujet ne remonte qu'à 1317, date postérieure à la limite adoptée ; nous empruntons toutefois à cet acte (J. 443 n° 4.[110]) le sceau de l'abbé Jean. La Bibliothèque Nationale nous fournit seulement 12 pièces (manuscrit latin 17049, provenant de Gaignières). Celle de l'Arsenal s'est montrée plus généreuse. Le manuscrit 1008, formé par le bénédictin Dom Estiennot (de la Serre), qui avait visité comme D. Verninac les principales archives de l'Orléanais, ne nous livra pas moins de 67 documents dont quelques-uns, à la vérité, font double emploi avec ceux de Lancelot.

A cette moisson, M. Merlet apporta un important contingent par le dépouillement méthodique du fonds de la Madeleine aux Archives départementales d'Eure-et-Loir. Outre les mentions offertes par le Sommier, il transcrivait 87 chartes, d'après les originaux, les vidimus ou les copies, permettant de compléter, de contrôler ou de rectifier les lectures parfois abrégées ou défectueuses de Lancelot et de D. Estiennot. En même temps il relevait les actes imprimés dans les cartulaires Chartrains et Dunois, ou dans les historiens.

Notre labeur commun parvenait ainsi à réunir un ensemble de 217 documents, nombre qui ne doit pas s'éloigner sensiblement du total qu'aurait présenté le cartulaire original.

Mais ce n'était là qu'un premier travail. Afin d'atteindre

le but proposé : mettre en valeur toutes les ressources d'un Cartulaire, il fallait encore identifier les noms d'hommes et de lieux, éclairer les documents par de judicieuses annotations, dresser les tables, rédiger une préface. Je connaissais trop l'expérience consommée, la haute compétence de l'érudit correspondant de l'Institut qui m'avait si vaillamment offert sa collaboration, pour hésiter un instant à le surcharger encore de cette tâche délicate, pour laquelle il se trouvait fortement armé.

Satisfait, pour mon compte, d'avoir préparé et comme dégrossi l'œuvre, en y apportant la première contribution, très honoré de joindre mon nom de simple praticien à celui d'un habile artiste, j'estimai sans scrupule que, rendant à M. Merlet un fleuron de sa riche couronne des Cartulaires d'Eure-et-Loir, c'est à lui qu'il appartenait de le ciseler et de le sertir à sa guise, c'est-à-dire suivant les meilleures traditions.

Je me suis toutefois réservé cet avant-propos, pour garder le droit de rendre hommage à la vérité, en assignant à chacun de nous la part qui lui revient légitimement, et le plaisir de présenter aux érudits, d'abord aux membres de la Société Dunoise à titre de remerciement, un nouveau volume de documents indispensables à l'histoire de Châteaudun.

L. JARRY.

# INTRODUCTION

## I

On a beaucoup écrit sur l'abbaye de la Madeleine de Châteaudun. Sans parler de l'article du *Gallia christiana* consacré à ce monastère, sans citer ici le travail de Lancelot, sans rappeler la dissertation imprimée dans l'*Histoire du Dunois* de l'abbé Bordas, ne pourrions-nous pas mentionner les notices dans lesquelles MM. Coudray [1], Brossier-Géray [2], Cuissard [3], Eug. Lefèvre-Pontalis [4], l'abbé Desvaux [5], ont traité à divers points de vue les questions qui se rattachent à l'histoire de l'abbaye de la Madeleine ?

Et, malgré tous ces travaux, on est encore dans le doute et dans l'ignorance sur les origines de cette abbaye. L'opinion la plus généralement adoptée était celle qui attribuait sa fondation à Charlemagne. Pour la première fois, dom Verninac, au siècle dernier, osa s'attaquer à

---

[1] *L'église de la Madeleine,* par M. L.-D. Coudray (*Bull. de la Soc. Dunoise,* T. II, p. 119, 134, 166 et 206).

[2] *Notice sur les armes et les différents sceaux de l'ancienne abbaye de la Madeleine de Châteaudun,* par M. Brossier-Géray (*Ibidem,* T. III, p. 198).

[3] *L'antiquité de l'église de la Madeleine de Châteaudun,* par M. Ch. Cuissard (*Ibidem,* T. III, p. 217).

[4] *Essai archéologique sur l'église de la Madeleine de Châteaudun,* par M. Eug. Lefèvre-Pontalis (*Ibidem,* T. V, p. 299).

[5] *Note sur la crypte de la Madeleine à Châteaudun,* par M. l'abbé Desvaux (*Ibidem,* T. VI, p. 465)

cette tradition, et l'abbé Bordas et M. Cuissard nous ont raconté la colère qu'excita dans le monastère de la Madeleine le scepticisme du bénédictin à l'endroit de Charlemagne[1]. On accusa de parti-pris, de jansénisme, les auteurs du *Gallia*, et l'on continua, malgré l'autorité de ces maîtres, à professer l'origine carolingienne de l'abbaye de la Madeleine. Seuls, M. Cuissard et M. Lefèvre-Pontalis (et encore celui-ci incidemment) ont répudié la croyance commune, et, si nous sommes amené à traiter après eux cette question si obscure de l'origine de la Madeleine, nous ne pouvons que reproduire quelques-uns de leurs arguments, mais en les formulant cette fois sans restriction et en les donnant avec toute la certitude qu'un long examen a apportée dans notre esprit.

Et d'abord, quand voit-on apparaître pour la première fois cette tradition? Au XVIe siècle, dans un livre de René Chopin, *Sacra politica monasticon*. Et sur quoi était basée cette soi-disant fondation carolingienne? Sur le sceau de l'abbaye qui représentait une aigle à deux têtes, armoiries prétendues de Charlemagne, qui les aurait données au monastère.

L'opinion de René Chopin fut acceptée sans contrôle. Bravin[2], Mérula, Belleforest, André Duchesne, le P. Ménétrier, Bernier, s'empressèrent d'adopter cette légende.

---

[1] Dom Verninac fut l'un des principaux rédacteurs de snotices consacrées aux monastères du diocèse d'Orléans dans le *Gallia Christiana*.

[2] Georges Bravin, dans son *Histoire des villes principales de tout le monde* (Cologne, 1581), s'exprime ainsi en parlant de la ville de Châteaudun : *In ea extant plurimæ ecclesiarum basilicæ, in primis que Divæ Magdalenæ dicitur, a Carolo Magno condita, ad quam est cœnobium et curialis parœcia*. A. Duchesne et les autres sont aussi affirmatifs : « La « ville de Châteaudun est riche de plusieurs belles et magnifiques églises, « comme de la Magdelaine, abbaye et paroisse fort antique fondée par « nostre grand Charles, roy et empereur. »

Les religieux, on peut bien le penser, et les Dunois eux-mêmes, il faut l'avouer, furent heureux de cette illustration donnée tout à coup à leur principale église. Ils s'attachèrent à trouver des preuves pour fortifier la nouvelle découverte, et ils crurent en avoir rencontré une dans la légende de saint Aventin, le premier apôtre de Châteaudun.

D'après cette légende, les origines de l'abbaye de la Madeleine remonteraient au Ve siècle. Ce serait cette église qui aurait été le siège épiscopal de Promotus, évêque de Châteaudun ; ce serait saint Aventin qui, après avoir pendant vingt-sept ans évangélisé le pays dunois, l'aurait construite sur les débris d'un ancien temple dédié à la déesse Isis.

Comme on le verra par la suite de notre travail, il est impossible d'admettre pour la Madeleine une origine aussi reculée. Nous inclinerions plutôt à trouver la cathédrale de Promotus dans l'église de Saint-Lubin, qui eut d'abord pour patron saint Étienne, preuve de sa haute antiquité. Saint-Lubin était dans le principe la seule église située dans l'enceinte de Châteaudun, et il paraît qu'il en était encore ainsi au milieu du IXe siècle. En effet on lit dans un procès-verbal de translation des reliques de saint Julien, évêque du Mans, que, comme on eut déposé en 866 le corps saint dans l'église de la ville de Châteaudun, un aveugle nommé Frodoin fut guéri en entrant dans la basilique, *ingrediens basilicam*[1]. S'il y avait eu alors plusieurs églises à l'intérieur des murs de Châteaudun, il nous semble que l'auteur de la relation n'eût pas manqué d'indiquer le vocable particulier sous lequel était connue la basilique dont il parlait.

---

[1] *Analecta Bollandiana*, T. XII, p. 73.

Au reste, il est constant, et les partisans de l'origine carolingienne sont eux-mêmes forcés d'en convenir, que la Vie de saint Aventin, aujourd'hui perdue, ne remontait pas au-delà du XII$^e$ ou XIII$^e$ siècle, et par suite on ne peut l'accepter sans réserve.

Mais l'abbaye possédait un verre singulier auquel on avait donné le nom de *Verre de Charlemagne*. Nul doute que ce ne fût ce puissant monarque qui en avait fait présent à la Madeleine lorsqu'il fonda le monastère en l'année 813, car on n'hésitait pas à dater d'une manière précise l'époque de la fondation de l'abbaye. Tout récemment, M. Ch. Schéfer, membre de l'Institut, dans l'*Album archéologique des Musées de province*, a consacré une importante notice à ce verre de Charlemagne. Il démontre péremptoirement que ce verre fut fabriqué à Damas au XIV$^e$ siècle et qu'il dut être apporté en France, soit par un pèlerin ayant visité Damas à cette époque, soit par un marchand trafiquant avec la Syrie. « Le peu de
« valeur du pied en cuivre, ajoute M. Schéfer, ne per-
« met pas de supposer que ce gobelet ait fait partie du
« trésor d'un prince ni qu'il ait été offert à l'abbaye de
« la Madeleine par un personnage d'un rang élevé. »

Ces deux preuves, ajoutées à celle tirée du sceau de l'abbaye, n'avaient donc aucune valeur.

Mais on en citait une autre qu'on jugeait irréfutable. Treize statues décoraient le cintre du portail et la façade de l'église de la Madeleine. Or un Mémoire du XVII$^e$ siècle nous fait connaître la tradition adoptée à Châteaudun à ce sujet : « La fondation de l'abbaye par Charlemagne est
« prouvée par le portail de l'église, tant par son antiquité
« que par la figure de Charlemagne qui s'y voit, et celle
« de Louis le Débonnaire, de ses deux enfants et des

« trois femmes, de Turpin, archevêque de Rheims, de
« Roolant, avec son cornet, aussi bien comme par la
« croix de la tour de la dite église qui regarde du midy
« au septentrion, au lieu que celles d'une église regardent
« ordinairement de l'orient à l'occident[1]. »

Un membre distingué de l'Académie des Inscriptions, Lancelot, séduit par la renommée de l'antiquité de ces statues, vint les étudier à Châteaudun, et les conclusions qu'il formula à la suite de cette étude ne firent que confirmer les religieux de la Madeleine dans leur croyance à une fondation carolingienne. Lancelot trouva en effet que le sceptre d'une de ces figures était semblable à celui de Childebert du portail de Saint-Germain-des-Prés à Paris, et supposa que cette statue de Childebert provenait de l'ancienne église de Saint-Germain bâtie par Chilpéric et par Frédégonde : donc les figures de la Madeleine devaient également dater des premiers temps de la dynastie mérovingienne ; l'abbaye avait été construite du temps de saint Aventin et rétablie par Charlemagne. Tout au moins, c'est ainsi qu'on interpréta à Châteaudun le mémoire du savant académicien. Lancelot était loin cependant d'être aussi affirmatif ; voici comment il terminait son article : « Ces figures, écrivait-il, me parois-
« sent anciennes : tous les ornemens, tous les attributs
« qu'on y distingue portent à croire qu'elles sont anté-
« rieures au X⁰ siècle. Il n'y a cependant aucun caractère
« particulier, aucunes lettres, aucunes inscriptions, au-
« cuns titres dans cette abbaye qui puissent déterminer
« à fixer notre jugement ; ainsi il vaut mieux le sus-
« pendre. »

Même ainsi adoucie, l'opinion de Lancelot est inadmis-

---

[1] *Arch. dép. d'Eure-et-Loir*, n° 444.

sible. Les figures qu'il décrivait n'existent plus, elles ont été détruites en 1793 ; mais on possède les dessins que l'Académie des Inscriptions fit graver en 1742, et, à première vue, on demeure convaincu que ces statues ne peuvent être antérieures au XII° siècle. D'ailleurs, il est aujourd'hui prouvé que le portail de Saint-Germain-des-Prés fut bâti au commencement du XI° siècle, et la supposition que la statue de Childebert provenait de l'ancienne église bâtie par Chilpéric et par Frédégonde est une supposition toute gratuite que viennent absolument détruire les caractères archéologiques de cette statue.

La preuve fournie par Lancelot n'était donc pas plus formelle que les deux autres dont nous avons parlé. Restait la question du sceau de l'abbaye. M. Brossier-Géray a consacré un intéressant mémoire à l'étude des sceaux de l'abbaye de la Madeleine. Nous renverrons à son article ; mais en même temps notre Cartulaire nous permettra de décrire le sceau dont se servaient les religieux de la Madeleine à deux époques différentes. En 1225, Eudes, abbé de la Madeleine, confirma une donation faite à l'abbaye de l'Aumône et scella cette confirmation du sceau de l'abbaye, « représentant une sainte « Vierge et une sainte Magdeleine[1]. » Un accord passé au mois d'août 1258 entre l'abbaye et Jean de Châtillon, comte de Blois, était scellé de deux sceaux, qui malheureusement n'existent plus, mais dont la description nous a été conservée dans une copie de cet accord faite au XVIII° siècle. Ces deux sceaux étaient celui du monastère et celui de Gervais, alors abbé de la Madeleine. Sur le

---

[1] Note 1, p. 77. — Cette même charte est citée avec son sceau par le *Gallia christiana*.

premier étaient représentées deux figures dont l'une aux pieds de l'autre (la Madeleine aux pieds de Jésus-Christ ?) avec la légende [Sigillu]m abb. B͞e Marie Mag[dalene] de Castriduno : au revers, une Vierge, et pour légende Confirma... [1].

Comme on le voit, nulle trace au XIII⁰ siècle de l'aigle à deux têtes. L'abbé Bordas dit, il est vrai, qu'un sceau portant ces armoiries était appendu à une charte de 1292 ; mais quelle était cette charte ? Nous avons de fortes raisons de croire que c'est la même qui est citée dans un Mémoire rédigé en 1643 par Foucquet, avocat au bailliage de Dunois, dans un procès entre les religieuses de Saint-Avit et les chanoines de la Madeleine. Suivant Foucquet, cette charte, datée de 1293 et relative à un amortissement des dîmes de la Chapelle-du-Noyer en faveur de l'abbaye de la Madeleine, serait fort suspecte de fausseté, précisément à cause de ce sceau à l'aigle à deux têtes, qui ne fut véritablement adopté par l'abbaye qu'au commencement du XVI⁰ siècle sous Jean Lefèvre, dernier abbé régulier. La charte de 1292 ou 1293 n'existe plus : nous ne pouvons donc vérifier l'assertion de l'abbé Bordas ni contrôler l'accusation de faux portée par l'avocat des religieuses de Saint-Avit ; mais nous sommes certain que, si le sceau en question a jamais existé, c'était celui du seigneur dont émanait l'amortissement ou plutôt celui de l'abbé, et nullement celui de l'abbaye. A une procuration pour les États de 1317 donnée par Jean, abbé de la Madeleine, et conservée aux Archives nationales J. 443, n° 4¹⁰⁰, est appendu un sceau ogival, représentant l'abbé avec accompagnement à dextre d'une aigle entre deux fleurs de lys et à sénestre d'une quinte-

---

[1] Note 1. p. 179.

feuille également entre deux fleurs de lys. L'aigle, il est vrai, n'est qu'à une tête ; mais Jean était déjà abbé en 1293, et il nous semble fort probable que c'est son sceau qui a été pris pour celui du monastère.

Nous ne discuterons pas plus longtemps la légende de la fondation par Charlemagne : pour tout critique de bonne foi cette tradition est impossible à soutenir. Mais alors qu'y substituerons-nous ?

La question, il faut l'avouer, est très délicate : les religieux eux-mêmes l'esquivaient en sautant sans scrupule de Charlemagne à Innocent II. Les premiers titres authentiques qui nous soient parvenus datent de l'année 1131 ; mais l'église qu'on appelait alors Sainte-Marie-Madeleine existait bien antérieurement. En 1149, Thibaut IV déclare qu'elle remonte à une haute antiquité, *ab antiquo*, et que les comtes ses prédécesseurs lui avaient accordé de nombreux privilèges. Il ajoute que ces privilèges avaient été donnés à la Madeleine parce qu'elle était la chapelle des comtes de Dunois, *sicut capelle eorum*[1].

Ces termes sont précis et vont nous servir de base pour tâcher de reconstituer l'histoire si indécise des origines de l'abbaye. L'église de la Madeleine, appelée dans le principe l'église de Notre-Dame[2], fut d'abord la chapelle des comtes de Dunois, qui y avaient établi un chapitre de chanoines séculiers chargés de la desservir, *Herbertus*,

---

[1] Ch. XI.
[2] Les auteurs du *Gallia christiana* ont tort de contester ce vocable de Notre-Dame et de dire qu'on n'en trouve que peu de traces, *nulla vel paucissima vestigia*. On le rencontre au contraire constamment : il resta long-

*sacerdos et canonicus Sancte-Marie Dunensis castri* (vers 1020)[1]. Cette chapelle avait sans doute été fondée par Thibaut le Tricheur à l'époque même où il construisit le château. La première mention que nous en trouvions est de l'année 1003[2]; mais elle existait antérieurement, et elle semble avoir été dès lors richement dotée et avoir compté les plus grands personnages parmi ses chanoines. En effet, Hugues, alors vicomte de Châteaudun, mais en même temps doyen de Saint-Maurice de Tours et, selon toute apparence, chef des chanoines séculiers de Notre-Dame, donne à un certain Drogon un bénéfice faisant partie des possessions de la chapelle de Notre-Dame de Châteaudun, *beneficium ex rebus Sancte-Marie Dunensis*.

Suivant un Mémoire fourni par les religieux vers la fin du XVII<sup>e</sup> siècle[3], leurs titres de fondation remontaient alors à l'année 1069, où le roi de France, Philippe I<sup>er</sup>, leur avait fait don de l'aleu, *alodium regale*, qu'il possédait lès Saint-Vincent. Plus tard, en 1120, Louis le Gros leur avait abandonné le terrain et les prés qui étaient derrière l'abbaye. Nous ne trouvons, il est vrai, ces deux donations mentionnées que dans le Mémoire dont nous parlons; mais, le 6 janvier 1698, un violent incendie éclata dans les bâtiments de l'abbaye, et, suivant le procès-verbal dressé le lendemain par le bailli de Dunois, « les religieux perdirent dans cet incendie quantité de « papiers de leur maison qui leur étoient de consé-

---

temps attaché à la nouvelle abbaye; jusque dans les premières années du XIII<sup>e</sup> siècle nous la voyons indifféremment appelée abbaye de Notre-Dame et abbaye de Sainte-Marie-Madeleine. Voir Ch. VII, XVI, XVIII, XX, XXV, XXXII, XXXVI, XXXVIII, XLVIII, LII, LIII, LV.

[1] Ch. II.
[2] Ch. I.
[3] *Arch. dép. d'Eure-et-Loir*, n° 215.

« quence¹ ». N'est-il pas permis de supposer que ces chartes de 1069 et de 1120 faisaient partie des papiers détruits ou dérobés en 1698 ? Il semble en effet bien extraordinaire qu'elles n'aient jamais été invoquées depuis lors, et il paraît cependant impossible de nier leur existence. Dans le Mémoire cité, les religieux disent : « Ces titres « sont en bonne forme, sains et entiers, et on est prêt de « les produire si besoin est. »

Nous accepterons donc comme certaines les donations de Philippe Ier et de Louis le Gros, et nous tâcherons de tirer quelques renseignements utiles de leur trop courte analyse.

Qu'était-ce d'abord que cette chapelle de Saint-Vincent près de laquelle était situé l'aleu royal concédé par Philippe Ier ? Nous ne connaissons qu'une seule mention de la chapelle de Saint-Vincent. L'abbé Bordas dit, page 31 de son *Histoire :* « Au-dessus de la voûte de la Sainte-« Chapelle, il y a une autre chapelle qui étoit consacrée « en l'honneur de saint Vincent, diacre. » Est-ce bien là la chapelle de Saint-Vincent dont il est question dans la charte du roi de France ? Nous ne le pensons pas, et nous nous permettrons d'émettre une hypothèse qui nous semble avoir tous les caractères de la vérité.

Les chanoines séculiers de Notre-Dame, enrichis par le don de Philippe Ier et déjà trop à l'étroit dans l'enceinte du château, songèrent à construire une église plus vaste

---

¹ *Arch. dép. d'Eure-et-Loir*, n° 215. — Ces papiers ne semblent pas avoir été détruits par l'incendie, mais avoir été dérobés par des gens mal intentionnés. En effet, au procès-verbal du bailli de Dunois est joint un monitoire de l'official de Chartres, du même jour 7 janvier 1698, « pour avoir « preuve que, pendant l'incendie qui arriva le 6 janvier, certains quidams, « sous prétexte d'apaiser ledit incendie, estant entrés dans l'abbaye, auroient « pris et emporté des titres et papiers concernant les biens et revenus de « ladite abbaye. »

que la chapelle du comte et plus en rapport avec les développements qu'avait pris leur institution. Ils ne pouvaient choisir un autre emplacement que celui qui leur appartenait, et ce fut sur l'aleu royal lui-même qu'ils édifièrent leur nouvelle église, qui devait bientôt devenir l'église abbatiale de la Madeleine. Ils englobèrent sans doute alors dans cette construction l'ancienne chapelle de Saint-Vincent, dont le souvenir aurait été perdu si l'on n'avait voulu conserver la protection du saint en le donnant comme second patron à la chapelle de Notre-Dame que les chanoines séculiers venaient d'abandonner.

Ce fut dans les dernières années du XI<sup>e</sup> siècle que s'accomplit cette émigration des chanoines de Notre-Dame, et ainsi se trouve expliquée la présence, à la base de la tour de l'église de la Madeleine, de restes de construction du XI<sup>e</sup> siècle. Saint Yves était alors évêque de Chartres : c'était l'époque où commençait à se répandre dans toute la France le culte de sainte Marie-Madeleine[1]. Notre prélat chartrain avait une dévotion particulière pour cette grande sainte ; nous en avons la preuve dans les fondations qu'il fit du prieuré de la Madeleine du Petit-Beaulieu[2] et de l'église de la Madeleine près de l'abbaye de Saint-Jean-en-Vallée[3]. Ce fut lui vraisembla-

[1] C'est sous Geoffroy, abbé de Vézelay, installé en 1037, que l'on voit apparaître pour la première fois, à Vézelay, le culte et le pèlerinage de sainte Madeleine ; mais ce culte devint bientôt si populaire qu'au XII<sup>e</sup> siècle il n'y avait pas de pèlerinage plus célèbre que celui de sainte Marie-Madeleine à Vézelay (*Fastes épiscopaux de l'ancienne Gaule*, par l'abbé Duchesne. T. I, page 323).

[2] La charte de fondation du prieuré de la Madeleine du Petit-Beaulieu, du 3 janvier 1095, a été publiée dans le *Cartulaire de Notre-Dame de Chartres*, T. I, p. 99.

[3] Cette fondation était rappelée dans l'épitaphe de saint Yves, qui se voyait au XVI<sup>e</sup> siècle dans l'abbaye de Saint-Jean-en-Vallée :

*Hic Magdalenæ præparat ecclesiam.*

blement qui, d'accord avec les chanoines séculiers, imposa à la nouvelle église le nom de Sainte-Marie-Madeleine, pour la distinguer de la chapelle de Notre-Dame qui subsista dans l'enceinte du château. C'est en effet dans une charte de saint Yves reproduite par nous [1] que l'on voit pour la première fois apparaître le vocable de la Madeleine, *ecclesia Beate-Marie-Magdalene*.

Geoffroy, successeur de saint Yves dans l'évêché de Chartres, trouva les chanoines séculiers de Notre-Dame installés dans leur nouvelle demeure. Héritier des leçons et des exemples de son prédécesseur, il voulut faire pour la Madeleine de Châteaudun ce que saint Yves avait fait à Chartres pour Saint-Jean-en-Vallée [2] et Saint-André [3], et transformer en chapitre régulier le collège séculier des chanoines de Notre-Dame. A quelle époque se fit cette transformation ? Deux documents nous permettent de la fixer d'une manière certaine entre les années 1118 et 1120. Dans un accord passé entre l'abbaye de Tiron et celle de la Madeleine [4], Geoffroy rapporte qu'il avait donné l'église de Ruan à Guillaume, abbé de Tiron, mais que, dans la

---

[1] Ch. IV.

[2] Dès l'année 1099, saint Yves avait introduit dans l'église de Saint-Jean-en-Vallée des chanoines réguliers de l'ordre de saint Augustin, *canonicos qui, proprietate posthabita, canonicam haberent vitam juxta beati Augustini institutionem* (*Cart. de N.-D. de Chartres*, T. I, p. 101).

[3] L'église de Saint-André de Chartres, depuis collégiale, reçut de saint Yves, le 16 août 1108, une réforme en tous points semblable à celle de Saint-Jean-en-Vallée. Quarante jours avant sa mort, le prélat avait mis en sa main cette abbaye, *abbatiam Sancti-Andree Ivo episcopus, quadraginta diebus ante obitum suum, ad usus opportunitatum suarum teneret*. Par une bulle du 5 avril 1116 (*Cart. de N.-D. de Chartres*, T. I, p. 124), Pascal II confirma à Geoffroy de Lèves, successeur d'Yves, la jouissance de cette abbaye. Ce fut peu de temps après, sous l'épiscopat de ce même Geoffroy, que des chanoines séculiers remplacèrent à Saint-André les chanoines réguliers établis par saint Yves.

[4] Ch. VII.

suite, *sequenter*, l'église de la Madeleine ayant été confiée à des chanoines réguliers qui avaient acquis des terres à Ruan, il croyait devoir régler les possessions des deux abbayes. Or Guillaume devint abbé de Tiron en 1118 ; le mot *sequenter* semble indiquer que la création des chanoines réguliers à la Madeleine suivit presque immédiatement la donation faite à l'abbaye de Tiron ; d'ailleurs la charte de Louis VI dit formellement qu'en 1120 le roi abandonna aux religieux de la Madeleine le terrain et les prés qui étaient derrière *l'abbaye :* il nous paraît donc démontré que la fondation de l'abbaye eut lieu entre ces deux années, 1118 et 1120.

Quelques années après, Geoffroy voulut faire confirmer par le Saint-Siège la fondation qu'il venait de faire, et s'adressa au pape Innocent II, alors en France, pour obtenir cette confirmation. Une bulle du 22 février 1131, adressée à l'abbé Archambaud, plaça la nouvelle abbaye sous la protection du Saint-Siège, et, mettant le dernier sceau à la fondation de Geoffroy, Innocent II spécifia qu'à la mort des chanoines séculiers encore existants, nul ne pourrait leur succéder s'il ne professait la vie canonique [1].

C'est cette année 1131 que tous les auteurs se sont accordés à considérer comme la véritable date de l'érection de l'abbaye. A l'aide de notre Cartulaire et du Mémoire dont nous avons parlé, nous croyons avoir prouvé qu'on doit la faire remonter un peu plus haut.

Un fait important au point de vue de la topographie de Châteaudun ressort également de ce Mémoire du XVIIe siècle. L'auteur s'exprime ainsi : « L'abbaye de la « Madeleine est toujours marquée dans les titres *hors la*

---

[1] Ch. V.

« *ville* jusques en 1288 qu'elle commence à être marquée « *dans la ville*, et il n'appert point qu'il y ait eu d'autres « maisons que l'abbaye dans cet endroit sinon quelques « granges qui luy ont esté expressément données. » Ce renseignement est précieux pour l'histoire des enceintes de Châteaudun, histoire qui n'a jamais été étudiée. L'abbé Bordas nous a transmis ce fait qu'en nivelant le terrain de Châteaudun après l'incendie de 1723, « on a découvert « les restes d'une porte et d'un mur dont la trace prenoit « entre Saint-Pierre et Saint-André et se prolongeoit en « ligne assez droite à la sortie du costé de Saint-Aignan, « ce qui donnoit à cette cité une forme assez quarrée « qui étoit commune à nos villes dans les V$^e$ et VI$^e$ siècles. » La découverte rapportée par l'abbé Bordas concorde parfaitement avec le renseignement fourni par le Mémoire dont nous nous occupons : aussi nous n'hésitons pas à croire à l'existence successive de deux enceintes à Châteaudun et à reculer jusqu'au milieu du XIII$^e$ siècle l'agrandissement de la ville et la construction des murailles telles qu'elles existèrent jusqu'au XVIII$^e$ siècle.

## II

Les religieux de la Madeleine jouirent longtemps sans conteste de la suprématie dans la ville de Châteaudun. Dès 1149, le comte Thibaut IV, renouvelant un privilège accordé depuis longtemps, *ab antiquo*, aux chanoines de la Madeleine par ses prédécesseurs, *ab antecessoribus suis*, déclara que, dans l'église de la Madeleine seule, et par les ministres de ladite église, on devrait recevoir les serments qui se faisaient alors sur les saintes reliques et vider les différends par les épreuves de l'eau et du fer chaud [1]. Ce privilège, qui assurait à la Madeleine la prépondérance sur les autres églises de Châteaudun, fut confirmé la même année par Goslein, évêque de Chartres[2].

Les comtes de Dunois se rappelaient d'ailleurs que l'église de la Madeleine avait été dans le principe leur chapelle particulière, *sicut capella eorum*, dit le comte Thibaut en 1149, et, bien que, depuis l'érection de l'église en abbaye, ils eussent fait construire une autre chapelle en leur château, c'était toujours à la Madeleine qu'ils se rendaient pour remplir leurs devoirs paroissiaux ; c'était dans son enceinte qu'ils choisissaient la sépulture des membres de leur famille[3]. C'était au reste les religieux de la Madeleine qui desservaient la nouvelle chapelle des comtes : nous la trouvons spécialement dénommée parmi les possessions de l'abbaye dans une bulle d'Adrien IV de 1155, *capellam Sancte-Marie positam in palatio comitis Theobaldi de Castriduno*[4]. Au commencement du XIII<sup>e</sup> siècle, le comte Louis avait, il est vrai, donné cette chapelle aux chanoines de Saint-André ; mais cette donation n'eut pas un effet de longue durée. Après la mort du comte Louis (1205), les religieux de la Madeleine arguèrent de leur ancienne propriété et réclamèrent près

---

[1] Ch. XI.

[2] Ch. XII. — Tant que dura le recours aux épreuves judiciaires, l'abbaye conserva la prérogative que lui avait accordée Thibaut IV. Dans une enquête faite en 1212, un témoin dépose que, dans le cas de duel et dans les différends où le serment est requis, c'est dans l'église de la Madeleine que se rendent les parties, et, après la célébration de la messe, les chanoines portent les reliques dans le palais du comte où les duels doivent avoir lieu (note 1, p. 76).

[3] « Le vendredi 8<sup>e</sup> jour d'avril 1491, trespassa Jacques, fils tiers de « M. François, comte de Dunois ; lequel fut enterré en l'église de céans en « la chapelle de M. Saint-Jacques » (*Actes de l'état civil de la Madeleine*, Arch. comm. de Châteaudun, GG. I).

[4] Ch. XXVI.

du nouveau comte Thibaut VI le rétablissement de l'ancien état de choses, tel que ses prédécesseurs le leur avaient accordé. Les chanoines de Saint-André durent céder devant le crédit des religieux, et, par une transaction de l'année 1220, ils reconnurent le bien-fondé de la réclamation et renoncèrent à la donation que le comte Louis leur avait faite [1].

Pendant plus de deux siècles, les chanoines de la Madeleine restèrent paisibles possesseurs de la desserte de la chapelle du château. Celle-ci tombait en ruine lorsque le bâtard d'Orléans, Jean, comte de Dunois, la fit démolir en 1446 et fit construire en dehors de l'enceinte du château une autre petite chapelle, qu'il dédia à saint Sébastien et saint Roch. Rien n'était changé quant au service de cette nouvelle chapelle, et les religieux de la Madeleine ne s'en préoccupèrent pas autrement. Mais il n'en fut pas de même quand, quelques années après, en 1465, le comte de Dunois commença la construction de la Sainte-Chapelle, où il se proposait d'établir un collège de chanoines réguliers tirés de l'abbaye de Saint-Victor de Paris. Pour créer les lieux réguliers, pour aménager le cloître, il fallait acquérir des maisons autour de la chapelle de Saint-Roch ; ces maisons étaient de la censive de la Madeleine, et les religieux, jaloux de conserver les droits curiaux qu'ils possédait de toute antiquité, *ab antiquo*, sur la chapelle et sur les hôtes du château, formèrent opposition au projet du comte et portèrent leurs plaintes devant l'évêque de Chartres, Miles d'Illiers. Jean d'Orléans était tout-puissant, il dut cependant s'incliner devant les réclamations des religieux. Le 8 février 1466, intervint une transaction, aux termes

[1] Ch. LXXX.

de laquelle les religieux conservaient le droit de paroisse sur le château et sur toutes les maisons du nouveau cloître; ils continuaient à recevoir 10 livres de rente que les comtes de Dunois avaient toujours payées pour la desserte de l'ancienne chapelle, et enfin, pour les indemniser des oblations qu'ils avaient coutume d'y recevoir, Jean d'Orléans s'obligeait à leur faire 100 sous de rente.

Malgré cette indemnité, ce n'en était pas moins un coup porté aux anciens privilèges de l'abbaye. Nous verrons comment, avec la suite des siècles, elle fut peu à peu dépossédée de la suprématie dont elle avait joui pendant si longtemps. Ses rivaux étaient les chanoines de Saint-André, et pendant six siècles ce fut une lutte pied à pied entre les deux compagnies.

Mais, avant de parler de ces querelles incessantes, nous voulons passer en revue les privilèges dont jouissait la Madeleine, privilèges qu'elle avait reçus de la libéralité des seigneurs ou qu'elle possédait par la force de l'habitude.

Au mois de juillet 1229, le vicomte de Châteaudun Geoffroy V avait accordé aux chanoines de la Madeleine le droit de foire qui lui appartenait le lendemain de la Saint Rémi [1], avec le sauf-conduit à l'aller et au retour pour tous les marchands qui se rendraient à ladite foire, de la même manière que lui-même en usait lors de la foire de la Nativité de la Sainte Vierge, qui se tenait au Champdé [2].

Ce droit de foire était une des sources les plus abon-

---

[1] Cette foire était connue sous le nom de foire de Saint-Léger. La fête de saint Léger, évêque d'Autun, est en effet le 3 octobre, lendemain de la Saint Rémi.

[2] Ch. LXXXVIII.

dantes de revenu pour son propriétaire. Outre les foires de la Saint-Léger et de la Nativité, il y en avait encore deux autres à Châteaudun, le jour de la Madeleine et le jour de Saint Nicolas. Ces deux-là appartenaient à l'Hôtel-Dieu, en vertu de deux donations qui avaient été faites à cet établissement par Geoffroy IV en 1201[1] et par Geoffroy V en 1229[2]; mais l'abbaye de la Madeleine ne prétendait pas rester complètement en dehors des bénéfices que ces deux foires rapportaient à l'Hôtel-Dieu.

Cette prétention se rattachait d'ailleurs à une question d'une bien autre importance. Les religieux de la Madeleine se disaient fondateurs de l'Hôtel-Dieu; un manuscrit d'Alexandre Souchay, avocat-fiscal du comté de Dunois au XVIIe siècle, leur reconnaît ce titre ; nous-même, dans notre Introduction à l'Inventaire des Archives hospitalières de Châteaudun, avons déjà déclaré « qu'il nous « semblait impossible de ne pas croire que les moines de « la Madeleine eussent eu quelque part à l'établissement « de l'Hôtel-Dieu. » Nous serons plus affirmatif aujourd'hui, et nous avouons qu'il nous paraît certain que ce furent les chanoines séculiers de la Madeleine qui, vers la fin du XIe siècle, ouvrirent, près de leur église et sur leur territoire, un asile pour les pauvres de la ville de Châteaudun.

Ce nouvel hospice, *ptocotrophium* comme l'appelle saint Yves, ne devait pas être alors fort considérable; mais les donations, en ces temps de foi, ne pouvaient manquer de lui arriver abondantes. Dans sa lettre de sauvegarde de l'année 1110 environ[3], saint Yves constate

---

[1] *Arch. de la Maison-Dieu de Châteaudun*, par M. de Belfort, ch. XLIX.
[2] *Ibidem*, ch. CXLIII.
[3] Ch. IV.

que déjà de nombreux dons avaient été faits au charitable établissement, *omnia que plocotrophio a fidelibus collata sunt*. Quelques années plus tard, un pieux habitant de Châteaudun, Julduin, donnait à l'Aumône de Châteaudun son hébergement avec toutes ses dépendances, situé en Lombardie, devant la maison conventuelle de la principale église de Châteaudun, c'est-à-dire devant la Madeleine, pour y recevoir les pèlerins se rendant à Jérusalem[1]. Nous ne rappellerons pas toutes les donations faites à l'Hôtel-Dieu de Châteaudun : si nous avons cité celle de Julduin, c'est que nous pensons que son hébergement servit puissamment à l'agrandissement des bâtiments de l'Aumône et permit d'y recevoir les pauvres passants qui n'avaient pu jusque-là trouver place dans le *plocotrophium* de la Madeleine. Toujours est-il que l'Hôtel-Dieu devint rapidement assez important pour avoir une administration spéciale ; les maître et frères condonnés formèrent une sorte de chapitre et tendirent à se rendre indépendants de la Madeleine, dont les secours leur étaient devenus inutiles.

En plus d'une circonstance cependant, les religieux affirmèrent leur droit de fondation. Dans un règlement, rédigé, pensons-nous, à l'époque même de la création de l'abbaye[2], l'abbé Archambaud impose aux maître et frères de l'Aumône l'obligation de recevoir parmi eux tout chanoine délinquant et de lui fournir tout ce qui est nécessaire à son entretien, *magister et fratres Elemosine tenentur fugitivum recipere et eidem victui necessaria ministrare*.

Vers 1180, jaloux sans doute de l'extension toujours

---

[1] *Arch. de la Maison-Dieu de Châteaudun*, ch. VIII.
[2] Ch. VI.

croissante des biens de l'Hôtel-Dieu, redoutant de le voir échapper à leur suzeraineté, les religieux veulent lui imposer une constitution à leur gré et sans doute supprimer le collège des maître et frères de l'Aumône. Mais les services rendus par les administrateurs de l'Hôtel-Dieu leur font trouver un puissant protecteur. Le comte de Blois, Thibaut V, écrit à Pierre, cardinal de Saint-Chrysogone et légat du Saint-Siège, pour le prier de prendre sous sa protection l'Aumône de Châteaudun contre les entreprises de l'abbé de la Madeleine, *qui ejus institutionem pervertere et novas consuetudines inducere proponit* [1].

De ces deux actes il est impossible de ne pas conclure que l'abbé de la Madeleine se considérait comme le légitime supérieur de l'Hôtel-Dieu de Châteaudun. Il ne manquait pas en toutes occasions de faire valoir ses droits. En 1202, il renouvelait la prescription faite par l'abbé Archambaud de recevoir et de nourrir dans l'Hôtel-Dieu les chanoines délinquants jusqu'à ce qu'ils eussent fait pénitence [2]. En même temps, voulant, comme nous l'avons dit, avoir sa part de bénéfice dans la foire de la Madeleine donnée à l'Hôtel-Dieu par Geoffroy IV, il stipulait qu'aucun étal ne pourrait être dressé sans son consentement spécial. Un peu plus tard, en 1212, intervenait une transaction plus explicite, par laquelle l'Hôtel-Dieu, moyennant une redevance de 5 sous dunois, obtenait de l'abbaye la jouissance des places situées entre l'église de la Madeleine et les bâtiments de l'Aumône pour y établir les étaux de marchands le jour de la foire de la Madeleine, à la condition toutefois de ne pouvoir y faire

[1] Ch. XXXIII.
[2] Ch. XLVI.

stationner des charrettes et de ménager un passage pour les fidèles qui se rendaient à l'église [1].

Dans une autre transaction du même mois de juillet 1212, il est porté que les personnes commensales de l'Hôtel-Dieu ne pourront contracter mariage ailleurs que dans l'église de la Madeleine, et que les domestiques à gages de l'Hôtel-Dieu seront tenus de faire leurs Pâques à la Madeleine [2]. Par le même acte il est interdit aux frères condonnés de construire plus de trois autels dans leur église. Et cette dernière prescription fut longtemps observée. En 1365, les administrateurs de l'Hôtel-Dieu ayant voulu construire un chapiteau au-dessus de la porte de leur chapelle, ils ne purent le faire qu'après avoir obtenu, à force de supplications, l'autorisation des religieux de la Madeleine, *de ipsorum gratia speciali*.

De même qu'ils restreignaient à leur gré le nombre des autels, les religieux ne voulaient pas permettre que l'Hôtel-Dieu eût des cloches dans son église. Vers 1530, on avait démoli l'antique chapelle de l'Aumône qui se trouvait trop petite et l'on en avait reconstruit une nouvelle, « en forme de haulte et magnifique église, avecques un « hault et grand clochier à esguille pour y mettre et pendre « cloches. » Les religieux s'indignèrent à la vue de ce clocher et présentèrent une requête au bailli de Dunois pour qu'il fût défendu au maître de l'Hôtel-Dieu d'avoir une autre cloche que « la petite campane autrefois pen- « dant à ung pousteau seulement. » Et ils eurent gain de cause, et, jusqu'à la Révolution, l'Hôtel-Dieu ne put se servir d'autres cloches que de celles de la Madeleine.

Tous ces faits prouvent assez la suprématie qu'avait

---

[1] Ch. LXVIII.
[2] Ch. LXVII.

l'abbaye de la Madeleine sur l'Hôtel-Dieu[1]. Aussi quand un édit de Henri II du mois de janvier 1745 vint enlever aux maître et frères condonnés l'administration temporelle de l'Hôtel-Dieu, l'abbé de la Madeleine ou son représentant fut choisi pour être un des administrateurs de l'établissement charitable. Il avait même le droit de préséance, et il le maintint énergiquement ; car nous voyons qu'au mois de septembre 1758, un arrêt de la Cour relatif à l'administration de l'Hôtel-Dieu ayant nommé le doyen de Saint-André avant le prieur de la Madeleine, celui-ci menaça d'élever là-dessus une contestation, et, pour l'éviter, le Chapitre de Saint-André dut déclarer, par un acte capitulaire, qu'il n'entendait tirer de là aucun avantage.

Si les religieux de la Madeleine siégeaient sans conteste au Bureau de l'Hôtel-Dieu, ils eurent aussi pendant longtemps le privilège d'assister par député aux assemblées communes de la ville, d'y opiner des premiers et de signer les actes avant les députés des autres corps ecclésiastiques. Ce privilège datait de loin : jusqu'au XVIe siècle les assemblées générales de communauté se tenaient en l'église de la Madeleine, et il était naturel que l'abbé en

---

[1] Les religieux de la Madeleine étaient si bien considérés comme les tuteurs naturels des pauvres et des infirmes qu'en 1426, alors que les malheurs de la guerre de Cent Ans rendaient insuffisantes les salles de l'Hôtel-Dieu, ce fut à l'abbaye de la Madeleine qu'on s'adressa pour la création d'un nouvel hospice. Un acte passé par devant Jean Chaillou, notaire à Châteaudun, le 3 février 1426, nous apprend en effet que Guyot de Villexis, bourgeois de Châteaudun, donna à la confrérie de Notre-Dame de Chandeleur en l'église de la Madeleine une place devant la porte d'Amont de Châteaudun, avec un verger, « qui va jusques sur les roches « de la Tannerie, » pour y faire « un hospital et lougeys pour loiger les « povres gens pélerins et autres povres mendians et misérables personnes « qui passeront le païs, qui y vouldront loigier. » (Arch. d'Eure-et-Loir, E. 2724.)

eût la direction. Au commencement du XVIe siècle, ces assemblées furent transférées sous les halles, puis au prétoire de la ville lorsqu'on eut reconstruit la maison commune en 1528. Mais le député des religieux continua à siéger au corps de ville et à y tenir le premier rang parmi les députés ecclésiastiques. Intervint l'édit de 1765 réglant la forme d'administration qui devait être établie dans toutes les villes du royaume. L'article 32 de cet édit portait que, pour former le nombre des notables, il en serait choisi un dans le Chapitre principal du lieu : or, dans une assemblée convoquée le 12 juin 1765 pour l'exécution de cet édit, les chanoines de Saint-André remontrèrent que les religieux de la Madeleine ne devaient point être considérés comme chapitre, singulièrement par rapport aux dispositions de l'édit qui ne s'appliquaient qu'aux chapitres séculiers. Malgré les protestations des religieux, l'assemblée donna gain de cause aux chanoines, et pendant sept ans les religieux cessèrent d'assister aux délibérations du corps de ville. Mais un nouvel édit de 1771 étant venu modifier celui de 1765, ils profitèrent de la faveur que leur témoignait le maire d'alors, frère d'un des leurs, pour se faire de nouveau inviter aux séances du corps municipal et y reprendre la préséance. Les chanoines de Saint-André n'osèrent d'abord réclamer, par crainte sans doute de l'autorité du maire ; mais ils supportaient impatiemment les airs hautains des religieux qui affectaient de les appeler *confrères du Saint-Sacrement*[1]. Enfin, par une délibération capitulaire du 23 dé-

---

[1] Pour mieux établir leur droit de préséance, les religieux de la Madeleine disaient que leur abbaye avait été fondée en 1131, tandis que le Chapitre de Saint-André n'existait que depuis 1211, ayant succédé alors à une confrérie du Saint-Sacrement. « On nous reproche, répondaient les « chanoines de Saint-André, de n'avoir été dans notre première origine

cembre 1776, ils résolurent de demander l'exécution de la décision de l'assemblée du 12 juin 1765. Les religieux ne se laissèrent pas déposséder de ce qu'ils regardaient comme leur droit sans de longues contestations : de nombreux et savants factums furent publiés de part et d'autre ; enfin un arrêt du Parlement du 27 août 1781 donna raison aux chanoines, et les religieux de la Madeleine durent cesser de prendre place aux séances du Corps de ville.

Celui-ci, d'ailleurs, était aussi jaloux que les chanoines de Saint-André des prérogatives que s'attribuaient les moines de la Madeleine, et depuis longtemps il travaillait à les battre en brèche. Dans maintes occasions, il est vrai, on était trop heureux de recourir au crédit et à la science des religieux. Ainsi, en 1378, frère Nicolas de Queux, abbé de la Madeleine, fut chargé par les habitants « de faire l'assiette et taille pour faire les réparations des « fortifications de la ville de Chasteaudun et du hourdeis « pour deffense d'icelle ville[1] ». En 1514, ce fut l'abbé de la Madeleine qui fut le premier choisi pour aller par les maisons de Châteaudun solliciter des offrandes volontaires pour aider à payer la rançon du duc de Longueville, prisonnier des Anglais à la suite de la bataille de Guinegate[2]. En 1516, ce fut frère Jean Lefebvre, abbé de la Madeleine, qui fut député à Blandy vers le duc de Longueville pour savoir quand ledit seigneur ferait

« que des frères du Saint-Sacrement : cette tradition n'est pas bien sûre,
« mais quoiqu'il en soit, quand nous ne serions actuellement que des
« frères coupe-choux, nous sommes plus que nos moines, et ils ne sont pas
« de notre taille, puisqu'ils sont plus petits que leur abbé, qui n'est pas
« plus grand que nous, étant comme nous membre de notre Chapitre »
(Arch. d'Eure-et-Loir, G. 3292).

[1] Arch. d'Eure-et-Loir, E. 2693.
[2] Ibidem, E. 2856.

son entrée en la ville [1]. Sans vouloir multiplier les exemples, nous rappellerons encore que, lors du terrible incendie de 1723, ce fut le frère Jean-Baptiste Frion, prieur de la Madeleine, qui fut mis par les habitants à la tête de la députation qui se transporta vers le Roi pour lui démontrer le désastre de la ville de Châteaudun ; ce fut lui qui fut le principal administrateur des deniers reçus pour la reconstruction des maisons et des églises ; c'est dans les papiers de l'abbaye de la Madeleine qu'on trouve, écrits de la main du laborieux prieur, les renseignements les plus complets et sur les dégâts de l'incendie et sur les efforts tentés pour les réparer.

Les échevins voulaient bien profiter de l'influence qu'assuraient à l'abbaye et le caractère sacré de ses membres et la notoriété dont ils jouissaient dans la ville et même au dehors ; mais ils étaient humiliés d'être en quelque sorte sous leur dépendance. C'était en effet avec l'abbaye de la Madeleine que correspondait directement le comte de Dunois ; c'était par son entremise qu'il donnait ses instructions aux échevins. Nous en citerons un exemple frappant. Le duc Louis de Longueville était mort à Beaugency : le 11 août 1516, les quatre échevins, avec le receveur de la ville et vingt-cinq pauvres qui les accompagnaient, se mirent en route pour se rendre à Beaugency où l'enterrement devait avoir lieu le lendemain ; mais, à leur arrivée dans la ville, ils apprirent que

[1] *Reg. de comptes de la ville de Châteaudun*, Arch. d'Eure-et-Loir. n° 413. — On trouve dans le fonds de l'abbaye de la Madeleine, aux Archives d'Eure-et-Loir, des registres de comptes de la ville de Châteaudun depuis 1515 jusqu'en 1669. La présence de ces registres dans le fonds de l'abbaye de la Madeleine ne semble-t-elle pas un indice du rôle important que les religieux jouaient dans l'administration de la ville ? Jusqu'au XVII<sup>e</sup> siècle, l'abbé de la Madeleine figure toujours en tête des principaux habitants de la ville, devant lesquels avait lieu la reddition des comptes.

le Roi avait donné l'ordre de différer l'enterrement et qu'ils eussent à retourner chez eux jusqu'à ce qu'on les mandât de nouveau. Deux jours après, le sieur de Thierville, intendant de la maison de Longueville, écrivait « à « l'abbé de la Magdeleine que le dict enterrement se « feroit le sabmedy 16e jour d'aoust, et qu'il le feist « assavoir aux dicts eschevins [1] ».

La mise en commande de l'abbaye de la Madeleine en 1536 vint modifier les relations du comte de Dunois avec la ville de Châteaudun. Les premiers abbés commandataires, Olivier de Hochberg, Jacques de Rostaing, Jean Tardiveau de Lourdereaux, résidaient peu ou prou à Châteaudun, et, se contentant de percevoir les fruits de leur bénéfice, s'inquiétaient peu de ce qui se passait à l'intérieur de l'abbaye. Le relâchement et le désordre s'y introduisirent bientôt et y firent de tels progrès [2] qu'en 1573 le Parlement, sur les conclusions du procureur général du Roi, crut devoir intervenir et ordonna qu'il serait procédé à la réformation de l'abbaye par frère

---

[1] *Reg. des comptes*, déjà cité.

[2] Qu'on en juge par le rapport du procureur général du Roi : « Les reli-
« gieux d'icelle abbaye sont si avant licentiés en toute dissolution de vie et
« de mœurs que, pendant que le divin service se célébroit, ils ne se trou-
« voient que deux ou trois, et les autres étoient parmi la ville à se jouer et
« promener, avec chapeaux, cappes, manteaux et épées, couchant la plupart
« du tems hors de la dicte ville, et lorsqu'ils y venoient coucher, ils y
« arrivoient sur les onze heures du soir, menaçant le portier de le battre et
« frapper s'il ne leur ouvroit, comme de fait ils l'auroient plusieurs fois
« battu et outragé ; et, qui plus étoit, lorsqu'ils étoient en ladite abbaye,
« au lieu d'assister à la célébration du divin service et vacquer à leurs
« études selon leur règle et état monastique, ils tiennent le jeu publique-
« ment, reçoivent toutes personnes de mauvaise et scandaleuse vie, et, au
« lieu de prendre leur réfection ensemble, mangeoient en la ville, con-
« traignoient les personnes qui ont charge de leur nourriture et entrete-
« nement de leur envoyer chair, pain et vin ; s'ils ne vouloient faire, rom-
« poient les serrures des greniers et des caves. »

René Hector, religieux de Saint-Victor de Paris, en présence de l'un des conseillers de la Cour.

Les officiers de ville n'étaient pas étrangers au rapport du procureur général du Roi. Ils étaient à bon droit indignés de la conduite scandaleuse des religieux ; mais ils étaient en même temps satisfaits de reconquérir leur indépendance vis-à-vis de l'abbaye. Depuis que les abbés ne résidaient plus à Châteaudun, les échevins n'avaient plus à subir de la part du comte de Dunois l'intermédiaire humiliant pour eux du pouvoir ecclésiastique ; mais c'était encore au prieur de la Madeleine que l'évêque adressait ses mandements pour les Te Deum, les prières des Quarante heures et autres cérémonies religieuses. C'était cet ecclésiastique qui transmettait l'invitation au Corps de ville ; c'était dans l'église de l'abbaye que se célébraient d'abord les prières ordonnées par le Roi, et les échevins étaient tenus d'y assister. Ils avaient hâte de briser ce dernier lien.

Jusque-là, ils avaient réussi dans leurs tentatives d'émancipation. Depuis un temps immémorial, les religieux de la Madeleine avaient seuls droit, avec les chanoines de Saint-André, « de bailler les escolles de Châteaudun à « personnes idoines, et nul autre ne pouvoit tenir escolles « en ladicte ville et forsbourgs, ne faire jouste aux coqs « ne actes scholastiques [1] ». En l'année 1524, les échevins, grâce à l'intervention de M<sup>me</sup> de Longueville, obtinrent des lettres-royaux qui enlevaient ce privilège à l'abbé de la Madeleine et permettaient aux officiers de la ville de nommer tels maîtres d'école qu'il leur semblerait bon [2]. Les religieux portèrent appel devant le bailli de Blois, et une

---

[1] Arch. d'Eure-et-Loir, E. 2792.
[2] Reg. de comptes de la ville de Châteaudun, n° 415.

sentence de ce magistrat débouta les échevins de leur prétention. Ceux-ci voulaient cependant s'affranchir de cette servitude, et c'est dans ce but qu'ils rêvaient de fonder un collège. Déjà, en 1569, ils avaient obtenu une sentence condamnant les chanoines de Saint-André à faire l'abandon d'une prébende pour l'entretien d'un précepteur chargé d'instruire la jeunesse de la ville et des faubourgs. Forts de ce premier fonds, ils sollicitaient du Roi les lettres-patentes nécessaires pour l'ouverture du nouvel établissement. Ils les obtinrent enfin en 1582 [1], et dès lors l'antique privilège de la Madeleine et de Saint-André se trouva définitivement anéanti [2].

Dans cette lutte le Corps de ville avait eu pour adversaires les chanoines de Saint-André ; mais au contraire il trouvait en eux de puissants auxiliaires quand il s'agissait d'enlever à la Madeleine ses prérogatives ecclésiastiques. Le Chapitre de Saint-André, se basant sur une charte de 1178 [3] et sur une sentence de

---

[1] *Arch. com. de Châteaudun*, CC. 121.

[2] Ce ne fut pas cependant sans protester que les religieux et les chanoines subirent la création du collège. En 1588, ils remontraient « que le collège « ne subsistoit point du tout, mais on ne pouvoit le qualifier que d'escholle « et non de collège, puisqu'il n'y a jamais eu qu'un seul homme enseignant « les premiers rudimens du latin ; ce qui a obligé les chanoines de Saint-« André de gager un maistre pour avancer leurs enfans de cœur dans le « latin. » (*Arch. d'Eure-et-Loir*, G. 3291.)

[3] Une copie de cette charte, dont l'original est aujourd'hui perdu, nous a été conservée par l'abbé Courgibet. Par cet acte, Gilles le Petit, curé de Villampuy, déclare qu'il possède deux prébendes dans l'église de Saint-André, l'une fondée *autrefois* par Héloïse le Petit, *unam que fuit olim defuncte Heloisis le Petit, matertere quondam dicti Egidii*, et l'autre fondée par lui-même. Et, bien que, suivant l'usage et les statuts du Chapitre de Saint-André, *juxta consuetudinem et statutum ecclesie*, il lui soit loisible de désigner celui qui doit lui succéder dans la prébende créée par lui, il renonce à ce droit en faveur de l'église, voulant qu'après sa mort ladite prébende avec toutes ses dépendances appartienne en propre au Chapitre de Saint-André. — Et, après avoir cité cette charte de 1178, les chanoines

1208 [1], se disait plus ancien que l'abbaye de la Madeleine et arguait de cette prétendue ancienneté pour contester aux religieux augustins la préséance que ceux-ci avaient toujours eue sur leur Chapitre. Ce fut d'interminables débats : nous ne voulons pas nous y arrêter; nous dirons seulement qu'à notre sens les religieux de la Madeleine avaient pour eux le bon droit [2]. Une partie de leurs archives avait été détruite, comme celles de Saint-André, par les incendies qui avaient tant de fois désolé la ville de Châteaudun ; mais s'ils avaient voulu abandonner leur fabuleuse fondation par Charlemagne, dont il était facile à leurs adversaires d'avoir bon marché, ils auraient pu

de Saint-André concluaient : « Si l'on s'exprimait ainsi en 1178, si dès lors le « Chapitre de Saint-André avait *autrefois* reçu des libéralités, il était donc « d'une institution ancienne. Ces expressions emportent certainement plus « de 47 ans. Or il n'y avait, lors de cet acte, que 47 ans que le Chapitre « prétendu des chanoines réguliers de la Madeleine était introduit à Châ- « teaudun. »

[1] Nous ne connaissons la sentence de 1208 que par un extrait cité dans un Mémoire rédigé en 1781 par Barré, avocat à Châteaudun, pour le Chapitre de Saint-André contre les religieux de la Madeleine. Cette sentence est rendue entre les doyen et chanoines de l'église de Saint-André et Guillaume Trepelle : ce dernier est condamné à payer aux chanoines deux années d'une rente à eux léguée par Étienne Boetart, *autrefois* leur doyen, *Stephani Boetart, quondam decani ipsorum.*

[2] C'est au reste ainsi qu'il en fut décidé à plusieurs reprises par la Cour de Parlement. Un arrêt du 16 décembre 1656 « maintient et garde les « prieur et chanoines et couvent de la Madeleine en possession et jouis- « sance d'avoir le premier rang, séance, prérogative et prééminence en « toutes les assemblées du Clergé de la ville de Châteaudun, aux proces- « sions générales, Te Deum et autres prières publiques. » Un autre arrêt du 22 mai 1716 porte « que les mandemens qui seront envoyés par les « évêques de Chartres pour les stations des jubilés, Te Deum, processions « générales et autres prières et cérémonies publiques, seront adressés et « envoyés aux prieur et religieux de la Madeleine, et incontinent ils en « feront avertir par billet les chanoines de Saint-André, les maître et « frères de l'Hôtel-Dieu, les curés de la ville et fauxbourgs, tous lesquels « seront tenus de se trouver par députés en la dite abbaye de la Madeleine « aux jours et heures qui leur auront été indiqués. »

s'appuyer sur des titres certains qui leur permettaient de remonter au moins jusqu'à la fin du X<sup>e</sup> siècle.

Mais les échevins de Châteaudun ne voulaient pas partager notre avis, et en toutes circonstances ils favorisaient les prétentions des chanoines de Saint-André. Nous avons dit que c'était en l'église de la Madeleine que se célébraient d'abord les prières ordonnées par le Roi et que le Corps de ville était tenu d'y assister. Dès la fin du XVII<sup>e</sup> siècle, les officiers municipaux cessèrent de se rendre à la Madeleine malgré les invitations du prieur et affectèrent d'adopter comme leur l'église de Saint-André. Grand émoi à l'abbaye : on en référa à l'abbé, Henri-Valentin du Raynier de Boissclcau, qui conseilla « de « protester contre les maire et échevins chaque fois « qu'ils manquent de se trouver dans l'église de la Made-« leine aux cérémonies accoutumées. » Les religieux étaient alors en procès avec la ville au sujet d'un bâtiment qu'ils avaient fait élever près les murs de clôture de Châteaudun pour remplacer leur dortoir incendié en 1698. Ce procès se termina en 1706 par une transaction, dans laquelle, entre autres conditions, fut rappelée l'obligation pour les échevins d'assister en corps dans l'église de la Madeleine aux prières publiques. Mais il fut tenu peu de compte de cette convention : en effet, le fr. Desrousses, religieux de la Madeleine, écrivait, le 31 janvier 1707, à l'abbé de Sainte-Geneviève : « Le R. P. prieur « vous montrera un accord sous sing privé que nous « avons fait l'année passée avec la ville pour l'engager à « venir à nos cérémonies : or les maire et échevins ont « préféré d'aller à Saint-André au dernier Te Deum pour « la naissance du duc de Bretagne, plustost que selon « leur devoir se rendre dans notre église. Nous avons

« donc droit de rompre cet accord, ayant manqué à leur
« parole et à leur écrit[1]. »

C'était la guerre déclarée. Si les échevins ne laissaient échapper aucune occasion de molester les religieux de la Madeleine jusqu'à frapper et emprisonner leurs serviteurs, les religieux de leur côté avaient rompu toute relation amicale avec le Corps de ville, et, faisant fi de son autorité, ils en référaient directement au Roi pour tout ce qui touchait aux réparations ou aux agrandissements de leur maison. A la suite de l'incendie de 1723, l'architecte Hardouin avait ordonné la démolition de l'ancienne porte du Guichet et d'une tour carrée qui était au droit du jardin de l'abbaye. Quelques années après, les religieux présentèrent un placet au Roi pour obtenir l'autorisation de démolir le reste des murs de ville qui avoisinaient leurs bâtiments : il fut fait droit à leur requête, et, sans se soucier de la mauvaise humeur des échevins, ils se mirent aussitôt en demeure de profiter de la permission qu'ils avaient obtenue. Aussi, il faut voir l'indignation des officiers municipaux. « Nous avons appris, écrivent-
« ils à M. de Barentin, intendant d'Orléans, que les cha-
« noines réguliers de l'abbaye de la Madeleine ont obtenu
« du Roy un brevet qui leur permet d'abattre à hauteur
« d'appuis les tours et murs de ville qui enclosent leur
« jardin, à la charge d'entretenir ces murs et d'aban-
« donner tous les matériaux à la ville. Nous pensions
« que ces chanoines ne se seroient point compromis du
« costé de la désance ny de la prévenance qu'on se doit
« naturellement entre les corps, en nous exhibant à
« l'Hôtel-de-Ville ce brevet afin de l'enregistrer dans les
« registres de cet Hôtel-de-Ville ; mais, non-seulement ils

[1] *Arch. d'Eure-et-Loir*, nº 215.

« n'ont pas cru devoir une formalité qui nous parois-
« soit essentielle pour le bon ordre et l'utilité de la
« ville, ils se plaisent encore à mépriser l'exécution de
« ce brevet. Ils ont cru que parce que nous n'en avions
« pas eu communication, ils pouvoient impunément en
« abuser et se soustraire aux obligations y apposées. Ces
« chanoines ont, en exécution de ce brevet, commencé, il
« y a plus d'un mois, à faire abattre une tour, les ma-
« tériaux de laquelle ils se sont appropriés ; ils ont
« même osé s'en servir pour réparer différens pilliers de
« leur église et terrasse qui donne du côté du midy et
« du Val-Saint-Aignan [1]. »

Nous ne pousserons pas plus loin les citations : on voit l'animosité qu'avaient excitée contre les religieux de la Madeleine les privilèges dont ils jouissaient de temps immémorial. Ils avaient peut-être fait trop sentir leur suprématie ; mais on oubliait trop aussi les services qu'ils avaient rendus, et l'on profitait, pour les rabaisser, de l'incurie et de l'indifférence de leurs abbés commendataires.

### III

Si, faute de documents, les origines de l'abbaye de la Madeleine sont difficiles à établir, on comprendra sans peine qu'il en est de même pour la construction de l'église. Nous avons déjà dit que nous croyions que les chanoines séculiers, d'abord établis dans une chapelle dépendante du château, avaient commencé à construire, dans les dernières années du XI<sup>e</sup> siècle, une église sur

---

[1] *Arch. d'Eure-et-Loir*, n° 213.

l'aleu royal à eux donné par Philippe I$^{er}$, en l'emplacement qu'a toujours occupé depuis l'abbaye de la Madeleine. Un seul indice nous a confirmé dans cette opinion, mais cet indice ne laisse pas que d'être sérieux, c'est la présence de restes de construction du XI$^e$ siècle dans la base de la tour actuelle de la Madeleine. C'est le seul vestige qui soit demeuré du monument primitif.

Une catastrophe que nous ignorons, mais dont les exemples ne sont pas rares à cette époque, détruisit probablement l'édifice récemment élevé, ou peut-être les nouveaux chanoines réguliers voulurent-ils se bâtir un temple plus vaste, plus en rapport avec leur nouvelle dignité. Toujours est-il que nous retrouvons, à chaque pas, dans l'église de la Madeleine actuelle, la trace des travaux exécutés au XII$^e$ siècle. M. Eug. Lefèvre-Pontalis, avec sa haute compétence en archéologie, a déterminé d'une manière précise les diverses époques auxquelles appartiennent les différentes parties de l'église. Nous ne reproduirons pas sa description, que les textes viennent confirmer de tous points ; mais nous citerons ceux-ci avec quelques détails pour mieux affirmer par des preuves matérielles les époques que M. Lefèvre-Pontalis n'a indiquées que d'après les caractères archéologiques.

L'église de la Madeleine n'eut pas le bonheur de rencontrer pour sa construction des architectes aussi habiles que ceux qui élevèrent la cathédrale de Chartres et tant d'autres édifices qui, depuis plus de sept siècles, défient les révolutions des hommes et des temps. Reconstruite presque entièrement au XII$^e$ siècle, elle dut subir des remaniements considérables au siècle suivant : nous n'avons encore là pour nous guider que les caractères archéologiques qu'on peut constater aujourd'hui dans les diverses parties du monument.

C'est que peu de monastères sont aussi pauvres en titres anciens que l'abbaye de la Madeleine : des incendies successifs sont venus détruire les documents qui auraient servi à reconstituer son histoire. Un acte de notoriété du 14 juillet 1521 nous apprend, en effet, que « 58 ans ou 60 ans à ou environ, la pluspart de l'abbaye « de la Magdeleine de Chasteaudun fut embrasée et arce « par fortune de feu, tellement que les chartres, lectres et « tiltres de ladicte abbaye et revenuz d'icelle furent per- « duz et bruslez, et n'eust esté la grant et bonne diligence « que les habitans de la ville de Chasteaudun et d'illec « environ donnèrent pour esteindre le feu, l'église de la « dicte abbaye eust aussi esté bruslée et arce [1] ».

Cet incendie, occasionné par le feu du ciel, eut lieu, d'après la pièce que nous citons, en 1461 ou 1463. Comme le témoigne le procès-verbal conservé dans le chartrier de la Madeleine, l'église elle-même fut préservée de la ruine ; mais n'est-il pas permis de croire que le feu l'avait endommagée ? Nous savons par des témoignages certains qu'en l'année 1522 le sanctuaire de l'église, une partie du chœur et le déambulatoire qui l'entourait s'écroulèrent entièrement. Or, pourquoi aurait-on fait cette enquête en 1521 au sujet d'un incendie arrivé soixante ans auparavant, si l'on n'avait dès lors conçu des craintes au sujet de la solidité de l'édifice et si l'on n'avait voulu expliquer les causes qui légitimaient ces craintes ?

Quoi qu'il en soit, le désastre de 1522 fut considérable. Les religieux auraient sans doute voulu le prévenir ; mais, comme le relate l'acte de notoriété de 1521, depuis

---

[1] Arch. d'Eure-et-Loir, n° 290.

l'incendie de 1461, « les religieux estoient pauvrement « nourris et entretenus, obstant la pauvreté d'icelle ab- « baye », et avaient pu à grand'peine faire les réparations les plus urgentes. Ils s'étaient, selon toute apparence, adressés aux échevins de la ville ; mais nous avons dit la jalousie qu'avaient excitée les privilèges dont jouissait l'abbaye, et nul doute qu'on ne mit beaucoup de mauvais vouloir à contribuer à la consolidation de l'église.

Faute des réparations nécessaires, une catastrophe était inévitable. Lorsqu'elle fut arrivée, il s'agit de reconstruire le chevet de l'église. Ce nouvel accident n'avait pas enrichi les religieux : ils étaient dans l'impossibilité d'entreprendre une restauration. En vain cherchèrent-ils des secours au dehors. Plusieurs années se passèrent, et leur église était toujours en ruine : il fallut se résoudre à la reconstruire sur un plan plus modeste. On supprima le déambulatoire ; on diminua le chevet de plus de dix toises, et on empiéta sur la nef pour former le chœur tel qu'il est encore aujourd'hui.

Le gros œuvre était achevé, mais la décoration laissait fort à désirer. Depuis l'établissement des abbés commendataires, les religieux avaient encore été appauvris par les concordats passés avec leurs abbés. Ils n'étaient pas en état d'aider à l'embellissement de l'église. Mais, sous les auspices des prieurs du monastère, il s'était formé une puissante confrérie sous le vocable du Saint-Sacrement, dont le siège était à l'autel paroissial de la Madeleine. Les plus notables citoyens de Châteaudun étaient entrés dans cette confrérie, et ils supportaient impatiemment de voir la pauvreté de leur autel. Le 3 juin 1597, Guillaume de la Faye, maréchal des gardes-du-corps de Henri IV, roi de la confrérie, et Georges Méry, notaire,

au nom de leurs confrères, firent un marché avec Lucas
Varilly, maître peintre à Orléans, pour « reffaire et re-
« mettre en nature tous les images et peintures qui sont
« à l'autel de paroisse de l'église de la Magdeleine, azurer
« d'or et d'azur les boutz de la croix dudict autel et
« toutes autres choses qui ont esté azurées et dorées en
« icelluy, azurer et dorer tout le contre-autel, et reffaire
« les quatre Anges de neuf, les azurer et dorer, rellaver
« en huille ce qui a esté autreffois lavé en huile, et raf-
« freschir tous les images qui sont au-dessus dudict autel;
« et outre reffaire la Sesne estant audict autel tout à neuf
« en huille, or et azure en ce qui est à reffaire, reffaire
« et repaindre le par dessus où sont les Anges et les
« dorer et azurer, griser le bas dudict autel et ce qui est
« à costé d'icelluy, mesme relaver et redamacer et mettre
« en nature les images de la Magdeleine et de Notre-
« Dame-de-Piété qui sont au dict autel [1]. »

Et, pour compléter cette œuvre de décoration, le 16
octobre suivant, Timothée Petit, « boistier volontaire de
« la paroisse de la Magdeleine », conclut un nouveau
marché avec Jean Vierge, imagier à Brou, qui, moyennant 2 écus, s'engage « à faire et façonner ung ymage
« Notre-Dame de quatre piedz et demy de haulteur, de
« pierre bonne et convenable, sans estre tenu la peindre,
« et à la poser en ladicte église de la Magdeleine au-des-
« sus de l'autel de Notre-Dame, comme aussi à repaindre
« ung autre ymage Notre-Dame [2] qu'il a puis naguères
« fait en ladicte église [3]. »

[1] Arch. d'Eure-et-Loir, E. 3181.
[2] Cette seconde image de Notre-Dame était placée au-dessous de l'image
du Crucifix. La famille Beurrier, de Châteaudun, était tenue d'entretenir
devant cette statue un cierge ardent, par chacun jour de dimanche et de fêtes.
[3] Arch. d'Eure-et-Loir, E. 3183.

L'abbé de la Madeleine semble à son tour s'être piqué d'honneur et avoir voulu contribuer aussi à l'embellissement de l'église. Tandis que les religieux dépensaient les sommes dont ils pouvaient disposer à faire refondre les cloches de leur abbaye [1], René de la Ferté convenait, le 3 mai 1607, avec Samuel Freslon, peintre et vitrier à Châteaudun, « qu'il racoustreroit et répareroit toutes les « vitres qui sont au cœur de l'église de l'abbaye de la « Magdeleine, haultes et basses, et les remettroit en « mesmes couleurs et personnaiges qu'elles ont accoustumé, et fourniroit de verges et de toutes autres estoffes « qu'il y conviendra employer [2]. »

Ces travaux de décoration intérieure étaient assurément fort intéressants ; mais ils ne suffisaient pas. Lors de la réforme de l'abbaye de la Madeleine et de l'introduction des religieux de la Congrégation de Saint-Maur dans le monastère, en 1634, ceux-ci, avant de prendre possession de l'abbaye, firent faire une visite de l'église et constatèrent que le grand et le petit clocher, entre autres, avaient besoin de grosses réparations. On découvrit le petit clocher au droit du chœur de l'église pour en refaire la charpente, on le recouvrit ensuite d'ardoises et on raccommoda la plomberie. Quant au grand clocher, on reconnut que les piliers qui le soutenaient menaçaient ruine, particulièrement celui qui était au-dessus du presbytère : on y travailla pendant quatre mois, et il en coûta 693 livres 12 sous 6 deniers [3]. Les réparations des vitres n'étaient pas

---

[1] Marché du 12 avril 1607 avec Nicolas et Jean Buzot, fondeurs de cloches, demeurant à Saint-Thibaut en Bassigny. (*Arch. d'Eure-et-Loir*, E. 3219.)

[2] *Arch. d'Eure-et-Loir*, E. 3219.

[3] On trouve dans le chartrier de la Madeleine (n° 221) un état très détaillé, semaine par semaine, de la besogne faite par les ouvriers. Nous citerons les articles suivants : « Aux massons et manœuvres qui ont cintré

encore terminées ; car Thomas Toutin, peintre et vitrier à Châteaudun, reconnait avoir reçu 22 livres 3 sous, « pour avoir refaict un paneau à la forme où il y a des « moynes en prières », et « pour avoir faict un paneau « neuf à la grande vistre du cœur qui est de painture, « auquel y a ung Ange jaulne qui tient le bras gauche de « la Magdalayne [1]. »

Ces travaux de consolidation n'étaient que des palliatifs. Il était impossible de se faire illusion : les voûtes présentaient mille fissures, et les piliers qui les soutenaient n'offraient qu'une médiocre confiance. En 1651, l'abbé Jacques de la Ferté, sur les prières incessantes des religieux, consentit à donner une somme de 1500 livres, « pour faire « refaire un pillier de l'église proche les orgues et pour « réparer les voultes de la dicte église, à la charge de « mettre au dict pillier les armes du dict sieur abbé, avec « crosse et mitre au-dessus, le tout en pierre dure, soute- « nues de deux Anges des deux costez. » En 1656, on fit, moyennant 60 livres, un marché avec Jacques Quérault, maçon, « pour remettre des pierres où besoing seroit, « boucher quelques fenestres, faire couler du ciment dans « les jointures qui en auroient besoing [2]. »

Mais cela était toujours insuffisant : il aurait fallu reprendre tout le gros œuvre de l'église. Les religieux n'avaient pas les ressources nécessaires pour entreprendre

---

« l'arc qui esté abattu sur les voultes. » — « Au couvreur qui a recouvert « les voultes qui avoient esté découvertes pour poser le dit cintre et abat- « tre le dit arc, et pour avoir aussy recouvert le bout du pilier sur lequel « estoit la retumbée dudit arc ». — « Aux massons et manœuvres qui ont « travaillé au pillier d'au-dessus du presbitère pour le remassonner, refaire « le chappeau et baisser le hault de la montée de pierre joignant le grand « corps de l'église ».

[1] *Arch. d'Eure-et-Loir,* n° 221.
[2] *Ibid.,* n° 444.

ces travaux, et les échevins se désintéressaient de la question. Une catastrophe étaient encore imminente : elle arriva le 27 février 1692. L'abbé Bordas n'en a pas fait mention [1] ; l'abbé Courgibet se contente de la rappeler en quelques mots : « L'an 1692, il tomba un pillier de l'église « de la Madeleine. Comme c'étoit sur la fin d'un sermon « de Carême, sa chute causa une grande frayeur à tous « ceux qui y avoient assisté. Cependant il n'y eut que « deux personnes d'écrasées sous ses ruines. » Le chartrier de la Madeleine [2] nous fournit des renseignements plus explicites sur cet évènement : « Un des gros pilliers « de l'église, sur lequel estoient appuyées les voûtes des « bas-costés et qui faisoit la séparation du cœur et de la « nef et contre lequel l'autel de paroisse estoit appuyé, « est tombé et a entraisné deux travées des voûtes des « basses aisles, emporté un grand pan de la muraille du « grand corps de la dicte église qui portoit dessus, brisé « l'autel de paroisse et mis un costé des chaises du cœur « et une partie du jubé en poudre. »

Pour constater le dégât et pour arriver à le réparer, les religieux appelèrent à Châteaudun Guillaume Hénault, contrôleur des bâtiments de Sainte-Croix de la ville d'Orléans, et, le 1er mars 1692, cet architecte, assisté de Jacques Boissay, charpentier, et de Charles Chevé, couvreur, fit un rapport concluant à une dépense de plus de 25,000 livres pour remettre l'église en état de sérieuse réparation. On ne pouvait songer à faire une pareille dépense ; on eut

---

[1] M. Lefèvre-Pontalis n'a pas eu connaissance de cet écroulement de 1692, mais il l'a pressenti quand il dit en parlant des voûtes du XVIe siècle qui surmontaient le chœur de la Madeleine : « Les voûtes s'écroulèrent proba- « blement au XVIIIe siècle parce qu'elles n'étaient pas suffisamment épau- « lées ».

[2] *Arch. d'Eure-et-Loir*, n° 224.

recours à des expédients, et, sans se préoccuper des causes de danger signalées par Guillaume Hénault dans son rapport, les religieux se contentèrent de faire réédifier le pilier qui venait de s'écrouler. Par un chirographe du 23 mars 1692 passé avec Vincent Duchesne, maître maçon à Chartres, ils s'engagèrent à lui payer une somme de 200 livres, à la charge par lui « de construire de pierre
« dure le pilier qui est proche l'autel de la paroisse qui
« est tombé depuis peu, de l'élever jusques à la hauteur
« de 18 pieds depuis la base du dit pilier qui est posé
« dans le dit lieu jusques au-dessus de l'imposte qui doit
« estre posée de niveau aux autres piliers de la dite église. »

L'incendie du 6 janvier 1698, dont nous avons déjà parlé, ne s'attaqua pas à l'église, mais détruisit l'infirmerie et le dortoir, et un procès-verbal rédigé le lendemain de l'accident porte à 1,340 livres la somme nécessaire pour les réparations les plus urgentes des lieux réguliers [1]. On contracta un emprunt pour parer à cette dépense de première nécessité ; mais on comprend que, pendant les vingt années qu'il fallut pour amortir cet emprunt, on ne pensait guère à la consolidation de l'église.

Arriva le terrible incendie du 20 juin 1723. L'église de la Madeleine fut, il est vrai, préservée ; mais une partie des maisons qui appartenaient aux religieux furent abattues pour arrêter les progrès du feu, et en outre ils perdirent les rentes qu'ils possédaient sur différents héritages

---

[1] Outre les dégâts des bâtiments, « les religieux se sont plaints de la
« perte qu'ils ont faitte du linge, mathelas, lits qui ont peu estre vollez et
« enlevez, outre ceux qui ont esté bruslez, et qu'il y avoit une sy grande
« confusion du monde qu'un chacun volloit et emportoit leurs meubles et
« leurs grains, comme aussy ilz ont perdu une quantité de leurs livres pris
« dans leur bibliothèque et chambres, avec quantité de papiers de leur
« maison qui leur sont de conséquence. » (Arch. d'Eure-et-Loir, n° 38.)

dans la ville de Châteaudun [1]. D'ailleurs, nous l'avons dit, le prieur de la Madeleine, J. B. Frion, fut chargé de la plus grande partie de la surveillance des travaux de reconstruction de la ville et il se donna tout entier aux importantes fonctions qu'on lui avait confiées.

Aussi on négligea de surveiller l'église dont la restauration avait été faite si superficiellement en 1692, et un nouveau malheur menaçait. En 1731, les habitants voisins de la Madeleine s'adressèrent au bailli de Châteaudun pour lui remontrer que le clocher de la Madeleine était prêt à tomber et que « par sa chutte imprévue, plusieurs « des dits habitants pourroient estre surpris sous ses « ruines ». Une visite fut ordonnée, et un procès-verbal du 12 mars fait par cinq experts nommés par le procureur du Roi constata « que les pilliers de la tour du clo- « cher, et entre autres celui qui étoit du costé de la mai- « son des religieux, étoient séparez et détachez du corps, en « sorte qu'elle est preste à tomber de ce costé et qu'on ne « pourroit l'empescher qu'en l'étayant. »

On suivit cet avis ; des étais furent posés : mais, peu de temps après, une pierre de la tour étant venue à tomber, les échevins demandèrent que les sermons et ser-

---

[1] Voici l'état des pertes qui fut soumis à la commission chargée de veiller à la reconstruction de la ville. « Premièrement, le grand portail de l'ab- « baye avec quatorze maisons seises en la paroisse et rue de la Magdeleine, « dont une partie a esté brûlée et le reste abattu pour arrêter les progrès « du feu et conserver l'église et l'abbaye, 35000 liv. ; — Plus, ladite abbaye « perd les écuries, pressoir, cellier, cuves, poinçons, quarts et les autres « ustanciles servans à la vendange, sur lesquels bâtimens estoient les gre- « niers au foin, 9000 liv. ; — Plus, cent livres de rentes foncières, qui es- « toient à prendre sur les maisons incendiées dans la ville et fauxbourgs, « 2,000 liv.; — Plus, la censive qu'elle avoit à prendre sur une grande quan- « tité de maisons incendiées, 4,000 liv. ; — Plus, tant en bled et avoine qu'en « livres, linge, vaisselle, meubles et autres effets mobiliers, 800 liv. » (Arch. d'Eure-et-Loir, n° 157.)

vices publics qui se disaient dans l'église de l'abbaye fussent transférés, et que même la porte de l'église fût fermée. Le juge fit droit à la première partie de la demande, et décida que les sermons et services se feraient dans l'église collégiale de Saint-André ; mais, avant de prononcer la fermeture des portes, il prescrivit une nouvelle visite. Le sieur Philippe Guillon, entrepreneur des bâtiments du Roi pour la reconstruction de Châteaudun, fut chargé de cette visite, et rapporta « que les fentes et lézardes « estoient élargies, qu'il y avoit des pierres détachées et « des clefs sautées », et qu'en conséquence il y avait danger d'écroulement. Il n'y avait pas à hésiter : à la suite de ce rapport, le 3 novembre, le juge ordonna que la porte de l'église fût fermée jusqu'à ce que le chœur fût rétabli [1].

L'abbaye de la Madeleine n'avait pas alors de titulaire. M. l'abbé d'Héricourt avait donné sa démission le 22 juillet 1731, et l'accident survenu à l'abbaye n'avait sans doute pas été étranger à cette décision. Le roi nomma à sa place François-Joseph de Rochechouart-Faudoas, le 8 août 1731 ; mais celui-ci, effrayé de la responsabilité qui lui incombait, ne voulut pas prendre possession du bénéfice que lui octroyait la munificence royale, et, quelques mois à peine après sa nomination, il remettait l'abbaye entre les mains de Sa Majesté. Il semblait assez difficile de trouver un titulaire qui acceptât les charges qu'allait faire peser sur lui le procès intenté par les religieux de la Madeleine pour faire déclarer l'abbé responsable des réparations à opérer. L'abbé Antoine de Gallet de Coulanges se pourvut cependant auprès du Roi pour être nommé au bénéfice vacant, à la condition que pendant dix ans il

[1] *Arch. d'Eure-et-Loir*, n⁰ 224.

serait dispensé d'obtenir les bulles nécessaires à sa nomination, et que durant ces dix années il emploierait tous les revenus de l'abbaye aux réparations de l'église, réparations qu'il représentait « comme si importantes et si « excessives que les revenus de dix années ne suffiroient « pas même pour y satisfaire [1]. »

Le Roi accorda la demande de l'abbé de Coulanges, et, par lettres-patentes du 22 août 1733, ordonna « que la « tour et clocher de l'église de l'abbaye de Sainte-Marie-« Madeleine de Châteaudun seroient démolis et que la « sacristie au bas de la tour seroit reconstruite pour fer-« mer l'église. » En conséquence de ces lettres-patentes, le bail au rabais des travaux fut adjugé, le 6 septembre 1734, à Claude Boret, maître maçon à Châteaudun, moyennant la somme de 2,250 livres ; mais, quand il s'agit de payer, l'abbé de Coulanges chercha des échappatoires. Il fallut plaider de nouveau, et ce ne fut qu'en l'année 1742, sept ans après l'achèvement des travaux, que Claude Boret parvint à obtenir le paiement de la somme qui lui était due.

Plusieurs projets avaient été mis en avant pour les réparations. L'un, présenté par le sieur de Vigny et appuyé par Jacques Costé, bailli de Dunois, et par les échevins de la ville, consistait à conserver le clocher, en construisant à l'intérieur comme une seconde tour qui aurait servi d'étai au clocher primitif. Les échevins, en préconisant ce projet, avaient surtout en vue la décoration de la ville ; mais la dépense était évaluée à 34,000 livres, et on faisait observer « que la durée de l'ouvrage ne parois-« soit pas constante, une tour dans une tour mauvaise ne « devant jamais être solide. » On s'en tint donc aux termes

---

[1] *Arch. d'Eure-et-Loir*, n° 218.

des lettres-patentes de 1733 : on démolit le clocher avec sa flèche, et on rétablit sa tour jusqu'à la naissance de l'ancienne flèche.

Ce n'était pas d'ailleurs seulement le gros œuvre de l'église qui avait si souvent nécessité des travaux. En 1680, des pavés s'étaient enfoncés dans l'aile du Midi de l'église, mais cette fois cet accident, tout en nécessitant une légère dépense, avait eu un résultat heureux. L'excavation qui s'était produite avait mis à jour le haut d'un escalier qui conduisait à une chapelle demi-souterraine. « L'exis-« tence de ce souterrain n'étoit pas inconnue, dit l'abbé « Bordas ; les formes de ses vitraux étoient apparentes du « costé de Saint-Aignan ; » mais on ne savait comment y pénétrer. La tradition voulait que cette crypte eût été bâtie sur l'emplacement de l'église primitive de saint Aventin, et là, plus encore que dans l'église supérieure, on voulait reconnaître la main de Charlemagne.

Rien ne confirme cette tradition, et nous avons dit ce que nous pensions de la prétendue fondation carolingienne. Comme l'a fort bien indiqué M. Lefèvre-Pontalis, la crypte de la Madeleine est du XIIe siècle, ainsi qu'une grande partie de l'église : elle fut donc construite en même temps que le reste de l'édifice. Il s'y trouvait trois chapelles rondes et voûtées : la principale, située du côté du Val-Saint-Aignan, était dédiée à saint Jacques. C'était là qu'on enterrait les membres de la famille des comtes de Dunois et leurs serviteurs. Nous avons déjà rappelé l'inhumation, dans la chapelle de Saint-Jacques, de Jacques de Longueville, troisième fils du comte de Dunois : dans le même registre des actes de l'état-civil de la Madeleine, on voit, au 15 septembre 1493, l'enterrement en cette chapelle de Germain Pernel, concierge du château de Châteaudun.

L'écroulement de l'église supérieure, en 1522, causa la ruine des chapelles souterraines. On renonça à enlever les décombres dont elles étaient remplies, et elles demeurèrent inutilisées, si bien que le souvenir même de leur entrée se perdit. Lorsque le hasard eut mis à découvert, en 1680, l'escalier qui donnait accès à la crypte, on s'occupa aussitôt de restaurer l'ancienne chapelle de Saint-Jacques. En souvenir de l'abbaye de Sainte-Geneviève de Paris, dont relevaient les religieux réguliers de la Madeleine, ceux-ci donnèrent sainte Geneviève pour patronne à la nouvelle chapelle, et l'on y célébra chaque jour l'office divin jusqu'en 1768, époque où on l'abandonna de nouveau, à cause de son humidité.

En 1710, comme on travaillait à l'agrandissement des lieux réguliers, on découvrit la suite de cette église souterraine et son rond-point, qui répondait au déambulatoire existant autrefois dans l'église supérieure, avant l'effondrement de 1522. Comme, d'un autre côté, la chapelle de Sainte-Geneviève se trouvait sous l'aile du Midi, il est certain que la crypte se prolongeait dans toute l'étendue de l'abside primitive.

Nous avons dit que vers l'année 1288 on recula l'enceinte primitive de Châteaudun. Les églises de la Madeleine et de Saint-André, situées jusqu'alors hors des murs, furent comprises dans la nouvelle enceinte : il arriva à l'église de la Madeleine ce qu'on observe encore aujourd'hui à l'église de Nogent-le-Roi ; elle fit partie du système de défense de la ville. Pour nous rendre bien compte de l'état des murs de ville avoisinant l'église de la Madeleine jusqu'à la porte du Guichet, nous croyons ne pouvoir mieux faire que reproduire un procès-verbal de visite dressé par Louis Mulard, maître maçon, « tra-

« vaillant ordinairement pour la ville ». Ce procès-verbal fut rédigé le 18 août 1699, à l'occasion du procès dont nous avons déjà parlé et qui fut intenté par les échevins aux religieux de la Madeleine au sujet du bâtiment que ceux-ci faisaient reconstruire pour remplacer leur dortoir incendié en 1698 [1].

Or, ledit Mulard déclare que, s'étant transporté sur une place sous laquelle est la chapelle de Sainte-Geneviève, il a reconnu « qu'il paroist que le mur faisant « closture de la ville et de ladite place appartient aux « sieurs religieux depuis le corps de leur église qui sert « aussy de closture à la ville du costé du midy, le long « des fossez, jusqu'à une tour quarrée qui paroist estre « de la ville, laquelle tour a esté adaptée contre un an- « cien rompoint ruisné qui est dans ladite place sur ladite « chappelle Sainte-Geneviefve, lequel rompoint faisoit « partie de leur ancienne église qui a esté ruinée et qui « se trouve présentement réduitte presque au niveau du « nouveau bâtiment. Ayant toisé le mur qui est depuis « ladite tour quarrée jusqu'au bout de ladite église, qui « se continue le long des fossez de la ville jusqu'au jar- « din de l'Hôtel-Dieu, lequel mur avec le corps de ladite « église sert de closture à la ville, il a constaté qu'il con- « tient 38 toises de face. » Continuant son examen, « il « a reconnu qu'à 8 toises environ de ladite tour quarrée « existe une autre tour ronde, occupée par un des reli- « gieux de ladite abbaye, dans laquelle il a remarqué « deux croisées anciennes qui servoient autrefois de « barbe à canne. » Étant monté sur les parapets des murs qui règnent depuis ladite tour ronde jusqu'à la porte du Guichet, « il a trouvé une autre tour appartenant égale-

---

[1] *Arch. d'Eure-et-Loir*, n° 215.

« ment aux dits religieux, laquelle n'est point occupée
« ny fermée [1]. »

Par une transaction passée le 28 septembre 1699 à la suite de ce procès-verbal, il fut convenu que « les reli-
« gieux continueroient la possession et jouissance dans
« laquelle ils sont depuis un temps immémorial de l'en-
« droit des murailles de la ville de Châteaudun qui s'étend
« depuis la tour quarrée dans laquelle est la porte de la
« ville appelée le Guichet jusqu'à l'église comprise, dans
« laquelle estendue des murailles sont plusieurs tours
« couvertes de tuille et non couvertes, desquelles ils joui-
« ront aussy à toujours, à la charge par eux d'entretenir
« de touttes réparations tant grosses que menues ladite
« estendue de murailles et tours. »

L'incendie de 1723 vint changer cet état de choses. Pour l'exécution du plan par lui adopté pour la reconstruction de la ville, l'architecte Hardouin fit abattre en 1727 la tour carrée et la porte du Guichet. Dans le but de s'agrandir, les religieux demandèrent au Roi l'autorisation de démolir les tours et les murs de clôture qu'on avait reconnu leur appartenir. Cette autorisation leur fut accordée : nous avons vu la réclamation indignée adressée alors par les échevins à l'intendant d'Orléans. On ne tint pas compte de cette protestation, et, en 1753, les

---

[1] Le procès-verbal de visite de Louis Mulard contient un renseignement intéressant pour la chapelle de Sainte-Geneviève. « Ayant visité la chap-
« pelle Sainte-Geneviefve, il a remarqué, dit-il, que dans la sacristye il a
« esté fait une ouverture pour tirer du jour, et qu'à cet effet on a percé un
« mur qui a esté adapté devant un vitrage du rompoint, lequel mur adapté
« a esté percé à un pied près du pillier buttant dudit rompoint de l'an-
« cienne église, et a ledit Mulard déclaré que c'est luy-mesme qui a fait
« ladite ouverture lorsque l'on a recouvert la chappelle Sainte-Geneviefve,
« il y a environ 15 ou 16 ans, laquelle chappelle avoit esté longtemps aupa-
« ravant abandonnée. »

derniers vestiges de l'enceinte de Châteaudun avoisinant la Madeleine avaient disparu.

## IV

Les difficultés que nous avons rencontrées pour déterminer d'une manière certaine les origines de la Madeleine, nous les avons retrouvées pour établir la liste des abbés de ce monastère. Grâce à notre Cartulaire, nous avons pu reconstituer la série des abbés depuis Archambault jusque vers la fin du XIII<sup>e</sup> siècle; mais, à partir de cette époque jusqu'au commencement du XV<sup>e</sup> siècle, les titres originaux sont assez rares [1], et c'est à peine si nous avons découvert deux noms d'abbés dans les registres des notaires de Châteaudun. Peu d'abbayes ont une histoire aussi incomplète pour cette époque. Bernier a publié pour le XIV<sup>e</sup> siècle une liste d'abbés absolument fantaisiste, qui a été adoptée sans contrôle par l'abbé Courgibet et par les auteurs du *Gallia Christiana*, lesquels au reste la donnent sous toute réserve [2]. Toutes les dates que nous publions ont été relevées par nous sur des actes originaux; on peut donc y ajouter foi entière.

I. ARCHAMBAULT paraît pour la première fois en 1131 dans la bulle d'Innocent II qui lui est adressée; mais il devait déjà être abbé lors de la fondation de l'abbaye,

[1] Dans presque toutes les pièces du XIV<sup>e</sup> siècle que nous avons eues entre les mains, dans les registres mêmes des notaires de Châteaudun où figure l'abbé de la Madeleine, on le désigne très rarement par son nom.

[2] Lorsque dom Verninac voulut examiner les titres de la Madeleine pour rédiger l'article qu'il destinait au *Gallia Christiana*, le prieur dom Frion, outré de voir que le savant bénédictin refusait d'admettre l'origine carolingienne du monastère, lui refusa absolument la communication des pièces que possédait l'abbaye. Aussi dom Verninac, en publiant la liste des abbés du XIV<sup>e</sup> siècle, a-t-il toujours le soin d'ajouter *ut dicitur*.

c'est-à-dire environ dix ans auparavant. On le trouve encore cité comme témoin en 1145 dans une charte de l'abbaye de Tiron.

II. Foucher, 1149 à 1162.

III. Herbert, 1166 à 1186.

IV. Séguin, 1197 à 1201.

V. Maurice, 1202 à 1213.

VI. Eudes, 1215 à 1226.

VII. Gervais, 1236 à 1248.

VIII. Robert, 1259 à 1271.

IX. Jean, 1293 à 1317 [1].

X. Pierre Lejay, 1320.

XI. Nicolas de Queux, 1378 à 1380.

XII. Jean le Cordier, 1384 à 1409, appartenait à l'une des familles bourgeoises les plus importantes de Châteaudun.

XIII. Nicolas Duval, 1412 à 1420 ; il était prieur claustral en 1401 et 1408.

XIV. Macé Baillehache, 1422 à 1427.

XV. Nicolas Bullou, 1428 à 1456, était fils d'Étienne Bullou, boucher à Châteaudun. Nous le trouvons en 1419 qualifié de « religieux de la Magdeleine de Chasteaudun, « curé de Saint-Aignan de ladicte ville. »

XVI. Saince Godereau, 1463, démissionnaire le 23 septembre 1476. Nous l'avons rencontré dès 1421 novice en l'abbaye de la Madeleine. En 1437, il était curé de Lan-

---

[1] A titre de simple curiosité, nous allons reproduire la liste donnée par Bernier : on verra par les dates et les noms que nous citons combien peu on doit ajouter foi en cette matière à l'historien de la ville de Blois. Voici les noms et les dates adoptées par Bernier : Girard, 1293 ; Gilles, 1329 ; Jean Cordier, 1360 ; Nicolas Duval, 1380 ; Jean Godard, 1396 ; Nicolas de Bullou, 1401 ; Macé Bellehache, 1440 ; Nicolas N., 1460 ; Sanche Gaudereau, 1466.

neray, prieur claustral en 1442 et 1455. Ce fut du temps de cet abbé que fut fondée la Sainte-Chapelle de Châteaudun par Jean d'Orléans, comte de Dunois, en faveur des religieux de Saint-Victor de Paris, le 22 septembre 1468. Deux mois après, le 24 novembre, le comte de Dunois mourait à Lay, au diocèse de Paris. Son corps fut enterré à Cléry le 1<sup>er</sup> décembre, en présence du roi Louis XI : le 5 décembre suivant, son cœur fut transporté à Châteaudun pour être déposé en la Sainte-Chapelle. Saince Godereau assista à toutes ces cérémonies et eut l'honneur de célébrer les messes pour le repos de l'âme du défunt.

XVII. Jean des Pierres, du 29 septembre 1476 à 1489, prieur claustral après Saince Godereau en 1462 et 1474.

XVIII. Jean Lefèvre, d'abord prieur-curé de Lutz, était le fils d'un vigneron de la paroisse de Saint-Aignan de Châteaudun. Il devint abbé en 1491. En 1501, Georges d'Amboise, légat du Saint-Siège, accorda, en vertu des lettres du pape Alexandre VI, à Jean Lefèvre et à ses successeurs, abbés de la Madeleine, le droit de mitre, de crosse, des ornements et autres habits pontificaux dans l'église de la Madeleine et dans celles des prieurés qui en dépendent, comme aussi le pouvoir de donner la bénédiction épiscopale après les offices solennels. *Indulgemus ut mitra, annulo, baculo pastorali, tunica, dalmatica et aliis pontificalibus insigniis utamini in dicto vestro monasterio et prioratibus illi subjectis, et benedictionem solemnem post missarum, vesperarum et matutinarum solemnia elargiri possitis.*

XIX. Le successeur de Jean Lefèvre fut un autre Jean Lefèvre, son parent, âgé seulement alors de 27 ans et n'ayant que 3 ans de profession. L'identité des deux noms rend difficile de préciser l'époque de l'avènement de ce second abbé. Bernier, nous ne savons sur quelles preuves, la fixe à l'année 1523. Jean Lefèvre accompagna le roi François I<sup>er</sup> en la ville de Bologne et y prononça un discours à l'ouverture de la conférence qui s'y tint au sujet du Concordat. C'était un homme habile et plein de piété : on conservait de lui en manuscrit des homélies, dont on admirait la beauté et la solidité. Il mourut en 1545, et, pour conserver sa mémoire, les religieux de la Madeleine firent mettre cette épitaphe sur son tombeau : BONÆ MEMORIÆ PATER DOMINUS JOANNES FABER, HUJUS MONASTERII ABBAS, HOC TUMULO RECLUSUS, DIEM EXTREMUM CLAUSIT. IN PACE FACTUS EST. FILIOS ENUTRIVI NON SPERNENTES ME.

XX. Jean Lefèvre fut le dernier abbé régulier de la Madeleine. Après sa mort, le monastère fut mis en commande et donné par le Roi à OLIVIER DE HOCHBERG, fils naturel de Rodolphe de Hochberg, comte de Neufchâtel, et oncle de Jeanne de Hochberg, duchesse de Longueville et comtesse de Dunois. Cette princesse lui donna en 1519 la seigneurie de Sainte-Croix en la vicomté d'Auxonne, dont il porta le titre depuis lors. En 1521, il fut nommé prieur de Saint-Romain de Brou, et enfin il devint abbé de la Madeleine en 1546. Nous le trouvons jusqu'en 1577 qualifié de « protonotaire du Saint-Siège apostolique, « prévôt de Neufchâtel, abbé de la Madeleine de Châ- « teaudun, prieur de Saint-Romain de Brou et de Vau- « travers, conseiller et aumônier ordinaire du Roi. »

XXI. MATHIEU DE ROSTAING, seigneur de Pommiers, grand-oncle de Philippe Hurault, évêque de Chartres, succéda à Olivier de Hochberg en 1560, et apparait encore dans un titre de 1562.

XXII. JEAN TARDIVEAU DE LOURDEREAUX, clerc du diocèse d'Auxerre, reçut, le 2 novembre 1572, des lettres de provision de l'abbaye de la Madeleine. Nous avons déjà parlé des désordres qui s'étaient introduits dans le monastère et de la réforme que le frère René Hector, religieux de Saint-Victor de Paris, et Philippe Jabin, conseiller en la cour de Parlement, avaient été chargés d'y imposer. Les religieux, mécontents des partages faits par les commissaires délégués par le Parlement, demandaient que l'abbé fût condamné à les nourrir, vêtir et entretenir comme par le passé : ils furent déboutés de leur demande et contraints d'accepter le règlement fait par René Hector. C'était l'époque des guerres de religion et de la Ligue ; à la faveur des troubles civils, les moines reprirent leur vie de dissipation. Une seconde fois, un religieux de Saint-Victor, Henri Bault, reçut la mission de rétablir l'ordre dans l'abbaye.

XXIII. Pendant quatre ans, de 1592 à 1595, Henri Bault résida à Châteaudun, remplissant en toutes occasions les fonctions d'abbé de la Madeleine et en prenant le titre dans tous les actes qu'il passait.

Mais à sa mort, en 1595, Jean de Lourdereaux rentra en possession de son ancien bénéfice, qu'il prétendit n'avoir jamais cessé de lui appartenir, « disant que le dit « Bault n'avoit jamais été abbé de la dite abbaye, que le « tiltre qu'il en avoit pris avoit esté par intrusion, usur- « pation et sans tiltre valable, pendant les troubles et « guerres civiles du Royaume, en l'absence du dit sieur « de Lourdereaux. »

XXIV. Jean de Lourdereaux mourut en 1598 et eut pour successeur Henri Clausse, que nous trouvons en 1599 pourvu de l'abbaye, sous la garde-noble de sa mère, Denise de Neufville, femme de Henri Clausse, seigneur de Fleury.

XXV. René de la Ferté, premier aumônier de la Reine mère du Roy, doyen de Saint-Amable de Riom, chanoine de la Sainte-Chapelle de Châteaudun, était abbé de la Madeleine en 1607 et apparaît dans les actes jusqu'en 1622.

XXVI. Il eut pour successeur son frère Jacques de la Ferté, déjà abbé en 1624 et mort le 18 septembre 1651 [1]. Ce fut ce dernier qui, en 1634, introduisit dans le monastère de la Madeleine les religieux de la Congrégation de France, dont le réformateur, le P. Charles Faure, avait déjà assisté l'abbé Henri Bault dans la réforme qu'il avait entreprise à la Madeleine en 1592. En reconnaissance des bienfaits qu'ils avaient reçus de cet abbé, les prieur et chanoines lui élevèrent un mausolée à côté de l'autel du chœur de l'église de la Madeleine, avec cette épitaphe :

+ D. O. M.

Hic jacet reverendus in Christo dominus Jacobus de la Ferté, hujus loci abbas, necnon Sanctæ Capellæ Parisiensis præcentor, qui in hoc cœnobium regulares canonicos Sancti Augustini congregationis Gallicanæ, observantiæ strictionis, anno 1634, introducendos curavit. Hic inhumatus obiit anno 1651, die 17 septembris. Ut sit in pace locus ejus, pro eo Dominum deprecare.

XXVII. Valentin du Raynier de Droué, seigneur d'Ancise, fut nommé abbé de la Madeleine en 1651, dix jours à peine après la mort de Jacques de la Ferté. Il

---

[1] « Le lundy 18<sup>e</sup> jour de septembre 1651, à 10 heures du soir, mourut « Révérend Père en Dieu messire Jacques de la Ferté, conseiller et aumos- « nier ordinaire du Roy, abbé de Sainte-Magdeleine de Chasteaudun, « chantre et chanoine de la Sainte-Chappelle de Paris, prieur de Saint- « Valérien. » (*Reg. de l'état-civil de Saint-Lubin*, Arch. comm. de Châteaudun, GG. 33.)

s'intitule dans les actes « conseiller aumônier du Roy, « abbé de la Magdeleine, de Saint-Sauveur de l'Étoile et « de Saint-Jean-d'Angely, prieur baron de Saint-Nicolas « des Fouteaux. » Il obtint, en 1671, de Clément X, une bulle par laquelle le Souverain Pontife accordait une indulgence de sept ans pour l'autel privilégié de l'église de la Madeleine, pendant l'octave des Morts et tous les lundis de chaque semaine.

XXVIII. Valentin du Raynier se démit en 1679 en faveur de son neveu, HENRI-VALENTIN DU RAYNIER DE BOISSELEAU. Celui-ci prit possession le 2 septembre 1679 : il vécut d'une façon qui n'avait rien de régulier dans la maison de campagne des abbés de la Madeleine, à Ruan. On prétendit même qu'il avait donné sa démission en 1705 pour se marier, et c'est sans doute en se basant sur cette tradition que les auteurs du *Gallia Christiana* ont indiqué comme abbé, de 1705 à 1711, Claude, abbé de Riants, baron de la Brosse. La vérité est que Claude de Riants ne fut jamais abbé de la Madeleine [1], mais il était l'ami et le commensal habituel de l'abbé de Boisseleau, qui, par son testament du 14 avril 1710 en faveur de l'Hôtel-Dieu de Châteaudun, l'institua son exécuteur testamentaire.

XXIX. JEAN-BAPTISTE DE JOHANNE DE LA CARRE DE SAUMERY, fils du lieutenant du Roi de la province d'Orléans, fut nommé à l'abbaye de la Madeleine par bulles du 27 juin 1711. Il était à peine âgé de vingt ans, et, en 1714, nous le voyons encore étudiant en l'Université de Paris. Il mourut le 7 janvier 1728.

---

[1] Dans un Mémoire fourni par les religieux de la Madeleine en 1716, on lit : « M. l'abbé de Boisseleau prit possession le 2 septembre 1679, et a joui « du bénéfice jusqu'au 19 janvier 1711, jour de son décès. »

XXX. François-Bénigne du Trousset d'Héricourt, nommé en février 1728, donna sa démission le 11 juillet 1731.

XXXI. Il eut pour successeur François-Joseph de Rochechouart-Faudoas, nommé par le Roi le 8 août 1731. Nous avons déjà dit que cet abbé ne prit pas possession, et nous avons expliqué pour quelles causes. Sa démission est du 19 novembre 1732. Il devint depuis évêque de Laon en 1740 et cardinal en 1761.

XXXII. Antoine de Gallet de Coulanges, vicaire-général de l'évêque de Saint-Paul-Trois-Châteaux et abbé d'Aiguebelle, reçut des lettres de provision le 2 février 1733 et conserva l'abbaye jusqu'en 1743.

XXXIII. Son successeur, François Vidault de la Tour, conseiller clerc au Parlement de Grenoble, figure dans les actes de 1743 à 1763.

XXXIV. François-Camille de Duranti de Lenoncourt, vicaire-général de Laon, apparaît abbé de la Madeleine en 1772 et conserve ce titre jusqu'en 1777, où il est nommé évêque de Bethléem.

XXXV. Le dernier abbé fut Jean-Jacques-Gabriel Levézou de Vezins, aumônier de Louis XVI, qui quitta l'abbaye en 1790 pour passer à l'évêché de Lodève.

# CARTULARIUM

## ABBATIÆ BEATÆ-MARIÆ-MAGDALENÆ

### CASTRIDUNENSIS

# CARTULARIUM

## ABBATIÆ BEATÆ-MARIÆ-MAGDALENÆ

### CASTRIDUNENSIS

## I.

1003, octobre. — Châteaudun.

*Bail à mainferme à Helgaud et Hugues par Dreux, vassal du vicomte Hugues, d'une terre à Pruneville, dans le domaine de Sainte-Marie de Châteaudun.*

In Christi nomine, Drogoni, qui beneficium ex rebus Sancte-Marie Dunensi, per largitionem Hugoni, vicecomiti, seniori meo, tenere videor [1]. Notum sit omnibus fidelibus sancte Dei ecclesie curam gerentibus, tam presentibus quam et futuris, quia postulaverunt quidam homines, his nominibus vocitati, Helgaudus et frater suus Hugo, et unus heres qualemcumque elegerent, ut eis terram censualiter ad manufirmam concederemus; quod ita et feci. Est autem ipsa terra in comitatu Dunensi, in vicaria Arnulfi, in Premodis villa; terminatur ipsa terra ex tribus partibus viis publicis, et quarta terra Arnulfi : sunt autem quatuor aripenni vinee cum casuale, et de ipsa terra arabili quinque concedo, ea ratione ut annuatim, in festivitate Sancte Marie que celebratur mense septembrio,

---

[1] L'abbé Bordas a cru pouvoir ainsi corriger cette suscription, qui est en effet fort incorrecte : Drogo, qui beneficium ex rebus Sancte-Marie Dunensis, per largitionem Hugonis, vicecomitis, senioris mei, tenere videor.

solvant in censum duos solidos, et, si de ipso censu tardi aut negligentes extiterint, legem inde faciant, et predictam rem non perdant, et amplius eis non requiratur nisi quod superius est insertum. Dedi eis licentiam dandi, venundandi, faciendi quicquid voluerint, ea ratione ut census ad seniorem perveniat. Hec cartula, ut firmior sit, eam subterfirmavi et aliorum bonorum hominum.... roborandam obtuli. Actum Dunis castro. S. Theobaldi comitis. S. Hugonis vicecomitis. S. Ascelini. S. Huberti. S. Bernardi. S. Odonis. S. Alberti, cujus beneficium est. Data mense octobris, regnante Roberto rege viii° anno.

A. Cart. de Saint-Père. Bibl. comm. de Chartres.
Édit. : 1° *Cart. de Saint-Père*, par Guérard, p. 399.
2° *Hist. du Dunois*, par l'abbé Bordas, t. II, p. 211.

## II

### 1012-1024.

*Don par Herbert, chanoine de Sainte-Marie de Châteaudun, à l'abbaye de Saint-Père de Chartres, d'une maison devant Saint-Valérien de Châteaudun, et de trois arpents de vigne avec un pressoir, à Champhol.*

In nomine Domini, ego Herbertus, sacerdos et canonicus Sancte-Marie Dunensis castri, notum esse volo meis contemporalibus atque posteris qualiter Sancto-Petro Carnotensis cenobii dono unam mansionem ante Sanctum-Valerianum Castridunis, et tres arpennos vinearum cum torculari, in loco qui dicitur Campus-Follis : eo tenore ut, quandiu vixero, teneam de illis, unum modium vini solvendo de recognitione ; post meum decessum, nepos meus, Hermenteus Juvenis, presbiter, teneat eas similiter in vita sua, tres modios vini solvendo de recognitione, ea tamen ratione ut, si eas male tractaverit, monachi Sancti-Petri recipiant illas. Istam donationem facio pro anima mea et Hermentei abbatis, fratris mei, et parentum nostrorum. Et istam rationem proposui Carnotis, ante meum episcopum, et rogavi illum ut, ex sua actoritate, excommunicaret illum qui calumpniaret aut perturbaret istam elemosinam ; et ille fecit.

Ego Fulbertus, gratia Dei, Carnotensis episcopus, ex auctoritate Dei Patris omnipotentis et Filii et Spiritus-Sancti, excommunico et anathematizo illos qui elemosinam suprascriptam calumpniare presumpserint, donec emendent.

Ego Herbertus, presbiter, qui hanc elemosinam, Dei gratia, feci, jussu episcopi mei Fulberti, excommunico et anathematizo illos qui elemosinam suprascriptam calumniare presumpserint, donec emendent. Et in eadem excommunicatione sit, sive abbas sive monachus, qui ulla ratione de loco Sancti-Petri abstulerit illam.

Ego Gaufredus, vicecomes, dono Sancto-Petro ea que ad me pertinent, sive censum seu consuetudines.

S. Fulberti, episcopi. S. Gauzfredi, vicecomitis, qui hanc cartulam manu propria firmavit. S. Hervei archidiaconi. S. Ebrardi gramatici. S. Hugonis, filii ipsius vicecomitis. S. Helvidis, uxoris ejus. S. Raherii.

<small>A. Cartulaire de Saint-Père. Bibl. comm. de Chartres.

Édit. : 1° *Cart. de Saint-Père*, par Guérard, p. 400.

2° *Hist. du Dunois*, par l'abbé Bordas, t. II, p. 212.</small>

## III

### 1048 circa.

*Don par Firmat, prêtre de Saint-Lubin de Châteaudun, à l'abbaye de Saint-Père de Chartres, d'une maison à Châteaudun, près le monastère de Sainte-Marie.*

In Christi nomine, ego Firmatus, sacerdos Sancti-Leobini Dunensis castri, notum volo esse tam presentibus quam futuris qualiter, ob remedium animæ meæ et fratris mei Elberti, do Sancto-Petro Carnotensi domum meam sitam in castro Dunense, non longe a monasterio sanctæ Dei genitricis Mariæ; tali siquidem ratione ut, quamdiu vixero, per voluntatem et jussionem monachorum Sancti-Petri, eam custodiam, ipsique, jure dominorum, in perpetuo possideant. Si quis autem, præmonitus a diabolo, calumpniam vel vim Sancto-Petro inferre temptaverit, quod minime estimo, pontificali auctoritate se dampnandum in perpetuum sciat, nisi dignam fecerit pœnitentiam. Hoc ergo, ut firmum permaneat, meo pastori, domno Teoderico pontifici, cujus tempore hoc egi, corroborandum obtuli. Do etiam beatissimo Petro, juxta Sanctum-Albinum, in territorio supradicti castri, tres quartarios vineæ, juxta vineas fratris mei Ailberti. Hujus rei testes sunt isti : Odo archidiaconus; Odo decanus; Fredericus presbiter; Dago presbiter; Godescaudus miles; Ascelinus miles, et Hugo, miles, filius ejus; Odo Brunellus; Engelbaldus, miles, et Rainaldus, filius ejus; Dodo, Sancti-Petri canonicus; Elbertus; Hildierius, clericus. [Anno millesimo quadragesimo octavo][1].

A. Cart. de Saint-Père. Bibl. comm. de Chartres.

Édit. : 1° *Cartulaire de Saint-Père*, par Guérard, p. 190.
2° *Histoire du Dunois*, par l'abbé Bordas, t. II, p. 213.

## IV

1110 circa.

*Ives, évêque de Chartres, prend sous sa sauve-garde les biens de l'hôpital de Châteaudun, sis près l'église de la Madeleine.*

Cum ea que xenodochiis, ptocotrophiis vel aliis religiosis domibus devotio fidelium, pro redemptione animarum suarum, dare consuevit ad sustentationem eorum qui ibi commorantur,

[1] Cette date ne se trouve que dans la copie de l'abbé Bordas : nous avons de fortes raisons de croire que c'est lui qui l'a inventée.

non jam in humanis rebus computanda sunt, quia Dei sunt, oportet rectores ecclesiarum ut ea, tanquam divina patrimonia, in deffensionem Ecclesie suscipiant, et, exerto gladio spiritus, pervasores eorum et distractores eorum, tanquam Dei contemptores, canonica severitate ferire non differant. Quod ego, Ivo, ecclesie Carnotensis minister, pio affectu considerans, omnia que ptocotrophio, quod situm est in Castroduno, prope ecclesiam Beate-Marie-Magdalene, a fidelibus collata sunt, vel in futurum, Deo donante, conferenda sunt, in tuitionem sancte Carnotensis ecclesie et nostram paterne suscipimus, et pervasores eorum atque distractores ante tribunal eterni judicis terribiliter condemnandos esse denuntiamus, et in hac temporali ecclesia, sine cujus communione ad illam eternam perveniri non potest, eos a corpore et sanguine Domini et ejusdem ecclesie communione sequestramus, donec resipuerint et Christi patrimonium reformare humili satisfactione studuerint. Conservantibus et idem Christi patrimonium amplificantibus benedictio et pax a domino Jesu Christo qui, cum dives esset, pro nobis pauper et infirmus factus est, ut nos ditaret sua paupertate et sanaret sua infirmitate [1].

A. Cart. du xviiie s. de l'Hôtel-Dieu de Châteaudun, A. 8, n° 237.
B. Essai sur la religion du Dunois, par l'abbé Courgibet, t. II, f° 77 v°.

Édit. : 1° *Ivonis, episcopi Carnotensis, epistolæ*, ed. de 1584, n° 214 ; éd. de 1610, n° 282.
2° *Archives de la Maison-Dieu de Châteaudun*, par M. de Belfort, p. 1.

## V

1131, février, 22. — Rebais.

*Bulle du pape Innocent II, prenant sous sa protection l'abbaye de la Madeleine.*

Innocentius episcopus, servus servorum Dei, dilecto filio Erchenbaudo, abbati ecclesie Beate-Marie-Magdalene de

[1] Tous les auteurs qui se sont occupés de l'histoire de l'abbaye de la Madeleine, l'abbé Bordas, Lancelot et autres, se sont accordés à attribuer à

Castriduno, ejusque successoribus regulariter substituendis, in perpetuum. Ad hoc universalis Ecclesie cura nobis a provisore omnium bonorum Deo commissa est ut et religiosas diligentius diligamus personas et beneplacentem Deo religionem studeamus modis omnibus propagare. Quotiens enim illud a nobis petitur quod rationi convenire dignoscitur, animo nos decet libenti concedere et congruum impertiri suffragium ut fidelis petitio celerem sortiatur effectum. Quamobrem, dilecte in Domino fili, Erchenbaude abbas, venerabilis fratris nostri Gaufridi, Carnotensis episcopi, precibus inclinati, tuis rationabilibus postulationibus clementer annuimus et Beate-Marie ecclesiam, cui, Deo auctore, presides, apostolice sedis patrocinio roboramus, statuentes ut quascumque possessiones, quecumque bona idem monasterium in presentiarum juste et legitime possidet, aut in futurum concessione pontificum, liberalitate principum, oblatione fidelium seu aliis justis modis, prestante Domino, poterit adipisci, firma tibi tuisque successoribus et illibata permaneant. Porro, decedentibus ejusdem ecclesie canonicis secularibus, nullus, nisi vitam professus canonicam, inibi substituatur; decedentium autem canonicorum prebendas ad professos redire decernimus, ipsorum usibus profuturas. Nulli ergo hominum fas sit prefatam ecclesiam temere perturbare, aut ejus possessiones auferre, vel ablatas retinere, minuere aut temerariis vexationibus fatigare. Si qua igitur in posterum ecclesiastica secularisve persona, hanc nostre constitutionis paginam sciens, contra eam temere venire temptaverit, secundo terciove commonita, si non satisfactione congrua emendaverit, potestatis honorisque sui dignitate careat, reamque se divino judicio existere de perpetrata iniquitate

---

cette abbaye un passage d'une lettre de saint Ives (n° 150) adressée à Adèle, comtesse de Chartres, où le prélat chartrain se plaint que les officiers de la comtesse aient enlevé injustement le blé des chanoines de Notre-Dame à Châteaudun et à Bonneval. C'est des chanoines de Chartres qu'il est question dans cette lettre et nullement de ceux de la Madeleine.

cognoscat, et a sacratissimo corpore ac sanguine Dei ac domini redemptoris nostri Jesu Christi aliena fiat, atque in extremo examine districte ultioni subjaceat : cunctis autem eidem loco justa servantibus sit pax domini nostri Jesu Christi, quatinus et hic fructum bone actionis percipiant et apud districtum judicem premia eterne pacis inveniant. Amen, amen, amen.

Ego Innocentius, catholice ecclesie episcopus, subscripsi.

Datum Resbaci, per manum Aimerici, sancte Romane ecclesie diaconi cardinalis et cancellarii, viiii kalendas martii, indictione viiii, incarnationis dominice anno M° C° XXX° I°, pontificatus autem domini Innocentii pape II anno II°.

<small>
A. Bibl. nat., ms. lat. 17049, f. 88.
B. Bibl. de l'Arsenal, ms. 1008, p. 458.
C. Lancelot, 134, f° 132, d'après l'original.
D. Essai sur la religion du Dunois, t. II, p. 60.

Édit. : 1° *Gallia Christiana*, t. VIII, col. 326.
2° *Histoire du Dunois*, par l'abbé Bordas, t. II, p. 214.
</small>

# VI

### 1131 circa.

*Statuts pour les religieux de la Madeleine.*

Quando aliquis, instinctu diabolico, sue vinculo professionis abrupto, ad carnales illecebras quibus renuntiasse videbatur, tanquam canis ad vomitum, rursus redierit, et extra ecclesiam seu fratrum congregationem manere voluerit, gravem sive criminalem culpam convincitur incurrisse ; si vero ex his profugis quisquam a suis pravitatibus converti et ad gregem suum, unde per injuriam aberraverat, reverti voluerit, non statim postquam veniam apud nos fuerit assecutus intra conventum nostrum admittitur, sed in Eleemosina, que ante abbatiam nostram existit, cum fratribus ejusdem domus precipitur habitare ; magister vero et fratres dicte Eleemosine ipsum fugitivum tenentur recipere et eidem victui necessaria ministrare, prout in quadam ordinatione inter nos et ipsos facta plenius continetur. Denique, patientia ipsius aut humilitate considerata, a nobis recipitur in hunc modum: processione nostra redeunte a dicta Eleemosina, ipse fugitivus per tres dominicas, juxta quantitatem delicti, intra ecclesiam nostram, juxta portam ecclesie, humi toto corpore prostratus, decubat, tanquam ab omnibus veniam petens. In tertia vero et ultima processione, facto signo ab abbate vel ejus vicario, a prostratione surget, et, recedens ab ecclesia per ostium quod est juxta altare Sancti-Georgii, intrat infirmariam, continuum tenens silentium. Die vero crastina, mandatur in capitulum, ubi, prostratus in terra, demisso vultu, ab ommibus veniam expetit, culpam suam humiliter recognoscens. Demum ab abbate vel ejus vicario ipse reus acriter reprehensus, vestibus exui precipitur, et tamdiu a tot fratribus verberatur, prout justum esse videbitur presidenti. Absolutione denique ab abbate recepta, suis vestibus reinduitur; tunc ei, humi prostrato, quantum silentii seu abstinentie justum fuerit, secundum quod plus aut minus deliquerit, injungitur, et ultimum locum in ordine suo habere precipitur. In capitulo quotidie, donec ei remittatur, ad correctionem suscipiendam se representat, et quando conventus ingreditur chorum ad divinum officium celebrandum, extra ostium ejusdem chori aliquoties se prosternit.........

A. Archives de l'Hôtel-Dieu de Châteaudun. Cart. A. 8, n° 235.
B. Essai sur la religion du Dunois, t. II, f° 59 r°.
Édit.: *Arch. de la Maison-Dieu de Châteaudun*, p. 4.

## VII

### 1133.

*Accord entre l'abbaye de Tiron et celle de la Madeleine pour l'église de Ruan.*

Juste pastoralitatis officium esse cognoscitur cum is qui curam habet regiminis in administracione pacis et concordie plebibus a Domino sibi commissis sollicite providet universis : cum vero omnibus qui Christi nomine insigniti sunt necessarium sit concordie bonum, illorum precipue concors et unanimis debet esse intencio qui ex mutue dilectionis exhibitione discipuli ab omnibus veritatis agnoscuntur. Ne igitur, inter homines pie devocionis et sane opinionis, aliqua in posterum retractetur discordia, ad dirimendam controversiam que inter karissimos filios nostros Tyronenses monachos et canonicos Castridunenses super quadam ecclesia parrochiali cui nomen Rotomagum emerserat, ego Gaufridus, Carnotensis episcopus, apostolice sedis legatus, efficaciter elaboravi et de modo concordie hanc nostre inscriptionis paginam, auctoritatis nostre munimine roboratam, ad agnitionem tam presentium quam futurorum, reliqui. Siquidem, in Rotomagensi ecclesia supradicta que in episcopatu nostro sita erat, deserta tamen et solitaria, quod meum erat venerabilis frater noster Guillelmus, abbas Tyronensis ecclesie, per nostre manus dationem et concessionem, sanctis precibus meruerat obtinere; sequenter, cum ecclesia Beate-Marie Castridunensis [1], auctore Deo, regularibus canonicis tradita fuisset, et in ea Archenbaudus, vir venerabilis, in abbatem fuisset ordinatus, idem abbas Archenbaudus et fratres, qui cum eo erant canonicam vitam possessi, a quodam milite, Gaufrido de *Arrou* [2], possessore memorate ecclesie Rotomagi, intenta reverentia et amore, sunt habiti ut eis circa Rotomagi ecclesiam terram trium carrucarum

[1] Ce patronage de la Sainte Vierge donné à l'abbaye de la Madeleine est sans doute la cause de l'erreur commise par les auteurs du *Gallia christiana* (t. VIII, col. 1137), qui disent que cet accord fut passé entre les religieux de Tiron et les chanoines de Notre-Dame de Chartres. *Discordantes canonicos Carnotenses et monachos Tironenses super ecclesia Rotomagi Gaufridus conciliavit.*

[2] Ce Geoffroy d'Arrou est le même qui, vers l'année 1120, avait été investi par Guillaume, abbé de Saint-Père, de la mairie de Boisruffin (cart. de Saint-Père, p. 484). Parmi les droits attachés à cette mairie était celui de prendre le gibier dans la forêt : *Caprea, vulpis et catus, apis de ramo, quandiu inibi boscus fuerit, erunt Gaufridi.*

dederit, ipsam quoque ecclesiam ut eis concederem postulavit. Verum ego eandem ecclesiam bis dare reveritus, quoniam eam jam monachis Tyronensibus concesseram, utriusque partis quieti providens, utilitati consulens prout rectius potui, de eadem ecclesia disposui hoc modo : habebunt amodo canonici Castridunenses et obtinebunt, in pace et concessione Tyronensium fratrum, corpus ecclesie Rotomagi, decimas et omnia parrochialia; Tyronenses vero monachi terram quam in Rotomagi parrochia possident, per se et per mediterios suos cultam, et de se et de mediteriis suis ab omni parrochiali jure quietam habebunt, et tam eam quam aliam terram quam habent ad Fontem-Radulfi et ad *Guathe,* hospitibus et mansionariis et mediteriis suis, quibus et quotquot voluerint, ad libitum suum, quiete distribuent possidendam et excolendam; quorum omnium baptismus, confessiones, sponsalia, decime majores et minute et omnes reditus parochiales, sepulture etiam et corpora defunctorum ad ecclesiam de Castro-Bofferici deferentur. Sciendum est etiam quod hec loca, Foetelli, Fons-Radulfi et *Guathe,* ita libera et quieta erunt quemadmodum monasterium Tyronii, quod situm est in parrochia Sancte-Marie de Guarzeis, quietum et liberum est ab omni jure parrochiali. Statutum est etiam ut in carrucata terre quam prefati monachi habent juxta *Vilerboul* et in Buxeria mediterios vel habitatores omnes quos voluerint et pro capacitate terre potuerint, ad libitum suum, possent ponere, quorum decimas majores et minutas ipsi eidem monachi Tyronenses integre possidebunt, sed habitatores cum omni jure parrochiali ad ecclesiam ibunt ad cujus parrochiam pertinebunt. Porro preter hec omne quod monachi Tyronenses ultra Ledum possessuri sunt, et per se cum propriis carrucis absque mediteriis elaboraturi, quietum a decimis et omni parrochiali jure possidebunt. Hujus rei testes affuerunt : Bernardus, capicerius Carnotensis ecclesie; Gaufridus, decanus Novigenti ; Herbertus, presbyter Sancti-Hillarii ; magister Odo *Piszat;* magister Guillelmus de Modalibus; Robertus presbiter : preter hos Rainaudus, et Yvo, et

Rogerius, famuli abbatis Tyronii ; Gosbertus de Aula ; Gaufridus, cocus abbatis Vindocinensis ; Gaufridus *Ballargent* ; Ernaudus de Chenio ; Paganus, Enselmus, famuli archiepiscopi Turonensis. Acta sunt hec anno ab incarnatione Domini M° C° XXX° III°, indictione xi, epacta xii, regnante Ludovico in Gallia.

> A. Chirogr. orig. en parch. à la Bibl. de Vendôme.
> B. Cart. de Tiron, f° 31 r°.
> C. Cart. des Fouteaux, f° 7 v°.
> D. Lancelot, 134, f° 57 r°, d'après le cartulaire, f° 15, où on lisait pour rubrique : « Carta Gaufridi, episcopi, super compositione inter nos et monachos de Tyron ».
>
> Édit. : 1° *Cart. de Tiron*, par M. Merlet, t. I, p. 208.
> 2° *Bull. de la Soc. Arch. du Vendômois*, t. XIX, p. 186.

## VIII

### 1133-1135.

*Don par Guillaume, abbé de Saint-Vincent du Mans, de l'église et du cimetière de Saint-Mars-du-Cor.*

Ego Gaufridus, Dei gratia, Carnotensis episcopus, apostolice sedis legatus, omnibus Dei fidelibus presentibus et futuris, notum fieri volo quod Guillermus, venerabilis abbas Sancti-Vincencii, assensu et concessione capituli sui, ecclesiam Sancti-Medardi cum cymeterio dilectis fratribus nostris Archenbaudo, venerabili abbati, et canonicis Sancte-Marie de Castriduno, amore Dei et nostro, dedit et in perpetuum habendum concessit, ita tamen quod predicti canonici, in festo Sancti Vincencii, monachis de Monte-Duplici duos solidos dunensis monete censuales pro predicta ecclesia et cymiterio singulis annis reddent. Nos vero, authoritate Dei et nostra, jamdictis canonicis sub excommunicatione interdicimus ne aliquid de possessionibus monasterio Sancti-Vincencii pertinentibus sibi usurpare sive occupare presumant, sed firma pax et stabilis concordia inter eos irrefragabiliter observetur. Et ut hec concordia inconcussa et stabilis in perpetuum maneat, eam scripto tradi et sub cyrographo signari, et sigillo nostro muniri precipimus. Ego Gaufridus, Carnotensis episcopus, apostolice sedis legatus, subscripsi. + Ego Guillermus, abbas Sancti-Vincencii, assensu tocius capituli nostri, cum sigillo domini nostri Gaufridi, Carnotensis episcopi, Romane ecclesie legati, sigillum monasterii nostri apposui. Totius prescripte rei sunt testes : dominus Guido, Cenomannensis episcopus, Hugo de Lavarzino, ejus archidiaconus, Robertus, Carnotensis ecclesie canonicus, Guillelmus medicus.

<small>A. Bibl. de l'Arsenal, ms. 1008, p. 479.
B. Lancelot, 134, f° 62 r°, d'après le cartulaire f° 20, où se lisait cette rubrique : « Carta G[aufridi] episcopi, pro ecclesia Sancti-Medardi. »</small>

## IX

### 1133-1145.

*Confirmation par Geoffroy, évêque de Chartres, de tout ce que Geoffroy, sous-doyen de Tours, a donné dans le territoire de Tours.*

Gaufridus, Dei gracia, Carnotensis episcopus, apostolice sedis legatus, tibi, karissime frater Archenbaude, venerabilis, per Dei graciam, abbas Beate-Marie-Magdalene Castridunensis, in perpetuum. Ad hoc sancte ecclesie cura nobis a provisore omnium bonorum Deo commissa est ut religiosas diligamus personas et loca venerabilia, cum ipsis personis divino servicio mancipatis, toto annisu studeamus in Domino confovere. Quapropter tibi, frater dilectissime, Archenbaude, Beate-Marie-Magdalene Castriduni venerabilis abbas, tuisque successoribus et ecclesie cui prees, ex parte Dei et nostra concedimus et autoritate a Deo tradita confirmamus quod vobis, a venerabili et vere, pro suis excessibus, ut videtur, compuncto, fratre nostro Gaufrido, Turonensi subdecano, qui in ecclesia vestra canonicum habitum secundum sancti Augustini instituta indutus est, per manum nostram et in presentia vestra et multarum venerabilium ecclesiasticarum personarum, quarum nomina subscripta sunt, constat esse collatum, videlicet domum ejusdem subdecani ante ecclesiam Sancti-Venantii sitam, cum tota terra que ei circumadjacet, et terram de Aula-Picta, et vineas ultra Carum fluvium juxta Venchaicum positas perpetuo sine omni calumpnia possidendas; id solum excipientes quod Robertus et Gosbertus et Guillelmus, nepotes predicti Gaufredi, et quidam consanguineus ejus, Petrus Binchinnus, canonici Beati-Martini, sicut concordi inter vos pactione conditum est, prefatam domum cum terra predicta, et vineas cum omnibus fructibus qui ex eis emerserint, in vita sua possideant, quibus tu ea omnia, postquam per manum subdecani in possessionem accepisti, sicut scriptum est, misericorditer contulisti, decedentibus vero aliquibus eorumdem, ut et unus ecclesie Beati-Martini deserviens superstes fuerit, non minus eamdem domum et terras et vineas integre possidebit. Quamdiu autem isti prefati juvenes vixerint et ea que prediximus inhabitaverint, duos solidos annualis census, in recognitione possessionis, ecclesie Beate-Marie-Magdalene Castriduni, exsolvent; alium autem censum capitalem, qui de predictis vineis et terris egredi solet, tuum, frater karissime Archanbaude abbas, et successorum tuorum erit persolvere. Post decessum vero istorum quatuor propinquorum jamdicti subdecani, prefata domus et terra et vinee omnino in possessionem ecclesie Beate-Marie-Magdalene Castriduni redibunt, tamquam ea que ex patrimonio non fuerunt, sed ex aquisicione subdecani, et que libere et quiete idem subdecanus in elemosina secum dedit memorate ecclesie Castriduni. Statutum est quod si fratres ecclesie Castriduni Turonis ire contigerit, in memorata domo subdecani, tamquam in ea que sua est, hospitentur. Contra quam pactionem tam solempniter factam si quis adverse aut calumpniose venire temptaverit, Dei amore et tocius sancte Ecclesie tuitione careat, et in nulla curia de tanta presumptione audiatur. Ut autem firmior atque robustior presens conveniencia habeatur, facto cyrographo inter te, frater karissime, Archenbaude, venerabilis abbas, et propinquos ejusdem subdecani, presentem cartam divisimus, et hujus rei tam sollempniter facte testes idoneos subscripsimus. Testes subscripti, de ecclesia Beati-Martini : Odo decanus, Gauterius thesaurarius, Fulcherius cantor, Goffridus *Beclais* magister scolarum, Radulphus Brito capicerius, Ulgerius de Gisiviis, Ebalus de Campo-Caprino, Petrus Xantonensis, Drogo Mala-Musca, Lancelinus David, Bernardus Salvagius, Renaudus de Solio, Buchardus Judeus, Johannes frater magistri Harpini. Item testes de ecclesia Beati-Mauricii : dominus Hugo Turonensis archiepiscopus, Auveredus archidiaconus, Hugo Aurelianensis, Henricus de Nielfa. Item clerici domini Gaufredi, Carnotensis episcopi, apostolice sedis legati : magister Guillermus Magdunensis, Buchardus nepos subdecani Aurelianensis, Robertus monachus Bonevallensis, Guillermus medicus Aurelianensis, Ivo legis doctus. Ego Robertus, domini Gaufridi Carnotensis episcopi, apostolice sedis legati, capellanus, vidi, audivi et scripsi.

A. Bibl. de l'Arsenal, ms. 1008, p. 481.
B. Lancelot, 134, f° 74 r°, d'après le cartulaire f° 25. On lisait pour légende :
« Carta Gaufredi, Carnotensis episcopi, super concessione cujusdam domus, site Turonis, et quibusdam terris circum adjacentibus. »

# X

1133-1145.

*Don de l'église de Saint-Ouen par Geoffroy, évêque de Chartres.*

G[aufridus], Dei gratia, Carnotensis episcopus, apostolice sedis legatus, F[ulconi], Vindocinensi decano, salutem. De ecclesia Sancti-Audoeni quam nobis reservabamus ecclesie Castriduni donum fecimus : unde tibi mandamus quatenus de ipsa ecclesia et de rebus ad eam pertinentibus abbatem et canonicos regulares supradicte ecclesie investias et eos in ipsam introducas. Donum autem quod eidem ecclesie Sancte-Marie Castridunensis fecerunt Goscelinus de Vico-Vassalorum et uxor ejus et filii et filie concedimus et confirmamus.

<small>A. Bibl. de l'Arsenal, ms. 1008, f° 194.</small>

## XI

1149, févr.-avril [1]. — Châteaudun.

*Charte de Thibaut IV, comte de Blois, déclarant que les serments, en cas de contestation, ne pourront être faits que dans l'église de la Madeleine.*

Quoniam Deus veritas est et qui veritatem impugnant Deum quoque constat impugnare, que vera scimus, ne posteros lateant, stilo memorie mandando posteritati transmittere curavimus. Quamobrem ego Theobaldus, Blesensis comes, existencium presentie et futurorum posteritati notum fieri volo quod antecessores mei ab antiquo dederant ecclesie Beate-Marie-Magdalene Castridunensis, sicut capelle eorum, ne alieni liceret exibere sancta ad sacramenta juranda, in villa Castriduni, preterquam ministris predicte ecclesie, omnibus duellis vel sacramentis que in curia eorum seu in manu prepositorum ipsorum, in prefata villa, insumpta vel arramissa fuissent, que videlicet ipsi per se possent accipere vel dimittere. Judicia vero, que tunc temporis de ferro esse solebant, in curia eorum seu prepositorum ipsorum insumpta, in prenominata ecclesia ferentur. Ego autem Theobaldus comes hoc donum et hanc institutionem antecessorum meorum prefate ecclesie Beate-Marie concedo et in perpetuum confirmo. Et

---

[1] L'évêque Geoffroi mourut le 24 janvier 1149 ; la charte que nous publions, datée de 1148 sous l'épiscopat de l'évêque Goslein, dut être donnée entre le 24 janvier et le 3 avril 1149, date de la fête de Pâques.

quoniam judicia ferri, que in temporibus antecessorum meorum esse solebant, prevaricata erant, addo insuper et confirmo ut omnia judicia, seu de ferro sive de aqua, in curia mea seu prepositi mei apud Castridunum insumpta, vel aliunde per justiciam nostram adducta; sacramenta vero de duellis et aliis rebus, sicut superius dicta sunt, ita teneri precipio, exceptis sacramentis que unus homo fecerit alteri si fuerint adramissi ante me vel ante prepositum meum, in parochiis illis in quibus insumpta fuerint expectabuntur et agentur. Hoc autem laudavit et concessit Theobaldus, filius meus. Ne autem alicui deinceps prefatam dignitatem illius ecclesie infringere vel minuere liceret, hanc cartam fieri et sigilli mei auctoritate confirmari precepi. Hujus rei testes sunt : Radulphus, capellanus meus, qui hanc sigillavit, Hugo vicecomes Castriduni, Raherius de Veteri-Vico[1], Hubertus Paganus[2], Hugo vigerius, Matheus Rufus, Gaufridus de Monte-Foleti, Aubertus Monacus, Odo Estrivarius[3], tunc prepositus Castriduni, Bernardus Decanus, Theobaldus de Jupeello, Theobaldus de Mellenvilla, Troscellus[4]. Signum + Theobaldi, filii

---

[1] Rahier de Viévy est le même que Rahier de Montigny que nous retrouverons plus loin. C'est à lui que le bourg de Viévy-le-Rayer doit son surnom.

[2] Hubert Payen était le second fils du vicomte de Châteaudun, Geoffroy II. Dans une donation d'une terre à Saint-Mars-du-Cor faite en 1151 à l'abbaye de la Madeleine par Geoffroy II et Héloïse, Hubert Payen, fils des donateurs, apparaît comme témoin. En 1140, il avait été également témoin du don fait à la léproserie de Saint-Lazare, par Renaud de Patay, de deux charruées de terre à Machelainville. Comme nous l'avons déjà dit ailleurs, le surnom de Paganus nous semble correspondre jusqu'à un certain point au mot de *paysan*. Nous le trouvons en une foule de cas donné aux cadets des familles nobles, qui ne pouvaient posséder le fief héréditaire.

[3] Pendant plus de trois siècles, la famille Estrivart joua le rôle le plus considérable parmi les bourgeois de Châteaudun. Cette famille s'éteignit à la fin du XVe siècle en la personne de Denise Estrivart, veuve de Jean du Fresne qui, en mourant en 1494, laissa ses nombreux domaines à son cousin-germain, Geoffroy le Vavasseur, seigneur d'Éguilly.

[4] On trouve Trossellus mentionné comme prévôt de Châteaudun en 1147 : il était donc le prédécesseur immédiat d'Eudes Estrivart et avait sans doute succédé à Bernard, cité comme prévôt de Châteaudun en 1140.

mei. De concessione Theobaldi sunt testes : Raherius de Veteri-Vico, Hugo filius ejus, Odo *de Marant,* Galterius *de Bernon,* Hugo vigerius, Bernardus de Duoa, Lambertus Saccus. Actum est hoc apud Castridunum, anno ab incarnatione Domini millesimo centesimo XL° VIII°, rogatu Fulcherii, abbatis predicte ecclesie, regnante Ludovico rege Francorum, Gosleno episcopo Carnotensi cathedra residente.

    A. Bibl. de l'Arsenal, ms. 1008, p. 462.
    B. Lancelot, 134, f. 3520, d'après le Cartulaire, f. 1. On lisait pour rubrique : « Carta Theobaldi comitis de juramentis. »
    C. Dom Verninae, Bibl. d'Orléans, n° 435 bis, p. 100.
    D. Essai sur la religion du Dunois, t. II, f. 71 v°.
  Édit. : 1° *Gallia christiana,* t. VIII, col. 330.
      2° *Hist. du Dunois,* par l'abbé Bordas, t. II, p. 215.

## XII

### 1149, févr.-avril.

*Charte de Goslein de Lèves, évêque de Chartres, déclarant que les serments, en cas de contestation, devront se faire dans l'église de la Madeleine.*

Ex injuncto nobis officio ad sollicitudinis opus incumbere novimus quod veritati nostrum favorem commodare et quod ecclesiarum jura illibata et inconcussa pro viribus conservare debemus, proinde ego Goslenus, Dei gratia, Carnotensis episcopus, existencie presentium et posteritati futurorum presenti pagina notum facio me Castridunensi ecclesie Beate-Marie-Magdalene eam dignitatem concedere quam predecessoribus meis episcopis placuit eidem ecclesie conferre, hanc scilicet quod in villa Castriduni nemini nisi memorate ecclesie ministris liceat extrahere sancta, juranda ad sacramenta in duellis que in curia comitis seu in manu sui prepositi insumpta fuerint vel aramissa ; eo insuper adnexo quod judicia, seu ignito ferro fiant sive aqua, in curia comitis vel ejus prepositi insumpta vel aliunde per comitis justiciam adducta, portata et administrata fuerint in prenominata Beate-Marie ecclesia. Huic concessioni nostre affuerunt quorum nomina subscribuntur : magister Odo, prepositus de Fontanis ; magister Milo, noster capellanus ; Willelmus de Nogento, prepositus Beate-Marie ; Herbertus, cubicularius ; magister Paganus. Ut etiam nostre concessionis tenor de robusto esset robustior, cum nostri impressione sigilli munivimus. Datum anno Domini M° C° quadragesimo octavo.

A. Bibl. de l'Arsenal, ms. 1008, p. 486.
B. Essai sur la religion du Dunois, t. II, 1<sup>re</sup> partie, f. 79.
C. Lancelot, 134, f. 83, d'après le Cartulaire, f. 29. Dans cette dernière copie, la date manque, et on lit cette rubrique : « Carta Gosleni episcopi de juramentis. »

## XIII

### 1149 circa.

*Abandon par Guillaume, fils du comte Thibaut IV, de tout ce qu'il possédait sur l'église de Choue.*

Amicis suis, Castriduni, Dei gratia, abbati totique capitulo, Guillelmus, comitis T[heobaldi] filius[1], salutem. Rem ego de qua inter me et vos habebatur contentio diligentius perscrutans, tum vestris privilegiis tum multis testimoniis, agnovi ecclesiam de Choa cum violentia potius quam cum justicia me voluisse optinere. Quamvis ergo, puer tamen, contra Deum et homines facere veritus sum, illud scilicet commemorans : « Nemo nimis propere didicit nocitura cavere. » Inde est quod de predicta re et controversia, quantum ad me attinet, vos penitus absolvo, super hoc scilicet adversum vos ulterius non reclamaturus.

A. Bibl. de l'Arsenal, ms. 1008, f. 194.
B. Lancelot, 134, f. 79 r°, d'après le Cartulaire f. 27, où on lisait pour rubrique : « Carta Guillelmi, filii comitis, de quitatione ecclesie de Choa. »

[1] Ce Guillaume est Guillaume aux Blanches-Mains, quatrième fils du comte de Chartres Thibaut IV. Il devint évêque de Chartres en 1164, archevêque de Sens en 1169, de Reims en 1177, et régent du Royaume pendant la croisade de Philippe-Auguste en 1191.

## XIV

### 1150 circa.

*Demande par Hugues IV, vicomte de Châteaudun, à Goslein, évêque de Chartres, de confirmer le don fait par lui d'une terre à Cormont.*

G[osleno], Dei gratia, Carnotensi episcopo, H[ugo], vicecomes Castriduni, suo vere dilecto et venerabili domino, eternam salutem in Christo. Noverit paternitas vestra quia ego partem terre mee que sita est in latere Curvi-Montis vendidi cum nemore canonicis Beate-Marie-Magdalene. Quod, quia firmum et stabile volui et volo esse, presentibus multis tam clericis quam laicis, juravi eis super sanctas reliquias quod si aliquis, calumpniando vel vim faciendo, super hac emptione insurgeret, in eos me defensorem et adjutorem bona fide haberent inde, pro meis viribus et pro meo posse : unde, non sine multa prece, significo sanctitati vestre ut, quod sub astricione sacramenti firmavi, vestris litteris inviolabiliter confirmatis, magnoque justicie rigore eos reprimatis et confusos reddatis, quicumque super hac re predictos canonicos presumpserint inquietare.

A. Lancelot, 134, f° 86 r°. d'après le Cartulaire f° 31.
B. Bibl. de l'Arsenal, ms. 1008, f° 195.

## XV

### 1150 circa.

*Lettre de Guillaume, évêque du Mans, confirmant la vente d'une terre à Cormont, faite par Hugues IV, vicomte de Châteaudun.*

Ego G[uillelmus], patientia Dei, Cenomannensis episcopus, presentibus et futuris notum esse volumus Hugonem, vicecomitem de Castriduno, partem terre sue quam habebat in latere

Curvi-Montis, cum nemore, canonicis regularibus Beate-Marie-Magdalene Castriduni, eodem referente, didicimus vendidisse. Convenerunt etenim predictus Hugo et canonici nostram presentiam, et ut eorum convenientie nostro firmarentur testimonio negotii sui ordinem sibi invicem consentientes nobis dilucide retulerunt. Hugo etiam jurejurando adjecit, si quis super his que canonicis libere et quiete in perpetuum obtinere concesserat eosdem inquietare audeat, se inde fore deffensorem pro posse suo et adjutorem. Ne ergo tanti negotii series oblivione deleatur et sicut vana et migratoria posteris habeatur, cum is Hugo de quo agitur parrochianus noster sit, de ejus convenientia presentes litteras sui et sigilli nostri munimine roborari precipimus, ad exemplum Carnotensis episcopi, cujus idem Hugo similiter cum terra predicta parrochianus erat, qui hoc etiam sigillo suo impresserat. Itaque si Hugo predictus vel ejus posteritas habendi ardore incaluerit et super predicta emptione inquietare presumpserit ecclesiam Beate-Marie-Magdalene, ego G[uillelmus] et successores mei episcopi quorum sollicitudini commissum est ecclesiastica jura tueri, si hoc, inquam, aliquando contigerit, nos moniti debitam justiciam super eos faciemus.

A. Bibl. de l'Arsenal, ms. 1008, p. 488.

## XVI

### 1129-1151.

*Confirmation par Geoffroy V le Bel, comte d'Anjou, d'une terre donnée à la Madeleine par Hugues Desrée, chanoine de la dite église.*

G[aufridus], Andegavensis comes, hominibus et amicis suis, salutem. Quod catholici viri qui honore et potestate terrena ceteris precellunt, sanctam matrem Ecclesiam et qui ei deserviunt honorare et defendere debent, nemo est qui ambigat. Ego igitur, qui me Ecclesie sancte filium recognosco, res matris mee que circa me sunt custodire volo et jubeo. Precipio itaque vobis quatenus res ecclesie Sancte-Marie Castridunensis, pro Dei amore et meo, custodiatis. De terra vero quam Hugo *Desrehez* [1], canonicus ejusdem ecclesie, pro remedio anime sue, dedit, nullus eos inquietare presumat, sed ad beneplacitum suum quicquid de terra sua disposuerint, eis liceat ordinare. Si quis vero meorum hominum eos super hoc disturbare temptaverit, sine dubio me offendet.

> A. Bibl. de l'Arsenal, ms. 1008, f° 195.
> B. Lancelot, 134, f° 89 r°, d'après le Cartulaire, f° 33. On lisait en rubrique :
> « Littere comitis Andegavensis, super garancia terre quam nobis dedit Hugo *Desree*. »
> C. Essai sur la religion du Dunois, t. II, p. 124.

## XVII

### 1143-1152.

*Lettre de Louis VII, roi de France, à Évrard du Puiset, pour qu'il ait à faire rendre à la Madeleine les biens que ses hommes lui ont enlevés.*

Ludovicus, Dei gratia, rex Francorum et dux Aquitanorum, Ebrardo de Puteolo, fideli et amico nostro, salutem et gratiam nostram. Dilectioni tue mandamus et mandando precamur quatinus predam canonicorum Sancte-Marie Castriduni, quam

---

[1] La famille Desrée (le Déshérité) joua un rôle considérable parmi la bourgeoisie dunoise du xii° au xiv° siècle. Le plus ancien membre que nous connaissions de cette famille est Eudes le Déshérité, *Odo, cognomine Desreatus*, qui fit en 1083 un accord avec les religieux de Marmoutier au sujet des dégâts commis par ses hommes dans les bois de l'abbaye à Nottonville (*Cart. Dunois*, p. 48). Hugues, cité dans la charte que nous publions, était fils de cet Eudes : il confirme en 1119, avec sa mère Agnès et ses quatre frères Gilduin, Geoffroy, Eudes et Girard, un nouvel accord fait par son père avec les religieux de Marmoutier pour le moulin de Varellis construit à frais communs sur la rivière de Conie (*Cart. Dunois*, p. 161). Outre ces cinq fils, Eudes avait pour fille Richilde, qui épousa Jean d'Arrou, lequel vivait encore en 1140.

tui homines in sanctis diebus Quadragesime ceperunt, absque
dilatione reddi facias, sicut nos diligis et nostrum amorem
habere desideras. Necnon volumus et tibi mandando precipimus ut nec tu nec tui homines eos vel res eorum amplius
inquietatis nec inquietando contra nostram voluntatem diri-
pere presumatis. Valete.

    A. Bibl. de l'Arsenal, ms. 1008, f. 197.
    B. Lancelot, 134, f. 105 v°, d'après le Cartulaire, f. 55.
    C. Essai sur la religion du Dunois, t. II, p. 117.
    Édit. : 1° *Hist. du Dunois*, par Bordas, t. I, p. 125.
          2° *Recueil des historiens de la Gaule et de la France*, t. XVI, p. 8.
          3° *Les Seigneurs du Puiset*, par Ch. Cuissard (*Bull. de la Soc. Dunoise*,
          t. III, p. 388).

## XVIII

1152 circa. — Chartres.

*Confirmation de l'église de Choue par Goslein, évêque
de Chartres.*

Goslenus, Dei gratia, Carnotensis episcopus, dilectis in
Christo filiis Fulcherio abbati canonicisque Beate-Marie Castriduni eorumque successoribus, subscripte rei memoriam in
perpetuum. Religiosis servorum Dei congregationibus susten-
tandis atque regendis paterno affectu nos diligentiam adhibere
et officii nostri debitum postulat, et imitanda domini prede-
cessoris nostri avunculi nostri bone memorie Gaufridi exempla
invitant. Formam igitur tanti exemplaris qua possumus imita-
tione amplecti affectantes, sicut ille religiosa loca juvare et
manu tenere studuit, ita et nos in sancto religionis proposito
ea conservare, confovere, educare, temporalium quoque bonorum largitione ampliare, pro modulo possibilitatis nostre,
curamus. Hac itaque consideratione, vobis, dilecti in Domino
filii predicte Sancte-Marie canonici, quos a seculari statu in
regularem conversos non multis abundare possessionibus
cognoscimus, ecclesiam de Choa, cum decimis ad eam pertinentibus, tam minutis quam magnis, et cum omni integritate
parrochialis juris a prenominato predecessore nostro sancte

recordationis G[aufridi] olim vobis datam vobis confirmamus, Dei et nostra authoritate prohibentes ne quis, sive secularis sive ecclesiastica persona, vobis in posterum calumniam inferre vel alicujus doli molimine vos super hoc injustis vexationibus fatigare presumat. Huic nostre concessioni, Carnoti, in domo nostra, presentes fuerunt testes : Fulcherius, abbas Sancti-Petri Carnoti, Fulcaudus, abbas Sancti-Johannis-de-Valeia, Milo, novus eo die factus archidiaconus, Guillelmus camerarius, Milo, capellanus noster, presbiter et canonicus Sancte-Marie, magister Odo de Braio, clericus noster, canonicus et diaconus ecclesie Sancte-Marie, presentis carte notarius.

A. Bibl. de l'Arsenal, ms. 1008, p. 476.

## XIX

### 1152 circa.

*Confirmation par Goslein, évêque de Chartres, des biens de l'abbaye de la Madeleine.*

G[oslenus][1], Dei gratia, Carnotensis episcopus, F[ulcherio], abbati Castridunensis monasterii Beate-Marie-Magdalene, et universo conventui, salutem in Domino. Tum ex intuitu caritatis, tum ex nostri debiti officii nobis incumbit religiosas domos manu tenere et confovere et res earum quanto possumus tuitionis munimento integras conservare. Eapropter, dilectissimi in Domino filii, concedimus vobis et presentis scripti patrocinio confirmamus ecclesiam Beate-Marie-Magdalene, ecclesiam Sancti-Aniani, ecclesiam Sancti-Petri *de Lutz*, ecclesiam Sancti-Petri de Laneriaco, ecclesiam Sancti-Medardi, ecclesiam Sancti-Clementis de Choa, ecclesiam Sancti-Valeriani de Rothomago, ecclesiam Sancte-Marie

[1] D'après dom Estiennot, cette confirmation serait émanée de Geoffroy, évêque de Chartres. Cette identification nous paraît difficile à admettre : l'évêque G. ne prend pas en effet le titre de légat, avec lequel Geoffroy figure dans toutes les chartes depuis 1133 jusqu'en 1148.

de Villari-Boon, ecclesiam Sancti-Leobini-de-Ysigniaco, ecclesiam Sancti-Petri de Espesonvilla, capellam de Leugro, ecclesiam Sancti-Audoeni, ecclesiam Sancti-Petri de Orgeriis. Ut autem hoc ratum per succedentia tempora perseveret, presentem paginam nostri impressione sigilli munivimus.

A. Bibl. de l'Arsenal, ms. 1008, f. 197.

## XX

1152, circa.

*Sauvegarde du roi Louis VII pour la terre de Villepareux.*

L[udovicus], Dei gratia, rex Francorum et dux Aquitanorum, universis prepositis et servientibus nostris, salutem. Notum vobis fecimus quoniam Villerium-Petrosum, quod est canonicorum Beate-Marie de Castro-Duni, in custodia et protectione nostra recepimus. Proinde universitati vestre per regia scripta mandamus ut predictam villam attentius conservetis et nullis pertemptetis depredacionibus aut injuriis aggravari; quod enim nos conservandum accepimus, prorsus volumus a fidelibus nostris intemeratum consistere.

A. Orig. en parch. scellé, aux Archives d'Eure-et-Loir [1].
B. Lancelot, 134, f° 80 r°, d'après le Cartulaire, f° 31.
C. Histoire de la religion du Dunois, t. II, p. 116.

## XXI

1153, 12 mars. — Saint-Jean de Latran.

*Bulle d'Eugène III, confirmant les possessions de l'abbaye de la Magdeleine.*

Eugenius, episcopus, servus servorum Dei, dilectis filiis Fulcherio, abbati ecclesie Sancte-Marie-Magdalene de Castriduno,

[1] On lit au dos : « Littere Ludovici regis pro Viller-Petroso ». Le sceau en cire blanche sur simple queue de parchemin est en partie brisé : on y distingue encore la figure équestre du roi, avec les lettres ..... F R A .....

ejusque fratribus tam presentibus quam futuris regularem vitam professis, in perpetuum. Quoties illud a nobis petitur quod religioni et honestati convenire dinoscitur, animo nos decet libenti effectum justis postulationibus indulgere, quod et vigor equitatis et ordo exigit rationis, presertim quando petentium voluntatem et pietas adjuvat et veritas non relinquit. Quapropter, dilecti in Domino filii, venerabilis fratris nostri Gosleni, Carnotensis episcopi, precibus inclinati, vestris justis postulationibus clementer annuimus, et prefatam ecclesiam in qua divino mancipati estis obsequio, sub sancti Petri et nostra protectione suscipimus et presentis scripti patrocinio communimus, statuentes ut quascumque possessiones, quecumque bona eadem ecclesia in presentiarum juste et canonice possidet, aut in futurum, concessione pontificum, largitione regum vel principum, oblatione fidelium, seu aliis justis modis, Deo propitio, poterit adipisci, firma vobis vestrisque successoribus et illibata permaneant : in quibus hec propriis duximus vocabulis exprimenda, ecclesiam Sancti-Petri *de Luz,* ecclesiam Sancti-Petri de Lanneriaco, ecclesiam Sancti-Valeriani de Rotomago, ecclesiam Sancti-Medardi, ecclesiam Sancti-Clementis de Choa, ecclesiam Sancti-Audoeni, ecclesiam Sancti-Petri de Orgeriis, ecclesiam Sancte-Marie de Villaribool. Porro, decedentibus ejusdem ecclesie canonicis secularibus, nullus, nisi canonicam vitam professus, substituatur; decedentium vero secularium canonicorum prebende ad usum et dispositionem eorum qui regularem in eadem ecclesia vitam professi sunt, sine ulla cujuslibet persone contradictione, deveniant. Decernimus ergo ut nulli omnino hominum liceat prefatam ecclesiam temere perturbare, aut ejus possessiones auferre, vel ablatas retinere, minuere, seu aliquibus vexationibus fatigare ; sed illibata omnia et integra conserventur, eorum pro quorum gubernatione ac sustentatione concessa sunt usibus profectura, salva diocesani episcopi canonica justicia. Si qua igitur in futurum ecclesiastica secularisve persona hanc nostre constitutionis paginam scienter contra eam venire temptaverit, secundo tertiove commonita, nisi temeritatem suam congrua satisfactione correxerit, potestatis honorisque sui dignitate careat, reamque se divino judicio existere de perpetrata iniquitate cognoscat, et a sacratissimo corpore ac sanguine Dei ac domini redemptoris nostri Jesu Christi aliena fiat, atque in extremo examine districte ultioni subjaceat; cunctis autem eadem servantibus sit pax domini nostri Jesu Christi, quatinus et hic fructum bone actionis percipiant et apud districtum judicem premia eterne pacis inveniant. Datum Laterani, IIII nonas martii, indictione I$^a$, incarnationis dominice anno M$^o$ C$^o$ L$^o$ II$^o$, pontificatus autem nostri anno nono.

A. Bibl. de l'Arsenal, ms. 1008, p. 459.
B. Histoire de la religion du Dunois, t. II, p. 86.

## XXII

### 1153 circa.

*Don de la lande Lésard par Rahier de Montigny, et confirmation du dit don par Hugues IV, vicomte de Châteaudun.*

Quoniam multociens de elemosinis fidelium in ecclesiis longe lateque constitutis calumpniam videmus insurgere, ob recordationem rerum preteritarum, memorie litterarum commendare curavimus quoniam dominus Raherius de Montigniaco, Fulcherio, Dei gratia, abbati Sancte-Marie-Magdalene, et ejusdem ecclesie canonicis, spe divine remuneracionis, landam Lesardi donavit, ut eam ad hospitandum et colendum rusticis traderent. Omnem vero justiciam ejusdem terre et rusticorum consuetudines qui eam inhabitabunt, libere et quiete concessit ea canonicis, retenta tamen sibi medietate terragii et decime ejusdem terre. Nullum servientem ibi habebit dominus Raherius, set per manum servientis canonicorum partem suam terragii et decime recipiet. Dominus Hugo, Cas-

triduni vicecomes, de cujus feodo est landa Lesardi, concessit
istud donum superius inscriptum benigne, pro salute anime
sue et suorum parentum, Roscelino de Membroliis, Hugone
Borrello, Guillermo fratre vicecomitis, Hugone nepote vicecomitis, Odone falconario, Villano armigero vicecomitis,
Godefrido armigero vicecomitis, Gaufrido de *Laval*, Roberto
*Rastel*, Renaudo famulo abbatis, Roberto Infernali, Fulcherio abbate et Stephano priore, testibus. Et ut hoc ratum
permaneret, Hugo, Castriduni vicecomes, proprio sigillo
munivit.

<small>A. Lancelot, 134, f° 76, d'après le Cartulaire, f° 26.
B. Bibl. nat., ms. lat. 17049, f° 88 r°.</small>

## XXIII

### 1153 circa.

*Vente par Hugues IV, vicomte de Châteaudun, de toute la terre et le bois qu'il possédait à Ruan.*

Noscant universalis ecclesie filii quatinus ego Hugo, Castriduni vicecomes, assensu matris mee Heloise sororumque
mearum, et uxoris mee Margarite, terram cum nemore quam
habebam a terra Rotomagi usque ad viam magnam que ducit
de Bufereio ad Cloiam, juxta landam Losardi, et sicut dividitur a terra monachorum de Fonte-Radulphi, et a terra domini
Raherii, Fulcherio, abbati ecclesie Sancte-Marie-Magdalene,
et canonicis ejusdem ecclesie vendidi, et ejusdem terre justiciam totam et consuetudines rusticorum qui eamdem terram
inhabitabunt. Concessi siquidem canonicis ut ipsi quantum
vellent de nemore retinerent, et ut unusquisque de hospitibus
haberet tantum de terra ad censum ubi domum suam et grangiam et curiam convenientem posset facere, census vero canonicorum esset quietus. Iterum concessi eis ut unusquisque
rusticorum dimidium agripennum terre ad oblitas haberet,
que canonicorum erunt proprie et quiete. De terra vero forin-
sequa que est ultra dimidios prefatos agripennos terragium et

decima coadunetur in unum, et inde quartam partem per manum servientis canonicorum habebo et heredes mei. Similiter de omni terra que vendita erit vel ad censum data fuerit, medietatem venditionum et census per manum servientis canonicorum ego et heredes mei habebimus. Preterea concessi ut noe ad censum dentur, de quo medietatem habeo vel heredes mei per manum prescripti servientis; serviens vero et grangie tritores michi fiduciam vel jusjurandum facient quod ipsi dampnum meum de mea parte per annum non consenserint scienter ultra sex denarios. Si quis vero de rusticis canonicorum suprascripti territorii aliquid viccecomiti de territorio vel de rebus ad territorium pertinentibus [forisfecerit], per manum canonicorum vel per manum servientis eorum, super ipsam terram fiet rectitudo vicecomiti vel suis heredibus. Vicecomes vero nullum servientem ibi habebit nec heredes sui, sed per manum servientis canonicorum partem suam censuum et venditionum recipient; rustici tamen canonicorum suprascripti territorii cum suo carregio consuetudinarie, deferent ad Castridunum vel ad Montem-Dublellum illam partem annonarum quam vicecomes vel heredes sui ibidem habebunt unoquoque anno. Fidejussores hujus pacti fuerunt: Robertus de Memberolis, Hugo viarius, Matheus Mengarini, Gaufridus de Monte-Fauni, Godefredus legisdoctus, Girardus de Scolis, Hugo Desredatus, Galerandus sexterarius, Cophinus de Telleio, Engelardus de Essa, Thomas de Sancto-Ilario, Garinus Boguerellus, Tebaldus Bonellus, Herveus Bonellus, Stephanus Rabellus, Fulcoius Rufus, Gauterius Loro, Alcherius Formica, Johannes Formica, Tebaldus Mocellus, Odo Sirardi : unusquisque horum suprascriptorum jurejurando centum solidos plegiavit. Hanc convencionem viderunt et audierunt facere isti quorum nomina hic inferius subscribuntur : Evrardus de Pusato, Nevelonus de Fracta-Valle, Hamelinus frater ejus, Tebaldus de Jupcello, Bartholomeus Guina, Tebaldus miles de Camarcio, Adam canonicus, Paganus Mansellus, Hugo de Pataico, Robertus presbiter de Sancto-Florentino, Herveus presbiter de Sancto-Sepulcro, Robertus capellanus vicecomitis, Balduinus presbiter, magister Tebaldus, Bernardus Decanus, Odo Trivardus[1], Gauterus Sabella, Trossellus, Isembardus, Evrardus Bonellus, Robertus Rastellus, Andreas cerarius, Renaudus de Guicheto, Garinus major canonicorum, Enjorrandus faber, Frogerius de Licuncis, Henricus Gunterii, Ogerius cordoenarius, Girbertus ganterus. Ego Hugo, Castriduni vicecomes, hanc conventionem inter me et canonicos et Fulcherium abbatem factam litterarum memorie commendare et sigilli mei munimine confirmare precepi, cum sigillo capituli Sancte-Marie-Magdalene, ut in perpetuum stabilis et firma permaneret, ita ut si ex istis suprascriptis pactis controversia exorta fuerit, jusjurandum unius legitimi hominis ex parte abbatis sine bello finem omni controversie imponet.

A. Chirographe [2] orig. en parch. aux Archives d'Eure-et-Loir [3].
B. Lancelot, 134, f° 94 r°, d'après le Cartulaire, f° 37.

## XXIV

1154 circa.

*Accord avec Hugues IV, vicomte de Châteaudun, pour les hôtes de Ruan.*

Ne perversitas posterorum quandoque corrodendo pervertat quod modernorum simplicitas operatur, utili ab antiquo statutum est providencia ut que digna memoria judicarentur scripto

[1] Cinq des personnages dénommés dans cette charte : Hugo viarius, Garinus Boguerellus, Odo Trivardus, Tebaldus Bonellus, Adam canonicus, sont mentionnés dans une charte de 1154, par laquelle Hugues IV, vicomte de Châteaudun, donne aux pauvres de l'Aumône leur nécessaire en pain, vin et un plat de poisson pour leur nourriture le jour du vendredi saint. (*Arch. de la Maison-Dieu de Châteaudun*, p. 5). Bartholomeus Guina est le même qui, en 1153, fut chargé de la garde de Sulpice d'Amboise, prisonnier à la tour de Châteaudun.

[2] Le vers suivant servait à relier les deux parties du chirographe :
*Ira odium general, concordia nutrit amorem.*

[3] On lit au dos de l'original, d'une écriture du XIII° siècle : « Carta Hugonis, Castriduni vicecomitis, et Heloise matris sue, de nemore et terris et rebus aliis circa Rotomagum. »

memoriter commendarentur. Hac igitur auctoritate, ego Hugo, Castridunensis vicecomes, tam presentibus quam posteris cognitum esse volo qualis inter me et Fulcherium, abbatem Sancte-Marie-Magdalene, assensu tocius capituli, de hospitibus quos ipsi Rothomago et universo territorio quod eidem ville adjacet, necnon et Plesseicio-Hermingardis, possident, facta fuerit compositio, scilicet ut ipsi libere mortuum nemus ad usus suos et herbagium ad pecora sua alenda in nemoribus meis caperent, preter defensum meum et haias et plesscicia, et ut ab inquietatione servientium et accusatione [eorum] qui nemora custodiunt securi essent. Constituerunt [autem] quatinus quisque eorum qui terram bestiis excolunt, singulis annis, ad festum Sancti Remigii, unum sestarium avene mihi daret; qui autem hospitagium tantum seu censivam habebunt, unam minam; verumptamen hospitagium quod vacuum et destitutum a possessore fuerit liberum erit. Canonicus vero qui ibidem mansionem habuerit hoc ipsum totum herbagium ad pecora sua et nemus mortuum ad suos usus habebit, et tamen ab hac consuetudine immunis erit. Hanc autem avenam Castriduni adducent et tradent receptoribus meis ad justam minam cum qua annona empta et vendita communiter Castriduni mensuratur: si vero Castriduni, aliqua occasione interveniente, liberum ingressum non habuero, hunc eumdem redditum ad Montem-Dublellum mihi persolvent, eadem mensura, meo tamen salvo conductu. Hujus rei testes sunt: Gervasius de Mostcrolo, Matheus de Nemore-Garnerii, Garnerius de Valeriis, Aubertus Potardi, Robertus *de Nuili*, Stephanus capellanus, Theobaldus Bonellus[1], Odo Trivardus, Theobaldus Angelardi.

A. Lancelot, 134, f. 50 v°, d'après le Cartulaire, f. 17. On lisait la rubrique : « Carta Hugonis, vicecomitis Castriduni, pro tensamento de Rothomago in Pertico. »

[1] Thibaut Bonnel était un des fidèles du vicomte Hugues IV. Lorsque ce seigneur se fut emparé de la terre de Villemor sur le prieuré du Saint-Sépulcre à la suite d'un différend avec le prieur de Saint-Denis de Nogent-le-Rotrou, ce fut à Thibaut Bonnel qu'il fit don de ce bénéfice.

## XXV

### 1154 circa.

*Confirmation par Hugues IV, vicomte de Châteaudun, du don de l'église de Choue.*

Cum brevitas humane vite celerrima morte finiatur, et que viderit et audierit homo facile possit oblivisci, difficile reminisci, utili providentia statutum est ab antiquo ut que digna memoria judicarentur diligentissime scripto commendarentur, quatenus, rerum gestarum tenore cognito, dissensionis materia removeretur, pax et concordia firmiter teneretur. Quod ego Hugo, Castriduni vicecomes, non negligenter attendens, notum fieri volo tam presentibus quam futuris quatenus donum quod de ecclesia Choe pater meus et mater mea [1] Beate-Marie Castriduni fecerant, et ego concesseram, et iterum concedo et sigilli mei munimine confirmo, non immemor illius maledictionis antique que in psalmo continetur : « Omnes principes « qui dixerunt : Hereditate possideamus sanctuarium Dei, Deus « meus, pone illos ut rotam, » et cetera, cum totis scilicet appendiciis que ad usum sacerdotis ecclesie adjacebant, imo que dominus Raherius, archidiaconus, qui ipsa possidebat quando ea manumittere decrevi ; non enim licebat ei jamdicte possessionis alios constituere heredes quam canonicos Beate-Marie, qui eam, ex dono patris mei et matris mee et meo, necnon et vavasorum qui eam in dominio tenebant, post obitum ipsius perpetualiter obtinendam expectabant. Neque illud silendum volo quod canonici in ecclesia Beate-Marie anniversaria patris et matris mee annuatim celebrare constituunt, assignatis in

---

[1] La donation de l'église de Choue par Geoffroy II et sa femme Héloïse est antérieure à 1149, année où Goslein de Lèves devint évêque de Chartres. En effet, Goslein, n'étant encore qu'archidiacre de Dunois, compléta le don de Geoffroi II en donnant à l'abbaye ce que lui-même possédait dans l'église de Choue.

martyrologio et memoriter notatis diebus quibus ipsos a corpore migrare contigerit. Huic concessioni presentes adfuerunt testes : Bucardus scilicet de Cavanna, Hugotus Balfredi[1] et Galterius frater ejus, Garinus de Novo-Vico, Hugo Clenchius, Stephanus capellanus, Patericus sacerdos *de Lamenai*, Paganus picerna, Roscelinus de Memberolis, Stephanus suus cognatus, Odo Joardus, Robertus Chardonnellus, Hugo Flavus, Fulcherius abbas, Stephanus prior, Radulphus carpentarius.

A. Bibl. de l'Arsenal, ms. 1008, p. 487.
B. Lancelot, 134, f. 97 v°, d'après le cartulaire, f. 39, où on lisait pour rubrique : « Carta Hugonis, vicecomitis, pro ecclesia de Choa. »

## XXVI

### 1155, 15 mars.

*Bulle d'Adrien IV confirmant les possessions de l'abbaye de la Madeleine.*

Adrianus, episcopus, servus servorum Dei, dilectis filiis Fulcherio, abbati ecclesie Sancte-Marie Castriduni, ejusque fratribus tam presentibus quam futuris canonicam vitam professis, in perpetuum. Quoties illud a nobis petitur quod religioni et honestati convenire dignoscitur, animo nos decet libenti concedere et petentium desideriis congruum impertire suffragium. Quapropter, dilecti in Domino filii, vestris justis postulationibus clementer annuimus, et prefatam ecclesiam in qua divino mancipati estis obsequio sub beati Petri et nostra protectione suscipimus et presentis scripti privilegio communimus, imprimis siquidem statuentes ut ordo canonicus, qui sub beati Augustini regulam in eodem loco noscitur institutus,

---

[1] L'abbé Bordas a cru pouvoir faire de cet *Hugotus Balfredi*, Hugues de Bouffry, qu'il suppose avoir été le premier seigneur de Bouffry. Nous ne pouvons admettre cette hypothèse. La forme *Balfredi* indique simplement que notre Hugot était le fils d'un certain Balfredus.

perpetuis ibidem temporibus inviolabiliter conservetur. Preterea quascumque possessiones, quecumque bona eadem ecclesia in presentiarum juste et canonice possidet, aut in futurum, concessione pontificum, largitione regum vel principum, oblatione fidelium, seu aliis justis modis, Deo propitio, poterit adipisci, firma vobis vestrisque successoribus et illibata permaneant : in quibus hec propriis duximus exprimenda vocabulis, scilicet capellam Sancte-Marie positam in palatio comitis Theobaldi de Castriduno cum pertinenciis suis, ecclesiam Sancti-Aniani, ecclesiam Sancti-Petri *de Luz*, ecclesiam Sancti-Petri de Orgeriis, ecclesiam Sancti-Petri de Lanneriaco, ecclesiam Sancti-Valeriani de Rotomago cum omnibus pertinenciis suis, ecclesiam Sancte-Marie *de Villebool* cum pertinenciis suis, ecclesiam Sancti-Medardi cum pertinenciis suis, ecclesiam Sancti-Clementis de Choa cum pertinenciis suis, ecclesiam Sancti-Audoeni cum pertinenciis suis, ecclesiam Sancti-Leobini-de-Isigniaco, capellam de *Lugro*, ecclesiam de Espessonvilla. Rationabiles preterea et antiquas consuetudines ac dignitates ecclesie vestre auctoritate apostolica confirmamus. Obeunte vero te, nunc ejusdem loci abbate, vel tuorum quolibet successorum, nullus ibi qualibet subreptionis astucia seu violentia preponatur, nisi quem fratres communi consensu vel fratrum pars consilii sanioris, secundum beati Augustini regulam, providerit eligendum. Decernimus ergo ut nulli omnino hominum liceat ecclesiam prefatam temere perturbare, aut ejus possessiones auferre, vel ablatas retinere, minuere, aut aliquibus vexationibus fatigare, sed omnia integra conserventur, eorum pro quorum gubernatione ac sustentatione concessa sunt usibus omnimodis profutura, salva sedis apostolice auctoritate et diocesanorum episcoporum canonica justicia. Si qua igitur in futurum. . . . .
. . . . . . . . . .
Datum Rome, apud Sanctum-Petrum, per manum Rolandi, sancte Romane ecclesie presbiteri cardinalis et cancellarii, idibus martii, indictione III<sup>a</sup>, incarnationis dominice anno

M° C° L° IIII°, pontificatus vero Adriani pape IIII[1] anno primo[1].

A. Histoire de la religion du Dunois, p. 90.

## XXVII

### 1148-1156.

*Don du bois de Vendôme par Barthélemy le Riche et Marie, sa sœur.*

Bartholomeus Dives[2] et Maria, soror ejus, uxor Goffredi de Lavarzino, cedunt boschum Vindocinensem dictum, quem iisdem confirmat Gosbertus de Boscheto, Johanne, Vindocinensi comite, de cujus feodo erat, concedente et testificante, cum assensu Burchardi et Lancelini filiorum suorum, attestantibus Roberto, abbate Vindocinensi, Theobaldo de Grava, Gaufrido *de Charrez*, Vulgrino fratre Bartholomei Divitis, Galebruno *de Menlei*, Britone de Solomis, Archembaudo de

---

[1] Une bulle exactement semblable fut donnée par le pape Alexandre III en l'année 1163. Elle est ainsi datée : *Datum Turonis, per manum Hermanni, sancte Romane ecclesie subdiaconi et notarii, III° nonarum januarii, indictione XI°, incarnationis dominice anno M° C° LX° II°, pontificatus domini Alexandri pape III[i] anno quarto.* (Bibl. de l'Arsenal, ms. 1008, f. 461.)

[2] Vers 1150, Barthélemy de Vendôme (le même que Barthélemy le Riche) confirme la fondation du prieuré de Chauvigny et fait approuver sa confirmation par Engebaud, archevêque de Tours, et Vulgrin, ses frères, Marie, sa sœur, et Gosbert du Bouchet, son gendre, qui devait lui succéder dans ses biens, *qui ei in dominio terre sue successurus erat* (*Cart. du Dunois*, p. 74). Comme nous l'apprend cette charte, la femme de Gosbert du Bouchet s'appelait Adélaïde. Quant à Marie, la sœur de Barthélemy de Vendôme, épouse de Geoffroy de Lavardin, elle semble avoir recueilli une partie de la succession de son frère, car elle apparaît, comme partie contractante, dans toutes les donations faites par Gosbert du Bouchet.

Oca, Alaide uxor Gosherti, Eremburgi, abbatissa Sancti-Aviti, Guillelmo, famulo abbatisse.

A. Bibl. de l'Arsenal, ms. 1008, p. 471.

## XXVIII

1156-1159.

*Confirmation des biens de la Madeleine par Robert, évêque de Chartres.*

R[obertus], Dei gratia, Carnotensis episcopus, F[ulcherio] abbati omnibusque tam presentibus quam futuris in ecclesia Beate-Marie-Magdalene Castriduni canonicam vitam professis, in perpetuum. Tum ex intuitu caritatis, tum ex debito nostri officii, nobis incumbit religiosas domos manutenere et confovere et res earum quanto possumus tuitionis munimento conservare. Eapropter, dilectissimi in Domino filii, vobis concedimus et presentis scripti patrocinio confirmamus ecclesiam Beate-Marie-Magdalene, ecclesiam Sancti-Aniani, ecclesiam Sancti-Petri *de Lu*, ecclesiam Sancti-Petri de Laneriaco, ecclesiam Sancti-Audoeni, capellam de Turre comitis, ecclesiam Sancti-Medardi, ecclesiam Sancti-Clementis de Choa, ecclesiam Sancti-Valeriani de Rotomago, ecclesiam Sancte-Marie *de Villariboum*, ecclesiam Sancti-Leobini-de-Ysiniaco, ecclesiam Sancti-Petri de Espessumvilla, capellam de Leugro, ecclesiam Sancti-Petri de Orgeriis. Ut autem presens pagina intemerata perseveret, eam nostri impressione sigilli communivimus.

A. Orig. en parch. aux Archives d'Eure-et-Loir 1.
B. Lancelot, 134, 155, d'après l'original.

## XXIX

#### 1160 circa.

*Confirmation par Jean Bouguerel d'une mine de blé de rente.*

Johannes *Boguerel*, miles, concedentibus filiis Garnerio et Nicolao, confirmat Sancte-Marie-Magdalene Castriduni donum mine bladi annuatim percipiende, quod dicte ecclesie fecerat Beatrix, filia dicti Johannis, Fulcherio abbati Sancte-Marie-Magdalene.

<small>A. Bibl. de l'Arsenal, ms. 1008, p. 471.</small>

## XXX

#### 1175. — Mondoubleau.

*Confirmation par Hugues IV, vicomte de Châteaudun, du don par Robert le Fermier de tout ce qu'il possédait en la paroisse de Saint-Mars-du-Cor.*

Ego Hugo, vicecomes Castriduni, notum fieri volo tam futuris quam presentibus quod ego, et Margarita uxor mea, et filii mei Gaufridus, Hugo et Paganus, amore Dei et caritatis intuitu, concessimus donum quod Robertus Villicus [1] donavit Deo et ecclesie Beate-Marie-Magdalene de Castriduno, cum Odone fratre suo, quem abbas et capitulum ejusdem ecclesie in fratrem et canonicum receperunt, videlicet totum id quod habebat prefatus Robertus in parrochia Sancti-Medardi, salvis michi consuetudinibus meis quas terra debet. Concessimus etiam memorate ecclesie terragium quod Johannes de Ponciaco Herberto abbati et canonicis Beate-Marie vendidit, quod videlicet terragium Johannes commune habebat cum eis. Auctum est hoc apud Montem-Dublelli, anno incarnati

---

[1] Robert le Fermier paraît avoir été un des riches bourgeois de Châteaudun. Au mois de décembre 1209, du consentement de sa femme Denise, il donna à l'Aumône de Châteaudun, pour le repos de son âme et celle de son frère Mathieu, 12 deniers de cens sur une maison à Châteaudun, *in Panceria*: au mois de juin 1213, il confirma le don fait à la même Aumône par Amaury de Trôo de 2 deniers de cens sur une maison sise à Cloyes dans sa censive. (*Arch. de la Maison-Dieu de Châteaudun*, p. 60 et 71.)

Verbi M⁰ C⁰ LXX⁰ V⁰. Testes sunt : Galterius, Gaufridus, Hugo......, Guillelmus Villicus, Petrus capellanus, Frodo canonicus, Godefridus, Laurentius, servientes vicecomitis, Herbertus, famulus abbatis.

<small>A. Lancelot, 134, f° 88, r°, d'après le Cartulaire, f° 33. On lisait pour rubrique : « Carta Hugonis vicecomitis pro elemosina Roberti Villici et pro vendicione Johannis de Ponciaco. »</small>

## XXXI

### 1174-1176.

*Confirmation par Guillaume, archevêque de Sens, des biens de l'abbaye de la Madeleine.*

G[uillelmus] [1], Dei gratia, Senonensis archiepiscopus et apostolice sedis legatus, H[erberto] abbati omnibusque tam presentibus quam futuris in ecclesia Beate-Marie-Magdalene Castriduni canonicam vitam professis, in perpetuum. Tum ex intuitu pietatis, tum ex debito nostri officii nobis incumbit religiosas domos manu tenere et confovere et res earum quanto possumus tuitionis munimento conservare. Eapropter, dilectissimi in Domino filii, vobis concedimus et presentis scripti patrocinio confirmamus ecclesiam Beate-Marie-Magdalene, ecclesiam Sancti-Aniani, ecclesiam Sancti-Petri *de Luz*, ecclesiam Sancti-Petri de Lanneriaco, ecclesiam Sancti-Audoeni, capellam comitis Theobaldi cum pertinenciis suis, ecclesiam Sancti-Medardi cum pertinenciis suis, ecclesiam Sancti-Clementis de Choa cum pertinenciis suis, ecclesiam Sancti-Valeriani de Rothomago cum pertinenciis suis, ecclesiam Sancte-Marie de Villari-Boon cum pertinenciis suis, ecclesiam Sancti-Petri de Espessonvilla cum pertinenciis suis, ecclesiam de Leugro cum pertinenciis suis, ecclesiam Sancti-Petri de Orgeriis cum pertinenciis suis. Ut autem presens

<small>[1] Nous avons déjà vu, vers 1149 (ch. n° XIII), Guillaume, alors enfant, abandonner à la Madeleine les droits qu'il possédait sur l'église de Choue. C'est sans doute comme fils du comte Thibaut IV qu'il confirme ici les biens de l'abbaye.</small>

pagina intemerata perseveret, eam sigilli nostri authoritate communiri fecimus. Valete.

<small>A. Bibl. de l'Arsenal, ms. 1008, p. 484.</small>

## XXXII
### 1177.

*Confirmation par Jean de Salisbury, évêque de Chartres, d'un accord entre l'abbaye et Gautier, archidiacre de Dunois, au sujet de l'église de Choue.*

Johannes, divina dignatione et meritis sancti Thome, Carnotensis ecclesie minister humilis, omnibus ad quos littere iste pervenerint, in Domino salutem. Predecessorum nostrorum vestigiis inherentes, concedimus Herberto abbati et canonicis ecclesie Sancte-Marie Castriduni ecclesiam de Choa, sicut in illorum scriptis continetur autenticis, scripto inserentes quod controversia, que vertebatur super eadem ecclesia inter dilectum filium nostrum Galterium, archidiaconum Dunensem, et predictum abbatem, interveniente venerabili patre nostro P[etro], sancte Romane ecclesie presbytero cardinali et apostolice sedis legato, et nostra adhibita diligencia, sopita est, memorato archidiacono episcoporum Carnotensium concedente concessionem. Actum publice anno Verbi incarnati MCLXXVII, assistentibus nobis venerabili patre nostro P[etro], sancte Romane ecclesie presbitero cardinali et apostolice sedis legato, et dilectis filiis G[aufrido] decano Carnotensi, R[icherio] cantore, G[aufrido] preposito, H[aimone] capicerio, G[alterio] Pissiacensi, magistro E[rnaudo] Drocensi, R[oberto] Blesensi archidiaconis, magistro Guillelmo camerario, magistro H[erberto] de Veteri-Vico et L[amberto] presbitero[1].

<small>A. Lancelot, 136, f° 80, d'après le Cartulaire, f° 27 v°.
B. Bibl. de l'Arsenal, ms. 1008, p. 485.</small>

---

[1] Lancelot, d'après le Cartulaire f° 28, nous a également conservé la charte par laquelle Gautier, archidiacre de Dunois, fait l'abandon à l'abbaye de la Madeleine de tout ce qu'il prétendait sur l'église de Choue.

## XXXIII

### 1180 circa.

*Lettre de Thibaut V, comte de Blois, à Pierre, légat du Saint-Siège, pour qu'il prenne sous sa protection l'Aumône de Châteaudun contre les entreprises de l'abbé de la Madeleine.*

Domino et amico suo carissimo P[etro], sancte Romane ecclesie cardinali presbytero, apostolice sedis legato, Theobaldus, Blesensis comes, Francie senescallus, salutem et obsequium. Attendat discretio vestra quoniam domus pauperum Castriduni admodum sancta est et caritativa, utpote illa que debiles et egenos, undecumque veniant, cum omni devotione suscipit et procurat. Ipsa vero a patre meo comite Theobaldo et ab episcopis tam nostri temporis quam nostrum tempus precedentibus, prout melius et commodius visum fuerit, instituta est et ordinata. Abbas autem Castriduni ejus institutionem pervertere et nescio cujusmodi novas consuetudines inducere proponit, quod nullatenus presumere debet. Nemo enim qui Deum diligat detrimento tam sancte domus debet imminere, immo cum omni devotione et diligentia pro totis viribus suis in melius promovere. Unde liberalitati vestre devota et diligenti precum instancia supplico quatinus ad commodum pauperum Jesu-Cristi vigilanter intendatis, et prefatam domum in pristino statu in quo huc usque perstitit admodum persistere precipiatis. Valete.

Édit. : 1° D. Martène. *Anecdot.* II, col. 600.
2° *Recueil des historiens des Gaules et de la France*, t. XVI, p. 683.

## XXXIV

### 1185 circa.

*Don par Nivelon de Meslay au prieuré de la Chauvelière du droit de chauffage et d'usage dans le bois de Fay.*

Ego Nevelo *de Merlai*, omnibus notum facio quod, ob remedium anime mee et antecessorum meorum, ad preces domini

Gaufridi *de Brullon,* dedi et concessi canonicis apud Chavaleriam commorantibus chaufagium et usuagium in nemore de Faio, tam in vivo quam in mortuo, et panagium porcis, et herbagium propriis canonicorum animalibus. Quod ut ratum et stabile permaneat, litteris commendavi et sigillo meo confirmavi.

<small>A. Orig. en parch. aux Archives d'Eure-et-Loir [1].
B. Lancelot, 134, f° 105 r°, d'après le Cartulaire f° 54 v°.</small>

## XXXV

### 1186-1190.

*Don par Philippe de Beaumont de 20 sous sur ses revenus du Bourg-Neuf, et confirmation par Hugues VI, vicomte de Châteaudun.*

Notum sit omnibus tam futuris quam presentibus quod ego, Philippus de Bello-Monte, assensu libero fratris mei, videlicet Mathei de Bello-Monte, comitis, dedi viginti solidos de redditibus meis de Burgo-Novo ecclesie Beate-Marie-Magdaleine Castriduni, ob salutem videlicet et remedium anime mee et matris mee et omnium antecessorum meorum, tali siquidem modo quod, ille quisquis fuerit qui redditus meos de Burgo-Novo sibi comparaverit, abbati Beate-Marie Castriduni super hoc fidem et securitatem faciat annuatim quod predictos viginti solidos, ad Nativitatem Domini, canonicis Beate-Marie persolvet. Eapropter H[erbertus], Castriduni abbas humilis, assensu capituli, caritatis amore, unum mihi propter hoc concessit annuale, ob remedium parentum meorum et anime mee, in ecclesia Beate-Marie-Magdalene celebrandum post decessum, et jam meum in eadem ecclesia anniversarium, annis singulis, ejusdem dignissime peccatricis canonici celebrabunt. Quod ut ratum et stabile in posterum permaneret, nominis mei karactere et predicti fratris mei sigilli auctoritate fecimus confirmari. Adprobavit etiam quam plurimum pretaxatum beneficium meum dominus H[ugo], vicecomes Castriduni, de

<small>[1] Au dos, du même temps : « Carta Nevelonis de Melleio pro Calvaleria. »</small>

cujus feodo idem esse redditus comprobatur, quod totum idem sigilli sui munimine roboravit. Quod voluerunt et libero concesserunt animo Johanna uxor ejus, Gaufridus filius eorum, istis presentibus Pagano de Monte-Duplici, Gaufrido *de Brulon*, Hugone de Valeriis, Herveo *de Villavesson*, Archenbaudo de Espessonvilla, magistro Garino Blesensi, Odone senescallo, Odone *Facier* et aliis quampluribus.

<small>A. Bibl. de l'Arsenal, mss. 1008, p. 466.
B. Lancelot, 134, f° 43 r°, d'après le Cartulaire, f° 4. On lisait en rubrique : « Carta Philippi de Bellomonte, de viginti solidis de Burgo-Novo ».</small>

## XXXVI
### 1190. — Châteaudun.

*Don par Thibaut V, comte de Blois, de 40 sous de rente sur le ban de la Pentecôte, en échange d'un muids de blé sur les moulins de la Boissière.*

Ego Theobaldus, Blesensis comes, Francie senescallus, omnibus notum facio quod in excambium unius modii annone quem canonici Beate-Marie de Castriduno habebant annuatim in molendinis de Buxeria, que cum omni integritate dedi Templariis, cum assensu uxoris mee Adelicie et filiorum meorum Ludovici et Philippi, et filiarum mearum Margarite, Ysabelle et Adelicie, do predictis canonicis, in banno meo Castriduni de Penthecoste, scilicet quadraginta solidos dunensium, in termino Penthecostes, singulis annis, reddendos. Quod ut ratum habeatur, litteris commendo et sigilli mei impressione confirmo. Testes sunt : Henricus de Puisato, Gaufridus de Brueria, Robertus de Mesio, Gaufridus *Cointet*, Nicolaus marescallus, Raginaldus Crispini, Gillebertus *de Milli*, Raginaldus *de Milli*, Odo Decanus. Actum Castriduni, anno incarnati Verbi M° C° nonagesimo.

<small>A. Orig. en parch. aux Archives du château de Dampierre, liasse XIII.
B. Bibl. de l'Arsenal, ms. 1008, p. 463.
C. Lancelot, 134, f° 36 r°, d'après le Cartul., f° 1. On lisait la rubrique : « Carta Theobaldi, comitis, super quadraginta solidis in banno Penthecostes. »
D. Histoire de la religion du Dunois, p. 101.
Édit. : *Hist. du Dunois*, par l'abbé Bordas, t. II, p. 295.</small>

## XXXVII

1190. — Châteaudun.

*Confirmation par Louis, fils du comte Thibaut, de la vente faite par Bernard le Doyen à la chapelle de la Chauvelière de deux muids de blé et un muids d'avoine sur la dîme de Pré-Nouvelon.*

Ego Ludovicus, comitis Theobaldi filius, omnibus notum facio quod Bernardus Decanus, laudantibus et concedentibus Amelina, matre sua, et fratribus suis Theobaldo, Bartholomeo, et avunculo suo, Hardoino de Oquis, vendidit capelle de Calveleria duos modios annone et unum modium avene, in decima sua de Percio-Nevelonis singulis annis capiendos pro xx libris andegavensium quas Gaufridus *de Brullon*, predicte fundator capelle, pro remedio anime sue et parentum suorum, dedit. Quicumque autem custos erit decime illius et quicumque eam traxerit capellano predicte capelle obligatus tenebitur sacramento quod decime ejus annonam nulla de causa unde capellanus dampnum incurrat pejorabit nec ab aliquo permittet pejorari. Ego vero, ad petitionem Nevelonis, de cujus feodo predicta est decima, venditionem istam ecclesie predicte firmiter tenendam garantire manucepi. Concessit autem Nevelo quod, pro venditione que de decima fiat nec pro servicio quod debeat ipse vel heres ejus sive aliquis alius, aliquid servicii unde capellanus capelle illius dampnum incurrat vel ejus redditus minueretur exigere non poterit [1].

[1] Une lettre écrite, le 23 septembre 1772, par dom Jaubert, prieur de la Madeleine, à l'abbé Bulté de Chéry, prieur de la Chauvelière, résume ainsi les titres dudit prieuré : « La chapelle de Sainte-Apolline des Chauvelières fut fondée par Geofroy de Brullon et donnée à l'église de la Magdeleine de Châteaudun, du consentement de Geofroy, vicomte de Châteaudun, par lettres dument en forme dattées de l'année 1190. Cette donation fut confirmée à l'abbaie de la Magdeleine par une bulle d'Innocent III, en l'année 1198, adressée à Séguin, lors abbé régulier de la Magdeleine. La dotation de cette chapelle consistoit originairement dans les dîmes et terrage que le chapel-

Quod ut ratum maneat semper et firmum, litteris commendavi et sigilli mei impressione confirmavi. Testes sunt : Robertus de Carnoto, Bucardus de Chaorciis, Gaufridus *Cointet*, Robertus de Mesio, Raginaldus de Milliaco, Petrus Drugensis, Petrus Belellus, Stephanus *Challo*. Actum Castriduni, anno incarnati Verbi millesimo centesimo nonagesimo [1].

A. Orig. en parch. aux Archives d'Eure-et-Loir [2].

## XXXVIII

1190 circa.

*Don par Robert de Lisle de cinq sous de rente sur ses cens de Lisle.*

Sciant presentes et posteri quod ego Robertus de Insula [3], divina commonitus pietate, pro anniversario meo et uxoris

lain avoit droit de percevoir sur toutes les terres des Chauvellières, dans l'usage qui lui étoit accordé de toutes les forests et paccages dudit seigneur des Chauvellières, et encore en une rente de 20 liv. que le dit Geofroy de Brullon avoit jointe à la fondation. Cette rente de 20 liv. fut convertie et employée, la même année 1190, à l'acquêt d'une redevance de 2 muids de bled et 1 muid d'avoine au profit de la même chapelle, à prendre et percevoir sur la dixme de Pré-Nouvellon, qui relevoit du fief de Nevellon, seigneur de Fréteval, lequel l'amortit et l'affranchit de tout devoir de vassal. M. Louis Tuffier, seigneur des Chauvellières, voulant tirer avantage de cette fondation et se procurer la messe pour la commodité de son château, qui étoit fort éloigné de l'église paroissiale de la Chapelle-Vicomtesse, le 15 janvier 1661, donna au prieur de Sainte-Apolline des Chauvellières et à ses successeurs 50 liv. tournois de rente annuelle et perpétuelle. »

[1] Lancelot, f° 84 r°, d'après le Cartulaire f° 29, nous a conservé l'acte de confirmation fait par Nivelon, seigneur de Fréteval, laudantibus et concedentibus Aaliz, uxore sua, et filiis suis Ursione, Hugone, et fratribus suis Fulcherio, Philippo, Matheo.

[2] Au dos, du même temps : « Carta Ludovici comitis de decima de Percio-Nivelonis pro Calvaleria. »

[3] Les membres de la famille de Lisle portèrent primitivement le nom de la Tour. Roger de la Tour, qui vivait vers 1020, épousa Adèle, fille de Foucher de Vendôme, dit le Riche, un des ancêtres de Barthélemy le Riche, qu'on rencontre fréquemment dans les chartes de cette époque. Ils eurent pour fils Foucher de la Tour, mort vers 1100, et qui était déjà seigneur de Lisle, puisqu'il donna l'église de ce village à l'abbaye de la Trinité de Ven-

mee et patris mei et matris mee et amicorum meorum, singulis annis, statutis diebus, sollempniter celebrando in ecclesia Beate-Marie Castriduni, donavi eidem ecclesie et im perpetuum concessi V^que solidos andegavensium in censibus meis de Insula singulis annis percipiendos prima dominica Quadragesime. Hanc elemosinam concesserunt Maldtidis uxor mea, Raginaldus, filius meus major natu, et Gaufridus filius meus. Et sic recepit me abbas dicte abbatie Beate-Marie et omnes filios meos et filias, necnum et uxorem in omni benefacto tocius abbatie. Ad hoc interfuerunt Johannes Grossus, prior Insule, Radulfus Fulperius et Ulricus et Nicholaus, canonici, Petrus *Papelons*, Monetus, Godetus et plures. Quod ut in memoriam haberetur et im perpetuum firmiter teneretur, sigillo meo et sigillo Raginaldi filii mei fecimus confirmari.

A. Orig. en parch. aux Archives d'Eure-et-Loir [1].

## XXXIX

### 1190 circa.

*Confirmation par Geoffroy IV, vicomte de Châteaudun, de la fondation de la chapelle de la Chauvelière, et des donations faites par Geoffroy de Brullon.*

Ego Gaufridus, vicecomes Castriduni, omnibus notum facio quod Gaufridus *de Brullon*, cum assensu meo, laudantibus et concedentibus Adelicia uxore mea, et Philippo et Hugone filiis meis, donat et concedit ecclesie Beate-Marie-Magdalene

dôme. Foucher fut le père de Jérémie, qui prit le premier le nom de seigneur de Lisle et qui donna au reste son nom à cette localité, qui, aux XII^e et XIII^e siècles, s'appela Lisle-Jérémie. Parmi les enfants de Jérémie, nous pouvons citer : Renaud I^er qui continua la descendance des seigneurs de Lisle, Guillaume qui conserva le surnom de la Tour, et Béatrix, mariée à Ursion I^er, seigneur de Fréteval. Robert de Lisle cité dans notre charte était le fils de Renaud I^er ; il devint vicomte de Blois à la fin du XII^e siècle.

[1] Au dos, du même temps : « Carta R[oberti] de Insula pro v solidis de censu. »

de Castriduno capellam de Chavaleria, et decimam et terragium totius territorii de Chavaleria, tam de hibernagio quam de avena, et mestivam de predicto territorio, et noam, et herbagium propriis animalibus, et panagium porcorum, et plenarium usuagium in nemore de Faio, tam in mortuo ad chaufagium, quam in vivo ad edificium et ad propria ustensilia, et hoc concedo predictis canonicis Chavalerie. Quod etiam concesserant et concedunt Nevelo de Merlaio, et Archenbaudus *de Hauz*, et Gilo de Chancaio, et Gaufridus *Daude*, qui predicti nemoris sunt forestarii [1]. Si enim defensum cujusdam partis in nemore fecero, canonici ibidem morantes in alia parte usuagium habebunt plenarium. Pratum vero quod emit de Roberto Archerio ipse G[aufridus] *de Brullon* et dedit canonicis, et ego volui et concessi, et sigillo meo confirmavi.

A. Orig. en parch. aux Archives d'Eure-et-Loir [2].
B. Lancelot, 134, f° 68 v°, d'après le Cartulaire, f° 22.

## XL

### 1190 circa.

*Guillaume du Bouchet et sa femme amortissent au profit de l'abbaye le bois qu'elle avait droit de prendre dans leur bois de Vendôme, suivant la donation que Barthélemy le Riche et sa sœur, jadis femme de Geoffroy de*

---

[1] Vers 1170, Hugues IV, vicomte de Châteaudun, confirma au prieuré de Chauvigny la terre du bois de Vendôme, sise entre Romilly et Chauvigny, qui avait été donnée au dit prieuré en 1155 par Gosbert du Bouchet et sa femme Adélaïde ; parmi ceux qui consentirent à cette confirmation et qui en retour reçurent un présent des religieux, nous voyons figurer Geoffroy de Hauz qui reçut 40 sous, Gilon le forestier auquel on donna un muids de seigle, et Geoffroy Daude qui eut le même présent (*Cart. du Dunois*, p. 176). La charge de forestier était héréditaire : dans la charte de Gosbert du Bouchet en 1155 paraissent Payen de Hauz et Renaud Daude.

[2] Au dos, du même temps : « Carta G[aufridi] vicecomitis de donacione ecclesie Calvarie, et decime, et terragii, et noe, et herbagii propriis animalibus, et pasnagii porcorum, et usuagii de Faio. »

Lavardin, avaient faite depuis longtemps à l'abbaye pour ses usages [1].

A. Sommier de la Madeleine, p. 1306.

## XLI

### 1197.

*Transaction entre André, abbé de Bonneval, et les religieux dudit lieu, et Séguin abbé et les religieux de la Madeleine. Les religieux de Bonneval, comme curés primitifs de la paroisse de Saint-Aubin, prétendaient avoir certains droits sur la dîme de la Grange appartenant à la Madeleine : il fut arrêté qu'à l'égard de la dîme des grains, les dits religieux en auraient la huitième portion, et qu'à l'égard de la dîme des vignes, ils en auraient deux muids de vin pris au pressoir de l'abbaye de la Madeleine; au moyen de quoi les dites dîmes appartiendraient à la Madeleine.*

A. Sommier de la Madeleine, p. 753.
B. Bibl. de l'Arsenal, ms. 1008, p. 470.

## XLII

### 1199, 29 janvier. — Saint-Jean de Latran.

*Bulle du pape Innocent III confirmant les possessions et les privilèges de l'abbaye de la Madeleine.*

Innocentius episcopus, servus servorum Dei, dilectis filiis Seguino, abbati ecclesiæ Beatæ-Mariæ-Magdalenæ Castridunensis, ejusque fratribus tam præsentibus quam futuris regularem vitam professis, in perpetuum. Quoties illud a nobis petitur quod religioni et honestati convenire dinoscitur,

---

[1] Guillaume du Bouchet possédait le bois de Vendôme, du chef de son père, Gosbert du Bouchet, qui, comme nous l'avons dit, était gendre et héritier de Barthélemy le Riche.

animo nos decet libenti concedere et petentium desideriis congruum suffragium impertiri. Quapropter, dilecti in Domino filii, vestris justis postulationibus clementer annuimus et præfatam ecclesiam in qua divino mancipati estis obsequio sub beati Petri et nostra protectione suscipimus et præsentis scripti privilegio communimus. In primis siquidem statuentes ut ordo canonicus, qui secundum Deum et beati Augustini regulam in eadem ecclesia institutus esse dinoscitur, perpetuis ibidem temporibus inviolabiliter observetur. Præterea, quascumque possessiones, quæcumque bona eadem ecclesia in præsentiarum juste et canonice possidet, aut in futurum, concessione pontificum, largitione regum vel principum, oblatione fidelium seu aliis justis modis, Deo propitio, poterit adipisci, firma vobis vestrisque successoribus et illibata permaneant; in quibus hæc propriis duximus exprimenda vocabulis: capellam Sanctæ-Mariæ positam in palatio nobilis viri comitis de Castriduno cum pertinentiis suis, ecclesiam Sancti-Aniani, ecclesiam Sancti-Petri *de Lu,* ecclesiam Sancti-Petri de Orgeriis, ecclesiam Sancti-Petri de Laneriaco cum capella sua, ecclesiam Sancti-Valeriani de Rothomago, capellam de Calvaleria cum omnibus pertinentiis suis, ecclesiam Sanctæ-Mariæ *de Vileribout* cum pertinentiis suis, ecclesiam Sancti-Medardi cum pertinentiis suis, ecclesiam Sancti-Clementis de Choa cum pertinentiis suis, ecclesiam Sancti-Odoeni cum pertinentiis suis, ecclesiam Sancti-Leobini cum pertinentiis suis, capellam de Lugrone, capellam de Josselinaria, ecclesiam de Hespesunvilla cum pertinentiis suis. Sane novalium vestrorum quæ propriis manibus aut sumptibus colitis, sive de animalium vestrorum nutrimentis nullus a vobis decimas exigere vel extorquere præsumat. Liceat quoque vobis clericos vel laicos seculo fugientes liberos et absolutos ad conversionem vestram recipere, et eos absque contradictione aliqua recipere. Prohibemus insuper ut nulli fratrum vestrorum, post factam in ecclesia vestra professionem, fas sit absque abbatis sui licentia de eodem loco, nisi arctioris religionis obtentu, discedere ; discedentem vero absque communium litterarum cautione nullus audeat retinere. Chrisma vero, oleum sanctum consecrationis altarium seu basilicarum, ordinationes canonicorum seu clericorum vestrorum qui ad sacros ordines fuerint promovendi a diocesano episcopo vobis sine pravitate aliqua volumus exhiberi. Sepulturam quoque ipsius loci liberam esse decernimus, ut eorum devotioni et extremæ voluntati qui se illic sepelire deliberaverint, nisi forte excommunicati vel interdicti sint, nullus obsistat, salva tamen justitia illarum ecclesiarum a quibus mortuorum corpora assumuntur. Libertates quoque et immunitates antiquas, rationabiles consuetudines ecclesiæ vestræ concessas et hactenus observatas ratas habemus et eas perpetuis temporibus illibatas manere censemus. Obeunte vero te, nunc ejusdem loci abbate, vel tuorum quolibet successorum, nullus ibi qualibet subreptionis astutia seu violentia præponatur, nisi quem, communi consensu vel fratrum major pars consilii sanioris, secundum Dei timorem et beati Augustini regulam, providerint eligendum. Decernimus ergo ut nulli omnino hominum liceat præfatam ecclesiam temere perturbare, aut ejus possessiones auferre, vel ablatas retinere, minuere, seu quibuslibet vexationibus fatigare, sed omnia integra conserventur eorum pro quorum gubernatione et sustentatione concessa sunt usibus omnimodis profutura, salva sedis apostolicæ auctoritate et diocesani episcopi canonica justitia. Si qua igitur in futurum ecclesiastica secularisve persona hanc nostræ constitutionis paginam sciens contra eam temere venire tentaverit, secundo tertiove commonita, nisi reatum suum congrua satisfactione correxerit, potestatis honorisque sui dignitate careat, reamque se divino judicio existere de perpetrata iniquitate cognoscat, et a sacratissimo corpore et sanguine Dei et domini redemptoris nostri Jesu Christi aliena fiat, atque in extremo examine districtæ ultioni subjaceat : cunctis autem eidem loco sua jura servantibus sit pax domini nostri Jesu Christi quatenus et hic fructus bonæ actionis percipiant, et apud districtum judicem præmia æternæ pacis inveniant. Amen, amen.

> Ego Innocentius, catholicæ ecclesiæ episcopus, subscripsi.
> Ego Petrus, tituli Sanctæ-Ceciliæ presbiter cardinalis, subscripsi.
> Ego Joannes, tituli Sancti-Clementis cardinalis, Viterbiensis et Tusculanensis episcopus, subscripsi.
> Ego Hugo, presbiter cardinalis Sancti-Martini tituli Equitii, subscripsi.
> Ego Martinus, tituli Sancti-Laurentii-in-Lucina presbiter cardinalis, subscripsi.
> Ego Gregorius, Sancti-Georgii-ad-Velum-Aureum diaconus cardinalis, subscripsi.
> Ego Bobo, Sancti-Theodori diaconus cardinalis, subscripsi.
> Ego Cencius, Sanctæ-Luciæ-in-Orthæa diaconus cardinalis, subscripsi.

Datum Laterani, per manum Raynaldi, domini papæ notarii, cancellarii vicem agentis, IIII kalendas februarii, indictione secunda, incarnationis dominicæ anno MCXCVIII, pontificatus vero domini Innocentii papæ tercii anno primo.

- A. Bibl. de l'Arsenal, ms. 1008, p. 461.
- B. Copie du 15 mai 1643 chez M<sup>me</sup> de Gastel, à Nogent-le-Roi.
- C. Hist. de la religion du Dunois, t. II, p. 94.
- D. Copie moderne aux Archives de la Société Dunoise.
- Edit. : *Bulletin de la Société Dunoise*, t. V, p. 192.

## XLIII

### 1200, septembre. — Châteaudun.

*Confirmation par Louis, comte de Blois, du don d'un hébergement devant l'abbaye de la Madeleine fait à l'Aumône du Petit-Cîteaux par Geoffroy de Brulon.*

Ego Ludovicus, Blesis et Clarimontis comes, omnibus notum facio quod Gaufridus *de Brulon*, pro amore Dei et anime sue remedio, in perpetuam elemosinam dedit abbatie Elemosine Cisterciensis herbergagium quoddam quod habebat ante abbatiam Castriduni. Hoc etiam donum voluit et concessit abbas Beate-Marie-Magdalene de Castriduno et ejusdem loci capitulum, in quorum censiva predictum est herbergagium, ita tamen quod prefati monachi prenominate abbatie de Castriduno reddent, singulis annis, ad Nativitatem Beate-Marie, tres solidos pro censu, et ita quitum ab omni consuetudine herbergagium habebunt dicti monachi. Ego autem, ad preces et petitiones ipsius Gaufridi et abbatis et capituli dicte abbatie de Castriduno, hoc firmiter observandum et garantizandum manucepi. Quod ut ratum semper sit et stabile, litteris commendavi et sigillo meo confirmavi. Testes sunt : Goherius de Lanneriaco, Petrus *de Villerbeton*, Robertus de Mesio, Johannes Infans, Willelmus de Bocheto, Willelmus de Morhinvilla, Galterius de Gaudonvilla. Actum Castriduni, anno Domini M° CC°. Datum per manum Theobaldi cancellarii mei, mense septembri.

<small>A. Lancelot, 134, f° 124 r°, d'après le Cartulaire, f° 75.</small>

## XLIV

### 1201.

*Confirmation par Geoffroy IV, vicomte de Châteaudun, du don fait par Hugues Chardonnel et Corinthe, sa mère, de tout ce qu'ils possédaient dans le moulin de Herbert l'Anglais.*

Ego G[aufridus], vicecomes Castriduni, notum fieri volo quod Hugo Chardonelli et Corintha, ejus mater, dederunt et concesserunt in elemosinam canonicis Beate-Marie-Magdalene de Castriduno totum hoc quod habebant in molendino Herberti Anglici, scilicet medietatem dominii et quartam partem redditus : predicti siquidem canonici, pro intuitu pietatis et etiam ad preces meas et vicecomitisse, Robertum, fratrem memorati Hugonis, in canonicum receperunt. Ne vero elemosina de molendino facta possit turbari, canonicis, ad peticionem Hugonis et Corinthe, manucepi erga sepedictos canonicos garantire, et cartam istam feci sigilli mei munimine confirmari. Hujus rei testes: abbas de Castriduno, Guillermus de

Sancto-Medardo, Raginaldus de Choa prior, Raherius sacerdos, Guido sacerdos *de Cormenon*, Robertus Villicus, Gaufridus *de Cremise*, Paganus *de Ponchay* et alii plures. Actum anno gracie M° CC° primo, per manum Gaufridi capellani.

<small>A. Lancelot, 134, f° 63 r°, d'après le Cartulaire, f° 21. On lisait pour rubrique : « Carta Gaufridi vicecomitis pro molendino Herberti Anglici. »</small>

## XLV

### 1201 circa.

*Don par Robert de Lisle et Renaud, son fils, de trois charretées de bois mort dans leur forêt de Morenesio.*

Omnibus sancte matris ecclesie fidelibus notum fiat quod ego, Robertus de Insula, et Raginaldus, filius meus[1], donamus in perpetuam helemosinam, pro remissione peccatorum nostrorum et omnium antecessorum nostrorum, Deo et abbatie Beate-Marie-Magdalene Castriduni, cunctis ebdomadibus, honera trium quadrigarum, tribus equis aut quatuor easdem quadrigas trahentibus, aut amplius si necesse fuerit, de nemore mortuo in foresta mea de Morenesio ; et si canonici dicte abbatie non potuerint honera dicta ad abbatiam hieme attrahere, estate ubi voluerint attrahant insimul ut facilius hieme attrahere possint, et numerum honerum predictorum quem non potuerint hieme attrahere estate recuperent sicuti hieme attrahere debuerant. Et pro donacione hujus elemosine abbas et conventus tenentur annuatim anniversaria nostra facere in prefata ecclesia, et antecessorum nostrorum, videlicet Jeremie et Raginaldi de Turre, diebus quibus illis assignabimus. Et ut hoc ratum teneatur in posterum et firmum, sigillorum nos-

<small>[1] Par une charte de juillet 1205, Robert de Lisle et ses deux fils, Renaud et Geoffroy, confirmèrent cette donation en y apportant cette restriction que, tant qu'ils seront dans la forêt, les religieux ne devront employer que deux chevaux pour traîner leurs charrettes, libre d'ailleurs à eux d'en atteler tant qu'ils voudront lorsqu'ils seront sortis de la forêt. (Orig. en parch. aux Archives d'Eure-et-Loir.)</small>

trorum appositionibus roborare voluimus. Testes sunt hii : Thomas, prior de Insula, Haimericus et Guido canonici, Petrus Papilio, et Ernaudus forestarius, Odo clericus *de Poili*[1].

A. Orig. en parch. aux Archives d'Eure-et-Loir [2].
B. Lancelot, 134, f° 51 r°, d'après le Cartulaire, f° 10.

## XLVI
### 1202, mai.

*Confirmation par Louis, comte de Blois, d'un accord avec l'Aumône de Châteaudun au sujet des dîmes des vignes, des foires de l'Aumône, des cloches et du cimetière de l'abbaye.*

Ego Ludovicus, Blesensis comes et Clarimontis, notum facio tam futuris quam presentibus quod contentio erat inter abbatiam Beate-Marie-Magdalene de Castriduno et Elemosinam Castriduni de decimis vinearum quas Elemosina debebat abbatie, de dominio terre canonicorum, quod omnino vetabant ne nundine Elemosine ibi residerent, de quibusdam censivis quas utraque domus ad invicem tenebat ab altera, de tintinnabulis abbatie, de cimiterio abbatie, de canonico quem canonici poscebant recipi in Elemosina tempore prostrationis sue. De decima vinearum factum est ita quod Elemosina annuatim pro decima reddet abbatie sexaginta et decem solidos dunensium, infra tres ebdomadas proximo sequentes post Natale Domini reddendos, et decima remanet Elemosine in perpetuum quitta, quecumque de cetero loca vinearum possideat. Et sunt hec loca vinearum : in *Froilval* tria arpenta, ad *Montflart* tria arpenta, ad Huelinam duo arpenta et dimidium, ad Puteum duo arpenta et dimidium, ad

---

[1] A la même date, Renaud, seigneur de Lisle-Jérémie, *dominus Insule-Jeremie*, du consentement de son père Robert, de son frère Geoffroy et de sa femme Aliénor, remet aux religieux de Marmoutier un repas que ses prédécesseurs exigeaient chaque année du prieuré de Pray.

[2] On lit, au dos, du même temps : « Carta R[oberti] et G[aufridi] de Insula, pro usagio de Morenesio. »

Terras-Dulces quatuor arpenta, juxta vineam Hugonis Quadrigarii tria quarteria, vinea de Fonteneio unum arpentum. Si contingat quod Elemosina, processu temporis, alias vineas habeat in decima canonicorum, decimam ex eis habebit abbatia. Denarios quos abbatia debebat Elemosine, pro hac pace quitavit Elemosina abbatie. Abbatia debebat Elemosine, pro pratis defuncti Theobaldi Decani, duodecim denarios census, et pro parte vince que Benedicta nuncupatur, viginti denarios census; Elemosina autem debebat abbatie, pro plateis defuncti Theobaldi *Rastel,* duos solidos census : hos census utraque domus alteri mutuo in perpetuum quittavit, ita tamen quod si Elemosina aliquid adquireret in censiva abbatie, licite et libere, sine contradictione abbatie, licebit ei possidere, et similiter, vice mutua, tantumdem censive juxta summam census in censiva Elemosine poterit abbatia adquirere et tenere. Tempore nundinarum Elemosine, nulli licebit in proprio canonicorum sine eorum assensu stallos ponere ; ubique autem nundinantes stallos habeant Elemosina nichilominus suarum ubique sequetur et colliget consuetudinem nundinarum. De tintinnabulis et de cimiterio abbatie quod Elemosina, ad petitionem suam, requiret sibi a canonicis ad usus suos accommodari. Et de canonico quem abbatia requirit ad preces suas in Elemosina recipi tempore prostrationis sue, sicut fuit retroacto tempore remanet non mutatum. Quod ut in perpetuum stabile maneat ac firmum, litteris commendavi et sigillo meo confirmavi. Actum Castriduni, anno gratie M° CC° secundo, per manum Theobaldi, cancellarii mei, mense maio [1].

A. Copie en papier aux Archives d'Eure-et-Loir.
B. Archives de l'Hôtel-Dieu de Châteaudun, cart. A 4, n° 2, A 5, n° 24, et A 8, n° 303.
Édit. par M' de Belfort, *Archives de la Maison-Dieu de Châteaudun,* p. 47.

[1] Dans une autre charte du même mois de mai 1202, par laquelle Louis, comte de Blois, confirme toutes les possessions de l'Aumône de Châteaudun, nous voyons également mentionné cet accord passé avec l'abbaye de la Madeleine. (Orig. en parch. aux Archives de l'Hôtel-Dieu de Châteaudun, A. 14.)

## XLVII

#### 1202. — Châteaudun.

*Affranchissement de Geoffroy et Brice Pinel par Geoffroy IV, vicomte de Châteaudun.*

Ego Gaufridus, Castriduni vicecomes, notum facio omnibus quod, pro amore Dei et pro remedio anime mee et patris mei et matris mee et antecessorum meorum, laudantibus et concedentibus Adelicia uxore mea et heredibus meis Gaufrido et Isabella, Gaufridum *Pinel* de Chardonellis et Bricium fratrem ejus et omnes res eorum ab omni jugo servitutis mee in perpetuum quito et absolvo. Quod ut ratum maneat et firmum, litteris commendavi et sigilli mei impressione confirmavi. Testes sunt : Guillelmus *de Mesmilun*, Teobaldus *Bormaut*, Stephanus Salvus serviens, Odo *Rosel*. Actum apud Castridunum, anno gracie M° CC° II°. Datum per manum Huberti, capellani mei.

A. Orig. en parch. aux Archives d'Eure-et-Loir.
B. Lancelot, 134, 158, d'après l'original [1].

## XLVIII

#### 1202. — La Chauvelière.

*Abandon par Geoffroy IV, vicomte de Châteaudun, de tout ce qu'il réclamait injustement au territoire de Cormont.*

Ego Gaufridus, vicecomes Castriduni, omnibus notum facio quod, pro amore Dei et remedio anime mee et parentum meorum, laudantibus et concedentibus uxore mea, Alicia viceco-

---

[1] Lancelot nous a conservé un dessin du sceau équestre de Geoffroi IV. Le champ est intact : le chevalier porte sur la poitrine un écu à 3 bandes, chargé de 5 merlettes. La légende est incomplète : on ne lit plus que les lettres suivantes : ✝ SIGI . . . . . . . . . . ICECOMITIS C . . . . . . DVNI.

mitissa, et filio meo Gaufrido, quito et in perpetuum dono canonicis Beate-Marie Castriduni cornagium et mestivam tocius territorii *de Gormont*, que, licet injuste, michi sepius assumpseram. Preterea eisdem canonicis omnem justiciam predicti territorii, qualiscumque fuerit, dono et penitus concedo habendam, in perpetuum liberam et immunem. Quatuor enim homines legitimi, scilicet Raginaldus Nevelonis, Guillermus Magnus, Radulphus Yvonis, Hubertus molendinarius, hec omnia de jure canonicorum, sacramento prestito, probaverunt. Si quis inibi furtum vel aliud fecerit forefactum in eodem feodo, de ipso forifacto fiet justicia. Quod ut ratum maneat semper et firmum, litteris commendavi et sigilli mei impressione roboravi. Actum Calvelerie, anno gracie MCC° secundo. Testibus hiis : Mauricio abbate, Rogerio priore [1], Huberto canonico, Gaufrido capellano, Roberto Villico, Drocone Forrerio, Hugone Chardonello, Britone de Solomis, Reginaudo Amica, Bartholomeo Precore, Mattheo clerico, Johanne Ferronio.

A. Orig. en parch. chez M. Gorteau aux Jubaudières.
B. Lancelot, 134, f° 78, d'après le Cartulaire, f° 26 v°.

## XLIX

### 1203, 16 mars. — Sargé.

*Don par Geoffroy IV, vicomte de Châteaudun, de 20 sous de rente sur son ban de Carême.*

Ego Gaufridus, Castriduni vicecomes, et domina Alicia, nobilis uxor mea, notum fieri volumus universis qui presentes litteras viderint et audierint quod damus et in elemosinam concedimus, pro salute animarum nostrarum et predecessorum

[1] Roger, prieur de la Chauvelière, est témoin dans une charte donnée à la Chauvelière par Geoffroy IV, vicomte de Châteaudun, au mois de décembre 1201.

nostrorum, Deo et canonicis Beate-Marie-Magdalene de Castriduno, viginti solidos annui redditus in banno nostro quod incipit in principio Quadragesime[1]. Donamus siquidem et concedimus similiter eternaliter possidendum mortuum nemus in nostro defenso[2], scilicet ad chaufagium canonicorum qui apud Choam divinum officium celebrabunt. Et ut hoc ratum permaneat, litteris commendavimus et sigillorum nostrorum munimine fecimus roborari. Actum anno gracie M° CC° secundo. Testes sunt : Mauricius abbas, Rogerius ejus canonicus, Drogo Forrerius, Robertus Villicus, Stephanus Salvus serviens. Datum per manum Gaufridi, nostri capellani, apud Cergeium[3], decimo septimo kalendas aprilis.

A. Original en parch. aux Archives du château de Dampierre[4].
B. Vidimus du 10 janv. 1397, chez M. Jarry.
C. Bibl. de l'Arsenal, ms. 1008, p. 464.
D. Lancelot, 304, f° 37 r°, d'après le Cartulaire, f° 1 v°.
E. Abbé Courgibet, t. II, p. 102.

[1] Comme nous l'avons déjà vu, charte n° XXXVI, Thibault V, comte de Blois, avait déjà donné aux religieux de la Madeleine 40 sous de rente sur les bans de Châteaudun. En 1210, Nivelon de la Guerche leur donna de même 100 sous de rente (voir n° LXII). L'abbaye jouit pendant longtemps de ces revenus. On conserve aux Archives du château de Dampierre une ordonnance de Louis d'Orléans, comte de Blois, en date du 14 octobre 1398, adressée à Jean Le Flament, son conseiller, pour faire payer aux religieux de la Madeleine une somme de 42 livres 10 sous 4 deniers tournois, pour les rentes qui leur sont dues sur le domaine de la terre de Dunois pour l'année 1397.

[2] En 1257, le lundi avant la Nativité de Saint Jean-Baptiste (18 juin), Alix, jadis vicomtesse de Châteaudun, Adelicia, quondam vicecomitissa Castriduni, confirme le don fait par son mari Geoffroy aux religieux de Choue, chaufagium de nemore mortuo in defenso foreste de Monte-Dupplici. (Orig. en parch. aux Archives d'Eure-et-Loir.)

[3] Geoffroy IV, vicomte de Châteaudun, paraît avoir fait de Sargé une de ses résidences favorites. En 1205, le 27 septembre, il date également de ce lieu une charte de confirmation en faveur du prieuré de Chauvigny. (Cart. du Dunois, p. 209.)

[4] Au dos, du même temps : « Carta Gaufridi vicecomitis super viginti solidis de banno Quadragesime et de chaufagio de Choa in defenso. »

## L

1203. — La Chauvelière.

*Don par Geoffroy IV, vicomte de Châteaudun, de 30 sous de rente sur le cens de Choue, pour l'entretien d'une lampe en la chapelle de la Chauvelière.*

Ego Gaufridus, vicecomes Castriduni, et Adelicia, uxor mea, notum facimus omnibus, tam futuris quam presentibus, quod, concedente filio nostro Gaufrido et filia nostra Ysabella, divine pietatis intuitu et ob remedium animarum nostrarum et antecessorum nostrorum, donavimus et concessimus, ad opus luminaris capelle nostre de Calvaleria, xxx solidos andegavensium, singulis annis percipiendos in censu de Choa, in festo Omnium Sanctorum, ita videlicet quod singulis noctibus lampas accensa ante altare per totam noctem ardeat [1]. Ut autem hec donatio firma et stabilis permaneat in posterum, hoc scriptum sigilli nostri munimine roboravimus et auctoritate confirmavimus. Actum apud Calvaleriam, anno gracie M° CC° tercio.

A. Orig. en parch. aux Archives d'Eure-et-Loir [2].
B. Lancelot, 134, f° 67 r°, d'après le Cartulaire, f° 22.

## LI

1203.

*Vente de quatre places par Geoffroy IV, vicomte de Châteaudun, à Sanche, maire de la Madeleine.*

Ego G[aufridus], Castriduni vicecomes, universis presentibus certifico litteris quod ego vendidi Sancio majori quatuor plateas, queque de una tesia, tali pacto quod queque platea redderet quatuor denarios censuales ad festum Beati Valeriani, Et

---

[1] En 1209, Geoffroy IV, du consentement d'Alix sa femme, de Geoffroy son fils et de ses filles Isabelle et Jeanne, ajouta à cette donation une rente de 30 sous dunois sur la prévôté de Mondoubleau (vidimus du xviii° s., aux Archives d'Eure-et-Loir).

[2] Au dos, du même temps : « Carta Gaufridi, vicecomitis Castriduni, pro xxx solidis ad luminare Calvalerie. »

ut hoc sit firmum et stabile, sigillo meo confirmavi. Hujus rei testes sunt : R[aginaldus] Pagani [1], D[roco] Furrarius, T..... *Malloche*, S[tephanus] *Guiennun*, Hugo *Bonel*, anno MCC tercio.

A. Lancelot, 134, f° 105 v°, d'après le Cartulaire, f° 55.

## LII

### 1204, juin.

*Accord entre l'abbaye de Tiron et celle de la Madeleine pour la chapelle de la Chauvelière.*

Universitati fidelium presentium insinuatione litterarum innotescat quod contentio que inter abbatem et monachos Tyronenses ex una parte et abbatem et canonicos Beate-Marie de Castriduno ex alia parte diu agitata est super capella de Calvaleria, quam monachi Tyronenses in sue ecclesie prejudicium et gravamen fore constructam asserebant, ita pacificata est quod abbas et monachi Tyronenses in dicta capella nichil omnino juris de cetero reclamabunt, abbas vero et canonici Beate-Marie de Castriduno, pro bono pacis et concordie, prudentium virorum habito consilio, dederunt monachis Tyronensibus, et libere et quiete et absque aliqua deinceps facienda reclamatione, perpetuo possidendum concesserunt quicquid in decimis et primitiis accipiebant in terra et hominibus de Charmeia et Truncheio ad domum de Capella-Vicecomitisse pertinentibus, medietatem scilicet tam decimarum quam et primitiarum, et insuper dimidium modium bone siliginis et sufficientis, ad capiendum in grangia dictorum canonicorum *de Gormont*, singulis annis, in festo Sancti Remigii perpetuo prefatis monachis persolvendum. Hanc itaque compositionem presenti cyrographo partitam, ego Herveus, Tyronensis abbas, nosterque conventus ratam et firmam habemus, et ut perpetue firmitatis robur obtineat presens

[1] Renaud Payen, alors sénéchal du vicomte de Châteaudun, signe comme témoin une charte de 1201, avec Dreux *Furrarius* et Étienne Guiennun.

scriptum sigilli nostri impressione dignum duximus in testimonium communiri. Testes ex parte abbatis et monachorum Tyronensium sunt : Raginaldus, abbas de Sancto-Karileffo ; Johannes, decanus de Sancto-Karileffo ; Adamus *de Cortollein,* prior Capelle ; Robertus *de Cortollein* ; Robertus Villicus ; Willelmus sacerdos de Fonte-Radulphi ; Raginaldus, prepositus *de Mondublel,* et Gaufridus filius ejus ; Robertus *Dairon* ; Raginaldus, prepositus Capelle ; Garnerius et Stephanus, servientes abbatis Tyronensis. Actum anno gratie M⁰ CC⁰ quarto, mense junii.

A. Chirogr. orig. en parch., aux Archives d'Eure-et-Loir [1].
Édit. : *Cart. de Tiron,* par M. L. Merlet, t. II, p. 120.

## LII

### 1205.

*Confirmation de l'abandon fait par Herbert de Mauvoy de six mines de blé sur sa dime de Bellou.*

F[ulco] decanus [2], J....... cantor et R[aginaldus] archipresbyter Aurelianensis, omnibus presentes litteras inspecturis, salutem in Domino. Notum fieri volumus tam presentibus quam futuris quod, cum Herbertus, miles, de Malveio, ab abbate et conventu Sancte-Marie Castridunensis coram nobis traheretur in causam auctoritate apostolica, in presencia nostra, confessus est hanc fecisse compositionem cum abbate et conventu quod, singulis annis, infra octavas Sancti Remigii, sex minas bladi, scilicet tres de ibernagio et tres de avena, in decima sua de *Belo* dicte ecclesie persolveret. Quod

[1] Au dos : « Carta abbatis Tironensis pro Calvaleria. »
[2] La Saussaye, dans son catalogue des doyens de Sainte-Croix, suppose les noms de Philippe en 1204, et Henri en 1205 entre Foulques I (1198-1202) et Foulques II (1205-1216). Le chanoine Hubert (*Hist. du païs Orléanois,* ms. 436, de la Bibl. d'Orléans) croit au contraire que ces deux Foulques ne forment qu'un même personnage. Renaud, archiprêtre de Sainte-Croix, est mentionné en 1190 et 1217.

ut ratum permaneret, sigillorum nostrorum munimine fecimus roborari. Actum anno gracie M° CC° quinto.

A. Orig. en parch. aux Archives d'Eure-et-Loir [1].
B. Lancelot, 134, f° 127 v°, d'après le Cartulaire, f° 78.
C. Bibl. de l'Arsenal, ms. 1008, p. 474.

## LIV

### 1207, nov.

*Sentence de l'évêque de Nevers et du chantre de la dite église condamnant le prieur du Saint-Sépulcre de Châteaudun à payer à l'abbaye de la Madeleine la dîme des vignes qu'il possédait, sur le pied de 20 sous par an, même quand les vignes seraient arrachées et la terre mise en labour.*

A. Sommier de la Madeleine, p. 753.

## LV

### 1208, 23 février. — Lanneray.

*Confirmation par Foucher et Mathieu de Meslay d'un demi-muids de blé d'hiver que les chanoines percevaient sur le terrage de Chauvigny.*

Ego Fulcherius de Mellaio notum facio omnibus tam futuris quam presentibus presentem paginam inspecturis quod ego et Matheus de Mellaio frater meus, ob remedium animarum nostrarum et antecessorum nostrorum, dimidium modium hibernagii quem canonici Beate-Marie Castriduni, in terragio de Chauviniaco, de dono et elemosina predecessorum nostrorum, diu quiete et pacifice possederant, in perpetuum quitavimus. Novimus enim, ex multorum bonorum virorum rela-

[1] Au dos, du même temps : « Carta Herberti de Mauveio de vi minis bladi apud Stagnum. »

cione et testimonio, quod nos prefatum dimidium modium bladii *(sic)* injuste auferebamus. Et ne aliquis successorum nostrorum prefatos canonicos, de celero, super prescripto dimidio modio bladii vexare presumeret, ego Fulcherius hanc quitacionem a me et a predicto fratre meo factam, tam pro me quam pro eo qui tunc temporis sigillum non habebat, inconcussam et illibatam observare manucepi, et sigilli mei [1] testimonio confirmavi. Actum apud Lenneriacum, anno gracie M° CC° VII°, octavo kalendas marcii.

    A. Orig. en parch. aux Archives d'Eure-et-Loir [2].
    B. Bibl. de l'Arsenal, ms. 1008, p. 468.
    C. Lancelot, 134, f°° 82 r° et 157 r°, d'après l'original, et d'après le Cartulaire, f° 28.

## LVI

### Juillet 1208.

*Accord entre l'abbaye et Renaud, maire de Ruan, et Pierre Dirum, pour un pré sis à la queue de l'étang de Ruan.*

Ego Joannes, dominus Montigniaci, notum facio omnibus præsentes litteras inspecturis, quod pratum quoddam situm in cauda stagni de Rothomago, de quo contentio erat inter abbatem et canonicos Beatæ-Mariæ-Magdalenæ de Castriduno, ex una parte, et Reginaldum majorem Rothomagi et Petrum Dirum ex altera parte, compromissione facta inter me et Goherium de Lanneriaco ab utraque parte, cognita rei veritate, ex decreto nostro illud pratum dictis canonicis perpetuo remaneat possidendum ; et hoc dictus major et Petrus Dirum, fide corporis præstita, concesserunt, et de garandia majoris memorati canonici pratum istud possidebunt. Si quis vero, dictorum videlicet majoris et Petri Dirum, ab

---

[1] Lancelot dit que l'original était scellé d'un sceau dont il ne restait déjà plus que des fragments, mais où l'on voyait un lambel, au-dessus duquel en chef étaient des merlettes.

[2] On lit au dos, du même temps : « Littere Fulcherii de Mellaio super quitacione dimidii modii hibernagii apud Chauvigniacum percipiendi. »

hac parte resiliret, ego, bona fide, dictis canonicis benivolus adjutor contra majorem et Petrum existam et deffensor. Præterea si major ab hac parte resiliret, abbas Beatæ-Mariæ de Castriduno feodum suum quod major tenet sessiret et teneret, et quidquid de feodo illo iterum exierit pro defectu majoris abbatis proprium erit et suum quitum tenebit. Si autem Petrus ab hac parte resiliret, dictus major mecum in auxilio erit dictis canonicis. Dictus vero major ex retractu aquæ stagni de Rothomago herbam suam colliget in quantum terra sua durabit. Quod ut ratum habeatur et firmum, ego, ad petitionem Gaufridi de Areto [1], hominis mei, et Reginaldi majoris et Petri Dirum, dictam pacem garantandam manucepi, litteris commendavi et sigilli mei impressione signavi. Datum anno Domini M° CC° octavo, mense julii.

A. Bibl. Nat., ms. lat. 17049, f° 88.

## LVII

### 1209, février.

*Confirmation par Garnier de Langey de la mise en gage par Agnès, femme de Nicolas Goriart, d'une maison au Changé de Châteaudun.*

Ego Garnerius de Langeio notum facio omnibus presentes litteras inspecturis quod Agnes, uxor Nicholai *Goriart*, lau-

---

[1] Geoffroy d'Arrou, petit-fils sans doute du maire de Bois-Ruffin que nous avons vu figurer en la charte VII, se rencontre dès l'année 1205, où il fait un accord pour les terres de Ruan avec les religieux de la Madeleine, du consentement de Marie, sa mère, Cécile, sa femme, et Jean, son fils. De 1208 à 1250, nous le trouvons mentionné plusieurs fois dans les chartes de la Madeleine, remarié dès 1241 à Héloïse de la Guerche. En 1230, du consentement de Jean, son fils aîné, il donne à Martin le charretier, *Martino quadrigario*, 2 sous de cens qu'il avait sur la maison dudit Martin, sise en la Grande-Rue de Châteaudun, près le four de Bernard de Bullou, et, en 1248, après la mort de Martin, alors appelé Martin de Marboué, il cède ce cens à l'Aumône de Châteaudun. Simon d'Arrou, Jean et Ermengarde, qui figurent dans la charte CXXXI, nous paraissent avoir été les enfants du premier lit de ce Geoffroy d'Arrou.

dante eodem Nicholao et concedente, tradidit in vademonium domum suam, sitam ad Cambium Castriduni, ad eamdem Agnetem, jure patrimonii pertinentem, canonicis Beate-Marie-Magdalene de Castriduno, super venditione stallorum ad ceram vendendam predictis canonicis a Hugone, filio dicte Agnetis, facta, quam idem Hugo in partem propriam habuerat, eisdem canonicis ab omni dampno et calumpnia garantanda, tali modo quod si forte pro eisdem stallis erga canonicos oriretur calumpnia, dicta Agnes dictis canonicis dictam venditionem garantiret, aut ego super domo prefata eosdem canonicos investirem, et idem canonici, salvo jure meo et redibitione burdesagii [1] ad me pertinente, proventus ex eadem domo perciperent provenientes, ad restitucionem dampnorum suorum, ad eorum probacionem legitimam, eisdem canonicis a supradicta Agnete faciendam, donec eadem Agnes predictam venditionem eisdem canonicis ex integro liberasset. Testes sunt : Henricus Dunensis archidiaconus et Arnulphus clericus ejus, Robertus de Bonavalle, Stephanus *Borduill,* Stephanus *Rabel,* Hugo *Bonnel,* Gervasius Estrivartus, Odo *Halo,* Hubertus Bona, Nicholaus *Savari,* Robertus de Brueria prior, Willelmus Archerius, Petrus Majorissa, canonici, et multi alii. Ego autem, ut hoc stabile sit et firmum, ad peticionem tam predicte Agnetis quam canonicorum, presentes litteras inde conscribi et sigilli mei feci caractere subsignari. Actum anno gracie Mº CCº VIIIº, mense februarii.

    A. Orig. en parch. aux Archives d'Eure-et-Loir [2].
    B. Lancelot, 134, f° 60 r°, d'après le Cartulaire, f° 19.

[1] D'après Ducange, qui ne cite que ce seul exemple tiré du Cartulaire de la Madeleine, il faudrait entendre par *burdesagium* un tribut fixe et annuel que le bourgeois ou l'habitant d'un bourg payait au seigneur pour ses maisons. Nous ne savons trop si cette définition est parfaitement exacte.

[2] Au dos, du même temps : « Carta G[arnerii] de Langeio pro stallo cerarum. »

## LVIII

1209, septembre. — Montigny-le-Gannelon.

*Accord avec Jean, seigneur de Montigny,
pour les amendes à percevoir de la falsification des mesures
en la ville de Ruan.*

Ego Johannes, dominus Montigniaci, notum facio tam futuris quam presentibus quod contencio que, inter me ex una parte et Mauricium abbatem et canonicos Beate-Marie-Magdalene de Castriduno ex altera, vertebatur super hoc quod ego falsonariam [1] mensurarum ville Rothomagi, que villa est canonicorum, et justiciam et emendationem ex eadem falsonaria provenientem erga eosdem canonicos reclamabam, ita pacificata fuit, quod ego, pro amore Dei et remedio anime mee et antecessorum meorum, contentionem illam prefatis quitavi canonicis, et quicquid in eadem querela habebam eisdem donavi canonicis in perpetuam elemosinam, et ipsis quiete et pacifice perpetuo possidendum concessi, laudantibus id ipsum et concedentibus Matildi uxore mea, et Gaufrido fratre meo, et filiis meis Odone et Hugone, et filiabus meis Margarita, Adelicia ; ita tamen quod quando, in supradicta villa Rothomagi, pro falsitate mensurarum, de aliquo, quicumque sit ille, contigerit capienda canonicis emendatio, abbas et canonici pro illa emendatione sibi quinque solidos accipient, et majori suo de eadem villa viginti denarios pro districtu. Quod ut in perpetuum stabile sit et firmum, litteris commendavi et sigilli mei impressione confirmavi. Actum apud Montiniacum, anno incarnationis dominice M° CC° IX°, mense septembris.

A. Bibl. nat., ms. lat. 17049, f° 88.
B. Lancelot, 134, f° 56 r°, d'après le Cartulaire, f° 7 v°. On lisait pour rubrique :
« Carta Johannis Montigniaci pro mensuris de Rothomago. »

---

[1] Par *falsonaria*, il faut entendre la falsification au sujet des marchandises, mesures, écritures, etc. Cette expression est très rarement employée : Ducange en cite pour exemple cette charte tirée par lui de l'ancien Cartulaire de la Madeleine.

## LIX

1209, septembre. — Montigny-le-Gannelon.

*Confirmation par Eudes Bourreau, seigneur de Courtalain, de la vente faite par Eudes de Lanneray, d'une vigne et d'une place près le cimetière de l'église de Saint-Pierre de Lanneray.*

Ego Odo Borelli, dominus Curie-Alani, notum facio omnibus tam futuris quam presentibus quod ego, pro amore Dei et remedio anime mee et antecessorum meorum, vendicionem vinee et platee cujusdam, que sunt site juxta cimiterium ecclesie Beati-Petri de Laneriaco, ab Odone de Laneriaco factam, abbatie Beate-Marie-Magdalene de Castriduno, ad peticionem et preces ejusdem Odonis hominis mei, volui et approbavi, et dictas teneuras que ad feodum meum pertinere noscebantur predicte abbatie, ad usum canonicorum ad deserviendum Deo in ecclesia Beati-Petri de Laneriaco ibidem degencium, libere, quiete et pacifice perpetuo possidendas, concessi et garantire manucepi. Quod ut in perpetuum stabile sit ac firmum, ad ipsius Odonis de Lanercio peticionem et preces, litteris commendavi et sigilli mei impressione confirmavi. Actum apud Montigniacum, anno incarnationis dominice M° CC° nono, mense septembri.

A. Lancelot, 134, f° 85 r°, d'après le Cartulaire, f° 30. La rubrique était : « Carta Odonis Borelli, pro platea et domibus de Laneriaco ».
B. Bibl. de l'Arsenal, ms. 1008, p. 468.

## LX

1209.

*Don par Robert de Membrolles de tout ce qu'il possédait en fief à Villebalay.*

Noverint universi tam presentes quam futuri presentem paginam inspecturi quod Robertus de Memberolis et Adelaidis uxor ejus, amore Dei et ob remedium animarum suarum et antecessorum suorum, dederunt et in perpetuam elemosinam concesserunt canonicis Beate-Marie-Magdalene de Castriduno quicquid habebant de feodo apud *Villerbalai,* quod Matheus *de Villerbalai,* miles, postea ejusdem ecclesie canonicus, possidebat ; ita tamen quod predicti canonici prefato Roberto sive ejusdem heredibus duos solidos de censu, singulis annis, in Nativitate beate Marie, persolverent. Ego vero Roscelinus de Memberolis, filius predicti Roberti, quod parentes mei pro animarum suarum salute fecerunt, ratum et firmum habiturus, laudante et concedente Goherio [1], fratre meo, sigilli mei karactere volui confirmari. Actum anno incarnationis Domini M CC IX.

A. Bibl. de l'Arsenal, ms. 1008, p. 469.
B. Lancelot, 134, f° 93 v°, d'après le Cartulaire, f° 36 v°.

## LXI

1209.

*Confirmation par Guillaume, évêque de Nevers, d'un accord entre l'abbaye de la Madeleine et le prieuré de Saint-Denis de Nogent-le-Rotrou.*

Viro venerabili et amico carissimo, Dunensi archidiacono, Guillelmus, divina permissione, episcopus, H[erbertus], decanus, et G........, cantor Nivernensis, salutem et sinceram in Domino caritatem. Cum venerabilis vir M[auritius], Castriduni abbas, coram nobis, authoritate apostolica, traxisset in causam priorem de Nogento super decimas quarumdam vinearum, tandem coram nobis, ex voluntate utriusque partis, pax inter illos fuit reformata. Discretioni igitur vestre, authoritate prefixa qua fungimur, mandamus ut eamdem pacem quam inter illos

[1] En 1218, Gohier de Membrolles confirma à l'Aumône de Châteaudun quatre setiers de blé de rente sur le revenu de la dîme de Membrolles, laquelle rente avait été donnée par feu Roscelin de Membrolles, son frère, *Roscelinus de Memberolis, bone memorie, frater suus.*

firmavimus et sigillis nostris confirmavimus, sicut in nostris litteris continetur, faciatis per censuram ecclesiasticam firmiter et inviolabiliter observari. Quotiescumque autem aliquis eorum ab hac pace resilire voluerit, cum ab altera parte requisiti fueritis, in ipsum resilientem excommunicationis sententiam promulgetis. Datum anno gracie MCCIX.

<small>A. Bibl. de l'Arsenal, ms. 1008, f° 196.</small>

## LXII

1210, janvier.

*Vente par Nivelon de la Guerche de cent sous de rente sur les bans de Châteaudun.*

**Universis** presentes litteras inspecturis, ego Nevelo de Guerchia, miles, notum facio quod ego, laudantibus et concedentibus sororibus meis, Heloyse et Juliana, centum solidos annui redditus, singulis annis capiendos in bannis comitis Castriduni, sicut alias in dictis bannis percipere consuevi, vendidi abbati et canonicis Beate-Marie-Magdalene Castriduni, pro centum libris dunensium exequtoribus meis integre persolutis ad elemosinas meas et legata mea, sicut ordinatum est in testamento, piis locis et pauperibus eroganda. Quod ut ratum et stabile permaneat in futurum, presentes litteras fieri volui et precepi, et sigilli mei munimine roboravi. Datum anno Domini M° CC° nono, mense januario [1].

<small>A. Lancelot, 134, f° 71 r°, d'après le Cartulaire, f° 23, où on lisait pour rubrique : « Carta Nevelonis de Guerchia super vendicione centum solidorum annui redditus in bannis comitis pro centum libris dunensium. »</small>

<small>[1] Cette donation fut confirmée au mois de mars 1241 par Herbert de la Guerche, frère de Nivelon, « *laudantibus et concedentibus Matildi, uxore sua, filiis et filiabus suis Nevelone, Herberto, Johanne, Petro, Heloysi, Eremburgi et Theophania*, sororibus suis Juliana et Heloysi, Gaufrido de Arrois, milite, marito dicte Heloysis, Radulpho et Willelmo, supradicte Juliane filiis, Johanne de Tochis et Heloysi uxore sua, Petro de Riparia, milite, et Matildi uxore sua ». (Lancelot, f° 101 r°, d'après le Cartulaire, f° 42).</small>

## LXIII

1210, août.

*Don par Robert du Mée de tout ce qu'il possédait à la Bertinière, près Le Mée.*

Ego Robertus de Mesio [1], notum facio omnibus tam futuris quam presentibus quod ego, pro amore Dei et pro remedio anime mee et animarum patris et matris mee et animarum antecessorum meorum, laudante et concedente Petronilla, uxore mea, donavi et in perpetuam elemosinam concessi Deo et canonicis Beate-Marie-Magdalene de Castriduno totum integraliter quicquid ego, apud quamdam villam prope Mesium sitam, que Bertineria vocatur [2], capiebam et habebam, eisdem canonicis quiete et pacifice possidendum. Quod donum meum, ne posterorum meorum malicia valeat infirmari, sed stabile semper sit et firmum, litteris commendavi et sigilli mei munimine confirmavi. Actum anno gracie MCCX, mense augusti [3].

A. Orig. en parch. aux Archives d'Eure-et-Loir [4].
B. Lancelot, 134, f° 104 v°, d'après le Cartulaire, f° 50.

[1] Outre Robert, nous connaissons plusieurs membres de la famille du Mée. En 1246, Pierre et Hervé du Mée, du consentement de leur mère Héloïse, et de leurs frères, Jean, Hugues et Guillaume, donnèrent à l'Aumône de Châteaudun, pour le repos de l'âme de leur père Hervé, le bois des Bordes, sis entre les Bordes et Fontaine-Marie (*Arch. de la Maison-Dieu de Châteaudun*, p. 168).

[2] Au mois de mai 1213, par devant Geoffroy IV, vicomte de Châteaudun, Guillaume de Morville, *Guillermus de Mohervilla*, donna à l'abbaye de la Madeleine 25 sous de rente sur un étal qu'il avait en la boucherie de Châteaudun, en échange de ce que Robert du Mée leur avait donné à la Bertinière (Lancelot, f° 104 r°, d'après le Cartulaire, f° 48).

[3] En novembre 1209, Robert du Mée, du consentement de sa femme Pétronille, de son neveu, Guillaume de Morville, et de Robert de Membrolles, neveu dudit Guillaume, donna à l'Aumône de Châteaudun tout ce qu'il possédait sur un moulin à Boursay (*Arch. de la Maison-Dieu de Châteaudun*, p. 59).

[4] On lit au dos, du même temps : « Carta Roberti de Mesio super concessione tocius quod habebat apud Bertineriam ».

## LXIV
### 1210.

*Confirmation par Jean, seigneur de Montigny, de la cession faite par Geoffroy d'Arrou de 3 mines d'avoine, un pain, une poule et 7 deniers obole de cens.*

Ego Joannes, dominus Montigniaci, notum facio omnibus tam presentibus quam futuris quod Gaufridus de Areto, pro remedio anime sue et parentum suorum, liberaliter concessit et in perpetuum quittavit canonicis Beate-Marie-Magdalene de Castriduno quamdam consuetudinem, videlicet tres minas avene, unum panem, unum denarium et unam gallinam, et preterea septem denarios et obolum de censu, quos dicti canonici de quibusdam terris dicto Gaufrido annuatim persolvere tenebantur. Ego vero, de cujus feodo dicta consuetudo et dictus census sunt, ad petitionem predicti Gaufridi, prefatam consuetudinem et prefatum censum dictis canonicis, pro remedio anime sue, firmiter garantire et deffendere manucepi. Quod ut ratum et firmum semper permaneat, ad petitionem dicti Gaufridi, feci presentes litteras sigilli mei munimine roboratas. Actum anno gratie millesimo ducentesimo decimo.

A. Bibl. nat., ms. lat. 17049, f° 88.

## LXV
### 1211.

*Confirmation par Guillaume de Saint-Martin du don fait par Denise, dame de la Fredonnière, à la chapelle de Saint-Denis de Mondoubleau de trois mines de seigle sur sa grange de la Fredonnière.*

Ego Willermus de Sancto-Martino, miles, notum facio omnibus tam futuris quam presentibus quod defuncta Dyonisia, domina de Frodonneria, dum adhuc viveret, jam in extremis posita, pro amore Dei et anime sue et animarum parentum et

antecessorum suorum remedio, laudantibus et concedentibus
filiis suis Hugone et Gaufrido, donavit et in perpetuam concessit elemosinam Deo et capelle Beati-Dyonisii de Mondublello
tres eminas siliginis redditus annui in grangia sua de Frodonneria, infra mensem augusti, annis singulis, capiendas.
Pro tali autem beneficio tenentur capellani qui in eadem
capella Deo deserviunt diem obitus ejusdem Dyonisie anniversarium annuatim in crastino festi beatorum apostolorum
Phylippi et Jacobi celebrare. Ego vero, de cujus feodo est
prefata villa et grangia Frodonnerie, ad petitionem et preces
dictorum Hugonis et Gaufridi, filiorum sepedicte Dyonisie,
predictam elemosinam approbavi, volui et concessi, et
predicte capelle garantire manucepi. Quod ut in perpetuum
stabile duret ac firmum, litteris commendavi et sigilli mei
munimine confirmavi. Actum anno gratie millesimo ducentesimo undecimo.

 A. Orig. en parch. aux Archives d'Eure-et-Loir [1].
 B. Lancelot, 134, f° 47, d'après le Cartulaire, f° 8 r°.

## LXVI

### 1211.

*Don par Robert Morel et Marie, sa femme, d'une maison
à Châteaudun, sous le château* [2].

Notum sit omnibus tam presentibus quam futuris quod
Maria, uxor Roberti *Morel*, pro amore Dei et anime sue remedio, canonicis Beate-Marie-Magdalene de Castriduno partem
domus sue, que sita est infra castrum, laudante et concedente
predicto Roberto suo marito, in elemosinam contulit et concessit. Predictus vero Robertus, ad predictos canonicos accedens, similem partem domus sue eis donavit et in elemosinam

[1] On lit au dos, du même temps : « Carta Guillelmi Sancti-Martini pro capella de Monte-Dupplici ».
[2] Suivant le Sommier de l'abbaye, cette maison était située sur le pont Saint-Médard, à main droite en allant à Saint-Jean.

concessit, tali condicione quod ipse totam domum, quamdiu viveret, possideret, et post decessum suum tota domus ad prefatos canonicos remearet. Quod ut ratum et stabile permaneat in futurum, ego Thomas, archidiaconus Dunensis, ad peticionem predicti Roberti, sigilli mei testimonio confirmavi. Actum anno gracie M° CC° undecimo.

<small>A. Lancelot, 134, f° 65 r°, d'après le Cartulaire, f° 22, où on lisait pour rubrique : « Carta Thome archidiaconi de domo Roberti Moroit ».</small>

## LXVII

### 1212, juillet. — Châteaudun.

*Accord avec l'Hôtel-Dieu de Châteaudun au sujet des droits paroissiaux.*

Universis tam futuris quam presentibus presentes litteras inspecturis, Guillelmus de Gaudo, domus Castridunensis Elemosinarie procurator, et ejusdem domus fratrum conventus, salutem et orationes. Noverit universitas vestra causas quasdam que inter nos ex una parte et Mauritium, abbatem Beate-Marie-Magdalene Castridunensis, et ejusdem loci conventum ex parte altera vertebantur, de communi assensu utriusque partis, sicut per singula capitula subscribuntur, bono pacis terminatos fuisse. De staulis cerariorum [1] est ita quod illis quatuor cerariis qui tenent staula cerarie, de censiva canonicorum Beate-Marie apud Castridunum, in ecclesia Beate-Marie vel ipsorum mandato, licebit vendere ante vel intra ecclesiam Beati-Nicholai seu infra porprisiam domus Elemosine, in vigilia et in die festivitatis beati Nicholai, singulis annis; nullo autem alio die licebit eis sine assensu abbatis aut prioris abbatie ibidem vendere. De altaribus est ita quod numquam constituentur plus quam tria altaria in ecclesia domus Elemosine. De matrimoniis est ita quod quicomque de familia domus Elemosine in eadem tradentur connubio sponsalia erunt cano-

<small>[1] En 1209, Louis Chambellan donne à l'Aumône de Châteaudun deux étaux à vendre cire, dont l'un situé dans l'église de Sainte-Marie-Madeleine et l'autre au Marché de Châteaudun (*Arch. de la Maison-Dieu*, p. 58).</small>

nicorum de ecclesia Beate-Marie. De servientibus Elemosine est ita quod servientes domus Elemosine mercenarii in Pascha tantummodo ibunt ad ecclesiam Beate-Marie ad confessionem suam et perceptionem eucaristie ; hoc autem nullo alio die aut tempore tenebuntur facere. De omnibus aliis rebus ad jus parrochiale pertinentibus nichil amplius ab eisdem servientibus poterunt canonici prenotati exigere, nec aliquid aliud deinceps erga domum nostram Elemosinariam seu in quoscomque in eadem domo manentes pro jure parrochiali poterunt amplius idem canonici de cetero reclamare. De Trunchetis est ita quod propria terra domus Elemosine, que sita est ultra noam que protenditur a foramine *Forreir* usque ad planchas vadi Tonnellarorium a medio filo ejusdem noe versus Choam, et omnes minute decime de omnibus manentibus et mansuris in eadem parte terre ejusdem, exceptis minutis decimis de propriis animalibus domus Elemosine, cedunt in parrochiam Choe ; decima vero messium ejusdem terre remanet quitta domui Elemosine, dando pro eadem decima canonicis Choe, singulis annis, tres eminas ybernagii et tres eminas avene de bladis ejusdem terre, sine pejoratione aliqua, ad mensuram cum qua mensuratur decima Choe, et apud eamdem terram requirent et habebunt dictum redditum canonici Choe. De tota autem terra alia minutas decimas et decimas messium ejusdem terre, et omne jus parrochiale tam abbatia quam canonici Choe quittant et in perpetuum concedunt domui Elemosine. Ut autem presens factum nostrum in perpetuum stabilitate gaudeat inconcussa, presentes litteras super hoc annotari fecimus et sigilli domus nostre caractere roborari. Actum publice in conventu fratrum domus nostre, anno incarnationis dominice millesimo ducentesimo duodecimo, mense julii [1].

A. Orig. en parch. aux Archives d'Eure-et-Loir.

[1] On trouve dans les Cartulaires de l'Hôtel-Dieu de Châteaudun (A. 3, n° 58 et A. 8, n° 18) une charte semblable, mais émanée de l'abbé de la Madeleine. M. de Belfort a publié cette pièce (*Arch. de la Maison-Dieu de Châteaudun*, p. 68).

## LXVIII

**1212, juillet. — Châteaudun.**

*Accord avec l'Hôtel-Dieu de Châteaudun, pour le cimetière et les places où l'on met des étaux le jour de la foire de la Madeleine.*

Universis tam futuris quam presentibus presentes litteras inspecturis, Guillelmus de Gaudo, domus Elemosinarie Castridunensis minister, ejusdemque domus fratrum conventus, salutem et orationes. Noverit universitas vestra contentionem que inter nos, ex una parte, et M[auritium], abbatem, conventumque Beate-Marie-Magdalene Castridunensis, ex parte altera, vertebatur super cymiterio et plateis que sunt inter abbatiam et domum nostram, in quibus nos, in die nundinarum nostrarum quas in festo beate Marie-Magdalene habemus apud Castridunum, ad opus nundinarum, staula ponebamus, canonicis predictis id ipsum sine sue voluntatis assensu posse fieri contradicentibus, ita pacificatam fuisse quod nos, solvendo eis annuatim quinque solidos dunensium in Assumptione beate Marie, cum bono assensu ipsorum, ad omnimodos usus nundinarum predictarum, habebimus usum dictorum cymiterii et platearum omnium que sunt extra portas suarum ecclesie et abbatie, ita tamen quod in plateis que sunt inter abbatiam et domum nostram, in die earumdem nundinarum, non licebit quadrigas sedere, salva etiam via quadam per quam ad ecclesiam Beate-Marie-Magdalene populus gradiatur eadem die. Preterea licebit nobis uti censivis nostris quas tenemus de abbatia sicut voluerimus, reddendo census suos abbatie, et vice mutua licebit canonicis uti censivis suis quas tenent de domo nostra, sicud voluerint, reddendo census suos domui nostre. Quod ut stabile sit et firmum, presentes litteras annotari fecimus et sigilli domus nostre caractere roborari. Actum publice in conventu fratrum nostrorum anno gratie millesimo ducentesimo duodecimo, mense julii [1].

<small>A. Orig. en parch. aux Archives d'Eure-et-Loir.</small>

## LXIX

### 1212, décembre.

*Confirmation par Jean, seigneur de Montigny, du don fait par Mathieu de Villebalay de ce qu'il possédait à Ancise et à Villebalay.*

Ego Johannes, Montigniaci dominus, notum facio omnibus tam presentibus quam futuris quod, assensu et voluntate Matildis uxoris mee, et filiorum meorum Hugonis et Johannis, et filiarum Margarite, Adelicie, Ysabelle, dedi et concessi, amore Dei et pro remedio anime mee et antecessorum meorum salute, abbatie Beate-Marie-Magdalene de Castriduno donum illud quod Matheus *de Vilerbalai* dedit abbatie, quod de meo feodo est et quod ad me pertinet apud Ancisas et apud *Vilerbalai*, salva michi justicia magna. Pro remuneracione vero doni istius et elemosine, abbas et conventus michi, post decessum meum, concesserunt anniversarium meum faciendum annuatim, in perpetuum, pro salute anime mee et antecessorum meorum. Quod ut ratum habeatur et firmum, litteris commendavi et sigilli mei munimine confirmavi. Actum anno gracie MCCXII, mense decembri [2].

<small>A. Bibl. nat., ms. lat. 17049, f° 88.
B. Lancelot, 134, f° 86 r°, d'après le Cartulaire, f° 31.</small>

<small>[1] On trouve dans les Cartulaires de l'Hôtel-Dieu de Châteaudun (A. 3, n° 124 et A. 8, n° 123) une lettre semblable émanée cette fois de Maurice, abbé de la Madeleine. M. de Belfort a publié cette pièce (*Arch. de la Maison-Dieu de Châteaudun*, p. 68).

[2] Au mois de mai 1219, pareille confirmation fut faite par Renaud d'Ouarville, chevalier, du consentement de sa femme Berthe, de ses fils Guillaume et Renaud, et de ses filles Ledgarde et Béatrix (*Cart. de la Madeleine*, f° 8). Renaud d'Ouarville, dans cette confirmation, dit que Mathieu de Villebalay,</small>

## LXX

1212.

*Sentence arbitrale adjugeant à l'abbaye contre les prétentions du curé de Saint-Lubin les droits paroissiaux en la chapelle du comte.*

Nos Herbertus, decanus, et thesaurarius et sacrista Nivernensis ecclesie [1], omnibus litteras presentes inspecturis, salutem in Domino. Cum, authoritate apostolica, causa verteretur coram nobis inter religiosos viros abbatem et conventum Beate-Marie-Magdalene de Castriduno et presbiterum Sancti-Leobini Castridunensis supra capellam comitis, pro jure parrochiali manentium in domo dicti comitis, dictis abbati et conventui dictam capellam et dictum jus parrochiale definitive adjudicamus, authoritate domini pape nobis in hac parte commissa. Vobis precipiendo mandamus quatinus Gaufrido *de Arro* ex parte nostra precipiatis ut ipse oblationem in obitu filii castellani manentis in domo comitis factam, quam ipse, de consentu dictorum abbatis et presbiteri, tanquam sequester tenet, dicto abbati reddere non postponat; quod si facere forte noluerit, eumdem authoritate nostra excommunicationis onere supponatis. Valete.

    A. Histoire de la religion du Dunois, t. II, p. 110.

alors décédé, était chanoine de la Madeleine. — D'après une analyse du Sommier de la Madeleine, au mois d'août 1226, Geoffroy, archidiacre de Dunois, en reconnaissance des biens et services qu'il avait reçus de l'abbaye, lui donna tous les acquêts qu'il avait faits et devait faire dans le territoire de Villebalay (*Sommier*, p. 1518). — Au mois de février 1209, Renaud d'Ouarville et sa femme Berthe, fille d'Eudes Borrel, *filia Odonis Borrelli*, avaient fait un accord avec le prieuré de Saint-Hilaire-sur-Yerre pour le pressoir de Courtalain, qui appartenait à la dite Berthe de droit héréditaire, *ad eamdem Bertam, Odonis Borrelli filiam, jure hereditario pertinente* (*Cart. Dunois*, p. 200), ledit accord confirmé à la même date par Eudes Borrel et Marguerite, sa femme.

[1] Le pape Innocent III avait chargé le doyen, le trésorier et le sacristain de l'évêque de Nevers de faire une enquête et de rendre un jugement sur

## LXXI

1213, janvier.

*Vente par l'abbaye de la Madeleine à Alix, veuve de Frémillon, de la moitié d'une place au château de Châteaudun.*

Universis presentes litteras inspecturis, Mauricius, Beate-Marie-Magdalene Castriduni dictus abbas, totumque ejusdem loci capitulum, salutem in Domino. Noverit universitas vestra quod nos medietatem platee cujusdam quam, in castello Castriduni sitam, nos, ex dono et elemosina defuncti *Frémillon* [1],

une querelle survenue entre l'abbaye de la Madeleine et le curé de Saint-Lubin au sujet des droits paroissiaux à percevoir dans la chapelle du comte de Châteaudun. Les religieux firent entendre 15 témoins dans l'enquête ; le curé de Saint-Lubin en produisit 10 de son côté. Lancelot (f° 106 v°) nous a conservé d'après le Cartulaire (f°s 56 à 58) les noms et les dépositions de quelques-uns de ces témoins. Pour les religieux : « *Willelmus miles de Morrevilla, Willelmus de Sagio, clericus, Robertus de Berrueria, canonicus, Robertus miles de Mesio.* » Voici la déposition de ce dernier : « *Juratus dixit quod a xl annis et infra vidit et audivit quod canonici Beate-Marie-Magdalene Castriduni serviebant in capella comitis apud Castridunum, et ibi omnia parrochialia habebant, tam in annualibus festis quam in diebus aliis. Adjecit etiam quod ipse R[obertus] in propria persona mansit in domo comitis per novem annos, et omne jus parrochiale tam ipsius quam familie a canonicis exibebatur, tam in purificationibus mulierum quam in mortuis sepeliendis, exceptis pauperibus incarceratis qui ab Elemosinariis Castriduni sepeliebantur. In duellis et aliis purgationibus quibus sacramenta sunt necessaria, pugiles veniunt ad ecclesiam canonicorum, audita missa, canonici portant sanctuaria ecclesie ejusdem ad bella in domo comitis et alia sacramenta omnia facienda* ».

Parmi les dépositions des témoins fournis par le curé de Saint-Lubin, Lancelot rapporte la suivante : « *Radulfus, presbiter et monacus, juratus dixit quod quandoque vidit gentem domus comitis venire ad ecclesiam Sancti-Leobini et ibi missam audire, utrum antem festis diebus hoc viderit vel non nescit. Vidit autem unum hominem, Gervasium nomine, qui fuit mortuus in carcere comitis et sepultus in cimiterio Sancti-Leobini, portari a presbitero Sancti-Leobini in domo comitis. De ceteris aliis non est certus* ».

[1] Frémillon apparaît comme témoin dans une charte du mois de décembre 1201, donnée par Geoffroy IV, vicomte de Châteaudun, en faveur de l'Aumône de cette ville.

cum Adelicia, relicta ipsius *Fremillon*, habebamus communem, eidem Adelicie et Giraldo armigero, marito ejus, vendidimus pro quinquaginta solidis dunensium, et concessimus eisdem eorumque successoribus universis, absque reclamatione nostra, plateam eamdem quiete et pacifice perpetuo possidendam. Quod ut stabile sit et firmum, presentes litteras super hoc annotari fecimus et sigilli nostri capituli [1] caractere roborari. Actum anno gracie M⁰ CC⁰ duodecimo, mense januarii.

A. Archives de l'Hôtel-Dieu de Châteaudun. Cart. A. 3, n° 135. On lit pour rubrique : « De platea *Fremillon* in castello Castriduni ».
Édit.: Archives de la Maison-Dieu de Châteaudun, p. 64.

## LXXII
### 1213, mai.

*Don par Geoffroy IV, vicomte de Châteaudun, au prieuré de Mondoubleau, d'une foire à la Saint Denis près de l'église de Saint-Denis de Mondoubleau.*

Ego Gaufridus, vicecomes Castriduni, et ego Adelicia, vicecomitissa, notum omnibus facimus quod nos in puram elemosinam dedimus et concessimus, amore Dei et remedio animarum nostrarum et antecessorum nostrorum, canonicis Beate-Marie-Magdalene Castridunensis manentibus aput Montem-Dublelli, quasdam nundinas ad festum Sancti Dionisii, pacifice, quiete et libere dictis canonicis annuatim, prope ecclesiam Sancti-Dionisii habendas, exceptis in clauso vinearum nostrarum et viridario ; nos siquidem inde habebimus pedagium et totam justiciam. Et hac de causa hoc donum fecimus ut nostri anniversarii singulis annis fierent in ipsa

[1] Le sceau attaché à cette charte a malheureusement disparu, et nous n'avons pu rencontrer aucun sceau ancien de l'abbaye de la Madeleine : mais dans la notice d'une charte, conservée à la Bibliothèque d'Orléans (ms. 435 bis, p. 7), il est dit qu'Eudes, abbé de la Madeleine, ratifia, en 1225, une donation faite à l'abbaye de l'Aumône et qu'il confirma cette donation du sceau du couvent de la Madeleine, « représentant une sainte Vierge et une sainte Magdeleine ».

abbacia aput Castridunum et nostrorum similiter anniversarii antecessorum, quos abbas et conventus compromiserunt se facturos. Laudantibus et concedentibus Gaufrido, filio nostro, filiabus nostris Ysabella, Adelicia, Johanna et Agnete. Ad cujus doni robur et testimonium sigilla nostra apposuimus et presenti scripto commendavimus. Datum anno gratie M° CC° XIII°, mense maio.

> A. Vidimus orig. en parch. donné à la requête de « Girard Cousin, prebstre, prieur curé de Saint-Denis de Mondoubleau, membre deppendant de l'abbaye de la Magdalaine de Chasteaudun », le 15 janvier 1481, aux Archives d'Eure-et-Loir [1].
> B. Lancelot, 134, f° 86 v°, d'après le Cartulaire, f° 31.

## LXXIII

### 1214, janvier. — Châteaudun.

*Franchise accordée aux hommes du Bourg-Neuf par Ursion de Meslay, seigneur de Fréteval, et Simon de Reims, seigneur du dit Bourg-Neuf.*

Ego Ursio, dominus de Mellaio et Fractevalle, et ego Symon de Remis [2], qui sumus domini de Burgo-Novo, presentibus et futuris notum facimus, quod, pro amore Dei et remedio animarum nostrarum et antecessorum nostrorum, laudantibus et concedentibus Emma uxore nostra, et fratribus meis Hugone et Gaufrido, et sororibus meis Margarita et Isabella, et Sedilia, uxore Simonis de Remis, salvo jure ecclesiarum et militum, omnes homines quos habemus Castriduni in Burgo-

---

[1] Au dos du même temps : « Pour le curé de Mondoubleau, touchant la foire Saint Denis ».

[2] En 1215, devant Thibaut VI, comte de Chartres, Simon de Reims, chevalier, fit un accord avec l'abbaye de Marmoutier, *super haia de Danjolaria*, accord renouvelé en 1222 (*Cart. Dunois*, p. 206 et 213). Simon de Reims était sans doute co-seigneur du Bourg-Neuf par son alliance avec Cécile, qui nous semble avoir appartenu à la famille de Meslay. En 1092, une autre Cécile, sœur de Foucher de Meslay, apparait dans un acte de vente fait par le dit Foucher au prieuré de Meslay-le-Vidame (*Cart. Dunois*, p. 135).

Novo, ipsos et eorum res et heredes quitamus in perpetuum et immunes esse concedimus ab omni tallia, ablatione et roga coacta. Quicumque habebit herberiagium in Burgo-Novo tres solidos dunensium de festagio, singulis annis, nobis vel mandato nostro persolvet, tantum in festo Sancti Andree, et pro unaquaque domo quam preter herberiagium habebit, tres solidos similiter tantum persolvet; si herberiagium divisum fuerit, quot domus ex eo facte fuerint, pro unaquaque domo tres solidos tantum persolvent; si domus deciderit, nos ibi nichil capiemus donec reedificetur; si aliqua domus fuerit in loco predicto de qua, statuto termino, non solvatur, hec censa in crastino reddetur in dupplo nobis vel mandato nostro. Hanc cartam et carte hujus instituta, ego Ursio de Mellaio et Symon de Remis fideliter tenenda et bona fide conservanda bona fide juravimus. Quod ut stabile perseveret et firmum, litteris commendavimus, sigillorum nostrorum muninime roboratis. Actum Castriduni, anno gracie millesimo ducentesimo tercio decimo, mense januarii.

<small>A. Lancelot, 134-139, d'après l'original.</small>

## LXXIV

### 1214, août.

*Confirmation par Milon, comte de Bar, d'un échange fait par Nicolas de Villevé de quatre arpents de terre à Villevé contre quatre autres arpents à Villepreux.*

Ego Milo, comes Bari-super-Secanam, notum facio omnibus presentes litteras inspecturis quod dominus Nicholaus, miles *de Villevui*, pro remedio anime sue et antecessorum suorum, laude et assensu domine Lejardis uxoris sue, et filiorum suorum Petri, Auberti, Gauterii et Umbandi, et filie sue Agnetis, dedit Deo et canonicis Beate-Marie-Magdalene de Castriduno, in perpetuam elemosinam, quatuor arpenta terre, sita in terragio de *Villevui*, eisdem canonicis libere et pacifice perpetuo possidenda, ita quod jam dicti canonici de sua terra in territorio Ville-Petrose sita dederunt prefato Nicholao militi quatuor arpenta terre, in recompensationem terre prefate, eidem militi et heredibus suis perpetuo possidenda; que arpenta dictus Nicholaus et heredes sui tenebunt de feodo domini Petri Potardi fidelis mei cum alio suo feodo. Sciendum est autem quod singula queque hospicia in predictis quatuor arpentis sita, datis prefatis canonicis a sepe dicto Nicholao, michi et heredibus meis, ad festum Sancti Remigii, apud Puisacium, reddent unam minam avene annuatim pro tensamento; omnimoda justicia autem territorii dictorum quatuor arpentorum est et erit dictorum canonicorum, exceptis murtro, raptu et thesauro, et excepta justicia chemini communis que tota est mea. Ego autem, comes Bari, ad petitionem domini Petri Potardi, fidelis mei, de quo sepe dictus Nicholaus tenebat antedicta quatuor arpenta terre memoratis canonicis data, et ad petitionem ipsius Nicholai et canonicorum, feci presentes litteras sigillo meo sigillari, et id totum garantizare manucepi. Actum anno gracie M° CC° quarto decimo, mense augusti.

 A. Bibl. de l'Arsenal, ms. 1008, p. 474.
 B. Lancelot, 134, f° 60 r°, d'après le Cartulaire, f° 23, où on lisait pour rubrique : « Carta comitis Bari de quatuor arpentis terre sitis in territorio de Villevui, et de justicia dictorum quatuor arpentorum ».

## LXXV

### 1216, oct. — Châteaudun.

*Accord avec le curé de Douy, pour la dîme des jardins et des animaux à la Fontaine-Talvaz, paroisse de Douy.*

Universis tam futuris quam presentibus presentes litteras inspecturis, Gaufridus, Dunensis archidiaconus, salutem. Noverint universi quod inter Odonem abbatem et capitulum Beate-Marie-Magdalene de Castriduno, ex una parte, et Gilebertum, presbiterum ecclesie Sancti-Salvatoris de Doeto, ex parte altera, super decimis hortorum quos prefati abbas et capitulum habent ad Fontem-Talevaz, sitos in parrochia ecclesie Sancti-Salvatoris de Doeto, et preterea de decimis animalium que sunt sive erunt in herbergagio sive totali tenemento quod prefati abbas et capitulum ibidem habent, coram nobis, de communi assensu partium, compositio talis facta fuit, quod presbiter ecclesie Sancti-Salvatoris de Doeto, qui nunc est et qui de cetero pro tempore erit, medietatem unam, de decimis prenotatis tam hortorum quam animalium, quecumque sive cujuscumque sint animalia, quiete et pacifice percipiet; prenotati vero abbas et capitulum medietatem alteram ex eisdem decimis quiete et pacifice percipient et habebunt. Quod, in nostra factum presentia, ut in perpetuum stabile duret ac firmum, nos, ad petitionem et preces partium, id ipsum, scripti presentis memorie commendatum, sigilli nostri munimine duximus confirmandum. Actum Castriduni, in abbatia Beate-Marie-Magdalene, anno incarnationis dominice millesimo ducentesimo sexto decimo, mense octobris.

A. Orig. en parch. aux Archives d'Eure-et-Loir [1].

## LXXVI

*Accord avec l'abbaye de Saint-Laumer de Blois pour les dimes de vignes au territoire de Chambottain.*

Laurencius, Dei gratia, abbas Sancti-Launomari Blesensis, totusque ejusdem ecclesie conventus, omnibus presentem paginam inspecturis, salutem in vero Salvatori. Que geruntur in tempore ne labantur cum tempore poni solent in aure testium aut scripture solent memoria perennari. Noverint omnes tam presentes quam futuri quod, cum causa verteretur inter nos ex una parte, coram Gaufrido, tunc Dunensi archidiacono, et venerabilem virum Odonem, tunc abbatem Beate-Marie-

[1] Au dos, du même temps : « Carta Gaufridi, archidiaconi Dunensis, de compositione cum presbitero de Doeto ».

Magdalene de Castriduno et ejusdem ecclesie conventum ex altera, super decimis quarumdam vinearum, scilicet arpenti unius et quarte partis arpenti, quos possidebat Matildis de Vallenvilla et Godefridus Serviens-in-bonum apud Castridunum in territorio de *Bolain,* subtus *talu,* in censiva Lamberti Decani, inter vineas Johannis *Borrière* et Hildeburgis, relicte Guillermi *Pugier,* et unius arpenti que possidebant dicti Matildis et Godefridus supra *talu,* in censiva Petri Heloini et Galterii de Lovilla, inter vineas Stephani *Gaudree,* et dicte Hildeburgis, relicte Guillelmi *Pugier* . . . . . . . . . .
. . . . . . .[1]. Actum anno gracie M° CC° septimo decimo, mense julio.

    A. Bibl. de l'Arsenal, ms. 1008, p. 466.
    B. Lancelot, 134, f° 44 r°, d'après le Cartulaire, f° 6, où on lisait cette rubrique : « Carta abbatis et conventus Sancti-Launomari Blesensis super compositionem decimarum de Bolain ».

## LXXVII

### 1217.

*Dotation par Gohier de Lanneray de la chapelle de Saint-Thomas de Lanneray.*

Ego Goherius de Lanereio, miles, notum facio universis, tam presentibus quam futuris, quod ego, pro amore Dei et remedio anime mee et patris mei et matris mee et antecessorum meorum, laudantibus et concedentibus uxore mea Lejardi, et sororibus meis Ysabella et Lucia, et nepotibus meis Odone de Lanereio et Gaufrido fratre ejus, Hugone de Boolleto et

[1] La copie de Lancelot est absolument incomplète : une analyse faite dans le Sommier de la Madeleine nous fait connaître l'objet de cette charte : « Transaction avec l'abbé de Saint-Lomer de Blois, dont dépend le prieuré de Saint-Gilles-du-Tertre, par laquelle il appert qu'y ayant eu contestation au sujet de deux arpents un quartier de vigne au terroir de Chambotin, il fut arrêté que le prieur de Saint-Gilles aurait les deux tiers de la dîme des dites vignes, et l'abbaye de la Madeleine l'autre tiers » (*Sommier de la Madeleine,* p. 755).

Reginaldo fratre ejus, Herveo de Bellovidere, Goherio de Memberolis et Gaufrido de Mascherainvilla, pro divino servitio in capella Beati-Thome de Lanereio [1] in perpetuum celebrando, ad usus capellani ejusdem capelle, dedi et in puram et perpetuam elemosinam concessi Deo et canonicis Beate-Marie-Mag-

[1] La chapelle de Saint-Thomas de Lanneray est beaucoup plus connue sous le vocable de Sainte-Radegonde. Un Mémoire de l'année 1607 s'exprime ainsi : « Il est à notter que cette chapelle est fondée soubz le « nom de Saint-Thomas et que l'autel de Sainte-Radegonde n'est que « collatéral. Y ayant trois autelz en cette chapelle, ce n'est pas un oratoire « domestique, mais une chapelle, dont le titre de Saint-Thomas est plus « ancien, mais celuy de Sainte-Radegonde a prévalu par l'usage populaire, « comme celui de Sainte-Geneviève à Paris, bien que l'église soit fondée de « Saint-Pierre et Saint-Paul ». Pour comprendre l'importance de cette note, il faut nous reporter à un long procès entre les seigneurs de l'Épinay et les religieux de la Madeleine.

Jusqu'en l'année 1592, les prieurs curés de Lanneray, religieux de la Madeleine, jouirent sans conteste de la chapelle de Saint-Thomas et des revenus y attachés ; mais, à cette époque, le sieur Pierre de Girard, seigneur de l'Épinay, ancien huguenot converti depuis la Saint Barthélemy, voulut s'approprier cette chapelle et en faire l'oratoire de son château de l'Épinay. Il mit lui-même le feu à l'ancien édifice, puis le fit reconstruire à ses frais sur son propre fonds et au-dedans de sa basse-cour. Un chemin conduisait de Lanneray à la chapelle ; il le coupa par un fossé de manière à interdire le passage aux habitants du village. Il prit l'ancienne statue de saint Thomas qui décorait la chapelle, joua à la balle, disent les témoins, avec la tête du saint, puis fit précipiter la statue dans un puits. Il espérait pouvoir ainsi anéantir le souvenir de la primitive chapelle, mais pour que tout vestige en disparût, il lui fallait les titres anciens. Sous je ne sais quel prétexte, il fit jeter le curé de Lanneray, frère Denis Desprez, dans les prisons de Châteaudun, et ne l'en laissa sortir qu'avec la promesse de lui livrer toutes les pièces se rapportant à la chapelle de Saint-Thomas. En effet, quelques années après, Denis Desprez, étant devenu prieur claustral de la Madeleine, tira du Trésor de l'abbaye les titres qu'on lui avait réclamés, et, du consentement de l'abbé Jacques de la Ferté, parent du seigneur de l'Épinay, les remit entre les mains de Pierre de Girard. Dès lors, celui-ci agit en maître absolu : le nouveau prieur de Lanneray, Jean Cymard, ayant voulu entrer pour officier dans la chapelle, il le fit saisir par ses gardes et reconduire honteusement au presbytère.

Jacob de Girard, qui succéda à Pierre en 1605, poursuivit l'entreprise de son père. Il fit ouvrir dans le chœur de la chapelle un caveau pour servir de sépulture aux seigneurs de l'Épinay ; il nomma des chapelains particuliers, et continua à interdire au prieur de Lanneray l'entrée de la chapelle

dalene Castriduni, ad servitium capelle sue Beati-Thome de Lanereio, decem et octo sextarios hybernagii et sex sextarios avene redditus annui, in tempore messis, in grangia mea de Lanereio, tam de proventibus terrarum mearum de Lanereio quam de terragiis meis ad eamdem grangiam venientibus capiendos. Dedi preterea herbergagium capellani, cum vinea et oscha terre dicto herbergagio adherentibus, cum duabus etiam oschis terrarum predicte vinee fere conjunctis, et preterea dimidium arpentum et unam planchiam vinee in clauso meo de Lanereio, cum predictarum vinearum decimis, et terrarum; et preterea quindecim solidos dunensium annui redditus, in censibus meis de Lannereio, in festo beati Remigii, ad predicte capelle luminare, annuatim capiendos; et omnem preterea minutam decimam herbergagii mei de Lannereio; et preterea sex sextarios hibernagii et sex sextarios avene redditus annui in decimis hospitum meorum de Spineto, et terrarum eorumdam hospitum secundum testimonium terragii mei de eadem villa, sine preparatione aliqua capiendos. Dedit etiam Lejardis, uxor mea, ad usum capellani dicte capelle, laudantibus et concedentibus Raginaldo de Horrevilla et Gaufrido, fratre ejus, nepotibus suis, xx solidos carnotensium redditus annui, in Nativitate beati Johannis-Baptiste, de redditu furni Boelli de Carnoto capiendos [1]. Dederunt preterea, ad usum capel-

et la perception des offrandes. Les religieux de la Madeleine protestèrent ; Jacob de Girard répondit que la nouvelle chapelle n'était point la même que celle de Saint-Thomas : on fit une enquête qui prouva surabondamment le bien fondé des prétentions de l'abbaye ; mais M. de Girard était conseiller et maître d'hôtel du Roi, il avait des protections en haut lieu. Il fallut céder, et la chapelle de Saint-Thomas devint définitivement l'oratoire du château de l'Épinay sous le nom de Sainte-Radegonde. L'autorité ecclésiastique ne voulut pas cependant accepter cette dépossession : tous les ans, à la cour de l'archidiacre de Dunois qui se tenait à Chartres aux fêtes de la Pentecôte, on continuait d'appeler le curé de Lanneray, *curatus Sancti-Petri de Lanneriaco, cum capella sua Sancte-Radegondis, alias Sancti-Thome.*

[1] En 1240, Renaud d'Ouarville confirma à l'Aumône de Châteaudun 5 sous de rente sur le four Boël à Chartres, qui avaient été donnés par Ledgarde, veuve de Gohier de Lanneray.

lani predicti, Guillelmus de Valle et Michael frater ejus decimam terrarum suarum de Francorvilla. Abbas autem et conventus Beate-Marie-Magdalene Castriduni, ad usum capellani supradicti, medietatem primiciarum suarum de parrochia sua Beati-Petri de Laneriaco quittant in perpetuum et concedunt. Sciendum est autem quod ego et heres meus, quicumque sit dominus Lanneriaci, ex una parte, et capellanus predicte capelle Beati-Thome, ex altera, tam in vestimentis, libris, vitreis, et tam in reparatione quam fabrica ecclesie, quandocumque oportuerit, communes expensas facient; cum talibus autem redditibus et bonis prefate capelle Beati-Thome perpetua capiendis, abbas et conventus Beate-Marie-Magdalene tenentur in prefata capella unum de canonicis suis capellanum ibidem instituere, ad Dei servitium in eadem capella perpetuo celebrandum. Quod ut in perpetuum stabile sit et firmum, ego id ipsum presentibus litteris commendavi et sigilli mei munimine confirmavi. Actum anno gracie M CC septimo decimo.

 A. Copie du XVII° siècle, aux Archives d'Eure-et-Loir.
 B. Lancelot, 104, f° 96, d'après le Cartulaire, f° 39. La rubrique était : « Carta Goheril de Laneriaco de institutione capelle sue ».
 C. Bibl. de l'Arsenal, ms. 1008, p. 469.

## LXXVIII

### 1219, mai.

*Confirmation par Jean, seigneur de Montigny, d'un accord passé entre l'abbaye et Renaud, maire de Ruan, pour la vente du vin en la ville de Ruan.*

Ego Johannes, dominus Montigniaci [1], notum facio tam presentibus quam futuris quod controversia inter Reginaldum,

---

[1] Mabile, dans la Notice sur les seigneurs de Montigny qu'il a jointe à son Cartulaire pour le Dunois, dit que Jean de Montigny vivait encore en 1212, et peut-être même en 1219. Nous voyons par cette charte qu'il n'y a pas de doute possible sur cette dernière date.

majorem de Rothomago, ex una parte, et abbatem et conventum Beate-Marie-Magdalene de Castriduno ex altera, quondam exorta super eo quod dictus major, in domo sua, apud Rothomagum, vinum vendiderat in tempore banni, quod ei, ut dicebant canonici, non licebat, in hunc modum terminata est quod supra memoratus major, in audiencia mea et multorum qui aderant in capitulo Beate-Marie, abbati et conventui recognovit quod non licet eidem majori, nec cuilibet alii, infra censivam et justiciam Beate-Marie apud Rothomagum, vinum vendere in tempore banni, quod quater aut quinquies in anno [evenit], videlicet ad Nativitatem Domini tribus septimanis, et totidem septimanis ad Carnisprivium, totidem etiam ad Pasca, totidem nichilominus ad Penthecostem et totidem ad festum sancti Johannis-Baptiste. Super eo etiam quod vinum vendiderat in banno illo unde contencio fuerit, erga abbatem et capitulum se deliquisse confessus est, et, salva fide sua et honore suo et feodo suo, coram omnibus gagiavit emendam qui cum abbate et conventu in capitulo assistebant. In hujus rei testimonium perpetuum et munimen, ego, ad parcium petitionem, presentem annotari paginam et sigilli mei feci karactere confirmari. Actum anno gracie M° CC° nono decimo, mense maio.

A. Bibl. nat., ms. lat. 17049, f° 88.
B. Lancelot, 134, f° 45 r°, d'après le Cartulaire, f° 7 r°.

## LXXIX

### 1219, 12 octobre.

*Assignation par Étienne de Milly de 140 livres qu'il devait à l'abbaye, à percevoir moitié sur sa maison en la paroisse de Saint-Valérien et sa table de changeur à Châteaudun, et l'autre moitié sur ses terres de Pont-Belocier.*

Omnibus presentes litteras inspecturis, officialis curie Carnotensis, salutem in Domino. Noverint universi quod Stephanus de Milliaco, clericus, in nostra presentia constitutus, recognovit se debere abbati Beate-Marie-Magdalene Castriduni septies viginti libras turonensium, quas assignavit dictus Stephanus reddendas post decessum suum, hoc modo videlicet : medietatem super domum suam de Sancto-Valeriano, et plateam suam sitam in foro Castriduni, et mensam suam nummulariam sitam similiter apud Castridunum ; alteram vero medietatem assignavit, similiter post decessum suum, super villam suam que dicitur *Pont-Belocier* et super pertinencia ad dictam villam. Pretera placuit dicto Stephano, voluit et concessit quod dicta villa cum pertinenciis, tam pro dicta summa peccunie super eam assignata quam ex donacione sua, supradicte abbatie quita et libera in perpetuum remaneat, quocienscumque assensum domini feodi super hoc poterit obtineri ; ita tamen quod dictus abbas teneatur solvere dicto Stephano centum solidos turonensium annuatim, in festo Omnium Sanctorum, quoad vixerit clericus supradictus. Et preterea concessit supradictus Stephanus quod dictus abbas, etiam non impetrato assensu domini feodi, dictam villam cum pertinenciis ad supradictam firmam centum solidorum turonensium habeat, quoad vixerit dictus Stephanus clericus, solvendorum ad terminum supradictum. Et ut hoc firmum et stabile permaneat, litteras istas sigillo nostro dedimus roboratas. Actum anno Domini M° CC° XIX°, II° idus octobris.

<small>A. Lancelot, 134, f° 54 r°, d'après le Cartulaire, f° 12. On lisait cette rubrique : « Carta curie Carnotensis de Pont-Belocier ».</small>

## LXXX

### 1220, novembre.

*Abandon par le chapitre de Saint-André de Châteaudun de tout ce que ledit chapitre réclamait dans la chapelle du château de Châteaudun.*

Universis presentes litteras inspecturis, tam presentibus quam futuris, universitas capituli Beati-Andree de Castriduno, salutem in Domino. Ad universorum noticiam volumus pervenire quod contencio que inter nos ex una parte et capitulum

Beate-Marie-Magdalene de Castriduno ex altera versabatur, super capellam que est in palacio comitis apud Castridunum, quam pius comes Ludovicus nobis contulerat cum suis pertinenciis, sicut in ejusdem comitis litteris continetur, post multas altercationes, de consilio bonorum virorum, in hunc modum terminata est quod nos quicquid juris in jam dicta capella et in ejus redditibus et proventibus reclamabamus ecclesie Beate-Marie-Magdalene de Castriduno quitavimus et in perpetuum concessimus, quiete et pacifice possidendum [1]. Quod ut ratum et stabile perseveret, quoniam litteras pii Ludovici super dono capelle, cum alia ejusdem principis beneficia erga ecclesiam nostram in eadem continerentur, reddere noluimus, presentem paginam annotari fecimus et sigilli nostri munimine duximus roborandam. Actum anno gracie M° CC° vicesimo, mense novembri.

    A. Lancelot, 134, f° 56 r°, d'après le Cartulaire, f° 13. On lisait pour rubrique : « Carta capituli Beati-Andree Castriduni super composicionem capelle comitis ».
    B. Essai sur la religion du Dunois, t. II, p. 252.
    C. Polluche. Bibl. d'Orléans, n° 435 bis, p. 114.
    Édit. : 1° Gallia Christiana, t. VIII, col. 351.
          2° Bordas, Hist. du comté de Dunois, t. II, p. 219.

[1] Dans une charte de Thibault IV, comte de Dunois, en 1148, que nous avons publiée, comparaît Raoul, chapelain dudit comte. Parmi les possessions de l'abbaye de la Madeleine énumérées dans la bulle d'Eugène III de 1153, ne figure pas la chapelle du comte ; nous la voyons pour la première fois mentionnée dans la bulle d'Adrien IV de 1154 : nous pouvons donc supposer, sans crainte de nous tromper, que ce fut en l'année 1153 que le comte de Dunois donna à la Madeleine la desserte de sa chapelle. Les chanoines ne faisaient-ils pas régulièrement le service ? Quelque autre raison agit-elle sur l'esprit du comte Louis ? Toujours est-il qu'il semble avoir retiré aux chanoines de la Madeleine le privilège que leur avait concédé son prédécesseur et avoir nommé un chapelain particulier, auquel il assigna un certain revenu, comme le prouve la charte suivante : « *Ego Ludovicus, comes Blesis et Clarimontis, omnibus notum facio quod, pro amore Dei et remedio anime mee et parentum meorum, laudantibus et concedentibus Katherina, uxore mea, Theobaldo, filio meo, et Johanna, filia mea, Philippo, fratre meo, et sororibus meis, Margarita et Ysabella, dedi et in perpetuum concessi capellano meo, qui in capella mea de Castroduno Deo deserviet, duos modios mistolii annui redditus, et quinquaginta solidos pro roba, et quinde-*

## LXXXI

1221, janvier. — Châteaudun.

*Vente par Guillaume et Geoffroy à Sanche, maire de la Madeleine, d'une vigne qu'ils possédaient apud Campum Pincha.*

Goherius, decanus Castriduni, omnibus presentem paginam inspecturis, salutem in Domino. Noverint universi quod Guillermus et Gaufridus et uxores eorum, scilicet Gileta et Maria, in nostra presentia constituti, vendiderunt Sancio, majori Beate-Marie-Magdelene de Castriduno, quandam vineam quam ipsi possidebant apud Campum Pincha, in censiva Galterii de Lovilla et Petri Helloini, vi libris dunensis monete......

Datum Castriduni, anno gracie M CC XX, mense januarii.

<small>A. Lancelot, 134, f° 105 r°, d'après le Cartulaire, f° 55.</small>

## LXXXII

1222, 27 août. — Mémillon.

*Confirmation par Guillaume de Mémillon de 20 sous de rente donnés par Geoffroy Cointet sur le ban de Noël, et*

<small>cim solidos pro luminari, singulis annis, in festagio Castroduni, ad festum Sancti Andree, percipiendos, et duos modios vini pede pressi in cellario meo Castroduni annuatim in vindemiis capiendos. Hec omnia Johanni Ferronnio, dilecto clero meo, qui diu mihi fideliter deservivit, dedi et concessi, quoad vixerit, possidenda. Testes sunt : Nicolaus de Sancto-Lazaro, Richerius sacerdos Sancti-Medardi, Petrus de Villebelon, Robertus de Mesio. Quod ut ratum semper maneat et firmum, litteris commendavi et sigillo meo confirmavi. Actum Castriduno, anno gratie M° CC° secundo. Datum per manum Theobaldi, cancellarii mei, mense maio » (Lancelot, 134, f° 55, r°, d'après le Cartulaire, f° 12, v°). Jean le Féron trouva-t-il les revenus insuffisants, ou plutôt ne mourut-il pas bientôt ? Le fait est que, d'après le texte de la charte que nous publions, le comte Louis ne tarda pas à donner la desserte de sa chapelle aux chanoines de Saint-André, qui, en 1220, l'abandonnèrent de nouveau aux religieux de la Madeleine. Ceux-ci la conservèrent jusqu'en l'année 1491, époque où le comte de Dunois, François d'Orléans, fit démolir l'ancien sanctuaire, et le remplaça par la chapelle de Saint-Sébastien et de Saint-Roch, qui fut dès lors desservie par les chanoines de la Sainte-Chapelle.</small>

*donation de 10 autres sous par Jeanne, femme de Guillaume de Mémillon.*

Ego Guillelmus *de Memilon,* miles, omnibus notum facio quod cum Gaufridus *Cointet,* bone memorie miles, contulerit et concesserit ecclesie Beate-Marie-Magdalene de Castriduno viginti solidos dunensis monete, capiendos in banno Nativitatis Domini super decem libras dunensium quas dictus Gaufridus *Cointet* in supradicto banno annuatim percipere consuevit, hanc donationem, bona fide factam supradicte ecclesie a supradicto Gaufrido, laudantibus et concedentibus Johanna, uxore mea, filia supradicti Gaufridi, et heredibus meis videlicet Johanne, Dionysio, Herveo, filiis meis, et filia mea Clemencia, volui et concessi et penitus approbavi. Dicta vero Johanna, de assensu et voluntate mea et heredum supradictorum, pro remedio anime sue et antecessorum suorum, supradicte ecclesie decem solidos dunensium in supradicto banno singulis annis capiendos contulit et concessit, cum aliis viginti solidis quos dominus Gaufridus assignavit dicte ecclesie in banno supradicto singulis annis pacifice capiendos. Quod ut ratum et stabile permaneret et ne in posterum possit calumnia suboriri, presentem cartulam sigilli mei munimine confirmavi. Actum apud *Memilon,* anno Domini M CC vicesimo secundo, in vigilia beati Augustini.

A. Bibl. de l'Arsenal, ms. 1008, p. 464.
B. Lancelot, 134, f° 38, d'après le Cartulaire, f° 2.
C. Histoire de la religion du Dunois, t. II, p. 103.

## LXXXIII

### 1222. — Tours.

*Acte de confraternité entre le prieuré de Saint-Cosme de Tours et l'abbaye de la Madeleine.*

Universis Christi fidelibus tam futuris quam presentibus presentes litteras inspecturis, S....., prior Sancti-Cosme totusque conventus ejusdem loci, salutem in salutis auctore. Universitati vestre per presentes litteras innotescat quod nos, pari assensu et communi voluntate, tam abbatem quam canonicos Beate-Marie-Magdalene Castridunensis recepimus in concanonicos nostros et fratres, mutue karitatis assensu unanimiter statuentes, tam pro salute corporum quam remedio animarum, quod si necesse fuerit, seu pro paupertate loci illius, seu pro correctione ordinis loci predicti, canonicos ad tempus in nostre congregationis consorcium liberaliter admittemus, secundum facultatem domus nostre, eisdem, quamdiu nobiscum permanserint, sicuti et nobis, in omnibus necessariis, provisuri. Quandocumque autem aliquem eorumdem canonicorum, Deo volente, migrare contigerit a seculo, audito illius obitu per certum ipsorum nuncium, tantum pro illo, tam in temporalibus quam in spiritualibus, quantum pro uno domus nostre canonico specialiter faciemus. Quod ut ratum sit semper ac firmum, litteris nostris presentibus commendatum, sigillorum nostrorum caractere duximus confirmandum. Actum puplice in capitulo nostro, anno Domini M° CC° vicesimo secundo.

A. Orig. en parch., aux Archives d'Eure-et-Loir ¹.
B. Bibl. de l'Arsenal, ms. 1008, p. 489.

## LXXXIV

### 1224, avril.

*Confirmation par Thibault de Dangeau de la vente faite par Geoffroy de Marville à Simon Garrel d'un champ entre Monthion et la Molière.*

Ego Teobaldus de Dangeolo omnibus presentes litteras inspecturis notum facio quod Gaufridus de Merrevilla, miles, et Ysabellis, uxor ejus, vendiderunt Symoni *Garrel* et

---

¹ Au dos, du même temps : « Littere prioris et conventus Sancti-Cosme super confraternitate facta inter nos et ipsos ».

Juliane [1], uxori sue, campum terre situm inter *Monlyon* et Moleriam, contiguum campo *de Bande,* pro sexdecim libris dunensium, tali modo quod dictus Symon et J[uliana] uxor ejus poterunt dictum campum cuicumque voluerint in perpetuam elemosinam dare, ita quod quicumque dictum campum tenebit, dicto Gaufrido vel heredibus suis, in festo Sancti Remigii, reddet tres solidos censuales apud *Monlyon,* in manu majoris. Vendicionem istam voluerunt et concesserunt Reginaldus, frater dicti Gaufridi, et filie ipsius G[aufridi] Clemencia et Margarita. Ego vero, ut dominus feodi, ad peticionem vendentium, venditionem istam garantire manucepi et sigilli mei [2] munimine roboravi. Actum anno gracie M° CC° XX° IIII, mense aprili.

A. Orig. en parch. aux Archives d'Eure-et-Loir [3].
B. Lancelot, 134, f° 91 r°, d'après le Cartulaire, f° 34 et 140 d'après l'original.

## LXXXV
### 1226.

*Confirmation par Gautier, évêque de Chartres, des dîmes de l'abbaye de la Madeleine.*

Galterius, divina permissione, Carnotensis episcopus, omnibus tam futuris quam presentibus, in perpetuum. Cum,

---

[1] Au mois de décembre 1213, Thibaut de Dangeau confirma de même la vente d'une terre et d'un bois à la Molière, faite par Gautier de Louville à Simon Garrel et à sa femme (*Archives de la Maison-Dieu de Châteaudun,* p. 72). Au mois de février suivant, Simon Garrel, de Bonneval, et Hersende, sa femme, donnèrent cette terre à l'Aumône de Châteaudun (*Ibid.,* p. 70). Comme on le voit par la charte que nous publions, Simon Garrel se remaria à Julienne : cette dame, à son tour, devenue veuve avant 1230, épousa Gui de Bléville, puis Aubert de Villevé, avec lequel, en octobre 1252, elle confirma le don fait à l'Aumône par son premier mari, Simon de Garrel (*Ibid.,* p. 185).

[2] D'après Lancelot, l'original était scellé d'un sceau à moitié rompu où l'on voyait encore cependant l'écu entier pallé de trois pièces.

[3] On lit au dos, du même temps : « Carta Th[eobaldi] de Dangeolo super vendicione facta Simoni Garrel de quodam campo sito inter Moncium et Moleriam ».

ex injuncto nobis officio pastorali, subditorum nostrorum utilitatibus providere et justis eorum precibus teneamur annuere, nos, dilectorum nostrorum Odonis abbatis et conventus canonicorum ecclesie Beate-Marie-Magdalene de Castriduno justis postulacionibus annuentes, decimas omnes ac primitias quas nunc habent et possident, seu, Deo volente, poterunt adipisci, in Carnotensi dyocesi sitas, eisdem confirmamus ac presentis privilegii munimine roboramus, statuentes ut nullus clericus laicusve eas invadere vel in aliquo diminuere aliqua occasione presumat. Quarum decimarum seu primitiarum nominatim quasdam expressimus, quasdam vero sub silentio transivimus quas videlicet jam habent et possident in villis et parrochiis quarum nomina subsecuntur : in parochia Sancti-Johannis-de-Cathena, Sancti-Valeriani Castridunensis, Sancti-Albini, Sancti-Georgii de Cloya, de Mesio, de Tievilla, de *Donnemein*, de Marboio, de Oratorio-*de-Bruill*, de Autolio, de Villari-Sancti-Orgentii, de Doeto, de *Langi*, de *Logron*, et de Capella-Regali. Inhibemus igitur sub anathematis interminatione ne quis hanc nostre confirmationis paginam ausu temerario infringere seu perturbare vel ei aliquo modo obviare presumat. Actum anno incarnationis dominice millesimo ducentesimo vicesimo sexto.

 A. Lancelot, 134, 136, d'après l'original.
 B. Bibl. de l'Arsenal, ms. 1008, p. 476.
 Édit. Bordas, t. II, p.219. Bordas date cette charte de 1227 au lieu de 1226, qui est la véritable date.

## LXXXVI

### 1228, mai.

### *Don par Geoffroy de Nivouville d'une maison à Châteaudun.*

Galterius, Dei paciencia, abbas Grandis-Campi, omnibus presentem paginam inspecturis, salutem in Domino. Universitati vestre notum facimus quod Gaufridus de Nivarvilla, filius Gilonis *Moiel*, in presencia nostra constitutus, recognovit se omnino quitasse abbati et ecclesie Beate-Marie de Castriduno domum illam quam edificavit G[ilo], pater suus, apud Castridunum, in terra abbatis et ecclesie Beate-Marie. Preterea dictus Gaufridus voluntarie in manu nostra fiduciavit quod de cetero in dicta domo nichil, post decessum patris sui, reclamaret. In cujus rei testimonium, presentes litteras scribi et sigilli nostri munimine fecimus roborari. Actum anno Domini M° CC° vicesimo octavo, mense maio.

A. Lancelot, 134, f° 87 r°, d'après le Cartulaire, f° 32. On lisait pour rubrique : « Littere abbatis Grandis-Campi super quitatione cujusdam domus facta a Gaufrido de Nivarvilla ».

## LXXXVII

### 1229, janvier.

*Don par Richard Harenc de différents cens sur la vigne de Saulièvre et d'autres adjacentes*[1].

Ego Richardus *Harenc*, miles[2], omnibus tam presentibus quam futuris notum faccimus quod ego contuli et concessi abbati et conventui Beate-Marie-Magdalene de Castriduni, pro remedio anime mee et antecessorum meorum, in puram et perpetuam elemosinam, censum vinee *de Saullièvre*[3], et

---

[1] Ces cens montaient à 23 deniers, d'après le Sommier de l'abbaye.

[2] En mars 1207, Renaud, évêque de Chartres, confirma la donation qu'avait faite Philippe, femme de Richard Harenc, à son lit de mort, du consentement de sa mère Pétronille, d'une terre qu'elle possédait à la Villévêque, pour le cas où ses trois filles, Philippe, Havise et Pétronille, entreraient en religion (*Archives de la Maison-Dieu de Châteaudun*, p. 57). Outre ces trois filles, Philippe en avait une quatrième, Jeanne, mariée à Gohier de Lanneray, et un fils, nommé comme son père, Richard, et qui, en janvier 1232, donna à l'Aumône de Châteaudun 12 deniers de cens et un faix de vin (*Archives de la Maison-Dieu de Châteaudun*, p. 103).

[3] Le 8 décembre 1287, Étienne le Coutellier, chanoine de Saint-André de Châteaudun, abandonna à l'abbaye de la Madeleine un droit de dîme sur un champ appelé la Quille, et en retour les religieux exemptèrent le dit Coutellier, sa vie durant, du droit de dîme qu'ils avaient sur sa vigne à Saulièvre (*Sommier de la Madeleine*, p. 835).

censum vinee que fuit defuncti Petri *Patron*, et vince que vocatur *la Frogerée*, et censum duarum plancharum sitarum ultra Lidum, juxta Buxeriam . . . . . . . . . . .
. . . . . . . . . . . . . .

Datum anno Domini MCCXX octavo, mense januarii.

<small>A. Lancelot, 134, f° 72 r°, d'après le Cartulaire, f° 24.
B. Bibl. de l'Arsenal, ms. 1008, p. 467.</small>

## LXXXVIII

1229, juillet. — Mondoubleau.

*Don par Geoffroy IV, vicomte de Châteaudun, d'une foire le jour de Saint Léger, à Châteaudun.*

Ego Gaufridus, vicecomes Castriduni, notum facio tam presentibus quam futuris quod, laudante et concedente Clemencia, uxore mea, condam comitissa Blesensi, pro amore Dei et pro remedio animarum nostrarum et antecessorum nostrorum, donavi abbati et conventui Beate-Marie-Magdalene de Castriduno nundinas unius diei apud Castridunum, cum salvo conductu mercatorum ad nundinas euncium et redeuncium, jus faciencium et capiencium, in crastino beati Remigii, annuatim in perpetuum possidendas, ad easdem consuetudines ad quas ego teneo nundinas meas apud Castridunum in festo Nativitatis beate Marie, salvis tamen michi omnibus justiciis meis, excepta justicia consuetudinum nundinarum ; ita tamen quod nundinas in propria manu teneant sine alterius participatione et sine venditione inde facta. Si vero contingeret quod aliquem secum constituerent participem, donum meum irritum fieret et inane, et nundine ulterius non durarent. Quod ut ratum et stabile permaneat, ego et Clemencia, uxor mea, condam comitissa Blesensis, presentes litteras sigillorum nostrorum munimine dignum duximus roborare. Datum apud Montem-Duplicem, anno Domini M° CC° XX° IX°, mense julio.

> A. Bibl. de l'Arsenal, ms. 1008, p. 465.
> B. Abbé Courgibet, t. II, 1ʳᵉ partie, p. 106.
> C. Lancelot, 134, f° 39 r°, d'après le Cartulaire, f° 2 v°. On lisait pour rubrique : « Carta vicecomitis Castriduni super concessione nundinarum unius diei apud Castridunum ».

## LXXXIX

### 1230, juillet.

*Abandon par Gui de Bléville et Julienne, veuve de Simon Garrel, d'une maison en la grande rue, à Bonneval.*

Stephanus, Dunensis decanus, omnibus presentes litteras inspecturis, salutem. Noverint universi quod Guido de Blevilla, miles, et Juliana, relicta defuncti Symonis *Garrel,* uxor sua, quitaverunt et concesserunt abbati et conventui Beate-Marie-Magdalene de Castriduno quamdam domum tam ligneam quam lapideam, sitam apud Bonamvallem, in magna rua, in censiva monachorum Bonevallis, ad suam faciendam penitus voluntatem ; et pro quitatione tali predicti abbas et conventus dederunt predictis Guidoni et Juliane, uxori ejus, decem et octo libras dunensis monete, et persolverunt. Et quia dicta Juliana in dicta domo dotalicium reclamabat, in manu nostra fidem prestitit corporalem, spontanee non coacte, quod in dicta domo, occasione dotalicii, nichil de cetero reclamabit. Quod ut ratum et stabile permaneret, ad instanciam Guidonis et Juliane, uxoris ejus, supradictorum, litteras nostras dedimus sigilli nostri munimine roboratas. Datum anno Domini M° CC° XXX°, mense julio.

> A. Orig. en parch. aux Archives d'Eure-et-Loir[1].
> B. Bibl. de l'Arsenal, ms., 1008, p. 468.
> C. Lancelot, 134, f° 92 r°, d'après le Cartulaire, f° 35.

---

[1] Au dos, du même temps : « Littere St[ephani], Dunensis decani, super quadam domo apud Bonamvallem ».

## XC

### 1230, août. — Blois.

*Confirmation par Marguerite, comtesse de Blois, de la foire de Saint Léger à Châteaudun.*

Ego Margareta, comitissa Blesis, notum facio universis quod, pro remedio anime mee et parentum meorum, abbati et conventui Beate-Marie-Magdalene de Castriduno concessi in perpetuum et confirmavi nundinas unius diei, apud Castridunum, singulis annis, in crastino beati Remigii, ad easdem consuetudines ad quas fieri solent nundine annuatim in *Chamdé,* cum salvo conductu mercatorum eundo et redeundo, salvis in omnibus justiciis meis et heredum meorum. Hoc autem sciendum quod dictas nundinas non poterunt dicti abbas et conventus donare, vel vendere, vel impignorare, vel in eisdem participem recipere, nisi de voluntate mea vel heredis mei. In cujus rei memoriam et munimen, presentes litteras sigilli mei munimine roboravi. Datum Blesis, anno Domini M° CC° XXX°, mense augusto.

A. Lancelot, 134, f° 90 r°, d'après le Cartulaire, f° 34. On lisait pour rubrique : « Carta Margarite, comitisse Blesis, super concessione nundinarum unius diei apud Castridunum, in festo sancti Leodegarii ».

## XCI

### 1231, juin.

*Vente par Thibault de Ligaudry à Jean de Marboué de tout ce qu'il possédait à Nivouville, consistant en maison, grange et terres* [1].

A. Sommier de la Madeleine, p. 453.

[1] En avril 1265, Praxède, veuve de Jean de Marboué, donna à l'abbaye la métairie de Nivouville (depuis appelée la Bourdillière), avec toutes ses dépendances, à condition que des revenus de la dite métairie il serait employé chaque année 15 livres à l'augmentation de la portion du souper de la communauté, les jours de jeûne, et le surplus à l'utilité du monastère (*Sommier,* p. 655).

## XCII

### 1231, juillet.

*Visite de l'église de la Madeleine par Geoffroy,*
*évêque de Chartres.*

G[aufridus], permissione divina, Carnotensis ecclesie minister humilis, omnibus presentes litteras inspecturis, salutem in Domino. Ad ecclesiam Beate-Marie-Magdalene Castriduni personaliter venientes, et in capitulo canonicorum ipsius loci existentes, statum ejusdem ecclesie inquisivimus et notavimus diligenter. Attendentes igitur tam canonicorum quam ipsius ecclesie paupertatem, et quod canonici ipsi frequenter requirebantur a multis ut domos et possessiones suas eis concederent, vel ad vitam vel jure hereditario possidendas, ne predicta ecclesia, quod absit, in bonis suis ulterius detrimentum incurrat, de communi consilio et assensu tam abbatis quam canonicorum ejusdem loci, in capitulo ipso duximus statuendum, sub pena excommunicationis districtius inhibentes ne predicti abbas et canonici vel aliquis ex eisdem domos vel aliquas possessiones ipsius ecclesie, seu in capite vel in membris, alicui ad vitam suam vel ad hereditatem concedere presumat de cetero vel conferre. Si quid contra hanc inhibitionem nostram pariter et statutum contingeret attemptari, de communi consensu eorum, decernimus irritum et inane, ad penam etiam processuri secundum quod exegerit presumptio delinquentis. Actum anno Domini MCCXXXI, mense julio.

A. Bibl. de l'Arsenal, ms. 1008, p. 475.

## XCIII

### 1231, septembre.

*Assignation par Geoffroy de Lisle de 40 sous de rente*
*sur ses revenus de Lisle, pour tenir lieu de trois charretées*
*de bois en la forêt de Morée.*

Viris venerabilibus et discretis abbati et priori Sancti-Evulci, et cantori Sancti-Petri-Virorum [1] Aurelianensis, judicibus a domino papa delegatis, Gaufridus de Insula, miles, salutem, reverenciam et honorem. Noverit discretio vestra quod ego constituo Gaufridum, latorem presentium, procuratorem meum, ad recordandam pacem coram vobis factam inter me ex una parte, et abbatem et conventum Beate-Marie de Castriduno ex altera, super tribus quadrigatis nemoris de nemore mortuo in foresta de Morenesio, singulis septimanis capiendis ab ipsis in predicto nemore, et ad quatuor equos trahendis ubicumque vellent, que talis est quod pro dictis tribus quadrigatis nemoris et pro quinque solidis quos abbatia Beate-Marie-Magdalene de Castriduno habebat annuatim in censibus meis de Insula, laudantibus et concedentibus Adelicia uxore mea, filiis et filiabus meis Roberto, Raginaldo, Philippo et Gaufrido, Matilde, Adelicia et Ysabelle, dicte abbatie assignavi quadraginta solidos annui redditus vindocinensis monete, in tensamento meo et in aliis redditibus meis de Insula, singulis annis, in festo beati Remigii, apud Insulam, de primo solutis capiendos. At si forte contingeret quod nuntio dictæ abbatie dicti denarii dicta die requisiti in domo mea de Insula reddi differrentur, extunc nuntio dictæ abbatiæ unaquaque die a dicto festo quod reddi dicta summa pecuniæ differretur quicumque dictos redditus perciperet XII denarios redderet pro expensis. Volui etiam ego dictus Gaufridus et concessi quod si infra VIII dies a dicto festo supradicta summa pecuniæ dictæ abbatiæ in pecunia numerata non fuerit satisfactum, vobis jurisdictione nihilominus reservata, extunc sine dilatione tam pro dictis denariis quam pro expensis supradictis possetis in me et in hæredes meos et in terram meam et in homines meos interdicti sententiam promulgare. Et ipsi quidquid juris habebant in supradictis tribus quadrigatis nemoris ex donatione patris et fratris mei, rata pace

---

[1] Saint-Pierre-Empont, sur l'emplacement où s'élève aujourd'hui le temple protestant.

supradicta manente, quittaverunt et quasdam litteras super dicta donatione confectas mihi tradiderunt. Quod ut ratum et stabile permaneat, vos exoro quatinus omnia supradicta dignemini sigillare. Datum anno Domini M° CC° XXX primo, mense septembris.

A. Lancelot, 134, f° 40, d'après le Cartulaire, f° 3, où on lisait pour rubrique : « Littere de Insula ».

B. Bibl. de l'Arsenal, ms. 1008, p. 490.

## XCIV

### 1231, 4 décembre.

*Quittance par Girard, abbé de Bonneval, de tout ce que pouvait lui devoir Sanche, maire de l'abbaye de la Madeleine.*

Girardus, divina permissione, humilis abbas Bonevallis, universis presentes litteras inspecturis, salutem in Domino. Noverint universi quod nos Sancium, majorem de Castriduno, et ejus uxorem ab omni debito quod nobis debebant usque ad hanc diem penitus absolvimus et quitamus. In cujus rei testimonium, presentes litteras eisdem dedimus, sigilli nostri munimine roboratas. Actum anno gracie M° CC XXX primo, in die jovis ante festum beati Nicholai.

A. Lancelot, 134, f° 104 r°, d'après le Cartulaire, f° 49.

## XCV

### 1231.

*Bail par le Chapitre de Saint-André de Châteaudun à Raimond Testart, clerc, d'un demi-étal à vendre cire en l'église de la Madeleine.*

Decanus et capitulum Beati-Andree Castridunensis, universis presens scriptum inspecturis, in Domino salutem. Sciant omnes quod nos dimidium stallum cerarie in ecclesia

Beate-Marie-Magdalene Castridunensis et in censiva abbatis ejusdem loci situm, quod idem abbas pertinere ad ecclesiam nostram dicebat, Remundo *Testart,* clerico, concedimus, in vita canonice et pacifice possidendum, quatenus dictus Remundus decedens, aut a clericatu fortasse recedere contingens, predictum dimidium stallum ad nostram ecclesiam libenter revertatur ; nobis autem dimidium illud stallum nonnisi per unum annum concedere licebit sine memorati abbatis voluntate. In cujus rei testimonium, presentes litteras sigilli nostri munimine roboravimus. Datum anno Domini M° CC° XXX° I°.

Édit. : *Histoire du Dunois,* par l'abbé Bordas, t. II, p. 230.

## XCVI

1233, 15 novembre. — Saint-Jean-de-Latran.

*Bulle du pape Grégoire IX pour l'absolution à accorder aux religieux coupables.*

Gregorius, episcopus, servus servorum Dei, venerabili fratri episcopo Carnotensi et dilecto filio abbati Sancte-Marie-Magdalene de Castriduno, ordinis Sancti Augustini, Carnotensis diocesis, salutem et apostolicam benedictionem. Ex parte tua, fili abba, fuit propositum coram nobis quod nonnulli monasterii tui canonici, pro violenta manuum injectione inter semetipsos et clericos seculares Carnotensis diocesis in canonem inciderunt sententie promulgate, aliqui vero pro detentione proprii, et quidam pro denegata sibi obedientia, super quibus se correxerunt, postmodum excommunicationis sententiam incurrerunt ; quamplures etiam simoniacum habuerunt ingressum in monasterio memorato, quorum aliqui, absolutionis beneficio non obtento, per simplicitatem et juris ignorantiam celebravere divina et ad sacros ordines sunt promoti. De quorum salute sollicitus, postulasti ut, cum metuas ne predicti canonici, veniendo ad veram penitentiam, vagarentur et, salutis unius causa venientes, incurrerint detrimentum, cum eis misericorditer agere dignaremur. Quia vero digna est favoris prosecutione religio, licet tales noscantur graviter deliquisse, de miseratione tamen nostra plenam in Domino fiduciam obtinentes, presentium vobis auctoritate committimus ut hujusmodi manuum injectoribus satisfacientibus congrue ac proprietariis, purgatis per satisfactionem condignam excessibus eorumdem, possetis hac vice et dummodo predictorum manuum injectorum non fuerit difficilis et enormis excessus propter quem merito ad sedem apostolicam sint mittendi, juxta formam ecclesie, absolutionis beneficium impertiri, et illis qui, sic excommunicati, per simplicitatem et juris ignorantiam, celebravere divina et sacros ordines susceperunt, injuncta eis penitentia salutari et competenti, prout in constitutione concilii generalis continetur et saluti eorum expedire videritis, dispensare absolutionem. Si vero dicti excommunicati scienter talia presumpserint, eis per biennium ab ordinum executione suspensis, et injuncta sibi penitentia salutari, eosdem postmodum, si fuerint bone conversationis et vite, auctoritate nostra ad dispensationis gratiam admittatis, sicut noveritis expedire, previso attentius, fili abbas, ut proprietarii proprium, si quod habent, in manibus tuis resignent, in utilitatem ipsius monasterii convertendum. Datum Laterani, decimo septimo kalendarum decembris, pontificatus nostri anno septimo.

A. Bibl. de l'Arsenal, ms. 1008, f° 199.
B. *Hist. de la religion du Dunois*, t. II, 1'° partie, p. 68.

## XCVII

### 1234, mai.

*Don par Michel, fils d'Adeline Labérée, de 12 deniers de cens qu'il avait droit de prendre sur deux pièces de terre* sises près *Nivouville, dont Étienne Le Chat en devait alors 9 deniers et Robert de Milliac, 3* [1].

A. Sommier de la Madeleine, p. 655.

## XCVIII
### 1234, juin.

*Don par Mathieu Borduil à l'abbaye de l'Aumône de cinq livres de cire de rente sur la terre qu'il possédait à Nivouville.*

Universis presentes litteras inspecturis, Goherius, decanus Castriduni, salutem in Domino. Noveritis quod, in nostra presentia constituti, Reginaldus prepositus Castriduni, Willotus *Berne*, Silvester de Bosco, Willelmus Hugonis, Symon de Carnoto, Margarita relicta Mathei *Borduil,* Agatha quoque et Margarita sorores dicti Mathei, recognoverunt quod Matheus *Borduil* et Stephanus filius ejus dederunt, in perpetuam elemosinam, ecclesie Beate-Marie de Elemosina Cisterciensis quinque libras cere annui redditus, quas assignaverunt super terram quam apud Nivovillam tunc temporis possidebant. .
. . . . . . . . . . . . . . . . . . . . . .
In cujus rei testimonium et munimen, presentes litteras sigillo nostro duximus roborari. Actum anno Domini M° CC° tricesimo quarto, mense junio [2].

A. Lancelot, 134, f° 125 r°, d'après le Cartulaire, f° 75.

[1] En 1250, l'abbaye acquit de Robert de Valogier une mine de terre dans la censive de la Fontenelle, près Nivouville, moyennant 60 sous tournois. La même année, Colin Gervais et Robert, son frère, dits Potés, donnèrent 3 oboles de cens qu'ils avaient droit de prendre sur des terres près Nivouville. Ces terres ou censives furent réunies à la métairie de la Bourdillière, léguée à l'abbaye, au mois d'avril 1265, par Praxède, veuve de Jean de Marboué.

[2] En mars 1259, les religieux de la Madeleine acquirent de Mathieu Borduil, fils sans doute de celui dont il est question dans cette charte, un demi-muid de terre situé vers Nivouville, près le chemin de La Ferté et celui de Lutz, auprès des terres de Geoffroy de Saint-Avit, moyennant 47 livres (*Sommier*, p. 661).

## XCIX

1234, août.

*Don par Mathieu Lancelin, seigneur de Moncé, au prieuré de la Jousselinière, de trois setiers de seigle de rente sur sa métairie de Moncé.*

Universis presentes litteras inspecturis, Matheus Lancelini [1], miles, dominus Monceii, salutem. Noverit universitas vestra quod ego dedi et concessi, de consensu Elengburgis, uxoris mee, et filiorum meorum Philippi, Roberti, Petri, et filiarum mearum Aliz, Agnetis, in puram et perpetuam elemosinam, ecclesie Sancti-Egidii *de la Joscelinière* tria sextaria siliginis, in mea meditaria de Monceio sita, ad Decollationem sancti Johannis-Baptiste, singulis annis, percipienda ; ita quod prior ejusdem ecclesie, quicumque fuerit, serviet de uno cereo qui ad omnes missas que celebrabuntur in dicta ecclesia ardebit. Si vero tria sextaria non potuerint de dicta meditaria reddi nec haberi, dominus Monceii, quicumque fuerit, tenebitur solvere perfecte dicte ecclesie dicta tria sextaria ad terminum prenotatum. Et ut esset ratum et stabile, presentes litteras in testimonium notari feci et sigilli mei munimine roborari. Datum mense augusti, anno Domini M° CC tricesimo quarto.

A. Orig. en parch. aux Archives d'Eure-et-Loir.
B. Lancelot, 134, f° 104 v°, d'après le Cartulaire f° 52.
C. Bibl. de l'Arsenal, ms. 1008, p. 470.

[1] Une charte de 1080 de l'abbaye de Marmoutier nous fait connaître les ascendants de Mathieu, fils de Lancelin. Ce Lancelin, en effet, était fils de Gervais, chevalier, qui était lui-même fils d'un autre Lancelin (*Cart. du Dunois*, p. 130).

## C

### 1235, mai.

*Don par Isabelle, comtesse de Chartres, de 20 sous de rente sur le tonlieu de Chartres, pour une pitance au jour de son anniversaire.*

Ego Isabella, comitissa Carnotensis, universis presentes literas inspecturis, notum facio quod ego, pro amore Dei et remedio anime mee, antecessorum et successorum meorum, dedi in puram et perpetuam elemosinam et habere concessi canonicis Beate-Marie-Magdalene Castroduni viginti solidos carnotensis monete, pro pitancia die anniversarii mei quolibet anno in dicta ecclesia celebrati, in tonleio meo de Carnoto, in festo Omnium Sanctorum per manum recipientis proventus dicti tonleii singulis annis percipiendos [1], et volo quod canonici dicti loci unum pauperem in die anniversarii mei secum pascant. Volo etiam et precipio quod si ille qui proventus dicti tonleii recipiet in dicto termino dictis canonicis vel eorum certo mandato, ab ipsis commode requisitus, dictos denarios non redderet, singulis diebus post elapsum terminum usque ad octo dies tres solidos pro pena eisdem reddere teneretur. Quod ut ratum et firmum permaneat, presentes litteras sigilli mei munimine roboravi. Actum anno Domini millesimo ducentesimo trigesimo quinto, mense maio.

    A. Vidimus orig. en parch. du 28 févr. 1770, aux archives d'Eure-et-Loir.
    B. Lancelot, 134, f° 116 v°, d'après le Cartulaire, f° 72.
    C. Histoire de la religion du Dunois, t. II, p. 112.
    D. Bibl. de l'Arsenal, ms. 1008, p. 470.
    Édit. : Bernier, *Histoire de Blois*, preuves, p. xix.

[1] Par son testament de l'année 1248, Isabelle renouvela ce don fait à l'abbaye de la Madeleine, et en fit un semblable aux chanoines de Saint-André de Châteaudun, à la même charge de célébrer son anniversaire tous les ans, et de nourrir un pauvre à leur table le dit jour de son anniversaire.

## CI

### 1235, juillet.

*Don par Ursion de Meslay, seigneur de Fréteval,
à Jean Pannart de 8 livres de rente sur la voirie
de Châteaudun.*

Ego Ursio de Mellaio, dominus Fractevallis, universis presentes litteras inspecturis notum facio quod ego, laudantibus et concedentibus uxore mea Matildi et filiabus meis, dilecto clerico meo magistro Johanni *Pannart* de Castriduno dedi et concessi octo libras dunensis monete annui redditus, in redditu quem habeo in viaria de Castriduno, a dicto magistro Johanne vel ejus mandato, singulis annis, in festo Purificationis, quandiu ipse viveret . . . . . . . . . .
Quod ut ratum sit et stabile, presentes litteras dicto magistro Johanni dedi sigilli mei munimine roboratas. Actum anno Domini M° CC° tricesimo quinto, mense julio.

A. Lancelot, 134, f° 119, v°, d'après le Cartulaire, f° 73.
B. Bibl. de l'Arsenal, ms. 1008, p. 473.

## CII

### 1235, octobre.

*Confirmation par Simon de Rochefort, seigneur
du Puiset, d'un accord fait avec Pierre d'Orgères pour
15 setiers de blé sur la dîme d'Orgères.*

Universis presentes litteras inspecturis, ego Simon de Rupeforti, miles, dominus del Puisat, notum facio quod, cum abbas et conventus Beate-Marie-Magdalene Castriduni peterent a Petro de Orgeriis, filio defuncti Willelmi, quondam militis, quindecim sextaria bladi super porcionem quam habet in decima de Orgeriis dictus Petrus [1], quam de me tenet in feodo, eisdem collata in elemosinam, de bonorum virorum consilio super dictis quindecim sextariis bladi inter abbatem et conventum supradictos ex una parte et dictum Petrum ex altera, compositum est in hunc modum quod abbas et conventus supradicti, in predicte decime porcione supradicta, singulis annis percipient quatuor sextaria bladi et quatuor sextaria avene, ad mensuram de Orgeriis, a supradicto Petro vel fratribus suis, Jaquelino videlicet et Odone, vel sorore sua Hadeburgi, vel eorumdem heredibus, in festo beati Remigii, apud Orgerias, pacifice et quiete et sine contradictione aliqua integre persolvenda. Hanc autem compositionem voluerunt et concesserunt Jaquelinus et Odo fratres predicti et soror eorumdem domina Heudeburgis. Ego, tam pro me quam pro fratre meo Hugone d'*Aspremont*, dictam compositionem abbati et conventui supradictis manucepi garantire, tanquam dominus feodi. Quod ut ratum et stabile permaneret, ad instanciam et preces Petri de Orgeriis et fratrum suorum et sororis sue supradictorum, sepe dictis abbati et conventui litteras meas dedi, sigilli mei munimine roboratas. Datum apud *Machoviller*, anno Domini M° CC° XXX° V°, mense octobris.

A. Lancelot, 134, f° 77 r°, d'après le Cartulaire, f° 26. La rubrique était : « Littere Simonis de Ruperforti, domini de Pusato, super quatuor sextariis bladi et tot avene capiendis apud Orgerias ».<br>
B. Bibl. de l'Arsenal, ms. 1008, p. 468.

## CIII

### 1236, janvier.

*Don par Renaud le Rat à Guillaume Philomène de 6 deniers de cens sur une vigne appelée la Mauratière, au-delà du Champdé.*

**Goherius**, Castriduni decanus, omnibus presentes litteras

[1] Au mois de juin 1224, Simon de Rochefort confirme de même l'abandon fait par Eudes de la Couture et Hodeburge sa femme (la sœur de Pierre

inspecturis, salutem in Domino. Noverint universi quod Raginaldus *le Rat*[1], coram nobis constitutus, contulit magistro Guillelmo dicto *Philomene*, in puram et perpetuam elemosinam, sex denarios annui census, quos habebat in quadam vinea, que vulgo vocatur *la Mauratière*, sita ultra Campum-Dei, juxta cheminum Aurelianensem, in festo Sancti Aviti, persolvendos. Hanc autem elemosinam manucepit fideliter et firmiter garantire dictus Raginaldus, et, ad ejus instanciam, litteras nostras dedimus, sigilli nostri munimine roboratas. Datum anno Domini M°CC°XXX° quinto, mense januario.

A. Lancelot, 134, f° 87 r°, d'après le Cartulaire, f° 32. La rubrique était : « Carta Goherii, decani, pro sex denariis census de vinea de la Mauratière ».

## CIV

### 1236, janvier.

*Bail à Gilon, clerc de l'évêque de Chartres, d'une maison, à Chartres, rue du Petit-Beauvais.*

Omnibus presentes litteras inspecturis, Gaufridus, Dunensis archidiaconus, salutem in Domino. Noverint universi quod cum viri religiosi G[ervasius], abbas Beate-Marie-Magdalene de Castriduno, et conventus ejusdem loci, ad preces nostras, dilecto nostro Giloni, reverendi patris H[enrici], Dei gratia, Carnotensis episcopi, clerico, domum suam sitam in Parvo Bello-Videre contulissent[2], ab eodem Gilone, quoad viveret

d'Orgères) de tout ce qu'ils possédaient dans la grosse dîme d'Orgères (Lancelot, 134, f° 106 r°, d'après le Cartulaire, f° 50).

[1] Faut-il bien lire *Raginaldus le Rat*? Ne serait-ce pas plutôt *Raginaldus Maurat*? Le nom de la vigne *la Mauratière* semblerait justifier cette hypothèse. Raginaldus Maurat paraît dans une charte du mois de mai 1240 (voir n° CXI).

[2] Cette maison avait été donnée à l'abbaye de la Madeleine par Geoffroy, archidiacre de Dunois, au mois d'août 1226, *domum suam de Bello-Videre apud Carnotum, que est in censiva Sancti-Johannis-de-Valeia et in censiva Elemosine Carnotensis* (Orig. en parch. aux Archives d'Eure-et-Loir).

idem Gilo, solummodo possidendam, dictus Gilo, in nostra presentia constitutus, promisit quod dictam domum, quamdiu viveret, in equo bono statu in quo eam recepit vel in meliori teneret, et reciperet dictos abbatem et canonicos ejusdem loci in eadem domo quoscienscumque contingeret ipsos apud Carnotum venire, et eisdem de candela, de sepo et de igne sufficienter provideret. Promisit etiam dictus Gilo quod dicta domus ad ipsos abbatem et conventum quita et libera cum omnibus meliorationibus et cum omnibus ustensilibus ipsius Gilonis rediret que in dicta domo invenirentur post ipsius Gilonis decessum, et quod in omnibus causis quas habent vel habituri sunt contra quoscumque apud Carnotum consilium prestaret, quamdiu viveret, preterquam contra dictum episcopum et Capitulum seu canonicos Carnotenses, vel alios attinentes eidem Giloni usque ad quartum gradum. Hec autem omnia, prout superius sunt expressa, promisit dictus Gilo bona fide se facturum et observaturum. Quod ut ratum et firmum in futurum permaneat, ad petitionem dicti Gilonis, dictis abbati et conventui presentes litteras dedimus, sigilli nostri testimonio roboratas. Actum anno Domini M° CC° XXX° quinto, menso januario.

A. Orig. en parch. aux Archives d'Eure-et-Loir [1].

## CV

### 1236, mai.

*Abandon par Thomas Chevalier de trois sexterées de terre entre Beauvoir et la Brouaze.*

Omnibus presentes litteras inspecturis, G[aufridus], abbas Boni-Portus, salutem in Domino. Noverint universi quod cum contentio verteretur coram nobis auctoritate apostolica inter

---

[1] Au dos : « Carta G[aufridi], archidiaconi Dunensis, super concessionem domus de Bello-Videre clerico Giloni de Mellai ».

venerabiles et religiosos viros abbatem et conventum Beate-Marie-Magdalene de Castroduni ex una parte et magistrum Thomam dictum *Chevalier* ex altera, super tribus sextariatis terre sitis inter *Belvoer* et *la Broeese,* juxta vineam Milonis et in censiva monachorum de Chamartio, tandem dictus magister Thoma, laudante et concedente Hersendi, uxore sua, quitavit et concessit dictas tres sextariatas terre abbati et conventui supradictis in perpetuum possidendas, fide prestita corporali a dicta Hersendi quod in dicta terra, jure dotalicii sive alio quocumque modo, per se vel per alium, nichil de cetero reclamaret. Quod ut firmum et stabile permaneat in futurum, presentes litteras, de consensu parcium, fieri fecimus, quas dictis abbati et conventui tradidimus, sigilli nostri munimine roboratas. Actum anno Domini M° CC° tricesimo sexto, mense maii.

A. Orig. en parch. aux Archives d'Eure-et-Loir [1].

## CVI

### 1236, août.

*Confirmation par Ursion de Meslay du don d'un setier de froment et d'un setier de méteil sur la terre d'Augonville.*

Ego Ursio de Merlaio, miles, dominus Fractevallis, notum facio omnibus presentes litteras inspecturis quod ego, laudantibus et concedentibus uxore mea, Nevelone filio meo, Margarita et Ysabella filiabus meis, ad instanciam Stephani de Ponte, militis[2], et Matildis uxoris sue, donacionem illam quam

---

[1] On lit au dos, du même temps : « Carta abbatis Boni-Portus super tribus sextariatis terre sitis inter Bellum-Videre et Brosiam ».

[2] Nous retrouvons plusieurs fois Étienne du Pont dans nos chartes : la famille du Pont, originaire de Marboué, figure parmi celles qui furent le plus aumônieuses envers l'abbaye de la Madeleine. Lancelot (f° 93, v°, d'après le Cartulaire, f° 36, v°) nous a conservé une notice, malheureusement fort

fecerunt exequtores Baltholomei *le Ogre* [1] de duobus modiis, videlicet unius frumenti boni et unius mistolii, Deo et canonicis Sancte-Marie-Magdalene de Castriduno, assignatis super terram de Augunvilla, spectantem ad feodum meum, singulis annis, in festo Sancti Remigii, persolvendis ; et si contigerit Johannem, filium Theobaldi de Mellaio, quondam militis, et dicte Matildis, contra hujusmodi donacionem venire, adquiramenta que fecerunt Stephanus de Ponte et Matildis uxor sua supradicti, videlicet de quinque sexteriatis terre sue apud Romilliacum super Ugriam, que vulgariter vocatur Alodia, et de una rupe sua apud Fractamvallem, ad feodum meum spectantibus, Deo et canonicis Sancte-Marie-Magdalene de Castriduno, in puram et perpetuam elemosinam contulerunt, laudantibus et concedentibus Johanne, filio Theobaldi de Mellaio, et Johanne, filio Stephani de Ponte supradicti, volui et concessi et dictis canonicis garantire manucepi. In cujus rei testimonium, presentes litteras fieri volui et precepi, quas dictis canonicis dedi et tradidi, sigilli mei munimine roboratas. Datum anno Domini M°CC° tricesimo sexto, mense augusti.

    A. Orig. en parch. chez M. Lecesne [2].
    B. Lancelot, 134, f° 50 v°, d'après le Cartulaire, f° 9.
    C. Bibl. de l'Arsenal, ms. 1008, p. 467.

incomplète, d'une donation faite en 1235 par Laurent du Pont et sa femme, du consentement des enfants de celle-ci, *Laurentius de Ponte et A. ejus uxor, volentibus et concedentibus Radulpho, filio dicte uxoris Matildi et J. filiabus ejusdem A.* En 1260, Jean du Pont donne à l'abbaye les terres qu'il possédait vers Marboué et Boucharville, entre les deux chemins qui conduisent de Châteaudun à Marboué, jusqu'à la concurrence de quatre muids de terre (*Sommier*, p. 463).

[1] D'après le Sommier de l'abbaye, le testament de Barthélemy l'Ogre était daté du mois de février 1236. Il fut de nouveau confimé par Étienne du Pont en juin 1238, puis par Jean de Meslay en septembre 1247 (*Sommier de la Madeleine*, p. 1531).

[2] Au dos, du même temps : « Carta Ursionis de Fractavalle, de duobus modiis bladi percipiendis apud Augunvillam ».

## CVII

### 1237, février.

*Abandon par Etienne de Fréteval de la moitié d'un muid de terre labourable à Saint-Aubin-des-Vignes.*

Universis presentes litteras inspecturis, officialis curie Carnotensis, salutem in Domino. Noveritis quod, cum inter fratrem Gervasium, abbatem Beate-Marie-Magdalene Castriduni, et conventum ejusdem loci ex una parte, et magistrum Stephanum de Fractavalle, filium quondam defuncti Andree, olim prepositi Fractevallis, ex altera, contencio verteretur super eo quod, cum defunctus Ricardus *le Beurrier* et Johanna uxor ejus se et bona sua dicte abbatie contulissent, dictusque Ricardus, dicta Johanna viam universe carnis ingressa, de dictis bonis unum modium terre semeure, ex parte ipsius Johanne moventem, situm prope Sanctum-Albinum-de-Vineis Castriduni, in Galterii de Lovilla militis et Petri Helloini censiva, de assensu defuncti Odonis, quondam abbatis dicti loci, sed non consentiente conventu, dicto Andree vendidisset, dictus Gervasius abbas et conventus dictam terram petebant a dicto magistro Stephano pro medietate sibi dimitti in pace possidendam, tandem de bonorum virorum consilio, sopita est coram nobis dicta contentio in hoc modo, videlicet quod dictus magister Stephanus dictam medietatem terre et quicquid juris in ea habebat et habere poterat, quitavit in perpetuum et dimisit dicte abbatie [1], pro quindecim libris dunensium, de quibus idem magister coram nobis se tenuit

---

[1] Au mois d'août 1237, Ursion, seigneur de Fréteval, confirma l'abandon fait par Étienne de Fréteval et la garantie donnée par celui-ci, *quod fructus et proventus cujusdam medietarie site apud Sanctum-Hyllarium-de-Gravella, quam de dicto Ursione tenet in feodum, pro dampnis et deperditis que exinde sustinerent abbas et canonici, integre percipient, quoadusque supradictis dampnis et deperditis eisdem esset plenarie satisfactum* (Lancelot, 134, f° 100, d'après le Cartulaire, f° 42).

pro pagato, fide media promittens quod contra quitacionem istam, per se vel per alium, de cetero non veniret, immo dictum modium terre, pro medietate, dicte abbatie contra omnes garandiret, et dictam abbatiam super hoc conservaret indempnem. In cujus rei testimonium et munimen, presentes litteras, ad petionem partium predictarum, sigilli curie Carnotensis impressione fecimus roborari. Actum anno Domini M⁰ CC⁰ XXX⁰ VI⁰, mense februarii.

<small>A. Lancelot, 134, f° 58 v°, d'après le Cartulaire, f° 17. On lisait pour rubrique : « Littere pro magistro Stephano de Fractavalle ».</small>

## CVIII

### 1237, mars.

*Don par Gohier de Lanneray et Jeanne, sa femme, du quart de 65 sous de cens, à Châteaudun et aux environs.*

Goherius de Laneriaco [1], miles, et Johanna, uxor sua, universis presentes litteras inspecturis, salutem in Domino. Noverint universi quod ego et Johanna, uxor mea, Deum pre occulis habentes, pro anima defuncti Richardi *Harenc*, patris dicte Johanne uxoris mee, dedimus et concessimus, in puram et perpetuam elemosinam, Deo et canonicis Beate-Marie-Magdalene de Castriduno quartam partem sexaginta et quinque solidorum annui census, sitorum apud Castridunum, et apud *Botein*, et circiter Castridunum, et amplius si ibidem potuerit inveniri, et tres alias partes dicti census vendidimus abbati et canonicis supradictis, ad feodum Gaufridi, Castriduni vicecomitis, spectantes, pro centum libris turonensium. In cujus rei testimonium et munimen, ego Goherius de Lane-

---

[1] En 1227, Gohier de Lanneray donne à l'abbaye de Saint-Avit un setier de blé sur la métairie de Villamblain, *in medietaria de Villa-in-Blado*, don qui est confirmé en 1250 par Jean du Pont. Nous retrouverons plus loin un autre Gohier de Lanneray.

riaco, miles, assensu et voluntate dicte Johanne, uxoris mee, jam dictis canonicis litteras meas dedi, sigilli mei munimine roboratas. Actum anno Domini M°CC°XXX°VI°, mense marcio [1].

A. Bibl. de l'Arsenal, ms. 1008, p. 468.
B. Lancelot, 134, f° 73 r°, d'après le Cartulaire, f° 24 r°.

## CIX

### 1237, juin.

*Don par Hugues III, seigneur de Montigny, de tout le cens qu'il possédait à Châteaudun et aux environs.*

Ego Hugo, dominus Montigniaci, omnibus tam presentibus quam futuris notum facio quod dedi et concessi Deo et canonicis Sancte-Marie-Magdalene de Castriduno, pro remedio animarum patris et matris mee et parentum meorum et pro eorum, meo et uxoris mee anniversario in dictorum canonicorum ecclesia singulis annis faciendo, in puram et perpetuam elemosinam, totalem censum meum quem habebam apud Castridunum et circiter, infra banleugam [2], laudantibus et concedentibus Matildi, uxore mea, et filiis et filiabus meis, Johanne, Raherio, Hugone et Odone, Johanna et Isabella, et quicquid juris habebam in dicto censu dictis canonicis pacifice possidendum. Hanc autem elemosinam supradictis canonicis manucepi garentire et indempnes dictos canonicos conservare. In cujus rei testimonium et munimen, supradictis canonicis litteras meas dedi, sigilli mei munimine roboratas. Actum

[1] A la même date, les Archives d'Eure-et-Loir conservent une charte originale de Geoffroy V confirmant la donation et la vente faites par Gohier de Lanneray.

[2] Ce cens était situé dans la paroisse de Saint-Aignan. En 1770, M. Thiroux, seigneur de Langey, prétendit que le censif de Saint-Aignan relevait de son fief de Langey et le fit saisir féodalement. Une sentence du bailliage de Dunois du 12 janvier 1771 confirma les droits des religieux.

anno Domini millesimo ducentesimo tricesimo septimo, mense junio[1].

A. Orig. en parch. aux Archives de la Société Dunoise.
B. Bibl. de l' Arsenal, ms. 1008, p. 470.
Édit. : *Mémoires de la Soc. Arch. de l'Orléanais*, t. XXI, p. 400.

## CX

### 1237, juin.

*Don par Nivelon de Chantemesle, seigneur de Lanneray, du droit qu'il avait sur la menue dîme de la paroisse de Lanneray.*

Nevelo *de Chantemelle*, dominus de Laneriaco, dimittit abbati et conventui Sancte-Marie-Magdalene Castriduni quidquid juris habebat in minuta decima parrochie sue de Laneriaco.

A. Bibl. de l'Arsenal, ms. 1008, p. 471.

## CXI

### 1237, 12 juillet.

*Don par Jean de Meung de tout ce qu'il possède dans le moulin de la Varenne, près Dangeau.*

Ego Johannes de Maugduno[2], miles, universis presentes litteras inspecturis, notum facio quod ego, laudante et concedente Ysabella, uxore mea, dedi et concessi, in puram et perpetuam

[1] Geoffroy IV, vicomte de Châteaudun, par une lettre du même mois de juin 1237, confirma le don du seigneur de Montigny (Orig. en parch. aux Arch. de la Soc. Dunoise).

[2] En 1259, les quatre fils et la fille de Jean de Meung, *Gervasius et Theobaldus, armigeri, magistri Johannes et Guillelmus clerici, fratres, et Azelina soror ipsorum, filii nobilis viri domini Johannis de Maugduno*, confirmèrent le don des dîmes de Dangeau fait à l'abbaye de Marmoutier par Guillaume Picquois (*Cart. du Dunois*, p. 237).

elemosinam, Deo et canonicis Beate-Marie-Magdalene de Castriduno quicquid habeo in molendino de Varenna juxta Dangeolum vel in ejus prato, habendum ex parte Ysabelle uxoris mee, salvis mihi justiciis magnis et parvis, pro remedio anime Theobaldi de Dangolio, bone memorie, quondam patris dicte Ysabelle uxoris mee, dictis canonicis perpetue possidendum. Quod ut ratum et stabile permaneret, ad instanciam dicte Ysabelle uxoris mee, dictis canonicis litteras meas dedi, sigilli mei munimine roboratas. Datum anno Domini M° CC° XXX° septimo, mense julio, in crastino Translationis beati Benedicti.

A. Bibl. de l'Arsenal, ms. 1008, p. 470.
B. Lancelot, 134, f° 102, d'après l'original [1], et d'après le Cartulaire, f° 43.

## CXII

### 1237.

*Abandon par Jean d'Aumale de 2 deniers de cens qu'il avait auprès de la Roche-Paradis* [2].

A. Sommier de la Madeleine, p. 433.

## CXIII

### 1237.

*Lettre d'Ursion, seigneur de Fréteval, à Nivelon de Fresnay, pour qu'il permette aux religieux de la Madeleine d'acquérir tout ce qui leur plaira en son moulin sur le Loir, dans la tannerie de Châteaudun.*

Nobilis vir Ursio, dominus Fractevallis, Neveloni de Fresneio, militi, homini suo ligio, salutem. Cum voluero et

---

[1] L'original était scellé d'un sceau équestre, dont la légende avait disparu. Sur la poitrine du cavalier était un écu triangulaire chargé d'un lion rampant.

[2] Le lieu de la Roche-Paradis était situé rue Pardoise, et consistait en la maison du *Cheval Blanc*, jardin, gats et raffaux, avec 5 quartiers de vigne, paroisse de Saint-Valérien.

concessero abbati Beate-Marie-Magdalene de Castriduno, laudante uxore mea, quod adquirat quicquid potuerit adquirere in redditu rote cujusdam molendini siti super Lidum, in Taneria Castriduni, juxta fontem magistri Fulconis, quam de me tenetis in feodo, emptione, donacione vel alio modo, vos, in quantum possum, deprecor et requiro quatinus velitis et concedatis supradicto abbati quod acquirat quicquid potuerit acquirere in redditu dicti molendini et rote supradicte, abbatie sue in perpetuum possidendum, tantum super hoc facientes quod vobis tenear reddere graciarum actiones. Datum anno Domini millesimo ducentesimo tricesimo VII°. Valete.

> A. Lancelot, 134 f° 41, d'après le Cartulaire, f° 3 v°. La rubrique était : « Littere domini Fractevallis super concessione adquirendi in molendinis suis de Lido ».
> B. Bibl. de l'Arsenal, ms. 1008, f° 193.

## CXIV

### 1237.

*Reconnaissance par Hervé et Renaud d'Ermanfroy d'un setier de blé de rente sur leur terre d'Ermanfroy.*

Universis presentes litteras inspecturis, officialis archidiaconi Dunensis, salutem in Domino. Noverint universi quod Herveus de Hermenfreio et Renaldus de Hermenfreio, coram nobis in jure constituti, recognoverunt se debere abbati et conventui Beate-Marie-Magdalene de Castriduno unum sextarium bladi in terra sua de Hermenfreio annuatim percipiendum; quem sextarium Raginaldus de Hermenfreio bone memorie in dicta terra percipiendum dictis abbati et conventui erogavit. . . . . . . . . . . . . . . . . . . . .
Datum anno Domini millesimo ducentesimo tricesimo septimo.

> A. Lancelot, 134, f° 104 v°, d'après le Cartulaire, f° 54.

## CXV

### 1238, janvier.

*Abandon par l'abbesse de Saint-Avit de la dime de Ville-Courtin en la paroisse de Lanneray.*

Universis presentes litteras inspecturis, abbatissa Sancti-Aviti de Castriduno totusque ejusdem loci conventus, salutem in omnium Salvatore. Noverint universi quod nos quitavimus et concessimus abbati et conventui Beate-Marie-Magdalene de Castriduno decimam de *Villa-Courtein,* sitam in parrochia sua de Laneriaco, spectantem ab abbatem et conventum supradictos, quam nos ex donacione Mauricii *de Turchepot*[1] habebamus. . . . . . . . . . . . . . . . . .
Datum anno Domini M° CC° tricesimo septimo, mense januarii.

<small>A. Lancelot, 134, f° 93 r°, d'après le Cartulaire, f° 36.</small>

## CXVI

### 1238, juin.

*Don par Bienvenue, sœur de Jean Maloiseau, d'une maison au Val Saint-Aignan.*

Omnibus presentes litteras inspecturis, officialis archidiaconi Dunensis, salutem in Domino. Noverint universi quod *Bienvenue,* soror Johannis dicti Mala-Avis, in nostra presentia constituta, sue suorumque providens saluti, quandam suam domum quam habebat in Valle Sancti-Aniani, sitam ante ruppem deffuncti Richerii, et in censiva Gaufridi domini Sancti-Amandi, jure hereditario sibi pertinentem, Deo et

---

[1] En juillet 1229, Maurice de Torchepot, du consentement de sa femme Isabelle et de Robert de Rucheville, frère de la dite Isabelle, vendit à l'Aumône de Châteaudun le cens et le faîtage qu'il possédait sur deux maisons sises au Marché de Châteaudun (*Arch. de la Maison-Dieu de Châteaudun,* p. 98).

canonicis Beate-Marie-Magdalene de Castriduno, in puram et perpetuam elemosinam, contulit et concessit. Quod ut ratum esset et stabile, nos, ad voluntatem et petitionem supradicte *Bienvenue,* supradictis canonicis litteras nostras dedimus, sigilli nostri munimine roboratas. Actum anno Domini M°CC°XXX° octavo, mense junii.

> A. Lancelot, 134, f° 66 r°, d'après le Cartulaire, f° 22. On lisait pour rubrique : « Littere officialis archidiaconi Dunensis super donacione cujusdam domus, site in Valle Sancti-Aniani, ante ruppem defuncti Fulcherii, in censiva domini Sancti-Amandi, quam Bienvenue, soror Johannis, dicti Mala-Avis, nobis fecit ».

## CXVII

### 1238, 13 sept.

*Don par Hugues de Brissac de 4 sous et un denier de cens.*

Ego Hugo de Brissaco, miles, notum facio universis quod, de voluntate et assensu Gaufridi de Nemore, Willelmi *Raspe* et Hugonis *Raspe,* fratris ejus, et uxorum eorumdem filiarum mearum, et filii mei Petri, in perpetuam elemosinam, dedi et concessi abbati et conventui Beate-Marie-Magdalene de Castriduno quatuor solidos et unum denarium census, quos michi singulis annis reddere tenebantur. . . . . . . . . . . . . . . . . . . . . . . . . . . . .
Ego, quia sigillum proprium non habebam, presentes litteras sigillo venerabilis viri L[amberti], decani Aurelianensis[1], fratris mei, feci sigillari. Datum anno Domini MCCXXXVIII, in vigilia sancte Crucis in septembri.

> A. Bibl. de l'Arsenal, ms. 1008, p. 468.
> B. Lancelot, 134, f° 93 v°, d'après le Cartulaire, f° 36.

---

[1] Lambert occupa la dignité de doyen d'Orléans de 1220 à 1240.

## CXVIII

### 1239, juillet.

*Charte de garantie par Guillaume Maunoury de tout ce que l'abbaye avait acheté de la veuve de Geoffroy de Vallières.*

Ego Guillelmus *Maunorri*, miles[1], notum facio universis quod ego, bona fide, abbati et conventui Beate-Marie-Magdalene de Castriduno omnia illa que a relicta Gaufridi de Valeriis[2], quondam militis, emerunt, manucepi garantire, et ipsos super hiis indempnes penitus observare, donec super sexaginta solidos dunensium, quos ab ipsis accepi supradictis canonicis, a me fuerunt plenarie satisfacti. Datum anno Domini M° CC° XXX° nono, mense julio.

A. Lancelot, 134, f° 128 r°, d'après le Cartulaire f° 79.

## CXIX

### 1239, septembre.

*Confirmation par Geoffroy le Noir du don de la sixième partie du moulin de Varenne fait par Thibaut, seigneur de Dangeau.*

Universis presentes litteras inspecturis, A[lbericus], divina miseratione, Carnotensis episcopus, salutem in Domino. Noveritis quod, in nostra presentia constituti, Gaufridus dictus Niger et Houdeardis, ejus uxor, voluerunt et concesserunt elemosinam quam defunctus Theobaldus, dominus de Dan-

---

[1] Au mois d'avril 1237, Guillaume Maunoury, *Guillermus, dictus Male-Nutritus, miles,* avait vendu à l'Aumône de Châteaudun, 14 deniers de cens qu'il avait *apud Codroi et Codreiau* (Arch. de la Maison-Dieu de Châteaudun, p. 126).

[2] Geoffroi de Vallières est nommé Geoffroy de Lanneray dans l'acte de vente et de donation fait par sa veuve.

jolio, fecerat et contulerat religiosis viris abbati et conventui Beate-Marie-Magdalene de Castriduno de sexta parte molendini de Varanna, que movebat de feodo dictorum Gaufridi et Houdeardis, et fidem in manu nostra prestiterunt corporalem memorati Gaufridus et Houdeardis quod contra concessionem istam non venirent nec aliquid in predicta sexta parte molendini per se vel per alium de cetero reclamarent, immo ad usus et consuetudines patrie, tamquam domini feodi, in perpetuum contra omnes garantirent. In cujus rei testimonium et munimen, presentes litteras, ad petitionem dictorum Gaufridi et Houdeardis, supradictis abbati et conventui dedimus, sigilli nostri munimine roboratas. Datum anno Domini M°CC° tricesimo nono, mense septembri [1].

A. Orig. en parch. aux Archives d'Eure-et-Loir [2].
B. Lancelot, 134, f° 70 r°, d'après le Cartulaire, f° 23.

## CXX

### 1240, février.

*Don par Julienne, veuve de Geoffroy de Lanneray, de la moitié de ce qu'elle possédait au fief Chevron, paroisse de Lanneray, et vente de l'autre moitié.*

Universis presentes litteras inspecturis, officialis archidiaconi Dunensis, salutem in Domino. Noverint universi quod, in nostra presencia constituta, Juliana, relicta Gaufridi de Lane-

---

[1] Au mois de février 1253, Robert du Breuil, écuyer, et sa femme Pétronille confirmèrent le don de Thibaut de Dangeau et approuvèrent la confirmation faite par Geoffroy le Noir et Hodéarde sa femme (*Orig. en parch. scellé*, aux Archives d'Eure-et-Loir).

[2] On lit au dos, en écriture de la fin du xiii° s.: « Littere G..., Carnotensis episcopi, de concessione G[aufridi], dicti le Noir, et ejus uxoris, super elemosina facta a Th[eobaldo] de Dangeolo super sexta parte molendini de Varenna, ex feodo dictorum G[aufridi] et uxoris ejus ». Cette mention est incorrecte: l'évêque de Chartres confirmateur est Aubry et non Gautier. L'original porte bien l'initiale A et la date 1239. Lancelot, d'après le Cartulaire, a attribué à Gautier la confirmation d'Aubry le Cornu, et a donné pour date à cette pièce 1229 au lieu de 1239.

riaco [1], quondam militis, medietatem totius quod habebat in feodo *Chevron,* in parochia de Laneriaco, abbati et conventui Beate-Marie-Magdalene de Castriduno se recognovit in elemosinam contulisse, aliam vero medietatem ad *Chevron* feodali ratione spectantem pro viginti quinque libris dunensium, eidem Juliane persolutis plenarie coram nobis, vendidisse recognovit abbati et conventui Beate-Marie-Magdalene superius nominatis. Hanc autem elemosinam et vendicionem hanc voluerunt et concesserunt Odo, Gaufridus et Aubertus, ejusdem Juliane filii, Jaquelina et Petronilla, filie sue, Johannes *Coudrai,* miles, dicte Petronille maritus, et Petrus *de Villerpium,* miles, dicte Jacqueline maritus, in manu nostra fide prestita corporali a dicta Juliana, relicta dicti Gaufridi, et a filiis et filiabus suis Odone, Gaufrido, Auberto, Jaquelina et Petronilla, et a Johanne *Coudrai* et Petro *de Villerpium,* milite, dictarum Jaqueline et Petronille maritis, quod in dictis vendicione et donacione dictis abbati et conventui factis nichil de cetero reclamabunt, immo bona fide garantizabunt erga omnes. Quod ut ratum esset et stabile, nos, ad petitionem dicte Juliane, relicte dicti Gaufridi, filiorum et filiarum suarum, Odonis, Gaufridi et Auberti, Jaqueline, Petronille, Johannis et Petri, militis, dictarum J[aqueline] et P[etronille] maritorum, presentes litteras abbati et conventui dedimus, sigilli nostri munimine roboratas. Datum anno Domini M° CC° XXX nono, mense februario [2].

A. Bibl. de l'Arsenal, ms. 1008, p. 467.

B. Lancelot, 134, f° 49 r°, d'après le Cartulaire, f° 9. Cette charte portait pour rubrique : « Littere pro Juliana, relicta Gaufridi de Laneriaco ».

[1] La donation et la vente dont il est question dans cette charte de l'official de Dunois avaient eu lieu avant le mois de février 1240, car, outre la charte de garantie de Guillaume Maunoury du mois de juillet 1239, nous voyons ce même chevalier, au mois de janvier 1240, confirmer l'acte de Julienne et donner pour caution de sa garantie Nivelon de Chantemesle, Guillot son propre neveu, Hugues de la Rivière chevalier et Pierre de Bouart (Lancelot, f° 64 r°, d'après le Cartulaire f° 21).

[2] Au mois de juillet 1232, Geoffroy de Lanneray, chevalier, du consentement de sa femme Julienne, de ses fils Geoffroy, Eudes et Aubert, et de ses

## CXXI

### 1240, mai.

*Assignation par Luc d'Alleray de cinq sous de rente, de la donation de Raoul de Villiers.*

Ego Lucas de Alerio, miles, notum facio universis quod ego, tam pro utilitate mea quam pro utilitate abbatis et conventus Beate-Marie-Magdalene de Castriduno, quinque solidos quos dicti abbas et conventus, ex donatione Radulfi *de Villers*, quondam militis, per manum meam apud *Gaubert* annuatim percipiebant, in locis talibus assignavi, videlicet apud Cuttelariam[1] quatuor solidos et quatuor denarios et obolum annui census super quamdam peciam terre quam Nevelo *de Chantemelle* [tenet] sitam juxta cheminum *de Gloriete*, et super plateam unam quam tenet Petrus piscator juxta cellarium de Inferno sitam duos solidos, super plateam unam quam tenet Robertus *Lejai* juxta dictum cellarium unum denarium, super plateam defuncti Guillermi *Basin* viii denarios. Hanc autem assignationem voluerunt et concesserunt filie mee Clemencia et Hugo *Baudoin*, miles, maritus ejus, Ysabella et Robertus *de Faverolles*, maritus ejus, Petronilla et Raginaldus *Maurat*, maritus ejus, Johanna et Oduinus *Godechiau*, maritus ejus, Juliana, Adelicia et Mabilia. Et ad voluntatem et petitionem eorum, ut ratum esset et stabile, presentes litteras supradictas abbati et conventui dedi et tradidi, sigilli mei munimine roboratas. Datum anno Domini M° CC° quadragesimo, mense maio.

   A. Bibl. de l'Arsenal, ms. 1008, p. 474.
   B. Lancelot, 134, f° 125 r°, d'après le Cartulaire f° 76.

filles Jacqueline, Pétronille, Jeanne et Julienne, approuve un accord fait entre son fils aîné, Hugues, et l'abbaye de Marmoutier pour l'usage du bois de Nottonville. Hugues était mort, au mois de juin suivant, lorque Simon de Rochefort confirma la charte de Geoffroy de Lanneray *(Cart. dunois.* p. 229).

[1] D'après le sommier de l'abbaye, il est ici question du terroir de Coupe-Oreille près Nivouville.

## CXXII

### 1240, décembre.

*Reconnaissance par Pétronille, femme d'Étienne de Mesrachon, du droit qu'a l'abbaye sur la vigne des Ormes, au terroir de Lorières.*

Universis presentes litteras inspecturis, officialis archidiaconi Dunensis, salutem in Domino. Noverint universi quod, in nostra presentia constituta, Petronilla, uxor Stephani *de Mesrachon*, quondam uxor Philippi *Tuebof*, vineam de Ulmis, sitam in territorio *de Lorères*, in censiva defuncti Roberti de Manberolis, recognovit se tantummodo jure dotalicii possidere, et in manu nostra, de voluntate dicti Stephani mariti sui, fidem dedit corporalem quod in dicta vinea nichil reclamabit, volens et concedens dictam vineam abbati et conventui Beate-Marie-Magdalene de Castriduno post ipsius decessum devenire et in perpetuum pacifice possideri. Dictus vero Stephanus, maritus dicte Petronille, in manu nostra fidem dedit similiter corporalem quod in supradicta vinea per se vel per alium nichil reclamabit. In cujus rei testimonium et munimen, ad petitionem dicti Stephani et uxoris sue, supradictis abbati et conventui presentes litteras dedimus et sigilli nostri munimine dignum duximus roborandas. Actum anno Domini M° CC° quadragesimo, mense decembri.

A. Orig. en parch. aux Archives d'Eure-et-Loir [1].
B. Lancelot, 134, f° 110 r°, d'après le Cartulaire f° 66.

## CXXIII

### 1240.

*Don par Raoul Godé des cens et faitages qu'il avait sur des maisons à Châteaudun, dans le fief du seig<sup>r</sup> de Courtalain.*

Ego Radulphus *Gode*, miles [2], notum facio universis quod

---

[1] Au dos, du même temps : « De vinea de Ulmis ».

[2] Dès l'année 1220, Raoul Godé, chevalier, avait confirmé au chapitre de Saint-André une dîme à Chamars, *in Chamarthio*, et un cens en la paroisse de Saint-Jean-de-la-Chaîne, donnés par Michel Vieille-Oreille.

ego contuli et concessi in puram et perpetuam elemosinam Deo et canonicis Beate-Marie-Magdalene de Castriduno, laudantibus et concedentibus Maria, uxore mea, filiis et filiabus meis Gaufrido, Johanne, Raginaldo, Radulpho, Johanna, Adelicia, Matildi, Agnete et Juliana, census, festagia et redibitiones que vel quas habeo in domibus ad feodum Borrelli, militis, spectantibus, videlicet domo defuncti Bernardi de Guicheto sita juxta domum Guillelmi *Tesart*, domo defuncti Sancii majoris sita juxta ortum Beate-Marie-Magdalene, domo defuncti Hugonis *Trousseau* sita juxta domum Sancii supradicti, domo Margarite filie defuncti Richeri sita juxta ortum predicte abbatie, domo Theobaldi *de Borbon* sita juxta domum dicte Margarite[1], domo Agnetis de Sancto-Avito, domo *la Trosseanone*, domo Corbini, domo Auberti *le gainier*, et domo Gaufridi de Cappella, insuper etiam et de domo defuncti Bernardi *Porciau* que fuit defuncti Odonis de Sancto-Petro sita in Valle Sancti-Aniani juxta domum Michaelis Menaudi, et quicquid juris habebam sine retentione aliqua vel habere poteram in domibus supradictis. Hanc autem elemosinam, pro remedio anime mee factam, sicut superius est expressum, uxoris mee, filiorum et filiarum mearum, ego et uxor mea, filie et filii supradicti manucepimus contra omnes dictis canonicis garantire et eosdem indempnes penitus observare. Quod ut ratum et stabile in perpetuum permaneret, de assensu et voluntate uxoris mee, filiorum et filiarum mearum et ad eorum instanciam, supradictis canonicis litteras meas dedi sigilli mei munimine roboratas. Actum anno Domini M° CC° quadragesimo [2].

A. Orig. en parch. aux Archives d'Eure-et-Loir [3].

[1] En 1235, Thibaut de Borbon confirma le don fait de cette maison par sa femme Ermengarde, s'y réservant une demeure sa vie durant.

[2] Cette donation fut renouvelée au mois d'avril 1243 par Raoul Godé (Orig. en parch. aux Archives d'Eure-et-Loir), et confirmée à la même époque par Eudes Borrel, seigneur de Courtalain, *Odo Borrelli, miles et dominus Curie-Alani* (idem, ibid.).

[3] Au dos : « Littere Radulfi Gode, militis, pro censu, festagio et aliis redibicionibus in domibus sitis in censiva sua, in feodo Odonis Bourrelli Curie-Alani ».

## CXXIV

1241, mars.

*Don par Étienne du Pont du cens et des dîmes qu'il avait au Goulet et au Champ-Raimbaut.*

Ego Stephanus de Ponte[1], miles, notum facio universis quod ego dedi et concessi, laudantibus et concedentibus Matildi, uxore mea, Johanne, filio meo, et Martha, uxore ejus, Deo et canonicis Beate-Marie-Magdalene de Castriduno, in puram et perpetuam elemosinam, pro remedio anime mee et parentum meorum, quicquid habebam annui census et decimarum, in terra dictorum canonicorum, apud Guletum[2], et quicquid habebam annui census in Campo-Raimbaudi et circiter, tam in terris quam in vineis, et quicquid juris habebam in rebus predictis, exceptis quinque solidis censualibus quos habet Odo *Craton*, miles, super unam peciam terre et super duas pecias vinee unum arpentum continentes, quas possident Aubertus *le mesgeissier* et Richardus *le guesderon* et relicta Gilonis *le faultrier*, in perpetuum dictis canonicis libere, quiete et pacifice possidendum. Hec autem omnia supradicta ego Stephanus, Matildis uxor mea, Johannes filius meus et Martha uxor ejus manucepimus predictis canonicis garantire. In cujus rei testimonium et munimen, ad petitionem Matildis uxoris mee, Johannis filii mei et Marthe uxoris sue supradictorum, dedi presentes litteras supradictis canonicis sigilli mei

A. Lancelot, 134, f° 61 r°, d'après le Cartulaire, f° 20. Cette charte portait pour rubrique : « Carta Stephani de Ponte, militis, de donatione census de Campo-Raimbaudi ».

[1] Étienne du Pont, dit aussi dans les chartes Étienne du Pont de Marboué, *Stephanus de Ponte-Marboii*, ou plus simplement Étienne de Marboué, *Stephanus de Marboe*, fut un des principaux bienfaiteurs de l'abbaye de Saint-Avit : en 1220, il lui donna une vigne au Verger et un champ à la Varenne ; en 1229, 12 den. de cens à Champbotain, etc.

[2] L'abbaye de la Madeleine possédait depuis longtemps la métairie du Goulet. Au mois de décembre 1218, une transaction intervint entre les religieux et Payen du Goulet : celui-ci s'engagea à restituer à l'abbaye la métairie

munimine roboratas. Datum anno Domini MCCXL, mense marcio.

## CXXV
### 1241, mars.
*Don par Herbert de la Guerche de cent sous de rente sur les bans de Châteaudun.*

Herbertus de Guerchia, miles, frater Nevelonis de Guerchia, militis, concedentibus Mathildi uxore, Nevelone, Herberto, Johanne, Petro filiis, Heloysa, Eremburgi et Theophania filiabus, Juliana et Heloysi sororibus suis, Gaufrido *de Arrois*, milite, marito Heloysis, Radulpho et Guillelmo filiis Juliane, Johanne de Tochis et Heloysi uxore sua, Petri de Riparia, milite, et Mathildi uxore sua, cessit Sancte-Marie-Magdalene Castriduni centum solidos annuatim in bannis comitis apud Castridunum accipiendos.

Bibl. de l'Arsenal, ms. 1008, p. 469.

## CXXVI
### 1242, mars.
*Don par Herbert de la Guerche de trois sous et trois oboles de cens dans le bourg de la ruelle Orsim.*

Ego Herbertus de Guerchia, miles[1], notum facio universis quod ego, laudantibus et concedentibus Matildi uxore mea,

du Goulet, avec ses dépendances, qu'il avait usurpée, et les chanoines lui donnèrent 45 livres pour les améliorations qu'il y avait faites, et même, pour ne pas le réduire à la mendicité, ils lui abandonnèrent, pour sa vie et celle d'Agnès, sa femme, le quart de la récolte des foins du grand pré. — D'autres donations vinrent encore accroître les possessions de l'abbaye au Goulet. En octobre 1262, Marie, dame d'Escoublanc, femme de Geoffroy d'Arrou, du consentement de son mari, donna un pré qu'elle avait au Goulet, situé entre l'aulnaie et les prés de l'abbaye, tenu en fief du seigneur de Courtalain (Sommier de la Madeleine, p. 1335).

[1] Au mois de mars 1245, Herbert de la Guerche, du consentement de sa femme et de ses enfants, donna à l'Aumône de Châteaudun 3 sous de rente sur le lignage de Pont, et fit confirmer cette donation par ses trois gendres, Guillaume Gonas, Raoul de Ridret et Bernard de Confons (*Arch. de la Maison-Dieu de Châteaudun*, p. 162).

filiis et filiabus Nevelone, Herberto, Johanne, Petro, Helois, Heremburgi et Theophania, dedi et concessi, in puram et perpetuam elemosinam, pro remedio anime mee, parentum et amicorum meorum, Deo et canonicis Beate-Marie-Magdalene Castriduni tres solidos et tres obolos annui census quos habebam, cum censu Gaufridi, vicedomini Carnotensis, quondam militis, in burgo de ruella *Orsim,* in festo sancti Johannis-Baptiste, percipiendos, sicut percipere consuevi. Hanc autem elemosinam manucepi supradictis canonicis in omnibus garantire. In cujus rei testimonium et munimen, supradictis canonicis presentes litteras dedi et tradidi, sigilli mei munimine roboratas. Datum anno Domini M° CC° quadragesimo primo, mense marcio.

<small>A. Lancelot, 134, f° 103 v°, d'après le cartulaire, f° 46. Cette charte portait pour rubrique : « Littere Herberti de Guerchia pro censu de ruella Orsim ».</small>

## CXXVII

### 1242, septembre.

*Don par Étienne de Milly de tout ce qu'il possédait à Pont-Blossier.*

Universis presentes litteras inspecturis Robertus, gerens vices decanatus Castridunensis, et Gaufridus, gerens vices decanatus Dunensis in Pertico, salutem in Domino. Noverint universi quod Stephanus de Miliaco, coram nobis in jure constitutus, dedit et concessit Deo et canonicis Beate-Marie-Magdalene de Castriduno, in puram et perpetuam elemosinam, et pro remedio anime sue et parentum suorum, et pro anniversario suo ibidem faciendo, quicquid habebat apud *Pont-Belocier,* quiete et pacifice in perpetuum possidendum. Hanc autem donationem inter vivos voluerunt et concesserunt magister Michael de Miliaco et Theobaldus de Miliaco, fratres ejusdem Stephani, fide prestita corporali quod contra dictam donacionem non venirent et quod dictos canonicos per se vel per alium nullatenus molestarent. In cujus rei testimonium et munimen, ad peticionem dicti Stephani et magistri Michaelis et Theobaldi supradictorum, dedimus dictis canonicis presentes litteras sigillorum nostrorum munimine roboratas. Datum anno Domini millesimo ducentesimo quadragesimo secundo, mense septembris.

A. Orig. en parch. aux Archives d'Eure-et-Loir [1].
B. Lancelot, 134, f° 52, d'après le Cartulaire f° 11.

## CXXVIII

### 1243, mars.

*Fondation par Étienne du Pont d'une chapellenie en l'église de la Madeleine.*

Universis presentes litteras inspecturis, ego Stephanus de Ponte, miles, notum facio quod ego feci et constitui quoddam presbiterium in ecclesia Beate-Marie-Magdalene de Castriduno, ad quod assignavi et dedi totalem decimam meam vini de Bocharvilla, ita quod in dicta ecclesia una missa pro Defunctis, pro salute anime mee et antecessorum meorum, cotidie celebretur . . . . . . . . . . . . . [2] Datum anno Domini M CC quadragesimo secundo, mense marcio.

A. Lancelot, 134, f° 98 r°, d'après le Cartulaire f° 41.

## CXXIX

### 1243, mai.

*Confirmation par Renaud, maire de Ruan, du don fait par Étienne de Milly, de tout ce qu'il possédait à Pont-Blossier.*

Universis presentes litteras inspecturis, ego Raginaldus, miles et major Rothomagi in Perthico, notum facio quod, cum Stephanus de Miliaco, clericus, dederit Deo et canonicis

---

[1] Au dos, du même temps : « Carta R[oberti], decani Castriduni, et G[aufridi], decani de Pertico, super garandia de Pont-Belocier ».

[2] Une analyse de cette charte qui se trouve au Sommier de la Madeleine, p. 461, donne quelques détails qui ne sont pas reproduits dans la copie incomplète de Lancelot. Étienne du Pont déclare en effet que, si la dime de Boucharville ne produisait pas douze livres de revenu, ses héritiers devraient y suppléer par des biens circonvoisins. Le don d'Étienne du Pont fut confirmé en juillet 1260 par l'évêque de Chartres.

Beate-Marie-Magdalene de Castriduno, in puram et perpetuam elemosinam, quicquid habebat apud *Pontem-Belocier* et circiter, laudantibus et concedentibus fratribus suis magistro Michaele clerico et Theobaldo de Miliaco, fide prestita corporali, dictam elemosinam, ego, a quo dictus Stephanus quicquid habebat ibidem tenebat in feodum, volui et concessi, et quicquid habebam ibidem tam in dominio quam in feodo dictis canonicis in perpetuum quitavi et garantire contra omnes manucepi. Dicti vero canonici pro garantizatione et quitatione elemosine supradicte vinginti libras michi dederunt, in pecunia numerata jam solutas. Preterea ego censum et redibitiones et omnia que ad censum pertinent que mihi debebant Gaufridus, tum vices gerens decanatus Dunensis in Perticho, et Garinus dictus Nepos, clericus, ratione teneure sue site apud Pontem-Belocier circa Lirum versus Castridunum, dictis canonicis, in puram et perpetuam elemosinam, contuli et concessi et eis garantire manucepi, fide prestita corporali. Dictas vero elemosinas et quitationes voluerunt et concesserunt Agnes, uxor mea, Petrus et Odo, filii mei, et filia mea Ysabella, et fidem dederunt corporalem quod contra dictas elemosinas et quitaciones non venirent nec de dictis elemosinis et quitacionibus dictos canonicos in aliquo molestarent. In cujus rei testimonium, munimen et probationem, ego et dicta Agnes, uxor mea, dedimus predictis canonicis presentes litteras sigillorum nostrorum munimine roboratas. Datum anno Domini M°CC°XL°III°, mense maio [1].

    A. Orig. en parch. aux Archives d'Eure-et-Loir [2].
    B. Bibl. nat., ms. lat. 17049, f° 88.
    C. Lancelot, 134, f° 53 v°, d'après le Cartulaire f° 11.

[1] A la même date, mai 1243, Jean de Montigny, *Johannes de Montiniaco, miles,* ratifie la confirmation de Renaud, maire de Ruan (Orig. en parch.). Au mois de juillet 1248, Jean de Montigny, fils de feu Hugues de Montigny, *Johannes de Monteigniaco, bone memorie Hugonis, quondam domini Monteigniaci, filius,* ratifie à son tour la confirmation faite en 1243 par Jean de Montigny, son oncle, *Johannes de Monteigniaco, miles, quondam avunculus suus* (Orig. en parch.).

[2] Au dos, du même temps : « Carta Raginaldi, militis, majoris Rothomagi, et uxoris sue super concessione de Pont-Belocier ».

## CXXX

**1243, juin.**

*Don par Jean de Montigny et sa femme de la moitié d'un étang et d'une aulnaie à la Bullière.*

Ego Joannes de Montigniaco, miles, bonæ memoriæ Johannis domini Montigniaci quondam filius, et Isabella uxor mea, universis præsentes litteras inspecturis notum facimus quod nos contulimus et concessimus, pro remedio animarum nostrarum et antecessorum nostrorum, Domino et canonicis Beatæ-Mariæ-Magdalenæ de Castriduno medietatem cujusdam stagni siti apud Bulloeriam cum alneto et omnibus pertinentiis, juribus et consuetudinibus ad dictam medietatem dicti stagni pertinentibus; cujus alteram medietatem Raginaldus, miles, major Rothomagi, in perpetuo a me tenet in feodum, ratione uxoris meæ supradictæ, in quo stagno dictus Raginaldus, vel quicumque illam medietatem tenebit, piscari non potest nec poterit. Dedimus etiam prædictis canonicis quidquid juris habebamus in quodam molendino dicto *Moulin Bernard* de Spineta, quondam sito inter Pontem-Bellocier et Bulloeriam, et in omnibus pertinentiis ad dictum molendinum, in puram et perpetuam eleemosynam, quiete et pacifice possidendum : hanc autem eleemosynam manucepimus dictis canonicis garantire. In cujus rei testimonium, probationem et munimen, supradictis canonicis dedimus nostras litteras sigillorum munimine roboratas. Actum anno Domini millesimo ducentesimo quadragesimo tertio, mense junio [1].

A. Bibl. nat., ms. lat. 17049, f° 880.
B. Bibl. de l'Arsenal, ms. 1008, p. 472.

[1] Cette donation fut confirmée, au mois de juillet 1248, par Jean de Montigny, neveu du donateur de la charte que nous publions.

## CXXXI

### 1244, février.

*Don par Herbert de la Guerche de vingt sous de rente sur les bans de Châteaudun.*

Ego Herbertus de Fresnaio, miles, notum facio universis quod ego, laudantibus et concedentibus Mathildi, uxore mea, filiis et filiabus meis Nevelone, Herberto, Petro, Heloysa, Eremburgi et Theophania, de redditibus meis quos habeo apud Castridunum in bannis comitis, Deo et canonicis Beate-Marie-Magdalene de Castriduno, in puram et perpetuam elemosinam, pro anniversario meo et uxoris mee faciendo, dedi et concessi viginti solidos in supradictis bannis annuatim percipiendos, sicut percipere consuevi. Hanc autem elemosinam dictis canonicis manucepi garentizare et dictos canonicos indempnes observare. In cujus rei testimonium et munimen, dictis canonicis meas presentes litteras dedi, sigilli mei munimine roboratas. Actum anno Domini M° CC° XL tercio, mense februarii.

A. Bibl. de l'Arsenal, ms. 1008, p. 469.
B. Lancelot, 134, f° 99 r°, d'après l'original et d'après le Cartulaire, f° 41 et 77.

## CXXXII

### 1244, septembre.

*Abandon par Henri de Bapaume d'un cens de 4 sous 7 deniers que les religieux lui devaient pour les terres situées près de leur grange.*

Omnibus presentes litteras inspecturis, officialis archidiaconi Dunensis, salutem in Domino. Notum facimus universis quod, in nostra presentia constitutus, Henricus de *Bapaulmes*[1],

---

[1] Henri de Bapaume était fils de Robert de Bapaume, chevalier, et d'Élisabeth. Il avait pour frères et sœurs Étienne, André, Pierre, Thibaud, Mathilde et Cécile.

miles, pro sue anime, suorum suarumque remedio, quatuor solidos et septem denarios et obolum, quos canonici Beate-Marie-Magdalene de Castriduno eidem, annis singulis, pro quibusdam terris suis circa dictorum canonicorum granchiam existentibus, census nomine, persolvebant, eisdem canonicis, in puram et perpetuam elemosinam, contulit . . . . .
Datum anno Domini M CC XL IV, mense septembri.

<small>A. Bibl. de l'Arsenal, ms. 1008, p. 472.
B. Lancelot, 134, f° 107 r°, d'après le Cartulaire, f° 60 v°.</small>

## CXXXIII

### 1244.

*Accord entre les religieux de la Madeleine et le prieur de Saint-Valérien de Châteaudun, nommant des arbitres pour terminer un différend au sujet des revenus de deux dîmes à Beauvoir.*

Universis presentes litteras inspecturis, Gervasius, humilis abbas Beate-Marie-Magdalene de Castriduno, et ejusdem loci conventus, salutem in Domino. Noveritis quod cum contentio verteretur inter nos, ex una parte, et Johannem, priorem Sancti-Valeriani de Castriduno, ex altera, super proventibus decime campi Mathei Cati, siti juxta foveam, et super proventibus decime cujusdam partis campi Colini *Potet*, siti apud Bellum-Videre versus terram Huberti de Sancto-Avito; quibus proventibus dictus prior spoliavit nos vel spoliari fecit, cum nos tempore dicte spoliationis essemus in possessione vel quasi juris percipiendi dictam decimam, tandem, de bonorum virorum consilio, compromisimus tam super possessione quam proprietate dictarum decimarum in prudentes viros, videlicet in Johannem presbiterum de *Jalent* et Stephanum de Borvilla clericum, promittentes sub pena decem librarum quidquid dicti arbitri supra dicta contentione pace vel judicio ducerent ordinandum firmiter observare; ita quod pars illa que ab arbitrio predicto resilire contingeret dictas decem libras, nomine pene, alteri parti arbitrium predictum solveret observanti. Et debet dictum arbitrium infra festum beate Marie-Magdalene terminari. Quod ut ratum et stabile permaneat, predicto priori presentes litteras sigillis nostris dedimus roboratas. Datum anno Domini M° CC° XL° quarto.

<small>A. Orig. sur parch. Coll. Jarry.</small>

## CXXXIV
### 1245.

*Donation par Eudes Filaudier de sa personne et de ses biens.*

Universis presentes litteras inspecturis, officialis archidiaconi Dunensis, salutem in Domino. Noverint universi quod Odo Filaudarius, clericus, in nostra presentia constitutus, Deo et canonicis seu ecclesie Beate-Marie-Magdalene de Castriduno se et sua contulit et concessit, de se tamen protestans quod nisi religio sibi placeret infra annum ad seculum redire posset. Voluit etiam et concessit quod dominus Martinus et dominus Robertus Filaudarius de dictis suis bonis pro voluntate sua facerent et ordinarent, perpetua tam fundi et soli de rebus ipsius alienatione excepta; et si dicti duo inter se non possint dominus Johannes *Lejai* cum altero illorum de dictis rebus disponeret, prout superius est expressum. Datum anno Domini M° CC° XL° V°.

<small>A. Orig. en parch., aux Archives d'Eure-et-Loir[1].</small>

## CXXXV
### 1245.

*Don par Geoffroy de Marlilly et Garnier de Boissonville de 5 mines de blé de rente sur un moulin nouvellement construit sur l'Aigre.*

Gaufridus *de Marlilly*, miles, et Garnerius de Boessonvilla

---

[1] Au dos : « De deffuncto Odone Filaudier, quondam concanico nostro, qui se et sua nobis contulit ».

cedunt Sancte-Marie-Magdalene Castriduni v<sup>que</sup> minas bladi annuatim in molendino novo super Ogriam.

<small>A. Bibl. de l'Arsenal, ms. 1008, p. 472.</small>

## CXXXVI

### 1246, mars.

*Confirmation par Geoffroy Varandai et Adenin, fils de Remy, panetier du Roi, du don fait par Marie, mère dudit Adenin, de la moitié de tous les acquêts faits par elle à Orléans, près la porte Bannier.*

Universis presentes litteras inspecturis, officialis archidiaconi Dunensis, salutem in Domino. Noverint universi quod, constituti in jure coram nobis, Gaufridus *Varandai*, quondam maritus Marie, filie defuncti Niterii, primo uxoris defuncti Remigii, quondam panetarii domini regis, Adeninus, filius dictorum Remigii et Marie, et Adelicia, uxor dicti Adenini, recognoverunt quod dicta Maria contulit et concessit Deo et canonicis Beate-Marie-Magdalene de Castriduno medietatem omnium adquiramentorum suorum que adquisierat una cum dicto Remigio, quondam marito suo, apud Aurelianum, juxta portam que dicitur porta *Bernier* [1], in quibuscumque locis, feodis vel censivis dicta acquiramenta sint sita, pro anniversario suo singulis annis faciendo. Supradictus vero Adeninus, filius dictorum Remigii et Marie, istam donationem voluit et concessit . . . . . . . . .
Nos vero, ad petitionem et preces dictorum Adenini et Adelicie uxoris sue, et Gaufridi *Varandai*, presentes litteras dictis canonicis dedimus, sigilli nostri munimine roboratas. Datum anno Domini M° CC° quadragesimo quinto, mense marcio.

<small>A. Lancelot, 134, f° 112 v°, d'après le Cartulaire, f° 67.</small>

---

[1] L'ancienne porte Bannier, au nord de la ville d'Orléans, sur la place du Martroi.

## CXXXVII

### 1246, juillet.

*Don par Herric Patron de tout le droit qu'il avait sur le four Halo, au Marché de Châteaudun.*

Universis presentes litteras inspecturis, officialis Dunensis, salutem in Domino. Noveritis quod Herricus *Patron*, intuitu pietatis et pro remedio anime sue et anniversario suo in ecclesia Beate-Marie-Magdalene de Castriduno singulis annis faciendo, contulit et concessit, in puram et perpetuam elemosinam, Deo et canonicis dicte ecclesie quicquid juris habebat in quodam furno, sito Castriduni, in Mercato dicti loci, qui furnus vocatur furnus *Halo*, videlicet medietatem dicti furni, et de medietate dicti furni canonicos dicte ecclesie coram nobis sessivit. Hanc autem elemosinam et sessinam voluit et ratam habuit Odolina, uxor sua, filia quondam Pagani *de Veisines*, promittens, sub religione fidei sue in manu nostra prestite, quod in dicto furno, ratione dotalicii seu aliqua alia ratione, nichil de cetero reclamaret. In cujus rei testimonium et munimen, de voluntate et assensu dictorum H[errici] et O[doline], uxoris sue, presentes litteras predictis canonicis dedimus, sigilli nostri munimine roboratas. Datum anno Domini M°CC°XL° sexto, mense julio.

A. Orig. en parch. aux archives du château de Dampierre [1].

## CXXXVIII

### 1246, 25 octobre.

*Reconnaissance par Raoul de Bouffry de 7 muids de blé de rente sur le moulin de Touvoie.*

Universis presentes litteras inspecturis, officialis Dunensis, salutem in Domino. Noveritis quod, in nostra presentia et in

---

[1] Au dos, du même temps : « De furno Halo ».

jure constitutus, Radulphus de Boferio, miles, recognovit religiosos viros abbatem et conventum Beate-Marie-Magdalene de Castriduno habere, ex donatione suorum antecessorum, vii modios bladi annui redditus in molendino Viarii [1] . . .

. . . . . . . . . . . . . . . . . .

Datum anno Domini M CC quadragesimo sexto, die jovis proxima ante festum apostolorum Symonis et Jude.

<small>A. Lancelot, 134 f°, 107 v°, d'après le Cartulaire, f° 61 v°.</small>

## CXXXIX

### 1247, mars.

*Reconnaissance par Guillaume Bodiau d'une mine de blé de rente sur sa terre de Chattonville.*

Omnibus presentes litteras inspecturis, officialis archidiaconi Dunensis, salutem in Domino. Noverint universi quod Guillelmus *Bodiau*, coram nobis in jure constitutus, die jovis post Reminiscere, recognovit abbatem et conventum Beate-Marie-Magdelene de Castriduno habere unam minam bladi annui redditus assignatam super terram suam *de Chatonville*, ex donatione defuncti Bernardi, quondam patris ejus, pro anniversario suo annuatim faciendo. In cujus rei testimonium presentes litteras sigillavimus. Actum anno Domini M° CC° quadragesimo sexto.

<small>A. Orig. en parch. scellé, aux Archives d'Eure-et-Loir [2].</small>

[1] Au mois de février 1248, ce don fut confirmé par Jean de Rougemont et Agnès, sa femme. — En 1250, le samedi après Oculi (5 mars), Raoul de Bouffry, du consentement de sa femme Isabelle, de son fils Philippe et de sa fille Jeanne, composa avec l'Aumône de Châteaudun pour 4 livres de rente que les frères de l'Aumône avaient sur le moulin de Touvoie, *in molendino dicto Molendino Villici*. (*Arch. de la Maison-Dieu de Châteaudun*, p. 150 et 177.)

[2] Au dos, du même temps : « De una mina bladi apud Chatonvillam super terram Guillelmi Bodiau ».

## CXL

#### 1247, mars.

*Don par Herbert de la Guerche de cinquante-trois sous de rente sur les bans de Châteaudun.*

Herbertus de Fresneio, miles, universis presentes litteras inspecturis, salutem in Domino. Noverint universi quod cum habeam redditum denariorum annuatim percipiendorum in bannis comitis de Castriduno, de dicto redditu, pro remedio anime mee et antecessorum meorum, laudantibus et concedentibus Matildi, uxore mea, filiis et filiabus meis Nevelone, Herberto, Petro, Heloysa, Erenburgi et Theophania, contuli et concessi Deo et canonicis Beate-Marie-Magdalene de Castriduno, in puram et perpetuam elemosinam, quinquaginta et tres solidos annui redditus in dictis bannis capiendos, sicut capere consuevi. Si vero contingeret, quod absit, quod dicti canonici super dicta ele[mosina] ab aliquo vel ab aliquibus molestarentur, et dicti canonici, occasione dicte molestacionis, dampna et deperdita et costamenta inde incurr[erent, de] dampnis et deperditis et costamentis abbati Beate-Marie-Magdalene, verbo simplici, sine alterius honere probacionis, crederetur, et dictis canonicis dampna et deperdita et costamenta et quinquaginta libras dunensis monete, quas dicti canonici michi dederunt et solverunt occasione elemosine supradicte, ego et heredes mei integraliter reddere teneremur. Et ad hec omnia supradicta tenenda me et omnia bona mea et heredes meos predictis canonicis in perpetuum obligavi. In cujus rei testimonium, probacionem et munimen, supradictis canonicis presentes litteras, spontanea voluntate et assensu uxoris mee et supradictorum heredum meorum, dedi et tradidi, sigilli mei munimine roboratas. Datum anno

Domini millesimo ducentesimo quadragesimo sexto, mense marcio.

<small>A. Orig. en parch. au château de Dampierre[1].
B. Lancelot, 134-146, d'après l'original[2].</small>

## CXLI
### 1247, mars.

*Vente par Jean Bresseau de huit sous neuf oboles de cens sur des vignes et des terres, devant la léproserie de Châteaudun et dans le clos de Botain.*

Universis presentes litteras inspecturis, officialis Dunensis, salutem in Domino. Noverint universi quod Johannes *Bressel* et Milesendis, uxor ejus, in nostra presentia constituti, recognoverunt se vendidisse abbati et conventui Beate-Marie-Magdalene de Castriduno novem solidos tribus obolis minus annui census, assignatos et capiendos in vineis et terris sitis coram leprosaria Castriduni et circa, et in clauso *de Botein*, et apud viam *de Biauvoier*, in feodo Guillelmi *de Villehermoi*, armigeri, pro quindecim libris dunensium, eisdem Johanni et Milesendi plenarie jam solutis. . . . . . . . . . . . .
Datum anno Domini M° CC° quadragesimo sexto, mense marcio[3].

<small>A. Lancelot, 134, f° 109, d'après le Cartulaire, f° 63.</small>

## CXLII
### 1247, avril.

*Confirmation par Eudes Bourreau du don fait par son père, seigneur de Courtalain, d'un pré et un petit bois y attenant.*

Ego Odo, quondam filius Odonis Borelli, quondam domini Curiæ Alani, notum facio universis quod ego donationem illam

---

[1] Au dos, du temps : « Carta Herberti de Fresneio de quinquaginta tribus solidis in banno Castriduni ».

[2] D'après Lancelot, l'original était scellé d'un sceau en cire verte portant dans le champ une bande et 3 fleurs de lis, 2 et 1, et un fragment de légende : ✝ S. HER. . . . . . . . ITIS.

[3] A la même date, mars 1247, Guillaume de Villarmoy donna aux reli-

quam fecit dictus Odo, pater meus, abbati et canonicis Beatæ-Mariæ-Magdalenæ de Castriduno de quodam prato quod vocatur pratum Vigerii, cum parvo nemore quod ei adjacet, sicut dividitur ab aqua a principio cujusdam noæ quæ est deversus Curiam Alani usque ad viam quæ est desupra molendinum Petri de Riparia militis, et sicut dividitur a quibusdam bornis juxta viam sitis recte versus fossata dicti militis, et sicut dividitur a prædicta via quæ ducit de Campo-Chabosi ad Brajotum, salva tamen mihi et hæredibus meis omni justitia, pro anniversario suo in prædicta ecclesia singulis annis faciendo, volui, laudavi et concessi. Promisi etiam fide media quod in dicto, cum pertinentiis suis, prato, sicut superius est dictum, nichil de cetero reclamarem, imo contra omnes bona fide garantirem. In cujus rei memoriam et testimonium, præsentes litteras supradictis abbati et conventui dedi et tradidi sigilli mei munimine roboratas. Actum anno Domini millesimo ducentesimo quadragesimo septimo, mense aprilis.

A. Bibl. nat., ms. lat. 17049, f° 88¹⁴.
B. Lancelot, 134, f° 98, d'après le Cartulaire, f° 40.

## CXLIII
### 1248, 30 janvier.

*Donation par Simon d'Arrou de la cinquième partie de tout ce qu'il possède en la paroisse de Ruan.*

Ego Symon de Arroto, armiger, notum facio universis quod ego, laudantibus et concedentibus fratre meo Johanne et sorore mea Ermanjardi, pro anime mee et antecessorum meorum remedio, de omnibus que habeo et possideo apud Rothoma-

gieux de la Madeleine une charte scellée de son sceau pour confirmer la vente de Jean Bresseau. (*Cart. de la Madeleine*, f° 62 v°.) En 1257, le même Guillaume de Villarmoy donna à l'abbaye une maison et 18 setiers de terre, au clos de la Croix-Noire, sur la route de Chartres, paroisse de Saint-Valérien. (*Sommier de la Madeleine*, p. 435.) — Deux ans auparavant, en février 1255, du consentement de sa femme Jeanne et de ses enfants Étienne, Guillaume, Agnès et Agathe, il avait vendu à l'Aumône de Châteaudun sa dîme de Lignières. (*Arch. de la Maison-Dieu de Châteaudun*, p. 189.)

gum in Pertico et circiter, tam in terragiis quam in censibus, talliis, costumis seu consuetudinibus, et de quodam feodo quod Petrus, major de Rothomago, de me tenet in feodum in predicta villa, et de quodam retrofeodo quod a dicto Petro Stephanus *Dairon* tenet, et dictus Petrus de me in eadem villa similiter ; que omnia a domina de Montigniaco, quondam uxore defuncti Hugonis, quondam ejusdem ville domini, teneo, quintam partem, cum omni jure, districtu et pertinenciis que ibi habeo, abbati et conventui Beate-Marie-Magdalene de Castriduno, in puram et perpetuam elemosinam, contuli et concessi, in manu dicti abbatis fide prestita corporali, quod contra elemosinam hujusmodi de cetero non venirem, sed bona fide contra omnes eamdem garandabo. Quod ut ratum esset et stabile presentes litteras abbati et conventui predictis dedi et concessi, sigilli mei munimine roboratas. Datum anno Domini M° CC° quadragesimo septimo, mense januario, die jovis ante Purificationem beate Marie virginis [1].

A. Orig. en parch. — Archives d'Eure-et-Loir [2].
B. Bibl. nat., ms. lat. 17049, f° 88.

[1] Au mois de février 1248, le lundi après la Chaire de Saint-Pierre (24 février), Simon d'Arrou donna une seconde charte aux religieux de la Madeleine, exactement dans les mêmes termes, y ajoutant cependant après les mots *et dictus Petrus de me in eadem villa* la donation suivante : « et quoddam feodum quod Henricus Porcel, miles, de me tenebat, et Goherius de Boillumvilla, miles, a dicto Henrico apud Boillumvillam ». (Orig. en parch. aux Archives d'Eure-et-Loir; — Lancelot, 134, f° 108 r°, d'après le Cartulaire, f° 62.) — Au mois de juillet 1248, Jean de Montigny confirma les donations faites par Simon d'Arrou par sa charte du 24 février 1248, ajoutant : « *Residuum vero omnium predictorum, cum omni jure similiter quod in ipsis habebat, idem Symon, totaliter et integraliter eisdem abbati et conventui, pro sexaginta libris turonensium et una roba, se vendidisse confessus fuit, et de dictis denariis et predicta roba sibi satisfactum esse plenarie reputavit* ». (Orig. en parch. aux Archives d'Eure-et-Loir.)

[2] Au dos, du même temps : « Littere Symonis de Arrotho, super donatione quinte partis omnium que habebat apud Rothomagum et circiter, tam in terragiis, quam censibus, talliis, costumis et consuetudinibus, et cujasdam feodi quod Petrus, major de Rothomago, de eo tenebat apud Rothomagum, et de quodam retrofeodo quod Stephanus Dairon tenet a dicto majore, et major de dicto Symone ».

## CXLIV

### 1248, février.

*Vente par Hugues de Bouffry du tiers de la grosse dîme de Villeboust.*

Ego Hugo *de Boferi*, miles, et Agatha, uxor mea, notum facimus universis quod nos abbati et conventui Beate-Marie-Magdalene de Castriduno tertiam partem tocius grosse decime de Villari-Bool, quam a Johanne de Rubeo-Monte, milite, tenebamus in feodum [1], vendidimus, cum omni jure et districtu et pertinenciis quas habebamus in eadem, pro quadraginta libris dunensium, nobis in numerata pecunia plenarie jam solutis . . . . . . . . . . . . . . . .
. . . . . . . . . . . . . . . . . . . .

In cujus rei memoriam et testimonium, predictus Johannes de Rubeo-Monte, miles, ad instanciam nostram, super hoc dictis abbati et conventui dedit suas litteras, et nos similiter istas presentes, sigillorum nostrorum munimine roboratas. Datum anno Domini M° CC° quadragesimo septimo, mense februario.

> A. Bibl. de l'Arsenal, ms. 1008, p. 474.
> B. Lancelot, 134, f° 122 r°, d'après le Cartulaire, f° 74.

## CXLV

### 1248, juin.

*Don par Guillaume, vidame de Chartres, à Mathieu, son frère, des revenus qu'il possédait à Châteaudun et à Lanneray.*

Omnibus presentes litteras inspecturis, Willelmus, miles, vicedominus Carnotensis, salutem in Domino. Noverint uni-

---

[1] A la même date, Jean de Rougemont et Agnès, sa femme, par une charte spéciale, confirmèrent le don de Raoul de Bouffry. Une nouvelle confirmation fut donnée en 1252 par Philippe de Rougemont, chevalier, et Isabelle, sa femme.

versi quod ego dedi dilecto fratri meo Matheo, militi, in aumentum feodi quod a me tenebat, omnes redditus quos habeo apud Castridunum et *Laneire*, et quos habere expecto, nisi ex legitima successione fratrum meorum vel etiam aliorum michi jure hereditario deveniret. Et hoc Johanna, uxor mea, sine aliqua coauctione, voluit et concessit. Et ego Willelmus et dicta Johanna, uxor mea, tenemur per fidem corporalem garantizare in perpetuum dicto Matheo et ejus heredibus istud donum, et idem Matheus et heredes sui istum feodum cum alio feodo quod tenet a me ad unum homagium possidebunt. Ut autem firmum et stabile permaneat, ego Willelmus et prefata Johanna, uxor mea, predicto Matheo nostras litteras sigillorum nostrorum munimine dedimus roboratas. Datum anno Domini M° CC° XL° VIII°, mense junio.

<small>A. Orig. en parch. aux Archives d'Eure-et-Loir¹.
B. Lancelot, 134, f° 117 r°, d'après l'original et le Cartulaire, f° 73.</small>

## CXLVI

### 1248, juillet.

*Don par Hélissende, dame de Tréon, de douze livres de rente sur un moulin à Chartres, pour la fondation d'une chapellenie en l'église de la Madeleine.*

Ego Helissendis, domina de Trahone, notum facio universis quod, cum felicis memorie Gaufridus, vicedominus Carnotensis, quondam maritus meus, pro anime sue ac suorum remedio animarum, in ecclesia Beate-Marie-Magdalene de Castriduno quoddam presbyterium constituere proposuisset et de propriis suis redditibus ad idem competentes redditus assignare, ego pium et laudabile ejus propositum, quod morte preventus non potuit consummare, prosequi cupiens, pro mee et ipsius animarum salute, in predicta ecclesia dictum presbyterium constitui, et de meis propriis redditibus usque ad duodecim libras annui redditus, ad dictum presbyterium facien-

¹ Au dos, du même temps : « De presbiterio vicedomine Carnotensis ».

dum, dedi et assignavi in molendino meo super Auduram, in feodo venerabilis patris episcopi Carnotensis, annis singulis, per manus canonicorum in eadem ecclesia deservientium capiendas, volens et concedens ut quicumque pro tempore molendinum³ tenebit supradictum predictis canonicis de dictis duodecim libris per annos singulos, videlicet ad festum beati Remigii de quatuor libris, ad Nativitatem Domini de quatuor libris, et ad Annunciationem dominicam de aliis quatuor libris, satisfacere teneatur, dictum molendinum et omnes heredes meos et a me causam habentes, quantum ad predicta, firmiter obligando. Predicti vero canonici, post decessum meum, pro me, et nunc autem pro defuncto predicto, unam missam pro Defunctis, diebus singulis quibus eisdem consuetum est celebrare de cetero tenebuntur. Hec autem omnia supradicta voluerunt et concesserunt Guillelmus, vicedominus, et Matheus, milites, Philippus et Johannes, filii mei, promittentes, fide prestita corporali, quod contra predicta de cetero non venient, et bona fide donationem et assignationem predictas garantizabunt canonicis supradictis. In cujus rei testimonium, probacionem et munimen, ego et predicti Guillelmus, vicedominus, et Matheus, milites, filii mei, presentes litteras dictis canonicis dedimus et concessimus, sigillorum nostrorum munimine roboratas. Actum anno Domini M° CC° quadragesimo octavo, mense julio.

A. Bibl. de l'Arsenal, ms. 1008, p. 473.
B. Lancelot, 134, f° 114 r°, d'après le Cartulaire, f° 71.

## CXLVII

### 1248, juillet.

*Promesse par Mathieu le vidame de faire ratifier par les seigneurs féodaux l'échange passé entre lui et les religieux de la Madeleine de certains revenus à Châteaudun contre douze livres de rente sur un moulin à Chartres.*

Ego Matheus, dictus vicedominus, miles, notum facio universis quod permutationem illam quam ego cum religiosis viris et abbate et conventu Beate-Marie-Magdalene de Castriduno feci de quodam burgo qui burgus Ursionis appellatur, cum festagio et censu ejusdem burgi, justicia et districtu, redibitionibus et aliis juribus universis que habebam ibidem apud Castridunum, censu etiam de Posterna, et de octo libris annui redditus quos apud Castridunum habebam in viaria Castriduni, pro duodecim libris annui redditus in molendino Helisendis matris mee sito super Auduram, in feodo episcopi Carnotensis, annis singulis, capiendis, supradictis abbati et conventui a predicta matre mea pro quodam presbyterio quod in eorumdem ecclesia constituit collatis garantire promisi, et me, fide media, obligavi quod ego curabo et procurabo quod permutationem istam Guillermus, vicedominus Carnotensis, frater meus, seu ille qui causam ab ipso habebit, et Gaufridus, vicecomes Castriduni, et domina Fractevallis, et Nevello filius ejus, cum ad etatem pervenerit legitimam, domini feodales, seu causam ab ipsis habentes, volent et concedent, confirmabunt et manucapient garantire sine aliqua difficultate; alioquin dictis abbati et conventui omnia dampna et costamenta et misiones et omnes expensas, ad dictum abbatis qui pro tempore erit, in verbo sacerdotis seu ad juramentum unius aut duorum de canonicis, suis reddere, solvere et restaurare tenebor, omni exceptione juris et facti, seu de consuetudine introducta, postposita penitus et sublata. De predictis autem omnibus tenendis, faciendis et fideliter adimplendis ego me et heredes meos et a me causam habentes et omnia bona mea supradictis canonicis firmiter obligavi. In cujus rei memoriam et testimonium, presentes litteras eisdem canonicis dedi et concessi, sigillo meo sigillatas. Actum anno Domini M° CC° quadragesimo octavo, mense julii [1].

A. Lancelot, 134, f° 120 r°, d'après le Cartulaire, f° 73.

[1] A la même date, juillet 1248, Guillaume, vidame de Chartres, par un acte particulier, confirma le projet d'échange fait par son frère. La charte suivante nous montrera qu'il intervint au contrat même d'échange et qu'il le confirma de nouveau.

## CXLVIII

1248, juillet.

*Échange par Mathieu le vidame de certains revenus à Châteaudun contre douze livres de rente sur un moulin à Chartres.*

Universis presentes litteras inspecturis, ego Matheus, dictus vicedominus, miles, notum facio quod cum Helisendis, domina de Trahone et vicedomina Carnotensis, mater mea, pro sue ac bone memorie Gaufridi, vicedomini Carnotensis, quondam mariti sui et patris mei, animarum remedio, in ecclesia Beate-Marie-Magdalene de Castriduno quoddam presbiterium constituerit et ad idem de propriis suis reddititus usque ad duodecim libras annui redditus dederit et assignaverit in molendino suo sito super Auduram, in feodo venerabilis patris episcopi Carnotensis, per annos singulos, a dictis canonicis in predicta ecclesia Beate-Marie-Magdalene deservientibus per manus illius qui dictum tenebit molendinum pro tempore capiendas, ego, predictorum canonicorum utilitatem in omnibus volens ac desiderans, quosdam redditus quos apud Castridunum ac circiter habebam et possidebam viciniores eisdem ac in posterum forsitan utiliores pro supradictis duodecim libris annui redditus in molendino capiendis supradicto, de eorum voluntate, cum eisdem commutavi, burgum videlicet qui vulgariter appellatur rua seu burgus Ursionis, cum festagio et censu, justicia et districtu, redibitionibus et aliis juribus universis que habebam ibidem, censum etiam de Posterna et de Bordis et de Firma-Manu, cum omni similiter justicia, districtu et redibitione, et octo libras annui redditus in redditibus meis quos apud Castridunum habeo in viaria Castridunensi, quas octo libras idem canonici, post decessum magistri Johannis *Pauvert*, cum supradictis omnibus possidebunt in perpetuum et habebunt. Promisi preterea dictis canonicis quod permutationem predictam fideliter observabo, et de predictis omnibus, burgo videlicet, festagio, censibus, redditibus et aliis, prout superius exprimuntur, eosdem exnunc investiens, eisdem predicta omnia garantire promisi, me de predictis duodecim libris in dicto molendino capiendis per commutationem predictam mihi concessis sesitum reputans et vestitum. Hanc autem permutationem Guillelmus, vicedominus Carnotensis, frater meus, a quo ista omnia tenebam in feodum, voluit et concessit et garantire manucepit; et ut predicta omnia robur haberent firmum, ego et dictus Guillermus, miles, ad permutationem istam tenendam de cetero nos et heredes nostros et a nobis causam habentes et omnia bona nostra firmiter obligavimus. In cujus rei memoriam, probationem et munimen supradictis canonicis presentes litteras dedimus et concessimus, sigillorum nostrorum munimine roboratas. Datum anno Domini M° CC° quadragesimo octavo, mense julii.

A. Orig. en parch. aux Archives d'Eure-et-Loir [1].

## CXLIX

### 1248, juillet.

*Don par Guillaume, vidame de Chartres, à Mathieu, son frère, de tout ce qu'il pouvait prétendre de l'héritage de sa mère Hélissende, à Maugastel, près le Bois-de-Lèves.*

Universis presentes litteras inspecturis, Helisandis, vicedomina Carnotensis, Guillelmus, vicedominus Carnotensis, filius ejus, miles, et Johanna, uxor ejus, salutem in Domino. Noverint universi quod ego Guillermus do dilecti fratri meo Matheo, militi, quicquid habiturus sum et habere debebo ex successione nobilis mulieris Helisandis, matris mee, vicedomine Carnotensis, post ejus decessum, in frechiis de Malo-Gastello prope Boscum-de-Leugis, ab ipso Matheo et ejus heredibus in perpetuum de cetero pacifice possidendum, promit-

[1] Au dos : « De presbiterio vicedomini Carnotensis ».

tens, fide media, quod contra ipsam donationem non veniam in futurum, ad eamdem donationem meam firmiter observandam heredes meos obligans et astringens. Quam etiam donationem ego Helisendis volo et concedo et approbo. Similiter ego Johanna, sine coactione aliqua, dictam donationem volens et concedens, fide media promitto quod contra eamdem, ratione dotalicii vel alio modo, venire nullatenus de cetero attemptabo. In cujus rei testimonium, memoriam et munimen, presentes litteras sigillorum nostrorum munimine roboravimus. Datum anno Domini M° CC° XL° octavo, mense julio.

A. Orig. en parch. aux Archives d'Eure-et-Loir.
B. Lancelot, 134, 149² d'après l'original [1].

## CL

### 1248, juillet.

*Donation par Étienne du Pont et sa femme du cens et du rouage d'une vigne au Verger.*

Ego Stephanus de Ponte, miles, et Matildis, uxor mea, notum facimus universis quod, pro animarum nostrarum remedio et anniversario nostro singulis annis faciendo, concessimus et quittavimus abbati et conventui Beate-Marie-Magdalene de Castriduno censum et roagium cujusdam vinee, quam emit Gaufridus, condam archidiaconus Dunensis, a Garino de Favellis, site apud Virgultum [2] in censiva nostra, salva nobis in eadem nostra justicia et districtu vindemiandi. In cujus rei memoriam, presentes litteras dictis abbati et conventui dictam vineam in perpetuum possessuris duximus concedendas, et, ut

---

[1] Lancelot rapporte que, des trois sceaux primitivement appendus à l'original, il ne restait plus que celui du milieu, portant un écu triangulaire à deux bandes et 6 merlettes, 3, 2 et 1.

[2] D'après le sommier de la Madeleine, cette vigne était située au clos de Sainte-Marie, faubourg et paroisse de Saint-Aignan de Châteaudun, tenant à la ruelle tendant de Mondoucet à la croix Saint-Jacques et à la Guinguette. L'archidiacre Geoffroy l'avait achetée de l'abbaye du Petit-Citeaux, à laquelle elle avait été donnée, au mois de septembre 1206, par Geoffroy de Brulon.

ratum esset et stabile, ego Stephanus, ad peticionem dicte Matildis uxoris mee, easdem sigillo meo sigillavi. Datum anno Domini M° CC° quadragesimo octavo, mense julii [1].

A. Lancelot, 134, f° 111 v°, d'après le Cartulaire, f° 66.

## CLI
### 1248, juillet.

*Don par Guillaume de Brissac au prieuré de Ruan de 2 setiers de blé sur la terre de Vendreville.*

Omnibus presentes litteras inspecturis, ego Guillermus de Brisacs, miles, notum facio quod ego, pro amore Dei et pro anniversario patris mei et pro meo anniversario faciendo, dedi ecclesie de Rothomago in Pertico duo sextaria bladi super terram meam de Vendrenvilla, excepto super hoc quod elemosinavi Juliane, nepti mee, filie Petri de Riveria, militis, et Beate-Magdalene decimam meam de Vindrenvilla. Et ut hoc ratum et stabile permaneat, presentes litteras feci sigillo meo sigillari, si ita sit quod ad presens decedam. Actum anno Domini M° CC° XL° VIII°, mense julio.

A. Bibl. de l'Arsenal, ms. 1008, p. 474.
A. Lancelot, 134, f° 127 v°, d'après le Cartulaire, f° 77.

## CLII
### 1248, juillet.

*Confirmation par Mathieu des Champs, évêque de Chartres, de la donation faite par Alix, fille de la dame d'Azay, à l'église de Saint-Gilles de la Jousselinière de la moitié des grosses dîmes qu'elle avait en ladite paroisse.*

Universis presentes litteras inspecturis, M[atheus], miseratione divina, episcopus Carnotensis, salutem in Domino. Ad

[1] Une notice de l'official de Dunois, du mois de décembre 1248, relate la confirmation faite par Étienne du Pont, et ajoute que l'abbaye de la Madeleine possédait la vigne du Verger du don de Geoffroy, archidiacre de Dunois, *ex donatione defuncti Ganfridi, condam archidiaconi Dunensis.* (Cart. de la Madeleine, f° 71.)

universorum noticiam volumus pervenire quod, in nostra presentia constituta, Alipdis, filia domine de Azeio junioris[1], recognovit se dedisse et concessisse ecclesie Beati-Egidii de Joselenaria medietatem totius grosse decime quam in eadem parochia possidebat, et quicquid juris habebat in eadem medietate. Hanc autem donationem volentes et concedentes confirmamus, et in ejusdem memoriam et testimonium, ad instanciam dicte Alipdis, predicte ecclesie presentes litteras dedimus, sigilli nostri munimine roboratas. Actum anno Domini M° CC° quadragesimo octavo, mense julio.

A. Copie sur papier du xviii° siècle, aux Archives d'Eure-et-Loir.
B. Lancelot, 134, f° 115 r°, d'après le Cartulaire, f° 71.

## CLIII

### 1248, août.

*Don par Jean du Château et sa femme d'un arpent de vigne en la censive de Saint-Pierre de Châteaudun et d'un autre demi-arpent en la censive du Saint-Sépulcre.*

Universis presentes litteras inspecturis, officialis Dunensis, salutem in Domino. Ad universitatis vestre noticiam volumus pervenire quod, in nostra presentia constituti, Johannes de Castro et Alicia uxor ejus abbati et conventui Beate-Marie-Magdalene de Castriduno, pro suarum remedio animarum, dimidium arpentum vinee situm in censiva Sancti-Petri, et dimidium arpentum situm in censiva Sancti-Sepulchri, et quandam domum in dictorum abbatis et conventus censiva sitam, que omnia acquisierant matrimonio inter ipsos constante, retento utrique in predictis omnibus quamdiu vixerint usufructu, in puram et perpetuam elemosinam dederunt et concesserunt. In cujus rei memoriam et testimonium, ad instanciam dictorum Johannis et Alicie uxoris sue, dictis abbati

[1] La dame d'Azay dont il est ici question est Denise, femme de Guillaume d'Amboise, qui, en 1235, confirme au prieur de Chouzy l'usage du bois nécessaire pour chauffer son four banal. (*Cart. blésois*, p. 210.)

et conventui presentes litteras concessimus, sigilli nostri munimine roboratas. Actum anno gratie M° CC° quadragesimo octavo, mense augusto.

A. Orig. en parch. aux Archives d'Eure-et-Loir[1].

## CLIV

### 1248, octobre.

*Vente par Eudes Craton de cinq sous de cens au Champ-Raimbaut et de la moitié de deux places en l'Éguillerie.*

Omnibus presentes litteras inspecturis, officialis Dunensis, salutem in Domino. Notum facimus universis quod, in nostra presentia constitutus, Odo *Craton*, miles, recognovit se vendidisse, pro decem libris dunensium sibi plenarie jam solutis, abbati et conventui Beate-Marie-Magdalene de Castriduno quinque solidos redditus censuales, quos annis singulis habebat, possidebat et percipiebat circa Castridunum, in territorio quod dicitur Campus-Rembaut, et medietatem duarum platearum sibi et Philipo de Mesiaco, presbitero, communium, cum omni jure quod habebat ibidem, sitarum apud Castridunum, in Agullaria, juxta domum defuncti Bartholomei *l'Eschancon*, contiguarum ad invicem et junctarum, quarum edificia superposita Cocherelli sunt et Lumbardi[2], qui, pro dictarum locatione platearum ad edificia predicta, annis singulis, militi et presbitero predictis sexdecim solidos, prout

---

[1] Au dos : « De vineis sitis in censiva Sancti-Petri et Sancti-Sepulchri et domo sita in censiva nostra, que Johannes de Castro et uxor ejus nobis dederunt ».

[2] L'abbé Bordas suppose que la rue des Lombardies a pris ce nom du Lumbard cité dans cette charte : il est difficile d'admettre cette explication, quelque spécieuse qu'elle paraisse. Vers l'année 1160, Julduin, clerc (depuis maître de l'Hôtel-Dieu de Châteaudun), donna à l'Aumône en s'y faisant frère condonné un hébergement devant l'abbaye de la Madeleine, dans la Lombardie, *herbergamentum ante conventum majoris ecclesie, in Lombardia, ad hospitandos adeuntes in Jerusalem.* (Arch. de la Maison-Dieu de Châteaudun, p. 6.)

idem miles dicebat, persolvebant, et quamdiu inter ipsos communiter conveniret seu illos qui juri ipsorum succederent persolvere tenebuntur. Hanc autem venditionem tam dictus miles quam Aalipdis, uxor sua, et Matheus, Gaufridus et Rembaudus, eorumdem filii, voluerunt et concesserunt, et in manu nostra, fide prestita corporali, garantire promiserunt eamdem abbati et conventui supradictis. Datum anno Domini M°CC° quadragesimo octavo, mense octobri.

<small>A. Orig. en parch. aux Archives d'Eure-et-Loir[1].</small>

## CLV

### 1248.

*Don par Jean Ansout et sa femme de la cinquième partie de 17 sous de cens, aux Genets, et vente des quatre autres parties.*

Omnibus presentes litteras inspecturis, officialis Dunensis, salutem in Domino. Noverint universi quod Johannes *Ansout* et Margarita, uxor ejus, in nostra presentia constituti, recognoverunt se, in puram et perpetuam elemosinam, dedisse abbati et conventui Beate-Marie-Magdalene de Castriduno quintam partem decem et septem solidorum vel circiter annui census assignati et capiendi in vineis sitis apud villam que dicitur *les Genez* et circa, quem censum idem Johannes in feodo tenebat a Thoma *Hoson*, et dictus Thomas a Raginardo *Rabiau*. Residuum vero dicti census iidem Johannes et uxor sua recognoverunt se vendidisse predictis abbati et conventui pro centum solidis turonensium, eisdem in pecunia numerata jam solutis. Et quia dicta Margarita, uxor dicti Johannis, in predicto censu dotalicium poterat reclamare, fidem in manu nostra prestitit corporalem, sponte et de mandato mariti sui, quod in dicto censu, jure dotalicii vel alia quacumque ratione,

---

[1] On lit au dos, du même temps : « De censu de Campo-Renbaut et medietate duarum platearum in Aculeria ».

per se vel per alium nichil de cetero reclamabit. Immo tam dicti Johannes quam uxor sua et Guillelmus eorumdem filius, per fidem ab ipsis in manu nostra prestitam, predictis abbati et conventui dictum censum pro posse suo, ad usus et consuetudines Dunensis patrie promiserunt fideliter garantire. Quod ut ratum esset et stabile, ad instantiam eorumdem, dictis abbati et conventui presentes litteras dedimus, sigilli nostri munimine roboratas. Datum anno Domini M° CC° quadragesimo octavo.

<small>A. Orig. en parch. aux Arch. d'Eure-et-Loir[1].</small>

## CLVI

### 1250, mars.

*Confirmation par Bienvenue le Becoce de la vente faite par son père, Gilbert Becoux, d'une place au Marché de Châteaudun, près la Boucherie.*

Universis presentes litteras inspecturis, archidiaconus Dunensis, salutem in Domino. Noverint universi quod Beneveita *la Becoce,* in presentia nostra constituta, recognovit quod Gillebertus dictus *Becoux* et Hodeardis, uxor ejus, pater et mater dicte Beneveite, vendiderunt venerabili viro Goherio, decano Castriduni, quamdam plateam sitam in foro Castriduni, juxta bocheriam, in censiva nobilis viri Gaufridi, vicecomitis Castriduni. Predicta vero Beneveita quicquid juris habebat vel habere poterat in supradicta platea dicto decano penitus quitavit. . . . . . . . . . . . . . . .
In cujus rei testimonium et munimen, ad peticionem et preces dicte Beneveite, presentes litteras predicto G[oherio] decano dedimus, sigilli nostri munimine roboratas. Datum anno Domini M° CC° XL° nono, mense marcio.

<small>A. Lancelot, 134, f° 128 r°, d'après l'original et d'après le Cartulaire, f° 79.</small>

---

[1] Au dos, du XIV° siècle : « De censu *des Genez,* qui fuit Johannis *Ansoul* ».

## CLVII

### 1250, mars.

*Don par Garnier de Langey et sa femme de 3 deniers de cens sur deux places en l'Éguillerie, et de 4 autres deniers sur une maison près la Grande rue.*

Omnibus presentes litteras inspecturis, Garnerus de Langeio, miles, et Maria, uxor ejus, salutem in Domino. Notum facimus universis quod nos dedimus et concessimus in puram et perpetuam elemosinam abbati et conventui Beate-Marie-Magdalene de Castriduno tres denarios censuales quos habebamus annis singulis et percipiebamus super duas plateas sitas in Aculeria juxta domum defuncti Bartholomei l'*Achanson*, contiguas et junctas sibi ad invicem, communes quondam Odini *Craton* militi et Philippo presbitero de Mesiaco. Dedimus etiam et concessimus eisdem abbati et conventui quatuor alios denarios censuales quos habebamus annis singulis similiter et percipiebamus pro quadam domo sita in platea que quondam fuit defuncti Mathei de Langeio presbiteri, et virgulto eidem domui adjacenti, sicut dividitur a quodam muro terreo et quibusdam plateis que fuerunt defunctorum Garini *le Desrée* et Gaufridi *Torchefeu*, et sicut directa via protenditur a virgulto donne Dulcis versus viam Magnam usque ad terram que fuit dicti defuncti Garini. Hanc autem elemosinam, cum omni jure et districtu que ibidem habebamus, fide super hoc prestita corporali, promisimus garantire, et nos et omnia bona nostra quantum ad hoc specialiter obligantes, eosdem abbatem et conventum de predicto censu per presentes litteras curavimus investire. In cujus rei memoriam et testimonium, presentes litteras dictis abbati et conventui dedimus et concessimus, sigillorum nostrorum munimine roboratas. Datum anno Domini M° CC° quadragesimo nono, mense martio.

A. Orig. en parch. aux Archives d'Eure-et-Loir [1].

[1] On lit au dos : « De censu platearum de Aculeria ».

## CLVIII

1250, 9 décembre.

*Confirmation par Herbert de Fresnay du don de cent sept sous de rente sur les bans de Châteaudun, fait par Geoffroy d'Arrou et sa femme.*

Omnibus presentes litteras inspecturis, ego Habertus de Fresneio, miles, notum facio quod, in mea presentia constituti, Gaufridus d'*Arrais*, miles, et Heloysis, uxor sua, dederunt et concesserunt, in puram et perpetuam elemosinam, abbati et conventui Beate-Marie de Castriduno centum et septem solidos annui redditus in bannis de Castriduno, que tenebant de me in feodum, et se desesierunt et dimiserunt dictus Gaufridus et ejus uxor de dicto redditu et feodo et omni jure ac pertinentiis omnibus dictorum reddituum ac feodi in manu mea, et quitavimus nos ad invicem de omni fide et homagio debitis ratione dicti feodi. Et preterea dicti Gaufridus, et Heloysis, uxor sua, et Gaufridus, filius eorumdem, et Lijardis, filia sua, qui donationem hujusmodi voluerunt et concesserunt in mea presentia, fidem dederunt corporalem quod in dicto redditu seu feodo ac in eorum pertinentiis nichil de cetero reclamabunt, sed bona fide contra omnes garantizabunt. Et recognoverunt quod predicti abbas et conventus, attendentes gratiam et liberalitatem quas eisdem predicti Gaufridus et uxor sua fecerant, dederunt eisdem Gaufrido et Heloysi quinquaginta libras dunensium et in numerata pecunia persolverunt. Ego vero Habertus, predicta omnia volens et concedens, predictum abbatem, tam nomine suo quam sui conventus, de predictis feodo et redditu ac eorum pertinentiis sesivi et investivi, et ipsum abbatem de predicto redditu seu feodo in hominem ac fidem meam recepi, ad quedam calcaria ferrea de duodecim denariis pro totali servicio, que mihi vel heredibus meis ab abbate qui pro tempore fuerit solventur, quocienscumque in predicta abbatia Beate-Marie-Magdalene creabitur novus abbas : preterea ego seu heredes mei a predicto abbate et conventu nichil amplius quam dictum servicium, cum illud acciderit, exigere poterimus ab eisdem quoquomodo, ratione feodi supradicti, nec dictum abbatem aut conventum poterimus placitare extra villam Castriduni, seu ipsos auctoritate nostra seu ad aliquorum instantiam extra ipsam trahere ratione dicti feodi, seu ipsos trahi facere a quocumque. Et si dicti abbas et conventus vellent conqueri de suis injuriatoribus, quantum ad dictum feodum seu redditum aut eorum pertinentias, in foro ecclesiastico, ego seu et heredes mei hoc non possemus eisdem aliquo modo prohibere. Hec autem omnia, prout dicta sunt et divisa, ego Habertus promisi, per fidem meam super hoc prestitam, me firmiter tenere et fideliter observare, et eisdem abbati et conventui ea omnia inviolabiliter garantizare manucepi, et tanquam dominus feodi defendere contra omnes, et me et heredes meos et omnia bona mea presentia et futura quantum ad hoc specialiter obligavi. Quod ut ratum esset et stabile, in hujus rei memoriam et testimonium, ad instantiam ipsorum Gaufridi militis et Heloysis, uxoris sue, presentes litteras dictis canonicis dedi et concessi, sigillo meo sigillatas. Actum anno Domini millesimo CC° quinquagesimo, die veneris ante festum sancte Lucie virginis [1].

A. Orig. en parch. au château de Dampierre [2].
B. Lancelot, 134-148, d'après l'original.
G. Bibl. de l'Arsenal, ms. 1008, p. 473.

[1] A la même date, une charte de l'official de Dunois, conservée aux Archives du château de Dampierre, relate le don fait par Geoffroy d'Arrou et sa femme.

[2] On lit au dos : « Herbertus de Guerchia de C et VII solidis in bannis, de venditione Gaufridi de Arrais ».

## CLIX
### 1250.

*Vente par Herbert de la Guerche de cent sous de rente sur les bans de Châteaudun.*

Ego Herbertus de Guerchia [1], miles, notum facio universis quod ego vendidi, pro octoginta libris dunensium, abbati et conventui Beate-Marie-Magdelene de Castriduno, centum solidos annui redditus quos habebam et percipiebam in bannis de Castriduno et tenebam in feodo a domina Fractevallis, et tenui me plenarie pro pagato in pecunia numerata de dictis octoginta libris, et renuntiavi in hoc facto exceptioni non numerate pecunie et non solute seu non tradite, et desesivi me et devestivi, prout moris est, de dicto redditu quoad proprietatem, et procuratorem dictorum abbatis et conventus, nomine ipsorum abbatis et conventus, de eodem redditu sesivi. Fuit autem dictum in dicta vendicione quod ego omnes exitus et proventus dicti redditus haberem, quamdiu viverem tantummodo, proprietate ejusdem redditus penes eosdem abbatem et conventum semper exnunc integraliter remanente. Hanc autem vendicionem promisi garantire et defendere dictis abbati et conventui contra omnes, fide super hoc prestita corporali, et quantum ad hoc me et omnia bona mea et heredes meos specialiter obligavi. In cujus rei memoriam et testimonium, presentes litteras dictis abbati et conventui dedi et concessi, sigillo meo sigillatas. Actum anno Domini millesimo ducentesimo quinquagesimo [2].

    A. Orig. en parch. au château de Dampierre [3].
    B. Lancelot, 134-147', d'après l'original.

[1] Dans un des originaux, Herbert de la Guerche est appelé *Habertus de Fresneio*; nous voyons par d'autres chartes qu'il portait en effet ces deux noms.

[2] On trouve en outre aux Archives du château de Dampierre une lettre de l'official de Dunois de la même année 1250, reproduisant textuellement la charte d'Herbert de la Guerche.

[3] On lit au dos : « Littere Herberti de Guerchia. de vendicione centum solidorum in baunis ».

## CLX

*Don par Renaud Rabiau et sa femme d'une maison au bourg du Comte et de places joignant ladite maison.*

Omnibus presentes litteras inspecturis, officialis Dunensis, salutem in Domino. Notum facimus universis quod, in nostra presentia constituti, Raginaldus *Rabiau* et Johanna, uxor ejus, recognoverunt in jure se dedisse et concessisse in puram et perpetuam elemosinam abbati et conventui Beate-Marie-Magdalene de Castriduno domum suam lapideam, que fuit defuncti Theobaldi *Chautier,* sitam in burgo Comitis, juxta fossata, ante domum Templariorum [1], et cum dicta domo ortos et plateas eidem domui circum adjacentes, quarum quedam cum dicta domo sunt in censiva predicti abbatis et conventus, alie vero sunt in censiva Philipi de Moisiaco, presbiteri, et Odonis dicti Infantis, militis, et easdem a defuncto Vincentio cutellario emptionis titulo dicuntur habuisse. Recognoverunt etiam se dedisse et concessisse eisdem abbati et conventui quicquid juris habebant seu habere poterant in domo domne Dulcis et in omnibus pertinentiis ejusdem domus. Recognoverunt etiam in jure coram nobis quod de predictis domo, orto, plateis et jure quod in predicta domo domne Dulcis habebant seu habere poterant se desesientes penitus ac devestientes, abbatem predictum, tam suo nomine quam nomine predicti conventus, sesierant et investierant ac in liberam et plenariam possessionem induxerant corporalem. Promiserunt etiam dicti Raginaldus et uxor sua dictis abbati et conventui hec omnia garantizare, et fidem in manu nostra dederunt corporalem quod in predictis omnibus per se vel per alios nichil de cetero reclamabunt, excepto usufructu, quem in predictis omnibus iidem abbas et conventus, quamdiu vixerint, concesserunt. Confessi sunt etiam iidem Raginaldus et uxor ejus predicta omnia se tenere

---

[1] La maison des Templiers était construite à la sortie de la ville, près la porte Chartraine : on en voyait encore les vestiges en 1740.

de cetero, nomine ipsorum abbatis et conventus et dumtaxat precario possidere. Quod ut ratum esset et stabile, in hujus rei memoriam et testimonium, predictis abbati et conventui presentes litteras, ad instanciam dictorum Raginaldi et Johanne, uxoris sue, dedimus et concessimus, sigillo nostro sigillatas. Datum anno Domini millesimo CC° quinquagesimo, mense ianuario.

A. Orig. en parch. aux Archives d'Eure-et-Loir [1].

## CLXI

*Don par Garnier de Langey de tout ce qu'il possédait au fief de Frileuse, en la paroisse de la Chapelle-Vicomtesse.*

Omnibus presentes litteras inspecturis, M[atheus], miseratione divina, Carnotensis episcopus, salutem in Domino. Ad universorum noticiam volumus pervenire quod, in nostra constitutus presentia, Garnerus de Langeio, miles, in ecclesia Beate-Marie-Magdalene de Castriduno suam eligens sepulturam, ejusdem ecclesie abbati et canonicis dedit et concessit, pro suo anniversario ac uxoris sue singulis annis in eadem ecclesia faciendo, quicquid habebat et tenebat a vicecomite Castriduni in feodo de Friloso, in parrochia de Capella-Vicecomitisse, tam in censibus quam in terragiis, costumis et rebus aliis quecumque sint, cum omni jure, districtu, pertinentiis ac redibentiis corumdem, et, de predictis omnibus se in manu dicti abbatis coram nobis quoad proprietatem desesiens, ipsum abbatem, tam suo nomine quam sui conventus, de illis omnibus presentialiter investivit, usufructu tamen in supradictis omnibus quamdiu viveret specialiter reservato. Hec autem omnia promisit idem miles abbati et conventui predictis garantire, quantum ad hoc se et omnia bona sua ac heredes suos

[1] Au dos : « De domo domne Dulcis et quibusdam aliis que Raginaldus Rabiau nobis dedit ».

specialiter obligando. Quod ut ratum esset et stabile, in hujus rei memoriam et testimonium, presentes litteras, ad instanciam dicti militis, supradictis abbati et conventui dedimus et tradidimus, sigilli nostri munimine roboratas. Actum apud Castridunum, anno Domini millesimo CC° quinquagesimo, die sabbati proxima post Cineres.

A. Orig. en parch. aux Archives d'Eure-et-Loir [1].
B. Bibl. de l'Arsenal, ms. 1008, p. 473.

## CLXII

### 1251, avril.

*Don par Raoul Godé de tous les cens et faitages qu'il possédait à Châteaudun, dans le fief de feu Eudes Bourreau.*

Ego Radulphus *Gode,* miles, notum facio omnibus quod ego dedi et concessi in puram et perpetuam elemosinam abbati et conventui Beate-Marie-Magdalene de Castriduno, pro anime mee et antecessorum meorum remedio, totalem censum et festagium que habebam et possidebam apud Castrodunum, in feodo deffuncti Borrelli, versus majorem domum deffuncti Huberti de Sancto-Avito et versus domum Fratrum Minorum et circiter, in quibuscumque rebus consistat, et versus fossata, inter domum Garnerii *Boguerian,* militis, et inter quoddam murum terreum quod est Johannis de Fossatis, sicut directa linea proceditur per viam desuper fossata in superiori parte, et in inferiori parte descendendo usque ad vineam dicti militis et usque ad domum Foqueti, presbiteri de Verda, et usque ad cuneum domus Gaufridi, quondam dicti Britonis, et circiter, in quibuscumque rebus consistat, et quem habebam in Tanneria, in domo Johannis dicti *Foquault* et in domo Cortenaii, in domo Johannis *Hellot* et circiter, cum omni jure, districtu et

---

[1] On lit au dos : « De dono defuncti Garneri de Langelo de feodo de Friloso ».

pertinentiis eorumdem. Et de dictis censu, festagio et pertinentiis me deseziens, abbatem predictum de ipsis censu, festagio et pertinentiis sesivi et investivi, et in corporalem misi possessionem, et ea omnia garantire et deffendere predictis abbati et conventui promisi et manucepi, fide super hoc corporali prestita, me et omnia bona mea et heredes meos quantum ad hoc specialiter obligando. In cujus rei memoriam et testimonium presentes litteras dictis abbati et conventui dedi et tradidi sigillo meo sigillatas. Datum anno Domini millesimo ducentesimo quinquagesimo primo, mense aprili.

<small>A. Copie sur pap. du xvii<sup>e</sup> siècle, aux Archives d'Eure-et-Loir.</small>

## CLXIII

### 1251, mai.

*Amortissement par Raoul Godé et sa femme de tout ce que les religieux de la Madeleine pourront acquérir en leurs fiefs et censives.*

**Viris** religiosis et honestis abbati et conventui Beate-Marie-Magdalene de Castriduno, Radulphus *Gode*, miles, et Maria, uxor ejus [1], salutem in Domino. Bonorum spiritualium, que a vobis et in vestra fiunt ac de cetero fient ecclesia, modis omnibus optantes esse participes, gratiamque a vobis impensam nobis liberaliter attendentes, ut in feodis ac censivis nostris redditus et possessiones ac alia bona vobis gratis acquirere oblataque et modis quibuslibet acquisita acquirendaque licite ac gratis retinere et libere possidere de cetero valeatis, plenariam vobis tenore concedimus presentium facultatem. Volumus tamen ut de possessionibus quas in nostris acquisieritis censivis, censum debitum ac consuetas redibentias nobis et heredibus nostris, debitis et consuetis temporibus, persolvatis,

---

[1] En 1255, Marie, veuve de Raoul Godé, donna 25 sous de rente à prendre sur la rivière du Goulet, à maître Jean Avicenne, clerc, à la charge d'un anniversaire (*Sommier*, p. 1350).

et ut oblata hujusmodi seu concessa aut aliis modis acquisita firma de cetero illibataque vobis permaneant, promittimus et, super hoc a nobis corporali fide prestita, manucapimus ea vobis vestrisque successoribus integraliter garantire, quantum ad hoc omnia bona nostra ac heredes nostros specialiter obligando. In cujus rei memoriam et testimonium presentes litteras vobis concedimus et tradimus, sigillorum nostrorum munimine roboratas. Datum anno Domini M° CC° quinquagesimo primo, mense maio.

A. Orig. en parch. aux Archives d'Eure-et-Loir [1].
B. Bibl. de l'Arsenal, ms. 1008, f° 198.

## CLXIV

### 1251, 3 juin.

*Accord entre l'abbaye de la Madeleine et celle de l'Aumône pour une maison près ladite abbaye de la Madeleine et divers cens.*

Omnibus presentes litteras inspecturis, abbas et conventus Elemosine Cisterciensis, salutem in Domino. Cum super quadam domo sita juxta abbatiam Beate-Marie-Magdalene de Castriduno, prope domum domne Dulcis, et quibusdam censibus ac rebus aliis, occasione dicti census, [inter nos et abbatem] et conventum predicte abbatie Beate-Marie-Magdalene ad invicem esset orta contentio, tandemque nos et ipsi abbas et conventus de Castriduno viros providos, fratrem Michaelem, monachum nostrum, et fratrem Radulphum dictum *Varandai*, canonicum dicte [abbatie. . . . . . . . . . .] hujusmodi sopiendam, ac eisdem mandatum et potestatem dedissemus plenariam ordinandi de predictis omnibus, componendi, transigendi seu permutationem de illis cum rebus aliis faciendi, secundum quod juxta datam a Deo. . . . . . . . . . . . aut crederent expedire,

[1] Au dos : « De acquirendo in feodis et censivis Radulphi Gode et ejus uxoris ».

promittentes ex utraque parte, sub certa pena, tenere firmiter et servare quicquid ipsi super hoc pro sua voluntate duxerint ordinandum, dicti M[ichael] et R[adulphus], habito, ut credimus, bonorum consilio et utriusque monasterii [bono et] utilitate considerata, de predictis ita ordinaverunt, dixerunt et fecerunt quod predicta domus supradictis abbati et conventui de Castriduno remanebit. Remanebunt etiam eisdem octo denarii censuales, annis singulis capiendi super dimidium arpentum vinee que est Haberti dicti *Hirebert,* cum omni jure, districtu et pertinenciis ejusdem census. Remanebunt insuper eisdem quinque libre cere annui redditus super terram de Nivovilla, que fuit defuncti Stephani dicti *Borduil* et Mathei quondam filii sui, quas quinque libras nos habueramus ex donatione predictorum S[tephani] et M[athei]. Remanebit etiam quarta pars cujusdam domus site in valle Sancti-Aniani apud Castridunum, in censiva dictorum abbatis et conventus, quam quartam partem habueramus ex donatione Gaufridi quondam dicti *Desree.* Que omnia dicti abbas et conventus de Castriduno de cetero in suum habebunt, tenebunt et possidebunt. Ordinaverunt preterea predicti M[ichael] et R[adulphus] et dixerunt quod nos, in compensationem omnium predictorum, habebimus et de cetero in nostrum possidebimus ista omnia, prout inferius exprimuntur, videlicet duos solidos annui census, capiendos super terram defuncte Hersendis de Ansonvilla, et novem denarios et obolum similiter annui census super terram quamdam sitam in Campo-Renbaudi versus Helyeriam, que terra fuit defuncti Garnerii quondam dicti *Hely,* cum omni jure, districtu et pertinenciis ejusdem census. Habebimus etiam et in nostrum possidebimus quamdam peciam terre sitam apud Ribosum, juxta molendinum *de la Rochète,* et tria sextaria tam bladi quam avene annui redditus apud Stagnum, in terra de Stagno, et quinque minas bladi annui redditus, similiter capiendas in molendino novo super Ugriam, et unum sextarium bladi, annis singulis capiendum apud Hermenfreium, super terram que fuit defuncti Raginaldi de Herminfreio, et unam minam apud Romiliacum super terra Hominis-Dei de Cloia, et unam minam bladi apud *Praelles* super terram Borrachii. Dixerunt etiam predicti M[ichael] et R[adulphus] quod nos et predicti abbas et conventus de Castriduno predicta omnia, quantum pro justo posse nostro poterimus, garantizare nobis ad invicem tenebimur, et quod omnia instrumenta et omnes securitates que vel quas habebimus super predictis altera pars alteri parti restitueret, redderet, et si que forte penes alterutram partem remanerent confecta super hiis que alteri parti ex predicta ordinatione remanent, eidem parti eadem retinenti seu non reddenti inutilia penitus essent et quassa, et si forte alterutra parcium super aliquo predictorum evinceretur, altera pars que hoc eidem garantizare non posset ac dictum predictorum M[ichaelis] et R[adulphi] vel alterius duorum ab utraque parte nominatorum, equipollens excambium assignare teneretur. Ordinaverunt etiam et dixerunt dicti M[ichael] et R[adulphus] quod quia predictam domum supradictis abbati et conventui de Castriduno erga magistrum Michaelem de [. . . . . . . . . cui dictam] domum ad vitam suam contuleramus, deliberare non poteramus ad presens, idem magister domum predictam, nomine ipsius abbatis et conventus de Castriduno, exnunc teneret et possideret, et quod quamdiu dictis . . . . . . . . . . . . . . predicti abbas et conventus de Castriduno perciperent et haberent, per manus tamen nostras, totum predictum redditum de blado et exitus de terra de Riboso, et post decessum dicti magistri, vel si forte, eodem vivente, [. . . . . . . . . abbati] et conventui de Castriduno aliquo gratuito titulo deveniret, perceptio dicti redditus de dicto blado cessaret, et extunc nos dictum redditum et dictam terram de Riboso teneremus, perciperemus et haberemus. Dixerunt insuper dicti M[ichael] et R[adulphus] quod predicti abbas et conventui de Castriduno quatuor libras et quindecim solidos nobis reddere et solvere tenerentur, et nos ipsis abbati et conventui viginti solidos similiter reddere teneremur. Nos vero predictorum [Michaelis] et R[adulphi] dictum seu ordinationem hujusmodi, prout superius expressum est, ratum ratamve habentes et firmam, eam tenere firmiter et fideliter observare promittimus, et de predictis quatuor libris et quindecim solidis ad plenum nobis esse satisfactum reputamus. Et in hujus rei memoriam et testimonium, supradictis abbati et conventui de Castriduno presentes litteras sigillo nostro sigillatas duximus concedendas. Actum anno Domini M° CC° quinquagesimo primo, in vigilia Penthecostes.

<small>A. Orig. en parch. aux Archives d'Eure-et-Loir [1].</small>

## CLXV

### 1252, novembre.

*Vente par Philippe de Rougemont et sa femme du fief des dimes de la paroisse de Ruan.*

Ego Philippus de Rubeomonte, miles, et Ysabella, uxor mea, notum facimus universis quod nos totum feodum quod consistit in decimis in parochia de Rothomago, quod Guillelmus de Boferio tenere debebat a me Philippo, ratione similiter dicte Ysabelle, uxoris mee, et ego tenere debebam ab abbate Beate-Marie-Magdalene de Castriduno, ratione similiter dicte uxoris mee, eidem abbati et conventui suo vendidimus pro centum solidis dunensium, et eisdem in totum dimisimus, et dictum Guillelmum super hoc quitavimus. De dictis autem centum solidis tenemus nos ad plenum in numerata pecunia pro pagatis . . . . . . . . . . . . . . .
. . . . . . . . . . . . . . . . . . . . .
Et in hujus rei memoriam et testimonium, presentes litteras dicto abbati et conventui dedimus, sigillis nostris sigillatas.

[1] Au dos, du même temps : « De compositione inter nos et monachos Elemosine ».

Datum anno Domini M° CC° quinquagesimo secundo, mense novembri.

> A. Lancelot, 134-144, d'après l'original, scellé de deux sceaux, l'un rond, portant dans le champ un aigle à deux têtes et un lambel de trois pendants, avec ce fragment de légende : ✝ S. PHELIPE DE...... MONT ; l'autre ovale, représentant une dame debout tenant une fleur de lis ; il ne restait de la légende que les lettres suivantes : ✝ S. ISABELLE..... RINT. — On trouve dans Lancelot une seconde copie, également incomplète, de cette charte, d'après le Cartulaire, f° 75.

## CLXVI

1252, décembre.

*Vente par Philippe de Villarmoy et sa femme de seize sous et obole de cens.*

Omnibus presentes litteras inspecturis, ego Philippus *de Villermoy*, miles, et Agnes, uxor mea, salutem in Domino. Noverint universi quod nos vendidimus, pro sexdecim libris nobis jam solutis ad plenum, abbati et conventui Beate-Marie-Magdalene de Castriduno, sexdecim solidos et obolum annui census, cum omni jure, districtu et pertinentiis ejusdem census, sibi et annis singulis capiendos in locis istis, videlicet super terram Colini de Bonavalle sitam juxta vineam Vincentii *Chapart* quatuor solidos et octo denarios, super vineam Raginaldi Britonis sitam versus granchiam monachorum novem denarios, super terram Roberti *Bergruiau* sitam juxta vineam dicti Raginaldi septem denarios, super terram Raginaldi *Menant* sitam juxta vineam dicti Vincentii *Chapart* xx et sex denarios et obolum, super vineam Stephani Sitularis et Henrici Britonis sitam juxta terram dicti Colini de Bonavalle quatuor denarios et obolum, super vineam Richardi *Gohier* sitam prope vineam *Chapart* sex denarios, super vineam Bartholomei *Roein* quinque denarios, super vineam Amioti Aurelie sex denarios et obolum, super vineam Roberti *le Gumpher* tres obolos, super vineam dictam *la Morelle* quatuor denarios, super terram que fuit Stephani *Caillart* x et octo denarios, super pratum defuncti Raginaldi de Milliaco octo

denarios, super pratum Herberti clerici octo denarios, super terram defuncti *Tuebuef* duodecim denarios, super vineam *à la Venière* octo denarios, super vineam Gaufridi *Larroneor* sex denarios, super vineam *Grasmolet* in clauso de Marbonneria tres denarios et obolum, super vineam Roberti *le Vieil* tres denarios. De totali vero predicto censu, prout moris est, nos omnino desesientes, predictos abbatem et conventum de ipso sesivimus et investivimus, et promisimus ab utroque, super hoc fide prestita corporali, quod contra venditionem istam per nos aut per alios non veniemus. . . . . . . .
. . . . . . . . . In cujus rei memoriam et testimonium, supradictis abbati et conventui presentes litteras dedimus et tradidimus, sigillis nostris sigillatas. Datum anno Domini MCC quinquagesimo secundo, mense decembri [1].

A. Bibl. de l'Arsenal, ms. 1008, p. 474.
B. Lancelot, 134. — 130, d'après le Cartulaire, f° 81. C'était par cet acte que finissait le Cartulaire.

## CLXVII

### 1252, décembre.

*Don par Pierre, Aubert et Hervé de Villepion, de 12 deniers de cens.*

Petrus de *Villaripion*, Aubertus de *Villaripion*, milites, et Herveus de *Villaripion*, armiger, fratres, notum facimus universis quod nos, pro remedio animarum nostrarum, dedimus et in perpetuam elemosinam concessimus Deo et cano-

[1] On trouve également dans Lancelot la copie, d'après le Cartulaire, f° 79, d'une lettre de l'official de Dunois, à la même date de déc. 1252, reproduisant exactement la charte de Philippe de Villarmoy et de sa femme. — A la même date encore, nous trouvons dans le Sommier de l'abbaye l'analyse d'un acte de remplacement, par lequel Philippe de Villarmoy, au lieu de 8 sous 4 deniers de cens que l'abbaye avait droit de prendre sur son pressoir de Villeboust, lui assigne 5 sous sur la terre de Nivelon de Chantemesle, 4 deniers sur la vigne du Colombier et 3 sous sur la terre de Richard le Beurrier entre le Colombier et la Grange, paroisse de la Chapelle-du-Noyer (*Sommier*, p. 729).

nicis Beate-Marie-Magdalene de Castriduno duodecim denarios quos habebamus annui census[1], sitos in locis inferius annotatis, videlicet super quamdam peciam prati siti versus Guletum, juxta pratum defuncti Radulphi *Godei* et juxta prata dictorum canonicorum ; et super quamdam peciam continentem circiter duo sextaria semeure, dictam *Haste-à-la-Denestre,* sitam inter *Duresi* et *Melon,* juxta terram Gaufridi *Pichart* ex una parte et juxta terram Philippi de Jonvilla ex altera ; super aliam peciam terre, tria sextaria semeure continentem, que dicitur terra *dou Boissun de Vallerioul,* sitam inter terras canonicorum ; et super aliam peciam terre, que sita est inter oscam Natalis et terras canonicorum. . . . .

. . . . . . . . . . . . . . . . . . . . . . . . .

In cujus rei memoriam, testimonium et munimen, presentes litteras sepedictis canonicis dedimus et tradidimus, sigillis nostris sigillatas. Actum anno Domini M° CC° quinquagesimo secundo, mense decembris.

    A. Bibl. de l'Arsenal, ms. 1008, p. 474.
    B. Lancelot, 134, f° 129 r°, d'après le Cartulaire, f° 80.

## CLXVIII

### 1253, janvier.

*Sentence adjugeant à l'abbaye les dimes grosses et menues de la paroisse de Chapelle-Royale contre les prétentions du curé dudit lieu.*

In nomine Patris et Filii et Spiritus Sancti, amen. Cum proponeret, in jure coram nobis officiali curie archidiaconi Dunensis, Girardus, rector ecclesie de Capella-Regali, nomine ecclesie sue predicte de Capella-Regali, contra abbatem et conventum Beate-Marie-Magdalene de Castriduno, quod omnes

---

[1] D'après l'analyse de cette charte, qui se trouve au Sommier de la Madeleine, les religieux, en reconnaissance de ce don, payèrent à Pierre, Aubert et Hervé de Villepion 4 livres tournois. Le don des trois frères fut confirmé en février 1260, par Pierre de la Moutonnière (*Sommier*, p. 1335).

decime tam minute quam grosse omnium fructuum et proventuum crescentium et qui crescent in terris totis sitis infra metas parochie dicte ecclesie de Capella-Regali pertinerent seu spectarent de jure communi ad predictam ecclesiam de Capella-Regali, ratione supradicte ecclesie; proponeret et idem rector quod iidem abbas et conventus percipiebant per se et per alios et percipere nitebantur annuatim in futurum, in prejudicium et gravamen dicte ecclesie de Capella-Regali et predicti rectoris, et contra voluntatem rectoris, medietatem decimarum tam grossarum quam minutarum omnium fructuum et proventuum crescentium in terris et ortis sitis infra metas dicte parochie de Capella, licet eisdem abbati et conventui, prout idem rector dicebat, non esset jus percipiendi dictas decimas grossas et minutas. . . . . . . . . . . . dictis partibus presentibus in jure coram nobis, videlicet dicto Girardo, pro se, in propria persona, et fratre Roberto *le Filandier,* procuratore generali dictorum abbatis et conventus Beate-Marie-Magdalene de Castriduno, pro dictis abbate et conventu, sententiam a nobis ferri in dicta causa cum instancia petentibus, nos predictos abbatem et conventum ab impetitione dicti rectoris in premissis omnibus per diffinitivam sententiam absolvimus, eidem rectori, quantum ad hoc, perpetuum imponentes silentium, ac ipsum rectorem dictis abbati et conventui in expensis legitimis condempnantes. Datum die jovis proxima post Epiphaniam Domini, anno Domini M° CC° quinquagesimo secundo.

A. Lancelot, 134, f° 121, d'après le Cartulaire, f° 74.

## CLXIX

### 1256, 10 sept.

*Amortissement par Pierre de Chaources de tout ce que les religieux de la Madeleine pourront acquérir dans ses fiefs.*

Viris religiosis et honestis abbati et conventui Beate-Marie-Magdalene de Castriduno, Petrus de Chaorciis, miles, salutem in Domino. Bonorum spiritualium que a vobis fiunt et in vestra de cetero fient ecclesia modis omnibus optantes esse participes, concedimus vobis plenum jus et liberam potestatem accrescendi et acquirendi vobis in feodis ac censivis nostris habitis et habendis redditus, possessiones et alia bona, et omnia vobis oblata et data et modis quibuslibet acquisita et acquirenda licite retinendi et libere possidendi. Volumus tamen ut de possessionibus quas in nostris censivis acquisieritis censum debitum et consuetas redibencias nobis et heredibus nostris, debitis et consuetis temporibus, persolvatis. Et ut oblata hujusmodi seu concessa aut aliis modis acquisita vel acquirenda firma de cetero vobis permaneant, promittimus et super hoc, fide prestita corporali, manucapimus ea vobis vestrisque successoribus integraliter garantire, quantum ad hoc nos et omnia bona nostra presentia et futura et heredes nostros specialiter obligando. In cujus rei memoriam et testimonium presentes litteras vobis concedimus et tradimus sigillo nostro sigillatas. Datum anno Domini M° CC° quinquagesimo sexto, die dominica post Nativitatem Beate-Marie virginis.

A. Orig. en parch. aux Archives d'Eure-et-Loir.

## CLXX

### 1257, octobre.

*Confirmation par Étienne du Pont de ses dispositions testamentaires.*

Omnibus presentes litteras inspecturis, ego Stephanus de Ponte, miles, notum facio omnibus quod ego volo et precipio quod heredes mei teneant et observent testamentum meum quod feci anno Domini M° CC° L° septimo, prout sigillatum est sigillo meo proprio et etiam sigillis executorum meorum. Volo etiam et precipio quod si contra dictum testamentum meum in aliquo venire presumpserint quod executores mei quintam partem in feodis et quartam partem in censivis sine contradictione, et omnia acquiramenta mea et mobilia ubicumque sint percipiant et habeant, et ea omnia vendant et explectent nomine meo et distrahant pro voluntate sua et prout mihi viderint expedire. Que omnia predicta capio ad executionem dicti testamenti mei faciendam per manus dictorum executorum, si heredes mei contra dictum testamentum venerint, sicut superius est expressum. In cujus rei memoriam presentes litteras sigillo meo feci sigillari. Datum anno Domini M° CC° L° septimo, mense octobris.

<small>A. Vidimus original en parch. de l'official de l'archidiacre de Dunois, du mois de nov. 1263, aux Archives d'Eure-et-Loir [1].</small>

## CLXXI

### 1258, avril.

*Vente par Huet de Villemesle des prés d'Abrez à Saint-Denis-les-Ponts.*

Omnibus presentes litteras inspecturis, officialis archidiaconi Dunensis, salutem in Domino. Noveritis quod, in nostra presentia constitutus, Huetus de Villamelli, armiger, recognovit, in jure coram nobis, se vendidisse, pro sexaginta libris turonensium sibi jam solutis, abbati et conventui Beate-Marie-Magdalene de Castriduno quedam prata sita apud Pontes, versus *Abre,* que dicuntur Insula *de Abre*[2], in feodo domini Montigniaci, sicut extenduntur a puncta que est ante molendinum versus villam de Pontibus usque ad prata domini Gaufredi de Valeriis et abbatisse Sancti-Aviti, sicut aque dividunt ea ex utra parte. Et desesivit se dictus Huetus de dictis pratis, de assensu Alicie, matris sue, et Alicie, sororis sue, et Hervei, militis, et Gaufridi, fratrum suorum, et dictos abbatem et conventum de eisdem pratis sesivit, prout moris est, et investivit. Et fuit dictum in dicta venditione quod predicti abbas et conventus haberent suum exitum et suum adventum ad dicta

---

[1] Au dos : « Hoc est instrumentum confirmationis testamenti defuncti Stephani de Ponte, quondam militis ».

[2] Cette île s'appela dans la suite île des Vachots ou de Touvoye.

prata per aquam et per prata ipsorum quando et sicut iidem abbas et conventus sibi et utilitati sue viderint expedire, et quod ipsi abbas et conventus possent facere pontem super aquam ipsorum si vellent. Et promisit dictus Huetus, per fidem in manu nostra corporaliter prestitam, garantizare dictis abbati et conventui contra omnes predicta prata cum hiis que in dicta venditione dicta sunt, secundum usus et consuetudines patrie, et quantum ad hoc se et heredes suos et omnia bona sua specialiter obligavit. Laudaverunt autem et concesserunt omnia predicta Alicia, mater dicti Hueti, et dicta soror ejus et fratres ejus predicti. Et si predicta mater dicti Hueti dotem seu dotalicium seu jus aliud habebat in predictis, hoc totum dictis abbati et conventui quictavit, et similiter omnes alii predicti, soror et fratres, quicquid juris habebant in eisdem ipsis abbati et conventui penitus quictaverunt, et fidem dederunt corporalem in manu nostra, omnes et singuli, quod contra hoc per se aut per alios non venient in futurum. Et in hujus rei memoriam et testimonium, nos, ad requisitionem omnium predictarum personarum, dictis abbati et conventui presentes litteras dedimus sigillo nostro sigillatas. Datum anno Domini M°CC° quinquagesimo octavo, mense aprili [1].

A. Orig. en parch. aux Archives d'Eure-et-Loir [2].

## CLXXII

### 1258, juillet.

*Amortissement par Jean de Châtillon, comte de Blois, de ce que l'abbaye possède en ses fiefs et arrière-fiefs* [3].

Gie Jehens de Châtellon, cuens de Blais et sires de Avesnes, faz à savoir à toz ceus qui ces présentes lestres verront que

---

[1] A la même date, Jean, seigneur de Montigny, confirma et amortit la vente faite par Huet de Villemesle (Orig. en parch.).

[2] Au dos : « Officialis de pratis de Abre ».

[3] Les clauses de cette charte se trouvent reproduites dans la pièce suivante (août 1258) ; nous avons cru devoir néanmoins publier ce document

comme li abbés et li convenz de la Madelène de Chetiaudun eussent fet acquèremenz en mes fiez et en mes rères-fiez puis quarante anz en ça, et gie les vosisse porfocier de les mestre hors de lor men, en la fin fu acordé entre moi et aus que gie retendraie à moi toz les cenz et toz les fiez qui sunt contenu et nomé en unes lestres que gie ai d'aus saalées de lor saaus, en tel menière totesvoies que les possessions et les rentes que il ont aquises en ilceus cens et en icès fiez lor remaignent et les tendrunt dès ores en avant sanz en riens rendre ; toz les autres acquèremenz que il ont fait en icel meimes tens en quelque menière tendront ausi dès ores en avant et porsorront quitement et délivrement, c'est à savoir ce que misires Maci, videmme de Chartres, et feu Felippes, qui fu sis frères, lor donèrent et asignèrent à un presbitère por lor père, c'est à savoir onze livres de rente en la vaerie de Chetiaudun, et le festage dou borg feu Orson et de ne sai quantes mésons qui sunt en la Tènerie et à la Posterne, ò toz les autres droiz et les autres redevances que il lor donnèrent illèques ; le festage vaut entor sexante et doze souz de rente, aucune foiz plus, aucune foiz mains ; le festage feu Raol Godé, ausi ò son droit et ò son destroit, qui vaut entor cinquante souz de rente, une foiz plus, une foiz moins ; la méson feu Rahier le cordoennier ; la ville de Pont-Belocier, ò ce que il ont à présent entor ; vint livres et demie de rente és bans de Chétiaudun, que il orent de Jufrai d'Arrais, Nevelon de la Guirche, Habert son frère, et Jufrai Cointet, jadis chevaliers, et de Johenne, jadis fille celui Jufrai Cointet ; ce que il orent de feu Symon d'Arrou, vers Ruen ou Perche, qui vaut sexante souz de rente ; ce que il ont au Golet et environ ; le festage que il orent d'Estienvre Bogueriau, clerc, ò la justice et ò le destroit de celui festage, lequel festage vaut entor doze souz de rente ; deus muis de blé de rente à

in extenso à cause des variantes d'orthographe que l'on pourra remarquer dans les deux chartes. Il va sans dire que nous nous sommes particulièrement appliqué à reproduire scrupuleusement le texte de ces actes en français, si curieux par l'époque reculée à laquelle ils appartiennent.

prendre après le décès de celui clerc sur une terre qui fut soe, qui est vers Lut ; une méson que il ont ou Marché de Chétiaudun lez la Triperie et lez la méson feu Emmiot d'Auliens ; ce que feu Estienvre dou Pont lor dona et assigna por son presbitère, c'est à savoir doze livres de rente és dimes de Borcharville et d'environ, et la méson que il avoit à Chétiaudun vers la porte Blésaise, et le cens que il avoit en la Varenne vers Marboi sur la terre et sur les vignes et sur les mésons qui furent mestre Jean Avicène, qui vaut environ quatorze souz ; ce que il ont ou Perche ou fié Chevron ; le don que feu Henri Patron lor fist de la mestié dou for Halou ; dis livres de rente en Goce-Corel après le décès à la vicomtesse de Chétiaudun, que Clémence, jadis contesse de Blais, lor dona ; deux places ou Marchié à mestre estaus à merciers ; la quarte partie de sept arpenz de pré lez Chemarz, que il orent de monsegnor Jehan le Rous. Et par desus totes ces choses gie lor doing et lor otrai plène franchise et délivre poer de aquiarre à aus et d'aus accroistre en mes devant diz fiez et reirefiez jusqu'à deux charruées de terre bonnes, au cors de Biause Dunaise, et jusqu'à quatre arpenz de prez, et quant qu'il porront aquiarre és molins dou Loir qui sunt lez la méson Hubert Guénier, vers la fontaine mestre Fouque ; en tel menière totesvoies que ge puisse retenir à moi, se ge voil, les aquèremenz que il feront en iceus molins, en lor fesant allors avenant eschange. Et se il fesaient acquèremenz que il vosissent retenir en austres choses que en icèles qui sunt nomées, gie le voil et le lor ostrai, en tel menière totesvoies que autant com li aquèrement vaudront chée de deus charruées de terre, et en tel menière que ce ne soit cens ou grant fié d'où gie perde home ou raché ou servise. Et si lor confirme toz les aquèremenz devant nomez et les lor praing en men à garantir et deffendre, ou toz cens que il feront çà en arères, si com gie lor ai otraié par desus, en tel menière que s'aucuns nes lor lessoit pésiblement tenir et porsoair, il me requerreent, ou mon commandement, ou celui qui seroit en leu de moi, de les lor deffendre et garantir, et lors, se, par mon droit et par le lor, ne les lor garantissaie et deffendaie en tel menière que il lor remesissent pésiblement et que il en joissent plènement, gie voil et lor ostrai que il pessent aquiarre en mes diz fiez et rèresfiez et délivrement porsoair autant vallant de rente cum il mestront hors de lor main. Et quant à totes ces choses faire et tenir bonnement, gie lor en oblige moi et mes biens. Et en tesmoing de ce et por ce que ce soit ferm et estable, gie lor en doing cestes moies présentes lestres saalées de mon saau. Cestes lestres furent donées en l'an de l'inquarnation de Nostre-Segnor mil et deus cenz et cinquante et oit, ou mois de juigneit.

A. Orig. en parch. aux Archives d'Eure-et-Loir[1].

## CLXXIII

### 1258, août.

*Accord avec Jean de Châtillon, comte de Blois, pour les acquêts faits par l'abbaye dans les fiefs du dit comte.*

A touz ceus qui verront cètes présentes lettres, li abbés et le couvent de la Magdelaine de Chéteaudun, saluz en Nostre Seigneur. Sachent tuit que, cum nos eusein fez aquèremenz és fiez et és rèrefiez de noble homme Johan de Chastellon, conte de Blois et sires d'Avesnes, et de ses deventiers, puis quarante anz en çà, et il nos veusist porforcier de les mètre hors de nostre mein, en la fin il fu acordé entre nos et lui que il retendroit à soi et à ses hers à touzjours mès touz les cens et touz les fiez qui sunt nomez et contenz en cètes lettres, ou tel ressor tant soullement cum nos i avion, c'est à savoir le fié que nous eûmes de fou Reoul Godé, qui est en demès de la parroisse Saint-Jehan-de-la-Cheenne, douquel mestre Gautier de la Fontaine est nostre home ; le fié de la Coufferie, dum Berthelet de Chalet est nostre home ; le fié de Boillonville que nous eûmes

[1] Au dos, du XIVe siècle : « Littere comitis Blesensis, de confirmatione ».

de Symon d'Arrou ; le cens que nous eûmes dou seigneur de Montheigny ; les cens que nous eûmes de Johan Ansout ; les cens de rue Orson et de la Posterne et de la Tènerie et des Bordes et des Planches, que nous eûmes dou vidame de Chartres ; le cens que nous eûmes de fou Reoul Godé ; le cens que nous eûmes de fou Richart Haranc ; le cens que nous eûmes de fou Colin Helloin ; le cens de la messon fou Florie la Rasse et de la messon de lez ; le cens de Champ-Reimbaut ; le cens de la messon Renaut Rabiau ; le cens fou Lucas d'Aloie ; le cens monsegneur Phelipe de Villermoi ; le cens fou Hue de Brisy ; le cens Estienvre Bogueriau ; le cens des places lez la messon dan Johan des Fossez ; le cens Johan Mansiau après son décès ; le cens fou Thibaut Rabiau ; le cens fou Guernier de Langi ; le cens Estienvre Callart[1] ; le cens aus Potez ; le cens monseigneur Henri de Bappaumes : en tèle menère lotevoies que les possessions et les rentes que nos avon acquises és diz cens et és diz fiez nos remoignent et les tendron dès ores en avant sanz en riens rendre. Touz les autres aquèremens que nos avon fez en icelui mesmes cens en quelque menière tendron ausi dès ores en avant et porserron quitement et délivrement, c'est à savoir ce que misires Mathi, vidame de Chartres, et fou Phelipes, qui fu sun frère, nos donèrent et assenèrent à un presbitère por lor père, c'est à savoir doze livres de rente en la vaierie de Châteaudun, et le festaige dou borg feu Orson et de ne sé quantes messons qui sunt en la Tènerie et à la Poterne, où touz les autres droiz et les autres redevances que il

---

[1] Ce cens d'Étienne Caillart se percevait sur des vignes à Saulièvre. En 1247, Étienne Caillart, du consentement de Jeanne, sa femme, avait échangé avec les frères de l'Aumône de Châteaudun la moitié d'une dîme qu'il possédait à la Ville-l'Évêque, en commun avec ses frères Guillaume et Barthélemy, contre une vigne à Saulièvre, autrefois donnée à la Maison-Dieu par Geoffroy de Porcheronville. — Nous suivons jusqu'à la fin du XIIIe siècle la descendance d'Étienne Caillard. Son fils, Jean, se maria avec Alix de Barville, dont il eut un fils, aussi nommé Jean, qui entra dans les ordres. Sa fille, Jeanne, épousa Jean le cordonnier, avec lequel elle fit de nombreuses donations à l'Aumône au terroir de Porcheronville.

nos doitèrent ilonques : le festage vaut encor sessante et doze souz de rente, auconne foiz plus, aucune foiz meing ; le festaige feu Reoul Godé ausi où sun droit et ò sux destroit, qui vaut encor cinquante souz de rente, une foiz plus, une foiz meing ; la messon fou Rahier le cordoener ; la ville de Pont-Belorcier, ò ce que nos avon à présent encor ; vint livres et demie de rente és bans de Chéteaudun, que nos eûmes de Gefroi d'Arrois, Nevelon de la Guerche, Habert sun frère, et Gefroi Cointet, jadis chevaliers, et de Johenne, jadis fille de celui Gefroi Cointet, et que nos eûmes de fou Symon d'Arrou vers Roen ou Perche, qui vaut sessante souz de rente ; ce que nos avon au Golet et environ ; le festaige que nos eûmes de Estienvre Bogueriau, clerc, où la joutice et ò le destroit de celui festaige, liquex festaige vaut encor doze souz de rente ; deus muis de blé de rente à prendre après le décès de celui clerc sur une terre qui fut sène, qui est vers Luz ; une messon que nos avon ou Marché de Chéteaudun lez la Triperie et lez la messon fou Emiot d'Olliens ; ce que fou Estienvre dou Pont nos dona et asséna por son presbitère, c'est à savoir doze livres de rente és dimes de Beicharville et d'environ, et sa messon que il avoit à Chéteaudun vers la porte Blésoise, et le cens que il avoit en la Varenne vers Marboi sus la terre et sur les vignes et sus les messons qui furent mestre Johan Avicène, qui vaut environ quatorze souz ; ce que nos avon ou Perche ou flé Chevron ; le don que fou Henri Patron nos fist de la metié dou for Halou ; dis livres de rentes en Goce-Courel après le décès de la vicontesse de Chéteaudun, que Clémence, jadis contesse de Blois, nos dona ; deus places ou Marché à mètre estaus à mercier ; la quarte partie de sept arpenz de pré lez Chemarz, que nos eûmes de monseignor Johan le Roux. Et par desus toutes ces choses nos done le devant diz cuens et nos otraie plène franchise et délivre pooier de aquerre à nos et de nos acroitre en ses devant diz fiez et rèrefiez, jouque à deus charruées de terre bones au cors de Biause Dunaisse, et jouque à quatre arpenz de prez, et quant que nos porron aquerre és molins dou Loir, qui sunt lez la messon Hubert Guénier vers la fontaine mestre Fouque, en tèle menière totevoies que li diz cuens puisse retenir à soy se il vioul les aquèremenz que nos feron en iceux molins, en nos fessant allours avenent eschenge. Et se nos fession aquèremenz que nos vosission retenir en autres choses que en icèles qui sunt nomées, le devant dit cuens le vout et le nos otréia, en tèle menière totesvoies que autant cum li aquèrement vaudront chée des deus charruées de terre, et en tèle menière que ce ne soit cens ou grand fié dun li devant dit cuens perde home ou rachet ou servisse. Et si nos conferme le devant dit cuens touz les aquèremenz devant nomez et les nos prent en men à garantir et à deffendre, où touz ceux que nos ferons çà en arrères, si cum il nous a octreié en unes lètres que nos avon saalées de sun seel, en tèle menière que se aucuns nes nos lessoit pessiblement tenir et porsoair, nos requerrian le dit conte ou son commendement de les nos deffendre et garantir ; et lors, se, par son droit et par le noutre, ne les nos deffendoit le dit cuens et garantissoit en tèle menière que il nos remansissent pessiblement et que nos n'en joissen plènement, il vout et nos otréia que nos poussen aquerre en ses devant diz fiez et rèrefiez et délivrement porsoair autent de rente vallent cum nos metrion hors de nostre mein. Et est à savoir que cent souz de rente que nos avon aquis puis que ce fu acordé premièrement, qui son contenu et nomé par dessus, chéent des aquèremenz que nos forons ça en arrères, si cum il nos a esté otreié és dites lettres que nos avons saalées ou seel ou dit conte. Et quant à toutes ces choses fère et tenir bonement le devant diz cuens nos en obliga soi et ses hers et ses biens. Et en tesmoin de ce et que ce fust ferm et estable, il nos en dona unes letres saalées de son seel, qui furent fètes en l'an de l'incarnation Nostre-Seigneur mil CC cinquante-huit, ou mais de juignet. Et nos devant diz, abbé et couvent de la Madelainne, en mémoire et en tesmoin de ceste chose, et por que ce soit ferm et estable, en donâmes au dit conte et à ses heirs cètes présentes lètres saalées de nous seiaus [1], et furent fêtes en l'an de l'incarnation Nostre-Seigneur mil et deus cenz et cinquante huit, ou mais d'aoust.

A. Orig. en parch. aux Archives d'Eure-et-Loir [1].

## CLXXIV

### 1258, août.

*Transaction entre l'abbaye de la Madeleine, le prieur-curé de Saint-Ouen et l'abbaye de la Virginité, par laquelle il est arrêté que le prieur-curé aura seul les dîmes des porcs, agneaux et autres menues dîmes de ce genre ; mais que toutes les dîmes, tant grosses que novales que celles des chanvres, lin, légumes et navets, non comprises celles de la Jousselinière, seront communes entre les parties, et que, pour les percevoir, on les fera amener à frais communs, au Roch-Saint-Ouen, où chacun en prendra un tiers* [3].

A. Sommier de la Madeleine, p. 1299.

[1] Une copie informe de cette charte faite au XVIIIe siècle nous a conservé la description, malheureusement assez incorrecte, des deux sceaux qui étaient appendus à cette pièce, sceaux complètement disparus aujourd'hui, et qui étaient déjà incomplets alors. Nous reproduisons cette description : « Sur le plus grand sceau (celui de l'abbaye) sont représentées deux figures « dont l'une aux pieds de l'autre. Pour légende : ...... M. ABB. DE. MARIE « MAG...... DE CASTRIDUNO. Au revers, une Vierge et pour légende : CONFIRMA « ...... — Sur le plus petit sceau (celui de l'abbé) est représentée une crosse, « ayant 2 étoiles à costé. Légende : ...... MAGD. CASTRIDUNENSIS. Au revers, « un écu, où est d'un côté une écrevisse tenant dans ses pattes quelque « chose, de l'autre une sorte de bouclier ; au-dessus un frontispice à 2 « portes, sur le fronton duquel sont 3 orles. Légende : SECRETUM......

[2] Au dos, du XIVe siècle : « Accord que l'abbé et couvent de la Magdaleine de Chasteaudun font au comte Jehan de Blois ».

[3] A la même date, cette transaction fut confirmée par Bouchard, comte de Vendôme.

## CLXXV

1258, novembre.

*Vente par Étienne Chauchefain de tout ce que lui et ses sœurs possédaient à la Lande-Losard et à Cormont.*

Omnibus presentes litteras inspecturis, officialis Dunensis, salutem in Domino. Noveritis quod, in nostra presentia constitutus, Stephanus, filius Odonis dicti *Chauchefain,* recognovit se vendidisse et tradidisse, pro triginta libris turonensium jam sibi solutis in pecunia numerata, abbati et conventui Beate-Marie-Magdalene de Castriduno quicquid ipse et sorores sue, Philipa et Erenburgis, habebant apud Landam Losardi et circa, et apud Curvum-Montem et circa, tam in decimis quam in terragiis, censibus, venditionibus et rebus aliis, spectantibus ad ipsos, ut dicitur, ratione defuncte Matildis, quondam matris sue et filie defuncti Joberti de Cloia, quondam militis [1]. Et promisit dictus Stephanus garantizare dictis abbati et conventui predictam venditionem secundum usus et consuetudines patrie, et quantum ad hoc se et heredes suos et omnia bona sua specialiter obligavit, et desuper hoc dedit plegios, scilicet dictum Odonem patrem suum et Adam de Cloia, qui, ad requisitionem dicti Stephani, constituerunt se plegios erga dictum abbatem et conventum de predicta garantizatione facienda, ut dictum est. Hanc autem venditionem voluerunt et concesserunt predicte sorores dicti Stephani, et promiserunt tam ipse quam dictus Stephanus, per fidem in manu nostra corporaliter prestitam, quod de cetero contra non venient, sed bona fide garantizabunt, et quantum ad hoc supposuerunt se omnes predicte persone jurisdicioni nostre quocumque loco erunt aut se transferrent, cum renunciatione cujuslibet fori et alterius deffensionis. Et in hujus rei testimonium, nos, ad re-

---

[1] En septembre 1236, Jobert de Cloyes avait donné à la Maison-Dieu de Châteaudun un setier d'hibernage sur sa terre de Guillonville (*Arch. de la Maison-Dieu de Châteaudun,* p. 117).

quisitionem omnium predictorum, dictis abbati et conventui presentes litteras dedimus sigillo nostro [sigillatas. Datum] anno Domini M° CC° quinquagesimo octavo, mense novembri.

A. Orig. en parch. aux Archives d'Eure-et-Loir [1].

## CLXXVI

### 1259, février.

*Amortissement par Nivelon de Meslay, seigneur de Fréteval, de tout ce que les religieux de la Madeleine pourront acquérir dans ses fiefs.*

**Viris religiosis** et honestis abbati et conventui Beate-Marie-Magdalene de Castriduno, Nevelo de Mellaio, dominus Fractevallis, salutem in Domino. Bone memorie Ursionis, quondam domini Fractevallis et patris mei, piis vestigiis inherendo, qui dudum vobis concessit potestatem acquirendi quicquid possetis acquirere in redditu rote molendini siti super Lidum, in Tanneria Castriduni, juxta fontem magistri Fulconis, in feodo meo, vobis confirmo et concedo ut in dicto molendino acquirendi vobis quicquid poteritis acquirere plenam et liberam habeatis facultatem. Confirmo etiam vobis, pro Dei amore et anima mea et anima dicti patris mei, omnia vobis oblata et data et modis quibuslibet acquisita a tempore preterito usque nunc, ut ea de cetero quiete et libere possideatis, tam in feodis quam in retrofeodis meis. Et insuper vobis caritative concedo plenum jus et liberam potestatem accrescendi et acquirendi vobis in feodis seu retrofeodis, nunc meis et habendis, redditus, possessiones et alia bona usque ad summam viginti librarum annui redditus. Et ut oblata hujusmodi seu concessa aut aliis modis acquisita usque nunc et acquirenda usque ad predictam summam firma de cetero vobis permaneant, promitto et, super hoc fide prestita corporali, manucapio ea vobis con-

[1] Au dos : « Littere de venditione eorum que defunctus Jobertus de Cloia solebat habere apud Curvum-Montem et Landam Losardi ».

tra omnes integraliter garantire, salvo aliis dominis feodalibus tam superioribus quam inferioribus jure suo feodali, si quod habent in predictis, quantum ad hoc me et heredes meos et omnia bona mea presentia et futura specialiter obligando. In cujus rei memoriam et testimonium presentes litteras vobis concedo et trado, sigillo meo sigillatas. Datum anno Domini M° CC° L^{mo} octavo, mense februario.

A. Original en parchemin aux Archives d'Eure-et-Loir [1].

## CLXXVII

### 1259, mars.

*Reconnaissance par Nivelon de Meslay, seigneur de Fréteval, d'une somme de 80 livres tournois, par lui empruntée des religieux de la Madeleine.*

Ego Nevelo de Mellaio, dominus Fractevallis, notum facio omnibus quod ego debeo abbati et conventui Beate-Marie-Magdalene de Castriduno quatuor viginti libras turonensium, quas ego recepi ab eis mutuo in pecunia numerata, et promitto eis reddere et solvere dictas quater viginti libras infra festum Omnium-Sanctorum proximo venturum, et si solvero eis infra dictum terminum totam predictam pecuniam, ipsi reddent mihi litteras meas quas habent de confirmatione acquiramentorum suorum factorum et faciendorum usque ad quamdam summam redditus que in eisdem litteris continetur, et si ad dictum festum non solvero eis totam predictam pecuniam, predicte littere sibi remanebunt et sue erunt, scilicet de dictis quater viginti libris viginti libre mee erunt, et totum residuum, videlicet sexaginta libras, reddam eis seu reddi faciam infra Nativitatem Domini proximo subsequentem. Et de hoc faciendo ego dedi eis plegios et principales debitores constitui, videlicet Symonem *Chalopin*, Odinum *Belogeri*, Guillelmum *de Verrières*, Johannem *Peirier*, Laurencium *de*

[1] Au dos, du même temps : « De confirmatione acquisitorum in feodis domini Fractevallis et in molendino de Tanneria ».

*Ouques*, Guillelmum *Loveau* et Robinum *Guiel ;* qui omnes, ad meam requisitionem, ad hoc cum omnibus suis bonis se quilibet pro rata sua obligaverunt. Volui autem quod si dicti Odinus *Logier* (sic) et Johannes *Peirier* pro me de dicta pleniva (sic) seu dicto debito incurrerint, quod tantum cadat de debito quod mihi debent quantum pro me solverint. In cujus rei testimonium, ego predictis abbati et conventui presentes litteras dedi et tradidi, sigillo meo sigillatas. Datum anno Domini M° CC° L$^{mo}$ octavo, mense martio.

<small>A. Original en parchemin aux Archives d'Eure-et-Loir [1].</small>

## CLXXVIII

### 1259, mai.

*Vente par Héloïse de Fresnay, veuve de Raoul Desrée, de quatre livres de rente sur les bans de Châteaudun.*

Omnibus presentes litteras inspecturis, officialis archidiaconi Dunensis, salutem in Domino. Noveritis quod, in nostra presentia constituta, Heloisis, quondam filia defuncti Haberti de Fresneio, quondam militis, relicta defuncti Radulphi *Desridereit*, dicti Monachi, recognovit se vendidisse et [nomine venditionis] concessisse abbati et conventui Beate-Marie-Magdalene de Castriduno quatuor libras annui redditus, quas habebat apud Castridunum, in bannis comitis, et eas tenebat in feodum a Nevelone de Fresneio, fratre suo, pro triginta libris dunensis monete, de qua summa pecunie dicta Heloisis se tenuit coram nobis plenarie pro pagata, et de dictis quatuor libris annui redditus eadem Heloisis, se coram nobis desesiens, eosdem abbatem et conventum de eisdem quatuor libris annui redditus sesivit, prout moris est, et investivit. Et promisit dicta Heloisis, per fidem in manu nostra corporaliter prestitam, garantizare dictis abbati et conventui contra omnes dictas quatuor libras, ad usus et consuetudines Dunensis patrie, et quod contra hujusmodi vendicionem per se vel per alium non veniet

<small>[1] Au dos : « Nevelonis, domini Fractevallis ».</small>

in futurum, nec dictos abbatem et conventum de cetero molestabit nec per alium faciet molestari. Et quantum ad hoc dicta Heloisis se et heredes suos et omnia bona sua, mobilia et immobilia, presencia et futura, predictis abbati et conventui specialiter obligavit. Hanc autem vendicionem laudavit et concessit Guillotus, filius ejusdem Heloisis, promittens, per fidem in manu nostra corporaliter prestitam, quod contra predictam vendicionem non veniet in futurum, et quittavit quicquid jam habebat vel habere poterat in dicto redditu, dictis abbati et conventui perpetuo possidendum. Dictus vero Nevelo, frater dicte Heloisis, in nostra presentia constitutus, similiter laudavit, voluit et concessit dictam vendicionem de dictis quatuor libris annui redditus, et promisit, tanquam dominus feodi, garantizare contra omnes inferiores suos et contra fratres suos et sorores suas et earum heredes abbati et conventui supradictis, et quantum ad hoc idem Nevelo se et heredes suos et omnia bona sua dictis abbati et conventui specialiter obligavit, se, cum omnibus bonis suis, juridicioni nostre supponens, ubicumque se et sua transferret. In cujus rei memoriam et testimonium, nos ad [requis]icionem dicte Heloisis et G[uilloti] et N[evelonis] supradictorum, presentes litteras dictis abbati et conventui dedimus, sigillo nostro sigillatas, anno Domini M° [CC°] quinquagesimo nono, mense maii.

A. Original en parchemin aux Archives du château de Dampierre [1].

## CLXXIX

1259, 16 septembre. — Châteaudun.

*Fondation d'une prébende dans l'église de Saint-André de Châteaudun, en faveur de l'abbé de la Madeleine.*

Omnibus præsentes litteras inspecturis, abbas et conventus Beatæ-Mariæ-Magdalenæ de Castroduno et capitulum Beati-

[1] Au dos, du même temps : « Littere de venditione quam filia defuncti Haberti de Fresneio, militis, fecit de quatuor libris quas habebat in bannis »

Andreæ ejusdem loci, ad honorem Dei, pacem et concordiam personarum et utriusque ecclesiæ nostræ concordiam pariter et honorem, facta fuit inter nos ad invicem ordinatio, prout sequitur et statutum. Abbas siquidem predictus, et qui pro tempore fuerit abbas, recipietur in canonicum et in fratrem dictæ ecclesiæ Beati-Andreæ, et habebit stallum in choro certum : horis, anniversariis, processionibus ac aliis divinis officiis in dicta ecclesia poterit interesse cum voluerit, sive per se, sive per unum de canonicis suis, qui canonicus similiter in dicta ecclesia certum stallum habebit; et quibus horis, anniversariis seu aliis divinis officiis idem abbas, per se aut procuratorem suum intererit, in distributionibus quæ pro illis distribuentur percipiet sicut alii canonici qui intersunt ; septimanam per se aut per alium non faciet dictus abbas ; si vero majorem missam in dicta ecclesia celebraverit aliquando, ipse in distributionibus panis et vini dupliciter percipiet distributiones; vocem autem non habebit in capitulo, sed in aliis relevetur. Et quia ratio est habenda personarum, et pro earum dignitate honestum sit eas esse in percipiendis portionibus priores, matutinarum distributiones percipiet integras licet eis per se aut per alium non intererit, dum tamen idem abbas, die præcedenti, duabus horis vel saltem uni et majori missæ personaliter interfuerit, et si per se non interfuerit abbas, uti dictum est, per canonicum tamen suum tribus horis vel duabus et missæ majori intersit, tunc in distributionibus matutinarum medietatem tantum percipiet. Prædictus vero abbas in prædicta ecclesia Beati-Andreæ præbendam unam fundabit, ad quam sexaginta solidos annui redditus assignabit. Quum utique dictus abbas, et qui pro tempore fuerit abbas, dictum canonicatum ecclesiæ possidebit, et cum præbendæ ad certum numerum reddigentur, dicta præbenda in communitate cum aliis veniet, et tunc dictus abbas, et qui pro tempore fuerit, fructus integre et libere percipiet præbendales [1]. Jurabit autem dictus abbas, per se, et

---

[1] La desserte de cette prébende et la perception de ses revenus furent l'occasion de longs procès entre l'abbé de la Madeleine et le Chapitre de

qui pro tempore fuerit abbas, tactis sacrosanctis, et conventus, sane per unum de canonicis suis, ad hoc litteris expressis constitutum, se fidelitatem et honorem observare prædictæ ecclesiæ Beati-Andreæ; et similiter decanus Beati-Andreæ qui pro tempore erit, per se, vel, si decanus non fuerit, persona quæ in eadem ecclesia majorem obtinebit dignitatem, tactis similiter sacrosanctis, et capitulum dictæ ecclesiæ, per unum de canonicis suis, expressis litteris, sicut de alio dictum est, constitutum, de fidelitate observanda et honore prædictæ ecclesiæ Beatæ-Mariæ-Magdalenæ præstabunt juramenta, et sub tenore ejusdem juramenti promittent quod contra statutum et ordinationem prædictam non venient, sed ea bona fide et sine retractatione aliqua observabunt. Actum in generali capitulo Beati-Andreæ, anno Domini millesimo ducentesimo quinquagesimo nono, mense septembri, die martis post octavas Nativitatis beatæ Mariæ virginis [1].

A. Vidimus dans un arrêt du Parlement du 3 mars 1513. — Archives d'Eure-et-Loir, G. 3287.
B. Histoire de la religion du Dunois, t. II, p. 552.

## CLXXX

### 1260, février.

*Acquêt par l'abbaye de la Madeleine, moyennant 60 sous dunois, sur Étienne des Bordes, d'une mine de terre située*

Saint-André. Ces procès furent enfin terminés par une transaction en date du 22 mai 1676, aux termes de laquelle les chanoines de Saint-André abandonnèrent à l'abbé de la Madeleine les métairies de Villandry et de Maison-Seule, et en retour l'abbé s'obligea à faire au chapitre de Saint-André une rente de 100 livres, au moyen de quoi il fut dispensé de desservir ladite prébende.
[1] Mathieu des Champs, évêque de Chartres, approuva cette transaction par des lettres du 9 octobre 1259 :
Universis præsentes litteras inspecturis, M[atheus], divina miseratione, Carnotensis episcopus, salutem in Domino. Ad bonum et utilitatem ecclesiarum prædictarum hæc omnia fieri attendentes, ordinationem et statutum prædictum volumus et approbamus, et, ad eorum petitionem, auctoritate præsentium confirmamus. Datum anno Domini millesimo ducentesimo quinquagesimo nono, die jovis in festo sancti Dionisii.

*derrière la grange des Bordes, paroisse d'Autheuil, et d'un jardin situé audit lieu, entre la dite grange et la maison du fermier, contenant aussi une mine* [1].

A. Sommier de la Madeleine, p. 1245.

## CLXXXI

### 1260, mars.

*Reconnaissance par Joscelin de Saint-Avit, d'une rente d'un muid de blé sur le moulin de Touvoie.*

Universis presentes litteras inspecturis, officialis archidiaconi Dunensis, salutem in Domino. Noveritis quod, in nostra presentia constitutus, Jocelinus dictus de Sancto-Avito recognovit abbatem et conventum Beate-Marie-Magdalene de Castriduno habere, ex donatione antecessorum defuncti Radulfi, quondam militis de Boferio, unum modium bladi annui redditus in molendino Viarii, nunc suo, ad festum Natalis Domini capiendum annuatim. Recognovit etiam dictus Jocelinus se fuisse in defectu de solvendo dictum modium bladi dictis abbati et conventui in anno presenti et se debere dictum modium bladi eisdem abbati et conventui, ratione dicti defectus, quem modium bladi idem Jocelinus gagiavit, procuratori dictorum abbatis et conventus nomine ipsorum infra festum beati Remigii proximo venturum persolvendum. Datum anno Domini M° CC° L°° nono, die jovis post Reminiscere.

A. Original en parchemin aux Archives d'Eure-et-Loir [2].

[1] La métairie des Bordes était une des plus importantes propriétés de l'abbaye de la Madeleine. Au mois d'avril 1260, les religieux avaient acquis de Geoffroy, dit Salmon, un setier de terre situé aux Bordes, entre la terre d'Hubert d'Ansonville et la terre de Robert dit Chapelain, dans la censive et le terrage de l'abbaye, moyennant 25 sous. En janvier 1263, ils avaient encore acquis de Gillot le peaussier environ 8 setiers de terre situés aux Bordes et aux environs, moyennant 9 livres.

[2] Au dos, du même temps : « De molendino Viarii ».

## CLXXXII

### 1260, 21 mai.

*Rachat par l'abbaye des dîmes que Henri l'Enfant possédait dans la paroisse de Ruan.*

Omnibus presentes litteras inspecturis, officialis Dunensis, salutem in Domino. Noveritis quod, in nostra presentia constitutus, Henricus dictus Infans recognovit abbatem et conventum Beate-Marie-Magdalene de Castriduno redemisse ab ipso decimas quas idem Henricus habebat in parochia corumdem abbatis et conventus de Rothomago, ad feodum dicti abbatis spectantes; recognovit quod dictus abbas et conventus dederunt et tradiderunt eidem Henrico quindecim libras pro redemptione predicta, de qua summa pecunie idem Henricus tenuit se coram nobis plenarie pro pagato. Convenit autem inter ipsos quod si dicto Henrico placeret dare et solvere quindecim libras dictis abbati et conventui pro dictis decimis infra Pascha proximo venturum, ipse predictas decimas sicut prius rehaberet. Dictum fuit tamen quod si idem Henricus dictas quindecim libras dictis abbati et conventui non dederit et solverit infra Pascha predictum pro dictis decimis rehabendis, prout superius est expressum, quod ipse Henricus et Margarita, uxor sua, fructus et proventus predictarum decimarum ad annuam firmam vinginti et quinque solidorum dunensium, ad vitam ipsorum dumtaxat, si eidem Henrico et Margarite, ejus uxori, placuerit, habebunt ab abbate et conventu predictis, et dicti Henricus et ejus uxor debent dictis abbati et conventui voluntatem suam super hoc infra Pascha predictum explanare. Promiserunt autem tam dictus Henricus quam Margarita, uxor sua, per fidem in manu nostra prestitam ab utroque corporaliter, quod contra hanc redemptionem seu factum, sicut superius est expressum, per se aut per alium non venient in futurum, et quod in dictis decimis dicta Margarita, ratione dotalicii seu alia qualicumque ratione vel titulo, nihil de cetero reclamabit, salvis eisdem Henrico et Margarite conventionibus supradictis. In cujus rei memoriam et testimonium, presentes litteras dedimus sigillo nostro sigillatas, ad peticionem et preces dictorum Henrici et Margarite, abbati et conventui supradictis. Datum anno Domini millesimo ducentesimo sexagesimo, mense maio, die veneris ante Pentecostem.

A. Original en parchemin aux Archives d'Eure-et-Loir [1].

## CLXXXIII
### 1260, novembre.

*Engagement pour un an à l'abbaye de la Madeleine par Gillot de Villouzier, moyennant 40 livres tournois, de la dime qu'il possédait dans la paroisse de Lutz et qu'il tenait en fief de Philippe de Bouart* [2].

A. Sommier de la Madeleine, p. 1375.

## CLXXXIV
### 1260, décembre.

*Testament de Marie de Baillou, donnant à l'abbaye tout ce qu'elle possédait à Liconcy et à Villamblain, à la charge de faire son anniversaire et de payer 30 livres à ses exécuteurs testamentaires* [3].

A. Sommier de la Madeleine, p. 1379.

---

[1] Au dos, du même temps : « De redemptione decime de Rothomago ».

[2] Au mois de mai 1262, Gillot de Villouzier abandonna à ses frères la dime qu'il possédait en la paroisse de Lutz, à la charge d'acquitter la somme de 50 livres à l'abbaye de la Madeleine. En mars 1282, Philippe de Villouzier, fils de Gillot, vendit la dite dime à l'abbaye, moyennant 70 livres chartraines. Enfin, en juin 1290, Philippe de Bouart donna aux religieux toute la dime et tout le fief qu'il pouvait avoir à Villouzier, à la charge d'un anniversaire.

[3] En octobre 1265, Jean, seigneur de Montigny, confirma le don de Marie de Baillon, et, en janvier 1267, les religieux firent une transaction avec Thibaut de Baillou, par laquelle les terres de Liconcy et de Villamblain restèrent à l'abbaye, moyennant une somme de 35 livres payée audit Thibaut.

## CLXXXV
### 1260.

*Don de la métairie du Puiset, paroisse de Châtillon, par Nicolas Deu, curé de Saint-Médard et chanoine de Saint-André de Châteaudun ; en considération de quoi les religieux de la Madeleine lui firent présent de 60 livres et s'obligèrent à lui payer 100 livres dans l'espace de deux mois et à marner un muid de terre chaque année pendant son vivant et à achever de marner la dite terre lorsque Colin Godé, seigneur du fief dont elle relève, l'aura amortie[1], laissant l'usufruit au dit Nicolas Deu, sa vie durant.*

A. Sommier de la Madeleine, p. 1509.

## CLXXXVI
### 1261, février.

*Acquêt par l'abbaye de la Madeleine sur Geoffroy Crosel et Mathilde, sa femme, moyennant 20 livres tournois, des terres et bois, en la paroisse de Lanneray, appelés la Paudasnière, avec 6 pièces de terre, formant environ 18 setiers[2].*

A. Sommier de la Madeleine, p. 1493.

[1] En 1269, Colin Godé et Albert de Chamblais, son frère, amortirent, en effet, la métairie du Puiset en faveur des religieux de la Madeleine, sauf les droits du comte de Blois, seigneur suzerain : en reconnaissance, les religieux leur donnèrent 60 livres et s'obligèrent à célébrer un anniversaire pour Geoffroy, leur père. Ce dernier avait été un des bienfaiteurs de l'Aumône de Châteaudun : en septembre 1254, il avait donné aux frères de la Maison-Dieu 16 deniers de cens sur une maison, à Châteaudun, près l'Aumône (Arch. de la Maison-Dieu de Châteaudun, p. 192) ; cette donation fut confirmée par ses fils : Albert, clerc, Raoul, Guillaume et Colin, écuyer. Albert devint dans la suite chanoine de Saint-André de Châteaudun ; c'est en cette qualité qu'en 1268 il donna au Chapitre de Saint-André tout le cens qu'il possédait à Châteaudun ; il est appelé dans cette charte *Aubertus Gode de Chamblesio*.

[2] Suivant un bail du 5 février 1656, la métairie de la Paudasnière consistait en maison, étable, grange et 35 arpents de terre, tant en jardin que labour et bois-taillis. Dans un autre bail du 10 juin 1679, il est dit que les logis ont été incendiés.

## CLXXXVII

### 1262, mars.

*Amortissement par Gohier de Macherainville de tout ce que les religieux de la Madeleine pourront acquérir dans ses fiefs.*

Ego Goherius de Mascherenvilla, miles, major natu filius Gaufridi de Mascherenvilla, quondam militis, notum facio omnibus quod ego abbati et conventui Beate-Marie-Magdalene de Castriduno dedi pro Deo et caritative concessi plenam et liberam protestatem acquirendi sibi et retinendi in feodis meis et retrofeodis redditus, possessiones et alia bona usque ad estimationem communem triginta librarum de redditu, ita tamen quod pro qualibet libra de redditu sive estimacione quam acquirent in dictis feodis meis ipsi teneantur dare et solvere mihi seu heredibus meis viginti solidos in pecunia, et pro qualibet libra quam acquirent in dictis retrofeodis meis dabunt mihi seu dictis heredibus meis decem solidos similiter dumtaxat in pecunia, et ad consimilem estimationem facient secundum quod in meis retrofeodis proximius aut longius acquirent, et omnia acquirenda hujusmodi, quantum ad me et meos pertinet, tamquam dominus feodi, amortizans et garantire promittens, promisi quod contra concessionem et amortizationem hujusmodi per me vel per alium non veniam, sed firmiter observabo. Sciendum est etiam quod convenit inter nos ad invicem quod si ipsi aliquando in hoc se gravatos esse in aliquo reputarent vel hoc sibi non viderint expedire, ipsi quandocumque petere possent, et rehaberent in hoc casu decem libras quas mihi dederunt et solverunt, et in hoc casu cessaret predicta potestas acquirendi. Et ad hoc et ad omnia alia et singula predicta facienda et observanda et quod contra non veniam, ego obligavi me per fidem meam corporalem et heredes meos et omnia bona mea. Et in hujus rei memoriam et ut hoc sit ratum et stabile, presentes litteras sigillo meo sigillatas dedi dictis abbati et conventui ; et ad majorem hujus rei certitudinem officialis curie Dunensis, in cujus presentia hec omnia acta sunt, et cujus jurisdictioni quantum ad predicta omnia me et omnia bona mea supposui, eisdem presentibus litteris, ad requisitionem meam, sigillum suum apposuit. Datum anno Domini M° CC° LX° primo, mense martio in fine.

<small>A. Orig. en parch. aux Archives d'Eure-et-Loir, scellé d'un sceau en cire blanche, burelé.</small>

## CLXXXVIII

### 1262, août.

*Don par Guérin du Pont-Blossier à ses neveux d'un pré à Pont-Blossier, en la censive des religieux de la Madeleine.*

Universis presentes litteras inspecturis, officialis archidiaconi Dunensis, salutem in Domino. Noveritis quod, in nostra presentia constitutus, Garinus de Ponte-Belocier, filius defuncti Gaufridi, dicti Nepotis, recognovit se dedisse et in puram et perpetuam elemosinam concessisse Richardo et Laurencie, liberis defuncti Philipi de Ponte-Belocier, nepotibus suis, quoddam pratum suum situm apud Pontem-Belocier, in censiva abbatis et conventus Beate-Marie-Magdalene de Castriduno, in parrochia de Rothomago-in-Pertico, tenendum a dictis liberis et eorum heredibus seu ab ipsis causam habentibus post decessum ipsius Garini, et quiete et pacifice possidendum ; ita tamen quod dictus Garinus, quamdiu vixerit, istius prati percipiet usumfructum. Promisit autem predictus Garinus per fidem suam in manu nostra corporaliter prestitam quod contra dictam donationem dictis liberis factam per se vel per alium non veniet in futurum. In cujus rei testimonium et munimen, ad petitionem dicti Garini, dictis liberis presentes litteras dedimus sigillo nostro sigillatas. Datum anno Domini M° CC° LX° secundo, mense augusti.

<small>A. Orig. en parch. aux Archives d'Eure-et-Loir.</small>

## CLXXXIX

**1262, 3 octobre.**

*Amortissement par Jean Bourreau, seigneur de Courtalain, de tout ce que les religieux de la Madeleine pourront acquérir dans ses fiefs.*

Ego Johannes, dictus *Borrel*, dominus Curie-Alani, notum facio omnibus quod ego abbati et conventui Beate-Marie-Magdalene de Castriduno dedi pro Deo et caritative concessi, et pro curialitate et gratia quas mihi fecerunt, plenam et liberam potestatem acquirendi sibi et retinendi in feodis meis et retrofeodis redditus, possessiones et alia bona, ubicumque et quantumcumque et a quibuscumque sibi viderint expedire usque ad estimacionem communem tringinta librarum de redditu, ita tamen quod pro qualibet libra de redditu sive estimacione quam acquirent in dictis feodis meis ipsi teneantur dare et solvere mihi seu heredibus meis tringinta solidos in pecunia, et pro qualibet libra quam acquirent in dictis retrofeodis meis dabunt mihi seu dictis heredibus meis vinginti solidos similiter in pecunia tantummodo, et ad consimilem estimacionem facient secundum quod in meis retrofeodis proximius aut longius acquirent. Et volo quod de estimacione valoris de redditu ab eisdem acquirendo credatur omnino abbati dicti loci ad credulitatem ipsius et dictum in bona fide. Omnia vero acquirenda hujusmodi, quantum ad me et heredes meos pertinet, tamquam dominus feodi amortizans et garantizare promittens, promisi quod contra concessionem et amortizationem hujusmodi per me vel per alium non veniam, sed firmiter observabo. Et ad hec omnia et singula, prout dicta sunt, facienda et observanda, et quod contra non veniam ego obligavi me, per fidem meam corporalem, et heredes meos et omnia bona mea habita et habenda. Et in hujus rei memoriam, et ut hoc sit ratum et stabile, presentes litteras sigillo meo sigillatas dedi dictis abbati et conventui, et ad majorem hujus rei certitudinem officialis curie archidiaconi Dunensis, in cujus presencia hec omnia acta sunt et cujus juridictioni, ubicumque me transferri contigerit, quantum ad predicta omnia me et predicta bona mea supposui, eisdem presentibus litteris, ad requisitionem meam, sigillum suum apposuit. Datum anno Domini M° CC° LX° secundo, die martis post festum beati Remigii.

A. Orig. en parch. aux Archives d'Eure-et-Loir [1].

## CXC

### 1263, mars.

*Retrait lignager par Étienne Goret, clerc, d'une pièce de terre, au terroir de la Fournière près Nivouville, contenant environ 5 quartiers[2], partie dans la censive des maître et frères du Temple, partie dans celle de Thibaut de la Rainville[3].*

A. Sommier de la Madeleine, p. 656.

## CXCI

### 1263, avril.

*Don par Nivelon, seigneur de Fréteval, de quatre charretées de bûches, chaque semaine, en la forêt de Fréteval.*

Gie Nevelon de Mellei, chevalier, seignor de Frecteval, à toz ceus qui cetes présentes letres verrunt, saluz en Nostre Seignor. Ce saichent tuit que gie, por le salu de m'âme et de mes ancesors et por l'anniversaire de moi et de mon père et de ma mère fère toz les anz et por chanter deus messes de Requiem totes les semènes, de la volenté Johanne ma fame, ai donné et otroié en pure et perpétuel aumône à Deu et aus

---

[1] Au dos : « Littere de aquirendo in feodis et retrofeodis Borrelli ».

[2] Au mois de mai 1263, Étienne Goret donna cette terre à l'abbaye, à la charge d'un anniversaire.

[3] En 1231, Hubert Chevreuil, chevalier, était seigneur du fief de la Rainville, du chef de Macée, sa femme.

chanoines de la beneurée Magdeleine de Cheliaudun quatres charretées de buche à trois chevaus, à prendre et à lever dès ores en avant, chacune semène, en ma forest de Frecteval et enmener d'ilueques là où il voudront, par aus ou par lor mesaige, en la présence d'un des sergenz de ma devant dite forest, requis d'un de lor chanoines ou de lor propre mesaige. Et se le devant dit sergent n'i volet aler, que mon prévost de Frecteval, quiconques il soit, soit tenuz à porfoicier le devant dit sergent à i aler et à li livrer les devant dites quatre charretées de buche ; et se le dit prévost ou ledit sergent ne voleient ce faire, li dit chanoines porroient user de lor aumone, si comme gie lor ai otroié avant, ainsi totesvoes que, quant gie ou mon oir ou mon commandement les en requerron, il seront tenu fère foi par un chanoine ou par lor certein mesaige que le dit sergent ou ledit prévost en auront esté requis, si comme il est dit par desus. Et oveques ce, de ce que il prendront et lèveront sanz la présence dou devant dit sergent, il seront creuz par le sèrement d'un de lor chanoines ou dou sergent qui ladite buche aura copée et levée ou fet coper et lever, por ce totesvoes que il ne puissent passer la somme des devant dites charretées, laquelle somme monte en l'an deus cenz et oit charretées par le conte des semènes. Derechief gie voil et otroie que les devant diz chanoines puissent prendre et lever et enmener, si comme il est dit devant, la dite somme des devant dites charretées ou en yver ou en esté. Et que cete aumône et cest don seit ferm et estable et durge à toz jorz senz rapeler, gie en oblige moi et mes oirs et toz mes successors et toz ceus qui auront cause de moi. Et en tesmoig de cete chose, gie ai donné et otroié au devant diz chanoines cetes présentes letres saellées de mon sael. Ce fut fet en l'an de l'yncarnation Nostre Seignor mil et deus cenz et sexante et trois, ou mois d'avril.

 A. Orig. en parch. aux Archives d'Eure-et-Loir [1].
 B. Vidimus orig. en parch. de 1316, aux Archives d'Eure-et-Loir.

[1] On lit au dos, du même temps : « Carta domini Fractevallis de donatione usagii nemoris Fractevallis ».

## CXCII

### 1263, avril.

*Confirmation par Guillaume de Baucé du don fait par Nivelon de Meslay.*

A toz ceus qui verront cetes présentes letres, gie Guillaume de Baucey, chevalier, et Aliz ma fame, saluz en Nostre-Seignor. Saichent tuit que nos l'aumône et le don que noble homme Nevelon de Melley, chevalier, sire de Fréteval, frère à moi Aliz, a fet et otroié à Deu et aus chanoines de la Magdeleine de Cheteaudun, por son anniversaire et de son père et de sa mère et de ses ancesors fère en lor yglèse et por deus messes de Requiem chanter totes les semènes, laquelle aumône et lequel don le dit Nevelon requenut en nostre présence que il avoit fet au devant diz chanoines, volons, approvons, et octroions, segont la tenor de la letre que le dit Nevelon a donné au devant diz chanoines saellée de son sael, et avons promis par nostre foi que contre ces choses, si comme eles sont dites par devant, ne vendrons ne par nos ne par autre. Et en tegmoig et en confermement de cete chose, nos avons donné au devant diz chanoines ces présentes letres saellées de nos seaus. Ce fut fet en l'an de l'incarnation Nostre-Seignor mil et deus cenz sexante et trois, ou mais d'avril.

A. Orig. en parch. aux Archives d'Eure-et-Loir [1].

## CXCIII

### 1263, juin.

*Amortissement par Jean de Châtillon, comte de Blois, de quatre charretées de bûches par semaine en la forêt de Fréteval, données par Nivelon de Meslay.*

Gie Johan de Châtellon, cuens de Blais et sires de Avenes, faz à savoir à toz ceus qui verront ces présentes letres que,

---

[1] On lit au dos, du même temps : « Littere domini de Baucejo et ejus uxoris de confirmatione elemosine domini Fractevallis ».

comme gie aie donné et otraié à l'abé et au couvent de la Madelène de Cheteaudun plène franchise et délivrée poer d'aquerre à aus et de aus atraitre et tenir en main-morte en mes fiez et en mes rère-fiez jusques à deus charrués de terres bonnes au cours de Beauxe Dunaise, et juques à quatre arpenz de prez, et se il fesoient aquèrement és diz fiez et rère-fiez que il vosissent retenir, en autre choses que en celes qui sont nommées, gie lor ai otraié que il le facent et puissent fère, en tèle menière totesvoies que, autant com li aquèrement que il voudront retenir vaudront chée des deux charrués de terre, si comme il est plus plènement contenu et devisé en unes letres que ge donne à iceus saellées de mon sael. Et comme cil abés et son couvent, puis cest don et cest otroi, aient aquis en mon fié, dou don feu Nevelon de Mellei, jadis sire de Fréteval, quatre charretées de buche, chacune à trois chevaus, à prendre et à lever en sa forest de Fréteval, chacune semaine, ou se il meaux voloient en esté ou en yver selon le nombre des semaines et des charretées qui montent deus cenz et oit charretées chacun an, si comme ge oï et veu que il est contenu és letres que cil Nevelon donna au dit abé et son couvent, saellées de son sael, gie le dit don ou permutacion ou lotie ou queconque autre assènement fet por le dit don qui vaille autant comme les devant dites deus cenz et oit charretées voil, otroi et conferme, et comme sires de fié pren en main à deffendre et à garantir, en tèle menière totevois que juques à la value de diz livres de rente, que nos prison le dit aquèrement de deus cenz et oit charretées de buche, chée des aquèremenz que gie lor ai otroié à faire çà en arrières, si comme il est contenu és devant dites autres letres données à iceus saellées de mon sael. Et se il estoient enpeschiez que il ne peussent pésiblement avoir, tenir et porsoer le dit don et le dit aquèrement, ou la permutation ou la lotie ou l'asènement fet por celui don à la value des devant dites deus cenz et oit charretées, et gie, sor ce requis, ne lor garisisse, deffendisse et garandisisse que il en joissent plènement, les diz diz livres contées sur l'otroi des aquèremenz à faire chesroient et remendroient entering quant à ce le don et la franchise et le délivre poer d'aquerre, si comme il lor est otroié. Et en tesmoing de ce et que ce soit ferm et estable, gie lor en doing cetes moies présentes letres saellées de mon sael. Cetes letres furent données en l'an de l'incarnation Nostre-Seignor mil et deus cenz et soessante et trois, ou mois de juing.

A. Orig. en parch. aux Archives d'Eure-et-Loir [1].

## CXCIV

### 1263, juillet.

*Amortissement par l'abbaye de Bonneval d'une terre et d'une noue au Goulet et d'un demi-arpent de vigne au clos de Saint-Lubin.*

Universis presentes litteras inspecturis, R[obertus], humilis abbas Beate-Marie-Magdalene de Castriduno, et ejusdem loci conventus, eternam in Domino salutem. Noveritis quod, ad preces nostras, religiosi viri abbas et conventus monasterii Bonevallis concesserunt nobis et ecclesie nostre tenere in manu nostra et perpetuo possidere terram et noam que fuerunt defuncti Guillelmi *Rousignol*, presbiteri, et quas idem Guillelmus dedit nobis dum viveret prope Gulletum, sitas in censiva dictorum abbatis et conventus Bonevallis, juxta terras nostras, pro quibus terra et noa debentur eisdem abbati et conventui Bonevallis duo solidi annui census in festo Sancti Remigii persolvendi. Et similiter concesserunt nobis iidem abbas et conventus Bonevallis tenere in manu nostra et perpetuo possidere dimidium arpentum vinee [2], quod fuit defuncti Johannis *Aceline*, quondam presbiteri Sancti-Valeriani de Castriduno, in clauso Sancti-Leobini situm, similiter in censiva eorumdem

---

[1] On lit au dos, du même temps : « Carta comitis Blesis de amortizatione usagii Fractevallis ».

[2] D'après le Sommier de la Madeleine, ce clos s'appelait « le clos de Cerise-Mûre, autrement dit clos de Saint-Gilles ».

abbatis et conventus Bonevallis; pro quo dimidio arpento vinee eisdem abbati et conventui Bonevallis debentur sex denarii annui census in dicto festo Sancti Remigii persolvendi. Nos autem promittimus reddere et solvere sepedictis abbati et conventui Bonevallis vel eorum mandato in perpetuum, annis singulis, in dicto festo Sancti Remigii, in domo prioris Sancti-Petri de Castriduno, apud Castridunum, pro dictis terra, noa et dimidio arpento vinee duplicatum censum, videlicet quinque solidos monete currentis in Dunensi, et facere eisdem abbati et conventui Bonevallis consimilem gratiam in censivis nostris cui voluerint et sibi viderint expedire. In cujus rei perpetuam firmitatem presentes litteras predictis abbati et conventui Bonevallis sigillis nostris tradidimus sigillatas. Actum anno Domini M° CC° LX° tertio, mense julio.

<small>A. Orig. en parch. aux Archives d'Eure-et-Loir, — fonds de Bonneval [1].</small>

## CXCV

### 1264, 26 août.

*Abandon par Aimery, seigneur d'Argenton, à sa femme de tout ce qui lui appartenait en la succession de Nivelon, seigneur de Fréteval.*

Universis presentes litteras inspecturis vel audituris, Aymericus, dominus Argentonensis, miles, salutem in Domino. Noveritis quod ego totam terram Fractevallis et de Mellaio et pertinentias et quicquid ex successione domini Nevelonis defuncti, quondam domini Fractevallis, ratione Margarite, uxoris mee, michi devenerat [2], eidem uxori mee quitavi penitus et dimisi, volens et concedens quod dicta uxor mea de

---

[1] Au dos, du xvi⁰ siècle : « Littere v solidorum census ab abbate et conventu Beate-Marie-Madaglenes *(sic)* nobis debitorum ».

[2] En vertu de cette donation, le dimanche après la Saint Jean 1266 (27 juin), Marguerite de Fréteval, *Margarita de Fractavalle, domina de Argentone*, confirma aux religieux de la Madeleine le droit d'usage qu'ils avaient en la forêt de Fréteval du don de son frère Nivelon.

omnibus et singulis supradictis fidem intret et homagium dominorum. In cujus rei testimonium, eidem uxori mee dedi presentes litteras sigillo meo sigillatas in testimonium et munimen. Actum die martis post festum beati Bartholomei, anno Domini M° CC° LX° quarto.

<sub>A. Vidimus orig. en parch. de juin 1266, aux Archives d'Eure-et-Loir.</sub>

## CXCVI

### 1264, décembre.

*Retrait féodal par les religieux de la Madeleine de deux sexterées de terre sises en leur censive.*

Universis presentes litteras inspecturis, officialis Dunensis, salutem in Domino. Noverint universi quod, in nostra presentia constitutus, dictus *Touztemps,* regratarius, in jure recognovit quod cum Theobaldus, dictus *Hugon,* de Cloia, clericus, eidem dicto *Touztemps* duas sextariatas terre semeure in censiva abbatis monasterii Beate-Marie-Magdalene de Castriduno sitas, nomine et titulo pignoris, obligasset pro duodecim libris dunensium, tali interposita conditione quod si dictus Theobaldus dictam terram, infra festum Nativitatis beate Marie virginis quod fuit anno Domini M° CC° LX° quarto, de manu ipsius dicti *Touztemps* non eriperet sive redimeret, dictam summam pecunie persolvendo, eidem dicto *Touztemps* et ejusdem heredibus, empcionis nomine pro supradicto precio duodecim librarum, dicta terra quitta et libera remaneret, prout in dicti abbatis litteris super dicta obligatione et interposita conditione confectis et ad peticionem dicti Theobaldi dicto *Touztemps* datis vidimus contineri, et prout etiam dictus Theobaldus confessus est coram nobis, tandem cum, elapso dicto termino Nativitatis beate Marie virginis, cum, secundum supradicte conditionis modum, non soluta sibi pecunia, vellet idem dictus *Touztemps* in se dicte terre transferre dominium utile, de consensu et voluntate dicti Theobaldi, dicti abbas et conventus, tanquam veri domini dicte terre, cum hac de consuetudine possent facere, cum idem dictus *Touztemps* dictum Theobaldum in aliqua consanguinitatis linea non attingat, ab eodem, dictum persolvendo precium, retraxerunt, de quo precio duodecim librarum se tenuit idem dictus *Touztemps* coram nobis plenarie pro pagato. In cujus rei memoriam et testimonium, eisdem abbati et conventui, ad peticionem predicti dicti *Touztemps*, presentes litteras sigilli nostri munimine [dedimus] roboratas. Datum anno Domini M° CC° LX° quarto, mense decembris.

A. Orig. en parch. scellé, aux Archives d'Eure-et-Loir [1].

## CXCVII

### 1264, décembre.

*Don par Gautier de Frécot, chanoine de Chartres, d'une vigne qu'il avait à Montigny, près les vignes des moines de Saint-Hilaire-sur-Yerre.*

Universis presentes litteras inspecturis, officialis Carnotensis, salutem in Domino. Noveritis quod, in nostra presentia constitutus, magister Galterus de Frescoto, canonicus Carnotensis, contulit et concessit, in puram et perpetuam elemosinam, donatione ab ipso facta inter vivos, religiosis viris abbati et conventui Beate-Marie-Magdalene de Castriduno vineam quam idem magister Galterus habebat, ut dicebat, apud Montigniacum, prope vineam monachorum Sancti-Hylarii, in censiva Raginaldi Pagani, militis [2], moventem, ut dicitur, videlicet terciam partem ex elemosinatione sibi facta, ut

---

[1] Au dos : « De terra Theobaldi Hugo ».

[2] Cette donation fut confirmée en 1265 par Jean de Montigny et en 1273, le dimanche où l'on chante Misericordia Domini (23 avril), par Geoffroy, dit Bormant, de Chavernay, chevalier, *donationem cujusdam vinee que vulgariter dicitur* la Frescotière, *site apud Montigniacum, factam a defuncto Gallero de Frescoto, quondam canonico Carnotensi* (Orig. en parch. aux Archives d'Eure-et-Loir).

dicitur, a Philippo, quondam presbitero Fontenelle, et duas partes ex acquiramento suo, retento tamen a dicto Galtero usufructu, quamdiu vixerit, vince supradicte. Quam vineam, cum omni jure, dominio, proprietate et possessione quam in ea habebat vel habere poterat, excepto dicto usufructu, quitavit dictis religiosis in futurum, predicta jus, dominium, proprietatem et possessionem in dictis religiosis ex nunc penitus transferendo; promittens idem Galterus coram nobis quod contra dictam elemosinationem de cetero per se vel per alium non veniet nec eam revocabit, immo dictam elemosinationem tenebit et irrevocabiliter observabit. In cujus rei testimonium et munimen, presentes litteras, ad petitionem dicti Galteri, sigillavimus sigillo curie Carnotensis. Datum anno Domini M° CC° LX° quarto, mense decembri.

*Signé :* Thomas.

A. Orig. en parch. aux Archives d'Eure-et-Loir.

## CXCVIII

### 1265, 5 octobre.

*Don par Jean, seigneur de Montigny, des prés qu'il possédait à Froidmentel, et amortissement de divers dons faits aux religieux.*

Je Johan, sires de Montigny et de Viezvy, chevalier, fais sçavoir à tous ceux qui ces présentes lettres verront que je, pour le remède de m'âme et de mes ancessors, et pour mon anniversaire et de ma femme faire chacun an, en l'église de la beneurée Marie-Magdelleine de Châteaudun, et en récompensation des biensfaits que li abbés et li couvent de cèle devant ditte église ont fait à moy et à mes ancessors, ay donné au devant dit abbé et couvent, en pure et perpétuel aumosne, tos les prez que j'avois et possédois juste Froitmentel, liquelz meuvent de mon héritage, c'est à sçavoir en tot cinq arpens à tenir et à percevoir des devant diz abbé et couvent à tousjours mais, sans contredit que je y puisse mettre ni je ni mes oirs ni mes successors. Et de la justice de Ruen au Perche et de Pont-Blocier et des appartenances, dont contens estoit entre moy d'une part et li abbé et couvent d'autre, il est ordonné en telle manière, par le conseil de bonnes gens, que je et mes oirs auront en ces lieux devant dits le cens et toute la justice en amont, et li abbé et li couvent y auront toutes les autres justices par dessous quittement et en paix d'ores en avant. Et pour ce qu'ils puissent mieux user de leur justice, et plus paisiblement, je veux et commande que mon sergent qui sera establi à faire les ajornemens és lieux devant dits, soit tenu, toutes les fois qu'il sera mué, à jurer devant moy ou devant mon bailly en pleine assise, à la requeste et en présence dudit abbé ou de son commandement, que ils n'ajornent homme ni femme des lieux devant dits, ce n'est de choses dont la justice m'apartienne, si comme il est dessus dit, et s'il pouvoit estre aperçu et prouvé qu'il le fist autrement, je serois tenu à le faire amander à l'abbé et au couvent, si le sergent avoit de quoy, et s'il n'avoit de quoy je et mes oirs seroient tenus à le mettre hors de celuy service. Et désorendroit le don et l'aumône qu'ils ont à Liconcy et à Villamblin, de par Marie de Baillou, jadis femme feu Guillaume Bordin, lesquelles choses meuvent de mon fief, je les leur ay amorti et amortis en telle manière que je ne mes oirs d'ores en avant n'y pourront rien demander, pour raison de fief ni pour autre raison. Et s'il avenoit que mes oirs ou mes successors vinssent contre cet amortissement, je veux et otroye que li abbés et couvent se puissent accroistre en mes fiefs, sans contredit que je ni mes oirs y puissent mettre, à la valeur de la rente que ce dont ce don et cette aumosne devant dittes pourront valoir de rente chacun an. Après ce, je leur amortis, d'ores en avant à toujours mais, les vignes que maistre Gautier de Fréquot leur a donné après son décès, assises à Montigny, à tenir et à percevoir en mainmorte de ceux abbé et couvent, toutes les fois qu'ils les voudront en leurs mains, sans contredit ni de moy ni de mes oirs.

Derechef, je veux et otroye que li abbés et li couvent puissent d'ores en avant leur vendenge et leur march de leurs vignes, qui furent à l'archidiacre Chardonnelle, et de celles qui furent à maistre Gautier Fréquot, porter et mener là où ils voudront, sans nul contredit, sauf le cens des vignes devant dittes. Et à toutes ces choses devant dittes garantir, garder et tenir et deffendre comme sires, je en oblige et ay obligé moy et mes oirs et mes biens. Et pour cette grâce que je leur ay faite, li abbés et couvent m'ont donné cent livres de tournois, de leur propre volonté, et m'ont quitté et absous de tous les dommages et de toutes les injures que je leur avois fait jusques au jour d'huy, et ésquelz j'étois tenu vers eux. Et que ce soit ferme et stable, en remembrance de cette chose, j'en ay donné au devant dit abbé et couvent ces présentes lettres scellées de mon seel. Ce fut fait en l'an de Notre Seigneur mil deux cens soixante cinq, au mois d'octobre, au jour de lundy après la feste de Saint Remy.

A. Copie sur papier aux Archives d'Eure-et-Loir.

## CXCIX

### 1269, avril.

*Don par Gohier de Lanneray, seigneur de Fontenay*[1], *d'un muid de pur blé de rente à prendre, chaque année, au jour de la Toussaint, sur les dimes de Lanneray, des mains de ceux qui lèveront les dites dimes, à la charge d'un anniversaire.*

A. Sommier de la Madeleine, p. 1493.

[1] La famille de Lanneray possédait depuis plus d'un siècle la seigneurie de Fontenay-sur-Conie. En 1186, Marthe de Lanneray, dame de Fontenay, fonda le prieuré de Fontenay-sur-Conie en faveur de l'abbaye de Saint-Avit. Des deux fils de Marthe, Gohier, l'ainé, semble avoir continué la branche des seigneurs de Lanneray, tandis que Geoffroy, le plus jeune, sans doute le père de celui qui donna la charte dont nous publions le résumé, devint seigneur de Fontenay-sur-Conie.

## CC

### 1269, mai.

*Adam, abbé, et le couvent de Saint-Mesmin déclarent qu'ils cèdent à R., archidiacre de Beausse dans l'église d'Orléans, leur grange de Maglia et leur terre de Seinvilla, qu'ils avaient achetée de l'abbaye de la Madeleine de Châteaudun, et la moitié des revenus qu'ils avaient* in villa de Liconci, *pour en jouir, sa vie durant, à certaines conditions.* Anno M⁰ CC⁰ LX⁰ IX⁰, mense maio.

<small>A. Bibl. d'Orléans, mss. 394², f° 72 r°.</small>

## CCI

### 1270, avril.

*Don par Jeanne, veuve de Geoffroy Nivart, au prieuré de Saint-Lubin d'Isigny d'une sexterée de terre devant le prieuré d'Isigny.*

Omnibus presentes litteras inspecturis, officialis Dunensis, salutem in Domino. Noveritis quod, in nostra presentia et in jure constituta, Johanna, relicta Raginaldi *le Chat*, quondam ejus mariti, armigeri, et relicta Gaufridi *Nivart*, quondam ejus mariti, militis, dedit et irrevocabiliter concessit in puram et perpetuam elemosinam presbitero ecclesie de Ysigniaco, quicumque pro tempore ibidem fuerit et deservierit, pro remedio anime sue et animarum predictorum maritorum suorum, et pro remedio animarum patris et matris ejus, et pro ejusdem Johanne anniversario post ejus obitum in ecclesia predicta annis singulis faciendo, unam sextariatam terre semeure, sitam quasi ante prioratum de Ysigniaco, juxta terras Odonis de Choleto, clerici, a dicto presbitero seu ejus successoribus quiete tenendam et habendam et pacifice in perpetuum possidendam, promittens eadem Johanna, per fidem suam in manu nostra corporaliter prestitam, quod contra dictam donationem seu elemosinationem per se vel per alium non veniet in futurum, immo dictam terram dicto presbitero et ejus successoribus garandizabit in perpetuum et deffendet fideliter contra omnes, se quantum ad hoc et heredes suos et omnia bona sua mobilia et immobilia, presentia et futura, juridictioni nostre totaliter supponendo. In cujus rei perpetuam memoriam, robur, testimonium et munimen, ad peticionem dicte Johanne, presentes litteras presbitero predicti loci dedimus sigillo nostro sigillatas. Datum anno Domini M° CC° septuagesimo, mense aprilis.

A. Orig. en parch., aux Archives d'Eure-et-Loir.


## CCII

### 1271, avril.

*Confirmation par Geoffroy d'Argenton du droit d'usage accordé par Nivelon de Meslay en la forêt de Fréteval.*

A touz ceus qui ces presentes lettres verront, gie Jefroi de Argenton, chevalier, saluz en Nostre-Seigneur. Ce sachent tuit que gie le don et l'aumosne que feou Nevelon de Mellai, jadis chevalier et sirès de Freiteval, mis oncles, a fet et donné à religieus homes, à l'abbé et au couvent de la Magdeleine de Cheteaudun, pour le remède de s'âme et de ses antécesseurs, c'est à savoir de quatre charretées de bois toutes les semeines de chacun an, à prandre et à lever en sa forest de Freiteval, à touz jourz mès, des devant dit abbé et couvent ou de leur commendement, si comme il est contenu és lestres à icelui Nevelon, jadis mon oncle, et si comme il est contenu és lestres à noble homme Johan de Châteillon, conte de Blois et seigneur de Avesnes, que li diz abbé et couvent ont de l'amortissement dou dit don et de la dite aumosne, vuill, lou et otrai en bone foi, et promest à iceus abbé et couvent par la foi de mon cors que encontre cest don et ceste aumosne devant diz ne vendroi ne ne feroi venir ne par moi ne par autre, et que, tant comme il appartient en tel partie comme je ai en la dite forest, leur preing en main à garantir à touz jourz mès contre tous. Et vuill et otrai que se je ou mes hoirs venien encontre toutes les choses ou aucunes des choses desus dites, que mi sires li cuens de Blois, en qui fié l'aumosne desus dite est asise, ou son ballif de Blois, peussent porforcier et moi et mes heirs à toutes les choses desus dites fermement tenir et garder, si comme èles sout contenues és lestres devant dites, sanz mesprendre vers moi, à la requeste des devant diz abbé et couvent. Et si vuill et otrai et mi oblige par ma foi que madame Aaliz, dame de Montsorel, ma tante, et frère Ausbert de l'Aumosne, dou couvent des frères Mineurs de Cheteaudun, facent assènement et lotie certeine sur ma partie de la dite forest, quant el sera devisée, à leur dit et à leur volenté, si comme il verront que bien soit, segunt la partie que auré en la dite forest, aus devant diz abbé et couvent, pour le don et pour l'aumosne qui leur a esté fète, si comme il est desus dit. Et cel assènement et cèle lotie que il feront de la dite forest segont ma partie aus diz abbé et couvent je promest à tenir et à garder et à défendre contre touz par ma foi, et en oblige moi et mes heirs et touz mes biens, et requier par ces lettres mon seigneur le conte de Blois ou son ballif de Blois que, se je ou mes heirs venien encontre les choses ou aucunes des choses devant dites, que il porforchassent et moi et mes heirs à fermement les tenir sanz mesprendre, por quoi il en fussent requis des diz abbé et couvent ou de leur commendement. Ce fut fet en l'an de l'incarnation Nostre-Seignor mil et deux cenz et LX et onze, ou mois d'avrill.

A. Orig. en parch. aux Archives d'Eure-et-Loir [1].

---

[1] Au dos, du même temps : « Gaufridi de Argenton ».

## CCIII

### 1271, octobre.

*Reconnaissance par Robert Tihier et sa femme de vingt-cinq sous de rente sur des étaux à vendre pain et viande, à Châteaudun.*

Omnibus presentes litteras inspecturis, officialis Dunensis, salutem in Domino. Noveritis quod, in nostra presentia et in jure constituti, Robertus Tiherii, miles, et Petronilla, ejusdem uxor, recognoverunt abbatem et conventum Beate-Marie-Magdalene de Castriduno habere ab antiquo viginti quinque solidos annui redditus super quedam stalla ad vendendum carnes et panes, et quasdam plateas retrorsum sitas, in censiva vicecomitis Castriduni, que et quas de novo vendiderunt Hadeburgi, relicte magistri Ricardi *Boislève*; de quo redditu annuali recognoverunt dicti miles et ejus uxor debere dictis religiosis decem et octo solidos pro anno presenti usque ad Nativitatem Domini proximo venturam ; quos decem et octo solidos de anno presenti et viginti quinque solidos de anno qui erit a Nativitate Domini proximo ventura usque ad aliam Nativitatem Domini proxima subsequente, promiserunt et gagiaverunt iidem miles et ejus uxor Gaufrido *Beruer*, clerico, procuratori generali ipsorum religiosorum, infra instantem Nativitatem Domini persolvendos, se quantum ad hoc et omnia bona sua presentia et futura juridictioni nostre totaliter supponendo. Datum anno Domini M° CC° LXX° primo, mense octobri.

A. Orig. en parch. au château de Dampierre [1].

## CCVI

### 1271, décembre.

*Permission par l'abbaye de la Madeleine à celle de Saint-Avit d'acquérir en ses censives jusqu'à la valeur de*

[1] On lit au dos : « De xxti quinque solidis in stallo Bocherie ».

*100 livres, en reconnaissance de l'amortissement fait par l'abbaye de Saint-Avit de tout ce que les religieux de la Madeleine possédaient à Bienfol.*

Universis presentes litteras inspecturis, R[obertus], humilis abbas Beate-Marie-Magdelene de Castriduno, totusque ejusdem loci conventus, salutem in Domino. Cum abbatissa et conventus Sancti-Aviti juxta Castridunum nobis concesserint tenere et in perpetuo possidere in manu nostra quidquid habemus apud *Befol* [1], situm in censiva sua, ita tamen quod de hiis que habemus et possidemus apud dictum locum eis reddemus duplicatum censum cum omni jure et dominio ad censum pertinenti, et nos eisdem promiserimus facere consimilem gratiam in censivis nostris, ita tamen quod dicta gratia valorem centum librarum non excedat, notum facimus universis quod nos volumus et concedimus ut ipse teneant et possideant in censivis nostris ad'valorem centum librarum; de hiis que habebunt et possidebunt in censivis nostris nobis reddent duplicatum censum cum omni jure et dominio ad censum pertinenti. In cujus rei perpetuam memoriam et testimonium et munimen, sigilla nostra presentibus litteris duximus apponenda. Datum anno Domini Mº CCº LXXº primo, mense decembri [2].

A. Original en parch. — Fonds de l'abb. de Sᵗ-Avit, nº 558.

[1] Un bail de 1772 fait par les religieux de la Madeleine décrit ainsi le lieu de Bienfol : « Un lieu appelé le Belfou, situé sur la rivière de Connie, paroisse de Donnemain-Saint-Mamès, consistant en bois taillis, en raffaux, isle, isleau, buisson, aulnays, noue, terre labourable, rivière où ils ont droit de pesche, contenant le tout ensemble environ un muid de terre en un seul et même tenant, sauf que le chemin tendant du moulin d'Escoublans à Moléans traverse et sépare la pièce de bois taillis; dans l'enceinte duquel lieu étoient anciennement des bâtimens dont il ne reste plus aucuns vestiges ; lequel lieu fait à présent partie de la métairie du Goulet ».

[2] En décembre 1287, par une transaction passée entre les religieux de la Madeleine et Pierre de Couture, chanoine, il fut convenu que ledit chanoine abandonnait à l'abbaye tout et tel droit qu'il pouvait avoir sur les terres, noues, bois, rivière et autres dépendances du lieu de Bienfol, moyennant 15 livres à lui payées par les religieux.

## CCV

#### 1272, 12 janvier.

*Accord entre l'abbaye de l'Étoile et Milesende la meunière, pour un moulin à la Roche-Perdreau.*

Universis presentes litteras inspecturis,. . . . . . . . *de Troo*, salutem in Domino. Noveritis quod cum contentio verteretur inter religiosos viros abbatem et conventum de [Stella, ord]inis Premonstratensis, Carnotensis diocesis, ex una parte, et [Mile]sendim *la monnère* et Johannem ejus filium et Eremburgim et Matildim, ejus filias, ex altera, super quodam molendino quod dicti religiosi abbas et conventus habent et tenent apud Rocham-Perdriau, in quo molendino dicta Milesendis et ejus filius et filie dicebant et petebant medietatem molendinarii se habere [causa] patrimonii hereditatis sue, tandem, bonorum virorum habito consilio, predicte partes pro bono pacis pacificaverunt insimul amicabiliter in hunc modum, ita tamen quod [dicta] Milesendis et ejus filius et filie, in jure coram nobis constituti, recognoverunt se vendidisse et adhuc v[endunt] dictis abbati et conventui quicquid in dicto molendino habebant et habere poterant, ratione predicta, pro tribus sextariis siliginis redditus ad mensuram de Montorio, hiis duobus terminis reddendis, videlicet tribus minis ad Pascha [et tribus] minis in Nativitate Domini subsequenti, quamdiu vixerit dicta Milesendis; cum autem dicta Milesendis ab hoc [seculo migra]verit, unum sextarium de tribus predictis sextariis abbatie de Stella in perpetuum remanebit pro anniversario ipsius in predicta abbatia faciendo. Et ad hoc faciendum et tenendum dicta Milesendis obligavit se et heredes suos et omnia bona sua [mobilia] et immobilia, presentia et futura, ubicumque fuerint, specialiter et expresse, fide prestita corporali. Nos vero predicta universa et singula, [de volunta]te et assensu dicte Milesendis et filii et filiarum ipsius, expresse adjudicamus, fideliter ac inviolabiliter observando. . . . . . in scriptis sententialiter condampnantes. In cujus rei testimonium et munimen, ad petitionem prefate Milesendis [et filii et] filiarum, presentes litteras sigillo nostro dignum duximus roborari. Actum die martis post festum Epiphanie [Domini, anno M°] ducentesimo septuagesimo primo.

<small>A. Orig. en parch. aux Archives d'Eure-et-Loir [1].</small>

## CCVI

### 1272, avril.

*Don par Alix, dame de Monsoreau, de quarante arpents de bois en échange des droits d'usage donnés par Nivelon de Meslay sur une partie de la forêt de Fréteval à elle échue par héritage.*

Je Aaliz, dame de Monsorerel, faz à savoir à toz ceus qui verront et orront ces présentes lettres que je vuill, octrai et aprove le don et l'aumosne que feu Nevelon de Mellei, jadis chevalier, seigneur de Freiteval et mon frère, qui hoir je sui por la tierce partie, a fet et donné à l'abbé et au convent de la Magdalène de Chetéaudun de quatre charretées de buche à trois chevax, à prandre et à lever de ceus abbé et convent, totes les semeines de chacun an à touzjourz mès, en la forest de Freiteval, si comme il est contenu és lettres de celui Nevelon, et promet que encontre cest don ne vendrai ne ne feré venir, einz le leur garantiré contre tous, as us et as coustumes dou pais. Ensurquetout, je leur promest à assoeir quarante arpenz de bois à porsoeir de ceus abbé et convent à touzjourz mès, en tel leu comme il verront que il leur seront meaux séans et plus aisiez, et espéciaument en la monstrée feu Jehan Letue, se èle eschiet en ma partie ou en la partie Jehan de Argenton, mon neveu, en eschange de tel usage comme il ont sur noz deus parties, et leur asserre les quarante arpenz devant dis sitout comme nos auron noz parties de la dite forest devisées

<small>[1] Au dos : « Littera de molendino de Rocha-Perdriel ».</small>

ou einceis se je puis. Et se la monstrée au Tue devant dite eschaiet en la partie Pierre Mauveisin, chevalier, et Johane, sa feme et ma suer, et il voloient octraier à assoeir as diz abbé et convent en la monstrée devant dite lotie de bois por tel usage comme il ont sur leur tierce partie, je promest à fère tant vers le dit Pierre et vers la dite Johanne que les quarante arpenz de bois que je sui tenue à leur assener seront assis et assenez en celui leu joignent à la lotie que li diz Pierre et sa feme leur asserrent, et se je ne poaie ce fère, je leur promest à asseoir sexante arpenz de bois en tel leu comme il verront que il leur seront meauz séanz en ma partie ou en la partie au devant dit Jefroy, mon neveu, en eschange de l'usage devant dit que il ont en la forest devant dite; et en ce fessant li diz abbé et convent me randront la lotie que li diz Pierre et sa feme leur auront fète sur leur partie. Et la lotie en la manière et en la forme que èle leur sera fète je promet à garantir as diz abbé et convent contre touz, excepté mon seigneur le conte de Blois, as us et as costumes dou pais, et mest en sessine de la propriété de la lotie devant dite, si comme èle sera fète, les diz abbé et convent, et les sessis de tout le droit que je et le devant dit Jefroi, de qui je en ai auctorité et poair de ce fère, si comme il est contenu és lettres saalées ou sael de celui Jefroi, avon ou poon avoir et réclemer en la devant dite lotie, si comme èle sera fète, exceptée la chace et la justice. Et si il avenoit que li dit Jefroi de Argenton ou Hémeris, son frère, venissent encontre le don devant dit ou encontre la lotie à assener, si comme il est dessus dit, je en promet à garantir et à garder les diz abbé et convent de touz domages, à mes propres despens. Et quant à toutes ces choses desus nommées fère et acomplir, je en ai donnée ma foi as diz abbé et convent, et leur en ai obligé moi et mes hoirs et tous mes biens mobles et non mobles, présenz et à venir, en quelque leu que il soient. Et requier par ces présentes lettres mon seigneur le conte de Blois ou son ballif de Blois que se je ou mes hoirs venion en contraire ces choses ou encontre aucunes de ces choses, si comme èles sunt devisées, que il, à la requeste de ceux abbé et convent, nos porforceassent à tenir les et à les acomplir, sans mesprandre vers nos. Par dessus ce, je vuill que li diz abbé et convent usent et puissent user dou don qui leur fust fest dou devant dit Nevelon jusque à tant que la dite lotie leur soit fète et les bonages assis, et commant à mes sergenz par ces présentes lettres que il les facent user ou leu qui leur sera melleur et plus aisié à desbocher. Ensurquetout, je leur promest à renoveler ces présentes lettres quant la lotie leur aura esté fète. En tesmoig de laquel chose ge ai donné as devant diz abbé et convent ces lettres saalées en mon sael. Ce fust fet en l'an de l'incarnation Nostre-Seigneur mil deus cenz et sexante et doze, ou mois d'avril.

A. Orig. en parch. — Archives d'Eure-et-Loir.

## CCVII

### 1273, avril.

*Don par Jean de Beauvoir et sa femme de tout et tel droit de cens et festage qu'ils pouvaient avoir sur un champ appelé A la Mérelle, que l'abbaye possédait auprès de Saint-Aubin, en la censive de Garnier Gautier, père de la femme dudit Beauvoir.*

A. Sommier de la Madeleine, p. 739.

## CCVIII

### 1278, septembre.

*Cession par Mathieu, vidame de Chartres, de 17 livres de rente sur les bans de Châteaudun, en échange de 5 arpents de pré à Froidmentel et de 12 livres sur la voirie de Châteaudun.*

Ego Matheus, vicedominus Carnotensis, miles, notum facio omnibus quod ego assigno et exnunc in perpetuum concedo religiosis viris abbati et conventui Beate-Marie-Magdalene de Castriduno ut ipsi habeant et percipiant annuatim, super redditus meos quos habeo in bannis domini comitis Blesensis apud Castridunum, decem et septem libras annui redditus, in recompensationem seu excambium quinque arpentorum prati que ipsi habebant apud Frigidum-Pallium, et in recompensationem duodecim librarum quas ipsi habebant in viaria Castriduni annuatim, pro quodam presbiterio quod Helissendis, quondam mater mea, fundaverat in ecclesia eorumdem. Predictum vero redditum percipient ad terminos infra memoratos, videlicet in banno Natalis Domini centum solidos, in banno Pasche sex libras et in banno Penthecostes sex libras. Et promitto procurare erga dominum comitem Blesensem ut ipse dictam permutationem confirmet et manucapiat garantizare. In cujus rei testimonium, presentes litteras dictis religiosis dedi, sigilli mei munimine roboratas. Datum anno Domini M° CC° septuagesimo octavo, mense septembri.

A. Orig. en parch. aux Archives du château de Dampierre.
B. Lancelot, 134, 150, d'après l'original.

## CCXI

1279, 25 septembre.

*Vente par Philippe des Aubains et sa femme d'un muid de blé et quatre muids de vin de rente.*

Universis presentes litteras inspecturis, officialis archidiaconi Dunensis in Dunensi, salutem in Domino. Noverint universi quod, in nostra presentia et in jure constituti, Philippus de Albanis [1], burgensis de Castriduno, et Lucia, ejus uxor, recognoverunt coram nobis se vendidisse et nomine

[1] Au mois de mai 1291, « Philippe des Aubains » donna à l'Aumône de Châteaudun 2 sous de rente sur la maison qu'il possédait près le pont de Chamars, lui provenant de feu Renaud de Saint-Avit, dont il était héritier en partie (*Arch. de la Maison-Dieu de Châteaudun*, p. 249).

venditionis concessisse im perpetuum religiosis viris abbati et conventui Beate-Marie-Magdalene de Castriduno unum modium bladi et quatuor modios vini annui redditus quos dicti Philippus et Lucia habebant et percipiebant, annis singulis, per manus dictorum religiosorum seu eorum mandati, in abbatia corumdem, de quo redditu habendo singulis annis, ut superius est expressum, dictus Philippus, ratione Lucie uxoris sue, et antecessores ejusdem Lucie fuerant a tempore a quo non extat memoria, fide et homagio cujuslibet abbatis qui pro tempore fuerat abbas in ecclesia et abbatia predicta, pro precio quinquaginta librarum turonensium, de quibus dicti Philippus et Lucia se tenuerunt coram nobis a dictis religiosis plenarie pro pagatis in pecunia numerata. Renunciantes dicti Philippus et Lucia . . . . . . . . . .
. . . . . . . . . . . . . . . . . . . . . . . . . .

Et quia Maria, uxor Arnulphi Morelli, una cum dicto Arnulpho, dicebant et asserebant dictam Mariam habere dotem seu dotalicium in redditu supradicto, quem redditum receperant et habuerant per manus dictorum religiosorum aut eorum mandati, ut dicebant, ideo dicti Arnulphus et Maria ejus uxor, in nostra presentia et in jure constituti, quicquid juris habebant seu habere poterant in redditu supradicto, tam ratione dotis aut dotalicii quam quacumque alia ratione seu causa, predictis religiosis quitaverunt penitus et eciam dimiserunt im perpetuum, et in venditione predicti redditus specialiter et expresse consenserunt, et eam coram nobis penitus laudaverunt et approbaverunt, fide sua in manu nostra prestita corporali. Et promiserunt dicti Arnulphus et Maria. . . . .
. . . . . . . . . . . . . . . . . . . . . . . . . .

Et nos, auditis confessionibus dictorum venditorum et dictorum Arnulphi et Marie coram nobis factis, ipsos hoc volentes et in hiis expresse consentientes ad premissa firmiter tenenda et inviolabiliter observanda im perpetuum condemnavimus. In cujus rei testimonium et memoriam, presentibus litteris sigillum nostrum duximus apponendum. Datum anno

Domini millesimo CC° LXX^mo nono, die lune post festum beati Mathei apostoli.

<small>A. Orig. en parch. aux Archives d'Eure-et-Loir¹.</small>

## CCX

### 1281, 30 décembre. — Paris.

*Amortissement de dix-sept livres de rente par Pierre, comte d'Alençon, pour la fondation d'une chapellenie en l'église de la Madeleine.*

Pierres, filz le roi de France, cuens d'Alençon, de Blois et de Chartres et sires d'Avesnes, et Jehenne, sa femme, contesse et dame de ces mesmes lieus, à touz ceuz qui ces présentes lettres verront, salut. Saichent tuit que nous, pour Dieu et pour le remède de nos âmes, et pour la prière de nostre amé Macé, vidame de Chartres, avons amorti et amortissons dèsorendroit à celi Macé diz et sept livres de rente pour fonder une chapèlenie en l'église de la Magdelaine de Châtiaudun, lesquelz diz et sept livres seront pris sus vingt et cinc livres de rente que cil Macé a sus les bans de Châtiaudun, et promettons en bone foy que contre cest amortissement ne vendrons ne ne ferons venir par autres. En tesmoing de ce, nous avons ces présentes lettres seelées de nos seaus. Ce fut fait à Paris, le mercredi après la Nativité Nostre-Signeur, en l'an de grâce mil deuz cens quatre vinz et un.

<small>A. Orig. en parch. aux Archives du château de Dampierre².</small>

## CCXI

### 1284, 22 novembre.

*Accord avec Odin et Pierre de la Bullière pour la moitié d'un étang et d'une aulnaie, sis à la Bullière, 4 setiers*

---

¹ Au dos, du même temps : « Littere super venditione unius modii bladi et quatuor modiorum vini a Philippo de Albanis ».

² Au dos, du même temps : « Admortizacio comitis de decem et septem libris pro presbiterio vicedomini ».

*de blé de rente sur la métairie du Chêne et 2 autres setiers de blé sur la métairie de Vendrainville.*

Universis presentes litteras inspecturis, officialis archidiaconi Dunensis in Dunensi, salutem in Domino. Cum contencio seu controversia verteretur seu verti speraretur inter religiosos viros abbatem et conventum Beate-Marie-Magdelene de Castriduno ex una parte et Odinum de Buloeria, armigerum, Petrum ejus fratrem et Agnetem eorum sororem ex altera, super eo videlicet quod dicti religiosi petebant a dictis Odino, Petro et Agnete medietatem cujusdam stagni siti apud Buloeriam juxta domum dictorum Odini, Petri et Agnetis sitam in dicto loco, cum pertinenciis dicti stagni, et medietatem cujusdam alneti siti subtus dictum stagnum et circa[1]; item super eo videlicet quod dicti religiosi petebant a predictis Odino, Petro et Agnete quatuor sextaria bladi annui redditus super medietariam ipsorum de Quercu ; item duo sextaria bladi annui redditus super medietariam eorum de Vendreinvilla : que predicta universa et singula dicti religiosi dicebant sibi et ecclesie sue de jure pertinere, et eisdem fuisse im perpetuum elemosinata de illis qui hoc facere bene de jure poterant et debebant, dictis Odino, Petro et Agnete in contrarium asserentibus, dicti Odinus, Petrus et Agnes, pro se in nostra presentia et in jure constituti, super dictis contentionibus seu controversiis, de bonorum virorum consilio, ad talem pacis concordiam devenerunt, videlicet quod dictum stagnum cum dicto alneto, prout superius est divisum, exnunc dictis Odino, Petro et Agneti et liberis suis quitum et liberum remanebit, et in escambio tocius juris quod dicti religiosi dicebant in dicto stagno cum alneto et pertinenciis se habere, dicti Odinus, Petrus et Agnes seu illi qui, racione eorumdem seu alia quacumque ratione, dictum stagnum et dictum alnetum cum per-

---

[1] La moitié de l'étang de la Bullière, avec l'aulnaie y attenant, avait été donnée aux religieux de la Madeleine, au mois de juin 1243, par Jean de Montigny.

tinenciis tenebunt dictis religiosis, annis singulis, decem solidos usualis monete, ad festum beati Remigii, solvere tenebuntur. Item de redditibus bladi quod ipsi religiosi petebant a dictis Odino, Petro et Agnete super duas medietarias supradictas pacificatum est inter ipsos ad invicem in hunc modum, videlicet quod dicti religiosi super dictas duas medietarias de Quercu et de Vendreinvilla dicta sex sextaria bladi que petebant nomine annui redditus in dictis medietariis de cetero non percipient nec habebunt, sed sepedicti Odinus, Petrus et Agnes seu heredes sui, in quolibet festo beati Remigii, annis singulis, sex sextaria bladi siliginis annui redditus super medietariam suam quam dicti Odinus, Petrus et Agnes habent et tenent ad presens apud Rothomagum, in feodo dictorum religiosorum, predictis religiosis de cetero solvere tenebuntur; et si contingerit dictos Odinum, Petrum et Agnetem seu heredes suos seu illos qui dictam medietariam tenebunt seu tenere poterunt occasione predictorum Odini, Petri et Agnetis seu alia quacumque ratione, in aliquo cessare de predictis solutionibus adimplendis, prout superius sunt expresse, predicti Odinus, Petrus et Agnes voluerunt et concesserunt quod dicti religiosi possent capere et levare de bonis suis, ubicumque existerint et inveniri poterint in juridictione dictorum religiosorum, usque ad valorem redditus remanentis ad solvendum, exceptione aliqua non obstante. Et quantum ad omnia premissa firmiter observanda et inviolabiliter adimplenda, dicti Odinus, Petrus et Agnes obligaverunt coram nobis dictis religiosis se et heredes suos et omnia bona sua mobilia et immobilia, presencia et futura, et fide media promiserunt coram nobis et in jure quod contra premissa seu aliqua de premissis non venient in futurum, immo inviolabiliter observabunt et facient observari, renunciantes in hoc facto, per fidem suam, exceptioni deceptionis ultra medietatem justi precii, omni dolo et fraudi, omni juri canonico et civili, et omni exceptioni cujuslibet alterius deceptionis, omni privilegio crucis assumpte et assumende jam indulto seu indulgendo, omni statuto regis aut cujuslibet alterius principis jam facto seu etiam faciendo, et omni beneficio restitucionis et omnibus aliis juribus, rationibus et allegacionibus, per que vel quas predicti Odinus, Petrus et Agnes aut heredes ipsorum possent im posterum venire contra predicta seu aliqua de predictis, seu que contra presentes litteras in jure vel extra jus valerent obici vel opponi. In quorum predictorum omnium et singulorum perpetuam memoriam et robur, testimonium et munimen, nos, ad petitionem dictorum Odini, Petri et Agnetis, una cum sigillo predicti Odini, presentes litteras sigillo nostro Dunensis curie dictis religiosis dedimus sigillatas. Datum anno Domini millesimo CC octogesimo quarto, die mercurii ante festum beati Clementis.

A. Orig. en parch. aux Archives d'Eure-et-Loir [1].

## CCXII

### 1288, janvier.

*Vente par la Maison-Dieu de Lavardin d'un pré en la paroisse de Ruan.*

Saichaint tuit que, au drait établi par davent nos, Pière Ganier, clerc, procureors de la Maison-De de Lavardin, recognut que il avait vendu et vendait ancores à religieux home l'abé de la Madelaine de Cheteaudun une pièce de pré asise an la paroisse de Reuhen ou Perche, ou fyé au dit abé et joint à son pré et au pont de Pont-Belorcier, laquel pièce de pré fut jadis frère Garin, jadis mestre de la dite meison, et qui li dona, si com l'an dit. Et fut fète cète vencion pour le pris de saisante souz monnaie corant, desquès deniers le dit Pière se teant et tint por bean paié par davent nos, renoincent à excepcion de deniers non euz, non receuz et non paiez. Et promist le dit Pière garantir et deffandre au dit abé le pré desus dit de touz et contre touz, et l'an dédomaegier anvers touz tant comme

[1] Au dos, du même temps : « De decem solidis redditus pro escambio stagni de Buloeria, et sex sextariis siliginis redditus ».

drait donera, et li an obligia an cest fet les beans de la dite meison épressément et épéciaument. Et renonce an cest fet le dit Pière, ou non de la dite meison, à tote excepcion de tricherie et de décevance, à action an fet, à bénéfice de drait donnant restitucion par anterin, à yglèse déceue au contraut, et à tot bénéfice de drait de cort d'iglèse et de cort laie et touz privilèges donez et à doner, et à tous établissemens d'apotoère, de ray et de barons, et à bénéfice de drait qui dit que générau renuntiacion ne vaut pas, et à totes autres actions, reisons et allégacions de drait et de fet qui porraint avair métier au dit Pière ou non de la dite meison por dépécier et anaiancé ou juigier à non valair la dite vancion an tot ou an partie, au domaegent l'abé desus dit. Et se deseisit le dit Pière, ou non desus dit, de tot le drait et tote l'action de la propriété et de la posseision que il avait et poait avair ou dit pré vandu par la raison desus dite, et an seisit le dit abé par le don de ces présentes lettres. Promist ancores le dit Pière, ou non comme desus, que jamés ou dit pré vandu riens ne demandera et fera demandé por reison nule, la fay de son cors bailiée an notre main por tenir et garder les choses desus dites. Et nos cètes choses juigiasmes à tenir, et an avons doné au dit abé cète présente lètre seelée de notre saeau as causes de Lavardin, dou consantement et de la volanté au procureors desus dit. Ce fut doné et fet an l'an de grâce mil CC IIII$^{xx}$ et sept, ou mois de janvier.

A. Orig. en parch. scellé, aux Archives d'Eure-et-Loir [1].

---

[1] Au dos, du xiv° siècle : « Pro prato de Ponte-Belocier ». Le sceau est mutilé, mais le champ est encore entier ; on y voit un lion passant dans un écu triangulaire : il ne reste de la légende que les lettres . . . . . . . . . . . . LAVARD. . . . . . . .
Jointe à cette pièce est une procuration du même mois de janvier 1287/8, donnée à Pierre Ganier par frère Hervé, prieur de Saint-Gervais de Lavardin, Guillaume du Cormier, Jean du Cormier, Jean le voyer, Étienne le charretier, Berthelot le mégissier, Geoffroy Patris, Geoffroy Charreton, Jean Pranpinchon, Pierre Pranpinchon, Macé Rafin et Guillaume le Normand, tous bourgeois de Lavardin, faisant la plus grande et saine partie des habitants de la ville de Lavardin, réunis en assemblée de communauté.

## CCXIII
### 1293, 3 avril.

*Les religieux de la Madeleine ayant exempté les frères de Saint-Lazare de Châteaudun de toute dîme à l'égard de sept arpents de vigne que ceux-ci possédaient devant la croix de Saint-Lazare, les dits frères amortirent au profit de l'abbaye et affranchirent une pièce de terre située entre Malainville et Villechèvre, appelée le Champ de la Fosse, qui était chargée envers eux de 4 sous de cens, laquelle pièce avait été acquise par l'abbaye d'Aubert de Nivouville en février 1291. Par ce même acte, l'abbaye accorde aux dits frères la faculté d'acquérir en franchise dans ses censives jusqu'à la valeur de 40 livres, et eux reconnaissent à l'abbaye le droit de mettre dans leur hôpital les chanoines de l'abbaye qui seraient attaqués de lèpre, en leur fournissant leur nourriture et besoins.*

<small>A. Sommier de la Madeleine, p. 661.</small>

## CCXIV
### 1296, avril.

*Don par Hugues de Châtillon, comte de Blois, de quarante sous de rente pour son anniversaire.*

Nous Hues de Chastillon, cuens de Blois et sires d'Avesnes, faisons savoir à touz présenz et à venir que nous donnons et otroions à religieus hommes l'abbé et le couvent de la Magdalène de Chasteaudun quarante solz de monnoie corant de rente par an à tousjours mais, à héritage, por nostre anniversaire faire chascun an une foiz, après nostre mort, à tousjours mais, à tel jour comme sera celui ouquel nous trespasserons de cest siècle, à prendre et à avoir anuelment des diz religieus, à la Nativité Nostre-Seigneur, sur toutes nos rentes de nostre terre de Chasteaudun. Et voulons et ordonnons que les religieus de la dite abbéie les prengnent dèsorendroit chascun an, nous vivant, au terme dessus dit, en tèle manière que il chanteront d'ores en avant et seront tenuz à chanter chascun an por nous, tant comme nous vivrons, une messe du Saint-Esperit, le mardi prochain d'après la Trinité. Et voulons que, au jour que la messe sera chantée por nous, soit à nostre vie ou après nostre mort, que les quarante solz de rente dessus diz soient convertiz en la pittance des frères de la dicte abbaie. Et voulons et otroions que les diz religieus aient et prengnent, chascun an, au terme dessus nommé, les quarante solz de rente dessus diz, franchement et quittement, sans en faire nul servise ne nulle redevance, à nos ne à nos hoirs, et les leur amortissons dèsorendroit. En tesmoing desquèles choses nous avons mis nostre scel en ces présentes lettres, données l'an de grâce mil deus cenz quatre-vinz et seze, ou mois d'avril.

A. Orig. en parch. au château de Dampierre[1].

## CCIV

### 1296; décembre.

*Vente par Laurent Bon-Pain et sa femme d'une maison, un verger, un jardin, et un demi-arpent de vigne au terroir de Ruan et d'un quartier de vigne près la Croix-Boissée.*

Universis presentes litteras inspecturis, officialis Dunensis in Dunensi, salutem in Domino. Noverint universi quod, in nostra presentia et in jure constituti propter hoc personaliter, Lorentius dictus *Bon-Pain* et Dyonisia ejus uxor, spontanea non coacta ut dicebat, vendiderunt et titulo venditionis, exnunc et in perpetuum, concesserunt religioso viro Girardo, quondam abbati abbatie Beate-Magdalene de Castriduno, unam domum, virgultum, ortum et dimidium arpentum vinee

[1] On lit au dos : « De quadraginta solidis comitis apud Castridunum ».

vel circa, cum pertinentiis rerum predictarum, sitarum in territorio de Rothomago in Pertico, prope domum Jodoini de Ponte ex una parte et Perrignani *Hondouin* de Bulloeria ex altera; item unum quarterium vinee vel circa, situm in dicto territorio, versus crucem Bussatam, juxta cheminum per quem itur apud Cloyam, juxta vineam Johannis Fromondi ex una parte et vineam Jodoini Albi ex altera; item unum quarterium vinee vel circa, situm juxta pascuum quod vocatur *Chalonge,* in censiva abbatie Beate-Magdalene de Castriduno; que res predicte movebant, partim videlicet ex hereditate dicti Laurentii, et partim videlicet ex conquestu conjugum predictorum, facto durante matrimonio inter ipsos, ut dicebant, pro precio viginti librarum monete currentis in Dunensi ; de quibus dicti venditores a dicto emptore se tenuerunt coram nobis plenarie pro pagato in pecunia numerata. Renunciantes in hoc . . . . . . . . . . . . . . . . .
. . . . . . . . . . . . . . . . . . . .

In cujus rei testimonium, nos, ad requisitionem dictorum venditorum, dicto emptori presentes litteras sigillo dicte curie dedimus sigillatas. Datum anno Domini M° CC° nonagesimo sexto, mense decembri.

<small>A. Orig. en parch. aux Archives d'Eure-et-Loir.</small>

## CCXVI

### 1239, 29 janvier.

*Don par Béatrix, veuve de Jean Amiot, d'un faix de vin sur trois quartiers de vigne à Saint-Avit près Châteaudun et reconnaissance d'un autre faix de vin dû sur la vigne de Botain.*

Universis presentes litteras inspecturis, officialis archidiaconi Dunensis in Dunensi, salutem in Domino. Noverint universi quod cum religiosi viri abbas et conventus monasterii Beate-Marie-Magdalene de Castriduno, a tempore a quo non extat memoria, fuissent et essent in possessione vel quolibet jure percipiendi et habendi, anno quolibet et nomine annui redditus, nomine suo et monasterii sui predicti, unam minam bladi mistolii, super quamdam peciam terre sitam apud Villam-Mauri, in censiva capituli Sancti-Clodoaldi Parisiensis, que pecia terre quondam fuit Beatricis, relicte Johannis *Amiot*, quam peciam terre dicta Beatrix vendidit deffuncto Andree *le Chanvrier*, tempore quo vivebat, prout hec omnia dicta Beatrix asseruit coram nobis, dicta Beatrix, constituta in jure coram nobis, in recompensationem dicte mine bladi, dedit et assignavit coram nobis dictis religiosis et eorum monasterio predicto unum honus vini annui redditus a dictis religiosis, nomine suo et monasterii sui predicti nomine, de cetero percipiendum et habendum super quamdam peciam vinee dicte Beatricis, continentem tria quarteria vinee vel circa, sitam apud Sanctum-Avitum prope Castridunum, juxta vineam rectoris ecclesie dicti loci ex una parte, et vineam que quondam fuit deffuncti Rogerii *Bourse* ex altera, in censiva abbatisse et conventus dicti loci. Quod honus vini dicta Beatrix gagiavit coram nobis et se soluturam promisit de cetero, quolibet anno, dictis religiosis, tempore vindemiarum, et se dictum honus vini annui redditus dictis religiosis garantire et deffendere et deliberare fideliter et firmiter erga omnes et etiam contra omnes, et specialiter erga abbatissam et conventum predictos, volens et concedens quod si dictos religiosos dampna, deperdita sustinere et incurrere, vel expensas facere contingeret propter defectum deffensionis, garandie et deliberationis dicte Beatricis, quod ipsa Beatrix dictis religiosis dicta dampna, deperdita et dictas expensas restaurare et reddere teneretur, et quod in eis procuratori dictorum religiosorum, solo juramento suo seu alterius probationis genere, crederetur. Preterea dicta Beatrix recognovit in jure coram nobis dictos religiosos, nomine quo supra, habere et debere percipere et habere, nomine annui redditus, unum aliud honus vini super vineam suam de *Botain*, sitam in censiva dictorum religiosorum, quod similiter dicta Beatrix gagiavit coram nobis et se soluturam promisit dictis religiosis, anno quolibet, tempore vindemiarum, se, quantum ad hoc et ad omnia premissa, et heredes ac successores suos et omnia bona sua mobilia et immobilia, presentia et futura, expresse et specialiter obligando et jurisdictioni curie nostre totaliter supponendo, sine advocatione alterius curie sive fori, et specialiter fundum vinee de Sancto-Avito, pro guarandizacione, deffensione et deliberatione honeris vini super eam assignati de cetero faciendis, et pro dictis dampnis, deperditis et expensis dictis religiosis restaurandis et reddendis, prout superius est divisum, renuntians in hoc facto omni exceptioni doli mali, fraudis, lesionis, circonventionis et deceptionis cujuslibet, omni usui, consuetudini et statuto, omni juris auxilio tam canonici quam civilis, beneficio epistole divi Adriani, beneficio restitutionis in integrum, omni privilegio cruce signatis et cruce signandis indulto et indulgendo, et omnibus aliis exceptionibus, deceptionibus, rationibus, deffensionibus et altercationibus tam juris quam facti que sibi possent in hoc facto prodesse et dictis religiosis obesse. In cujus rei testimonium, nos, ad petitionem dicte Beatricis, dictis religiosis presentes litteras sigillo nostro dedimus sigillatas. Datum die martis post Conversionem sancti Pauli, anno Domini millesimo ducentesimo nonagesimo sexto.

A. Orig. en parch. aux Archives d'Eure-et-Loir [1].

## CCXVII

### 1300, 13 juillet.

*Don par Jean Mauvoisin de cinquante arpents de bois en échange des droits d'usage donnés par Nivelon de Meslay en la forêt de Fréteval.*

Gie Jehan Mauvoisin, chevalier, faz assavoir à touz que j'ai ferme et estable tel don et tele aumosne que feu Nevelon de

---

[1] Au dos, du XV<sup>e</sup> siècle : « D'une vigne sise au cloz en Botain, et deux faiz de vin en la vigne appelée Katherine ».

Mellay, jadis chevalier, sire de Fracteval et frère madamme Jehanne, ma chière mère, a donné et fet à religieus hommes, à l'abbé et au couvent de la Magdaleinne de Chetiaudun, pour le remède de s'aume et de ses deventiers, c'est assavoir de quatre charrestées de buche toutes les semainnes, à prendre et à lever des diz religieus ou de leur commendement, en la forest de Fracteval, à toujourz mès, si comme il est contenu en lettres saellées dou sael au devon dit Nevelon. Et pour ce que les devon diz abbé et couvent ont regardé que c'est leur profit et de leur yglise de avoir certainne lotie de bois en récompensacion et eschange de tel usage comme il avoient et poaient avoir sus tèle partie comme j'ai en la dite forest, gie, voulenz moi et ma deven dite mère et Aaliz, ma chière famme, estre parçonniers des oraisons et des bienfez qui dès ores en avant seront fez en l'iglise des diz religieus, leur ai assigné, bonné et livré cinquante arpenz de bois sur tèle partie comme j'ai en la dite forest, c'est assavoir si comme l'en antre en la dite forest par devant Biaufou, dès la aie Porcherèse jusques au bois de l'Aumousne de Chetiaudun, et est d'une part bonné le devent dit bois de l'Aumousne, et de l'autre part est bonné la dite aie Porcherèse en descendant contre val la dite aie jusques au chesne que l'en appèle le chesne Bonhourt, et dès celle aie et de celui chesne vièment les bonnes en traverssant la dite forest si comme elles sont assises, et se retournent arrières les bonnes jusques au bois de la dite Aumousne. Et tout le droit, la seignorie, la propriété, la possession des deven diz cinquante arpenz de bois, ô tout le fonz, je quite et délesse dèsorandroit au diz religieus et à leur yglise et à leurs successeurs, senz riens i retenir ne à moi ne à mes hoiers, excepté la joutice tote. Et promest en bonne foi que contre ceste lètre, cest eschange et ceste convenance ne vandray par moi ne par autres dès ores en avant, ne és deven diz cinquante arpenz de bois rien ne réclamerai dès ores en avant ne ne ferai réclamer par autre, fors seulement la joutice, ainçois les promest en bonne foi garantir et deffendre au diz religieus, à leur dite yglise et à leurs successeurs à toujouz mès, fermement et léaument, contre touz, et quant à ce je en oblige moi et mes hoiers et mes successeurs et touz mes biens meubles et non meubles, présenz et à venir. En tesmoing de laquielle chouse gie donne audiz religieus et à leur yglise cestes lètres saellées de mon sael. Ce fut fet l'an de grâce mil trois cenz, le mecredi devant la Saint Arnoul.

A. Orig. en parch. aux Archives d'Eure-et-Loir [1].

---

[1] On lit au dos, du même temps : « Johannis Mauvoisin pro escambio usagii foreste Fractevallis ad quinquaginta arpenta nemoris ».

Nous avons publié (p. 2), d'après le *Cartulaire de Saint-Père*, la donation faite par un chanoine de Sainte-Marie de Châteaudun à l'abbaye de Saint-Père de Chartres. Depuis la publication de cette pièce, nous en avons retrouvé l'original dans le chartrier de l'abbaye de Saint-Père : nous croyons devoir en donner une copie d'après cet original, qui fournit quelques variantes et où se trouvent un grand nombre de signatures qui manquent dans le *Cartulaire*.

## II

### 1012-1024.

*Don par Elbert, chanoine de Sainte-Marie de Châteaudun, à l'abbaye de Saint-Père de Chartres, d'une maison devant Saint-Valérien de Châteaudun, et de trois arpents de vigne avec un pressoir à Champhol.*

In nomine Domini, ego Elbertus, sacerdos et canonicus Sancte-Mariæ Dunensis castri, notum esse volo meis contemporalibus atque posteris qualiter Sancto-Petro Carnotensis cenobii dono unam mansionem ante Sanctum-Valerianum Castridunis, et tres arpennos vinearum cum torculari, in loco qui dicitur Campus-Follis : eo tenore ut, quandiu vixero, teneam de illis, unum modium vini solvendo de recognitione; post meum vero decessum, nepos meus, Hermenteus juvenis, presbiter, teneat eas similiter in vita sua, tres modios vini solvendo recognitione, ea tamen ratione ut, si eas male tractaverit, monachi Sancti-Petri recipiant illas. Istam donationem facio pro anima mea et Hermentei, abbatis [1], fratris mei, et parentum nostro-

---

[1] Vers l'année 1012, Hugues Doubleau restaura le monastère de Tuffé et y établit Hermenteus comme abbé. On retrouve Hermenteus écrivant, à la prière du même seigneur, la charte de fondation d'un chapitre dans le château de Mondoubleau, fondation faite sur le conseil de Fulbert, qui venait de mourir lorsque la charte fut rédigée, c'est-à-dire vers 1028.

rum. Et istam rationem proposui Carnotis, ante meum episcopum, et rogavi illum ut, ex sua auctoritate, excommunicaret illum qui calumniaretur aut perturbaret istam elemosinam ; et ille fecit.

Ego Fulbertus, gratia Dei, Carnotensis episcopus, ex auctoritate Dei omnipotentis, Patris et Filii et Spiritus Sancti, excommunico et anathematizo illos qui elemosinam suprascriptam calumniari presumpserint, donec emendent. Et in eadem excomunicatione sit, sive abbas sive monachus, qui ulla ratione de loco Sancti-Petri abstulerit illam.

Ego Gauzfredus, vicecomes, dono Sancto-Petro ea que ad me pertinent, sive censum seu consuetudines.

Signum Fulberti, episcopi. Signum Gauzfredi, vicecomitis, qui hanc cartulam manu propria firmavit [1]. Signum Hervei, archidiaconi. Signum Ebrardi, grammatici. Signum Guarini de Turre. Signum Rotberti de Monte-Boum. Signum Guillelmi Gesnels. Signum Vuiddonis de Mairlin. Signum Burchardi. Signum Gualterii. Signum Erberti. Signum Teudonis, fratris ejus. Signum Richerii de Magnico. Signum Hugonis, filii ipsius vicecomitis. Signum Helvis, uxoris ejus. Signum Raherii. Signum Droconis. Signum Ivonis. Signum Godiscalli.

(Orig. en parch. aux archives d'Eure-et-Loir, H. 554 [2].)

[1] A la suite du nom du vicomte Geoffroy se voit une croix grossièrement tracée de la main même du signataire. Hugues, le fils de Geoffroy, nommé plus loin parmi les témoins, a également tracé une croix devant son nom.

[2] On lit au dos, du même temps, en lettres onciales : « Donatio de domo et de vineis atque de torculari quae dedit Elbertus, canonicus Sancte-Marie Dunensis » ; et en caractères du XIII<sup>e</sup> siècle : « Donacio quarumdam vinearum cum torculari in loco qui dicitur Campus-Follis, et cujusdam mansionis ante Sanctum-Valerianum Castridunis ».

# TABLE DES NOMS DE LIEUX [1]

Abre, 171 [2]. *Abrez*, coteau, c<sup>ne</sup> de Saint-Denis-les-Ponts, c<sup>on</sup> et arr<sup>t</sup> de Châteaudun. — Insula de Abre, 171. *L'île des Vachols* ou *de Touvoie*, dans le Loir, près Châteaudun (Guillaume Vachot en était détenteur en 1507 ; le moulin de Touvoie, *molendinum Viarii*, se trouvait à côté).

Alençon, 210, ch.-l. de dép<sup>t</sup> (Orne).

Alerium, 121 ; Aloie, 173. *Alleray*, chapelle, c<sup>ne</sup> de Choue, c<sup>on</sup> de Mondoubleau, arr<sup>t</sup> de Vendôme (Loir-et-Cher). La chapelle de Saint-Antoine d'Alleray formait un bénéfice dépendant de l'abbaye de la Madeleine.

Alodia, 106. *Les Alleux*, terroir à Romilly-sur-Aigre, c<sup>on</sup> de Cloyes, arr<sup>t</sup> de Châteaudun.

Ancisæ, 69. *Ancise*, h., c<sup>ne</sup> de Douy, c<sup>on</sup> de Cloyes, arr<sup>t</sup> de Châteaudun.

Ansonvilla, 164, 180. *Ansonville*, h., c<sup>ne</sup> de la Chapelle-du-Noyer, c<sup>on</sup> et arr<sup>t</sup> de Châteaudun.

Argenton, 195, 202, 206, ch.-l. de c<sup>ne</sup>, c<sup>on</sup> de Bierné, arr<sup>t</sup> de Château-Gontier (Mayenne).

Arrotum, 143 ; Aretum, 56, 64 ; Arrois, 62, 125, 173 ; Arro, 70 ; Arrais, 158, 172 ; Arrou, 7, 16, 124, 173. *Arrou*, ch.-l. de c<sup>ne</sup>, c<sup>on</sup> de Cloyes, arr<sup>t</sup> de Châteaudun.

Aspremont, 102. *Apremont*, ch.-l. de c<sup>ne</sup>, c<sup>on</sup> de Creil, arr<sup>t</sup> de Senlis (Oise).

Audura, 146, 147, 148. *L'Eure*, riv., prend sa source entre Longny et la Lande (Orne) et se jette dans la Seine près de Pont-de-l'Arche (Eure).

---

[1] La plus grande partie des localités mentionnées dans cette table appartenant au département d'Eure-et-Loir, nous avons jugé inutile de répéter entre parenthèses le nom du département, chaque fois que la localité citée appartient au département d'Eure-et-Loir.

[2] Les chiffres correspondent aux numéros des chartes.

AUGUNVILLA, 106. *Augonville,* vill., c$^{ne}$ de Montboissier, c$^{on}$ de Bonneval, arr$^t$ de Châteaudun.

AULA, 7. La Cour est un nom commun à plusieurs hameaux des environs de Thiron : nous ne pouvons préciser celui dont il est ici question, mais nous inclinons à penser que c'est le hameau de *la Cour-aux-Porcs,* c$^{ne}$ et c$^{on}$ de Thiron, arr$^t$ de Nogent-le-Rotrou.

AULA-PICTA, 9. *Courpinte,* terroir auprès de Tours (Indre-et-Loire).

AURELIANUM, 9 ; AULIENS, 172 ; OLLIENS, 173. *Orléans,* ch.-l. de dép$^t$ (Loiret). — PORTA BERNIER, 136. *La porte Bannier,* sur la place du Martroi, à Orléans.

AUTOJIUM, 85. *Authenil,* ch.l. de c$^{ne}$, c$^{on}$ de Cloyes, arr$^t$ de Châteaudun.

*Avesnes,* 172, 173, 193, 210, 214, ch.-l. d'arr$^t$ (Nord).

AZEIUM, 152. *Azé,* ch.-l. de c$^{ne}$, c$^{on}$ et arr$^t$ de Vendôme (Loir-et-Cher).

BAILLOU, 184, 198. *Le Baillou,* f., à Liconcis, c$^{ne}$ de Villamblain, c$^{on}$ de Patay, arr$^t$ d'Orléans (Loiret).

*Bande,* 84, terroir entre Monthion et la Molière, c$^{ne}$ de Saint-Christophe, c$^{on}$ et arr$^t$ de Châteaudun.

BAPAULMES, 132 ; BAPPAUMES, 173. *Bapaume,* vill., c$^{ne}$ de Thiville, c$^{on}$ et arr$^t$ de Châteaudun. L'abbaye y possédait la métairie de Nonneville.

BARUM-SUPER-SECANAM, 74. *Bar-sur-Seine,* ch.-l. d'arr$^t$ (Aube).

BAUCEY, 192. *Beaucé,* h., c$^{ne}$ de Marcilly-la-Campagne, c$^{on}$ de Vernon, arr$^t$ d'Évreux (Eure).

BEFOL, LE BELFOU, 204 ; BIAUFOU, 217. *Bienfol,* f., c$^{ne}$ de Donnemain-Saint-Mamert, c$^{on}$ et arr$^t$ de Châteaudun.

BELLUM-VIDERE, 105, 133 ; BELVOER, 105 ; BIAUVOIER, 141 ; BEAUVOIR, 207. *Beauvoir,* f., c$^{ne}$ de Châteaudun.

BELLUM-VIDERE, 77. *Beauvoir,* vill., c$^{ne}$ de Vitray-en-Beauce, c$^{on}$ de Bonneval, arr$^t$ de Châteaudun.

BELLUS-MONS, 35. *Beaumont-sur-Oise,* ch.-l. de c$^{ne}$, c$^{on}$ de l'Isle-Adam, arr$^t$ de Pontoise (Seine-et-Oise).

BELO, 53. *Bellon,* h., c$^{ne}$ du Plessis-d'Échelles, c$^{on}$ de Marchenoir, arr$^t$ de Blois (Loir-et-Cher).

BERRUERIA, 70. *Les Radrets,* ch., c$^{ne}$ de Sargé, c$^{on}$ de Mondoubleau, arr$^t$ de Vendôme (Loir-et-Cher).

BERTINERIA, 63. *La Bertinière,* f., c$^{ne}$ d'Arrou, c$^{on}$ de Cloyes, arr$^t$ de Châteaudun.

BLESI, 90. *Blois*, ch.-l. de dép¹ (Loir-et-Cher).

BLEVILLA, 84, 89. *Blesville*, h., cⁿᵉ de Dangeau, c⁰ⁿ de Brou, arr¹ de Châteaudun.

BOCHARVILLA, 128 ; BORCHARVILLE, 172 ; BEICHARVILLE, 173 ; BOUCHARVILLE, 106. *Boucharville*, h., cⁿᵉ de Donnemain-Saint-Mamert, c⁰ⁿ et arr¹ de Châteaudun.

BOFERIUM, 138, 165, 181 ; CASTRUM BOFFERICI, 7 ; BUFEREIUM, 23, 25 ; BOFERI, 144. *Bouffry*, ch.-l. de cⁿᵉ, c⁰ⁿ de Droué, arr¹ de Vendôme (Loir-et-Cher).

BOILLUMVILLA, 143 ; BOILLONVILLE, 173. *Bullainville*, ch.-l. de cⁿᵉ, c⁰ⁿ de Bonneval, arr¹ de Châteaudun.

BONAVALLIS, 57, 89, 166 ; BONEVALLIS, 5, 9. *Bonneval*, ch.-l. de c⁰ⁿ, arr¹ de Châteaudun. — L'ABBAYE DE BONNEVAL, O. S. B., fondée en 857, 41, 94, 194 ; SANCTUS-FLORENTINUS, 23.

*Bois-Ruffin*, 7, h., cⁿᵉ d'Arrou, c⁰ⁿ de Cloyes, arr¹ de Châteaudun.

*Bonhourl (le chêne)*, 217, au bois de Bienfol, cⁿᵉ de Donnemain-Saint-Mamert, c⁰ⁿ et arr¹ de Châteaudun.

BOOLLETUM, 77. *Le Boulay*, f., cⁿᵉ de Lanneray, c⁰ⁿ et arr¹ de Châteaudun.

BORDÆ, 148 ; LES BORDES, 63, 173, 180. *Les Bordes*, h., cⁿᵉ d'Autheuil, c⁰ⁿ de Cloyes, arr¹ de Châteaudun.

BORVILLA, 133. *Bouville*, h., cⁿᵉ et c⁰ⁿ de Cloyes, arr¹ de Châteaudun.

BOSCHETUM, 27, 39, 40 ; BOCHETUM, 43. *Le Bouchet-Toulleville*, h., cⁿᵉ de Crucheray, c⁰ⁿ de Saint-Amand, arr¹ de Vendôme (Loir-et-Cher).

BOSCUS-DE-LEUGIS, 149. *Le Bois-de-Lèves*, h., cⁿᵉ de Lèves, c⁰ⁿ et arr¹ de Chartres.

BOTAIN, 76, 124 ; BOTEIN, 108, 141, 216. *Champbottin ou le Champ de Bataille*, clos, cⁿᵉ de la Chapelle-du-Noyer, c⁰ⁿ et arr¹ de Châteaudun.

BOUART, 120, 183. *Bouard*, f., cⁿᵉ de Langey, c⁰ⁿ de Cloyes, arr¹ de Châteaudun.

*Bourdillière (La)*, 91, 97, métairie, à Nivouville, cⁿᵉ de Châteaudun.

*Boursay*, 63, ch.-l. de cⁿᵉ, c⁰ⁿ de Droué, arr¹ de Vendôme (Loir-et-Cher).

BRAIUM, 18. *Brez*, h., cⁿᵉ d'Umpeau, c⁰ⁿ d'Auneau, arr¹ de Chartres.

BRAJOTUM, 142. *Brou*, ch.-l. de c⁰ⁿ, arr¹ de Châteaudun.

BRISSACUM, 117 ; BRISACS, 151 ; BRISY, 173. *Brizay*, ch.-l. de cⁿᵉ, c⁰ⁿ de l'Isle-Bouchard, arr¹ de Chinon (Indre-et-Loire).

BROSIA, LA BROEESE, 105. *La Brouaze*, h., par⁵⁵ᵉ de Saint-Valérien de Châteaudun.

Brueria, 36. *La Bruyère*, f., c$^{ne}$ de Donnemain-Saint-Mamert, c$^{on}$ et arr$^t$ de Châteaudun.

Brueria, 57. Prieuré de Saint-Pierre de *la Bruyère*, dépendant du prieuré de Saint-Denis de Nogent-le-Rotrou, c$^{ne}$ de Saint-Martin-du-Vieux-Bellême, c$^{on}$ de Bellême, arr$^t$ de Mortagne (Orne). Vers 1058, Guillaume Borni donne au prieuré de Saint-Denis-de Nogent *medietatem ecclesie Sancti-Petri de Brueria*.

Brullon, 34, 37, 39, 150; Brulon, 35, 43. *Brulon*, ch.-l. de c$^{on}$, arr$^t$ de la Flèche (Sarthe.)

*Bullou*, 56, ch.-l. de c$^{ne}$, c$^{on}$ de Brou, arr$^t$ de Châteaudun.

Buloeria, 211; Bulloeria, 130, 215; Buxeria, 7. *La Bulière*, h., c$^{ne}$ de Ruan, c$^{on}$ de Droué, arr$^t$ de Vendôme (Loir-et-Cher).

Buxeria, 36, 87. *La Boissière*, commanderie du Temple, à Châteaudun, aujourd'hui moulin.

Calvaleria, 34, 42, 50, 51; Calveleria, 37, 48; Chavaleria, 34, 39. *La Chauvelière*, h., c$^{ne}$ de Saint-Hilaire-la-Gravelle, c$^{on}$ de Morée, arr$^t$ de Vendôme (Loir-et-Cher). Le prieuré de Sainte-Apolline des Chauvelières dépendait de l'abbaye de la Madeleine.

Campus-Caprinus, 9. *Champchevrier*, h., c$^{ne}$ de Cléré, c$^{on}$ de Langeais, arr$^t$ de Chinon (Indre-et-Loire).

Campus-Chabosi, 142. *Champchabot*, h., c$^{ne}$ de Saint-Pellerin, c$^{on}$ de Cloyes, arr$^t$ de Châteaudun.

Campus-Dei, 103; Chamdé, 90. *Le Champdé*, chapelle, à Châteaudun.

Campus-Follis, 2. *Champhol*, ch.-l. de c$^{ne}$, c$^{on}$ et arr$^t$ de Chartres.

Campus-Pincha, 81, terroir, à Châteaudun.

Campus-Raimbaudi, 124; Campus-Renbaudi, 164; Champ-Reimbaut, 173; Campus-Rembaut, 154. *Le Champ-Raimbaut*, terroir, à Marboué, c$^{on}$ et arr$^t$ de Châteaudun.

Capella-Regalis, 85, 168. *Chapelle-Royale*, ch.-l. de c$^{ne}$, c$^{on}$ d'Authon, arr$^t$ de Nogent-le-Rotrou.

Capella-Vicecomitisse, 37, 52. *La Chapelle-Vicomtesse*, ch.-l. de c$^{ne}$, c$^{on}$ de Droué, arr$^t$ de Vendôme (Loir-et-Cher).

Carnotum, 37, 98, 100, 104. *Chartres*, ch.-l. de dépt. — Furnus Boelli, 77. *Le Four Boël, ou For-Boyau, ou Grand four*, à Chartres, à l'entrée de la rue du Cygne actuelle. — Parvum Bellum-Videre, 104. *Rue du Petit-Beauvais*, à Chartres. — Vicus Vassalorum, 10. Rue des Vasseleurs, aujourd'hui *rue des Lisses*, à Chartres.

Carus, fluvius, 9. *Le Cher*, riv., prend sa source au ham. du Cher, c$^{on}$ d'Auzances (Creuse) et se jette dans la Loire, au Bec-du-Cher, vis-à-vis Cinq-Mars (Indre-et-Loire).

Castrum dunum, Dunis castrum, castrum Dunense, Castridunis, Castridunum, *passim. Châteaudun,* ch.-l. d'arr<sup>t</sup>. — Aculeria, 154, 157 ; Agullaria, 154. *Rue de l'Éguillerie,* paroisse de Saint-Valérien de Châteaudun, de la porte de l'Éguillerie au Marché au bétail. — Bocheria, 205, 63, 156. *La Boucherie,* à Châteaudun, non loin de l'église Saint-Pierre, près la porte du Coin.— Burgus Comitis, 160. *Le bourg du Comte,* à Châteaudun, renfermait l'église Saint-Valérien et devint dans la suite le faubourg Saint-Valérien. — Burgus Novus, 35, 73. *Le Bourg Neuf,* à Châteaudun, s'étendait depuis le quartier de Saint-François jusqu'au Val-Saint-Aignan. — Burgus de ruella Orsim, 126 ; borg feu Orson, 172, 173 ; burgus Ursionis, 147, 148. Le bourg Ursion, depuis *bourg de Villemai,* commençait à la porte d'Orléans et allait jusqu'à la porte Blésoise. — Cambium, 57. *Le Change,* à Châteaudun. — Castellum, castrum, palatium, turris comitis, 26, 28, 31, 42, 66, 70, 71, 80. *Le château* de Châteaudun. — *La Croix Saint-Jacques,* 150, paroisse de Saint-Aignan de Châteaudun, à l'extrémité de la rue de la Cavée de la Reine. — Domus Templariorum, 160. *Maison des Templiers,* à Châteaudun, près la porte Chartraine. — Fratres Minores, 162, 202. *Les Cordeliers,* couvent fondé au milieu du XIII<sup>e</sup> siècle, sur la paroisse de Saint-Valérien de Châteaudun, dans le fief de Tuelièvre, près la porte Blésoise. — Via magna, 56, 157. *La Grande rue* traversait tout l'ancien Châteaudun, de la porte d'Amont à la porte d'Abas. — Guichetum, 23, 123. *Le Guichet,* porte de l'ancienne enceinte de Châteaudun, située non loin de la Madeleine. La rue du Guichet conduisait de la porte du Guichet à la grande rue. — *La Guinguette,* 150, maison, probablement auberge, paroisse de Saint-Aignan de Châteaudun, sur un carrefour formé par la rue de la Croix-Saint-Jacques aux Récollets et la rue de la Cavée de la Reine. — Furnus Halo, 137; for Halou, 172, 173. *Le four Halo,* sur le Marché, à Châteaudun. — Lombardia, 154. *La rue des Lombardies,* à Châteaudun, de la rue des Huileries à l'église de la Madeleine. — Mercatum, forum, 67, 79, 115, 137, 156, 172, 173. *Le Marché au blé,* près l'église de Saint-André de Châteaudun. — Panceria, 30. En 1255, Philippe de Moisy, prêtre, lègue à l'Aumône de Châteaudun 3 sous 4 deniers de cens dans la Peausserie, *in Pelliparia.* N'est-ce pas la même chose que la Pancerie? — *Pont-Saint-Médard,* 66, à Châteaudun. — Porte Blésaise, 172, 173. *La porte Blésoise,* à Châteaudun. — *Porte Chartraine,*

160, près le Loir, à la descente du Gué-aux-Chevaux. — *Rue Pardoise*, 112, à Châteaudun. — POSTERNA, 147, 148 ; LA POSTERNE, 172, 173. *La porte de la Poterne*, à Châteaudun. En 1407, l'Hôtel-Dieu de Châteaudun donne à bail une maison sur le chemin qui va de la porte de la Poterne à l'église de la Madeleine. — TANERIA, 113 ; TANNERIA, 162, 176 ; LA TÈNERIE, 172, 173. Le bourg de la Tannerie ou *rue des Fouleries* partait du château de Châteaudun et se prolongeait jusqu'à la porte Chartraine. — LA TRIPERIE, 172, 173. *La rue de la Triperie* conduisait de la rue de la Madeleine à la grande rue. — VALLIS-SANCTI-ANIANI, 116, 123, 164. *La rue du Val-Saint-Aignan* part de la rue Saint-Médard et longe toute l'ancienne enceinte de la ville de Châteaudun jusqu'à l'ancienne route de Vendôme.

CERGEIUM, 49. *Sargé*, ch.-l. de c$^{ne}$, c$^{on}$ de Mondoubleau, arr$^t$ de Vendôme (Loir-et-Cher).

CHAMARTIUM, 105 ; CAMARCIUM, 23 ; CHAMARTHIUM, 123 ; CHEMARZ, 172, 173. *Chamars*, aujourd'hui partie du faubourg Saint-Jean de Châteaudun. Le prieuré de Saint-Martin de Chamars dépendait de l'abbaye de Marmoutier. — *Pont de Chamars*, 211.

CHAMBLESIUM, 185. *Chamblais*, f., c$^{ne}$ de Donnemain-Saint-Mamert, c$^{on}$ et arr$^t$ de Châteaudun.

CHANCAIUM, 39. *Chançay*, ch.-l. de c$^{ne}$, c$^{on}$ de Vouvray, arr$^t$ de Tours (Indre-et-Loire).

CHANTEMELLE, 110, 120, 121, 166. *Chantemesle*, h., c$^{ne}$ de Logron, c$^{on}$ et arr$^t$ de Châteaudun.

CHARDONELLÆ, 47. *Les Chardonnelles*, f., c$^{ne}$ du Mée, c$^{on}$ de Cloyes, arr$^t$ de Châteaudun ; réunie à la métairie de Villebeton.

CHARMEIA, 52. *Le Charmois*, f., c$^{ne}$ de la Chapelle-Vicomtesse, c$^{on}$ de Droué, arr$^t$ de Vendôme (Loir-et-Cher).

CHATTONVILLE, 139. *Chattonville*, h., c$^{ne}$ de Saint-Cloud, c$^{on}$ et arr$^t$ de Châteaudun.

CHAUVINIACUM, 55 ; CHAUVIGNIACUM, 55 ; CHAUVIGNY, 27, 39, 49. *Chauvigny*, ch.-l. de c$^{ne}$, c$^{on}$ de Droué, arr$^t$ de Vendôme (Loir-et-Cher). Le prieuré de Chauvigny dépendait de l'abbaye de Marmoutier.

*Chavernay*, 197, vill., c$^{ne}$ de Montainville, c$^{on}$ de Bonneval, arr$^t$ de Châteaudun.

*Chevron*, 120, 172, 173, fief, c$^{ne}$ de Lanneray, c$^{on}$ et arr$^t$ de Châteaudun.

CHOA, 13, 18, 25, 32, 49, 50, 67. *Choue*, ch.-l. de c$^{ne}$, c$^{on}$ de Mondoubleau, arr$^t$ de Vendôme (Loir-et-Cher). — SANCTUS-CLEMENS DE

## TABLE DES NOMS DE LIEUX

Choa, 19, 21, 26, 28, 42, 44. *Le Prieuré de Saint-Clément de Choue* dépendait de l'abbaye de la Madeleine.

Choletum, 201. *Cholet,* moulin, c$^{ne}$ de Châteaudun, détruit en 1780.

*Chouzy,* 152, prieuré dépendant de l'abbaye de Marmoutier, c$^{ne}$ de Chouzy, c$^{on}$ d'Herbault, arr$^t$ de Blois (Loir-et-Cher).

Cloia, 23, 30, 164, 175, 196 ; Cloya, 215. *Cloyes,* ch.-l. de c$^{on}$, arr$^t$ de Châteaudun. — Sanctus-Georgius de Cloya, 85. *Saint-Georges,* église et faubourg à Cloyes.

Codreiau, 118. *Les Coudreaux,* h., c$^{ne}$ de Marboué, c$^{on}$ et arr$^t$ de Châteaudun.

Codroi, 118. *Le Coudray,* vill., c$^{ne}$ de Lanneray, c$^{on}$ et arr$^t$ de Châteaudun.

*Colombier (Le),* 166, vigne, c$^{ne}$ de la Chapelle-du-Noyer, c$^{on}$ et arr$^t$ de Châteaudun.

*Conie (La),* 16, 204, riv., prend sa source dans la c$^{ne}$ de Patay (Loiret) et se jette dans le Loir au Goulet, c$^{ne}$ de Donnemain-Saint-Mamert.

*Cormenon,* 44, ch.-l. de c$^{ne}$, c$^{on}$ de Mondoubleau, arr$^t$ de Vendôme (Loir-et-Cher).

Cremise, 44. *Crémisay,* h., c$^{ne}$ de Saint-Avit, c$^{on}$ de Brou, arr$^t$ de Châteaudun.

*Croix-Noire (La),* 141, clos, paroisse de Saint-Valérien de Châteaudun.

Curia-Alani, 59, 69, 123, 124, 142, 189 ; Cortollein, 52. *Courtalain,* ch.-l. de c$^{ne}$, c$^{on}$ de Cloyes, arr$^t$ de Châteaudun.

Curvus-Mons, 14, 15, 175 ; Gormont, 48, 52. *Cormont,* h., c$^{ne}$ de Bouffry, c$^{on}$ de Droué, arr$^t$ de Vendôme (Loir-et-Cher).

Cuttelaria, 121 ; Gloriète, 121. *Coupe-Oreille* ou *Gloriette,* terroir près Nivouville, faisant partie de la métairie de la Bourdillière.

Dangeolum, 84, 111 ; Danjolium, 119. *Dangeau,* ch.-l. de c$^{ne}$, c$^{on}$ de Brou, arr$^t$ de Châteaudun.

Doetum, 85. *Douy,* ch.-l. de c$^{ne}$, c$^{on}$ de Cloyes, arr$^t$ de Châteaudun. — Sanctus-Salvator de Doeto, 75. *Église Saint-Sauveur de Douy.*

Donnemein, 85. *Donnemain-Saint-Mamert,* ch.-l. de c$^{ne}$, c$^{on}$ et arr$^t$ de Châteaudun.

Duresi, 167. *Deury,* h., c$^{ne}$ de Donnemain-Saint-Mamert, c$^{on}$ et arr$^t$ de Châteaudun.

*Eguilly,* 11, h. c$^{ne}$ de Dangeau, c$^{on}$ de Brou, arr$^t$ de Châteaudun.

ELEMOSINA CARNOTENSIS, 104. *L'Aumône* ou *Hôtel-Dieu de Chartres*.

ELEMOSINA CASTRIDUNENSIS, 30, 33, 46, 56, 60, 64, 67, 68, 76, 77, 84, 87, 115, 118, 126, 138, 141, 154, 173, 175, 185, 211, 217. *L'Aumône* ou *Hôtel-Dieu de Châteaudun*.

ELEMOSINA CISTERCIENSIS, 43, 76, 98, 150, 164. *L'Aumône* ou *le Petit Citeaux*, abbaye fondée dans la forêt de Marchenoir, c<sup>ne</sup> de la Colombe, c<sup>on</sup> d'Ouzouer-le-Marché, arr<sup>t</sup> de Blois (Loir-et-Cher).

ESCOUBLANC, 124 ; ESCOUBLANS, 204. *Écoublanc*, moulin, c<sup>ne</sup> de Marboué, c<sup>on</sup> et arr<sup>t</sup> de Châteaudun.

ESPESSONVILLA, 35. *Péronville*, ch.-l. de c<sup>ne</sup>, c<sup>on</sup> d'Orgères, arr<sup>t</sup> de Châteaudun. — SANCTUS-PETRUS DE ESPESONVILLA, 19, 36 ; ESPESSUMVILLA, 28, 31 ; HESPESUNVILLA, 42. *Le prieuré Saint-Pierre de Péronville* dépendant de l'abbaye de la Madeleine.

ESSA, 23. *Esse*, h., c<sup>ne</sup> d'Yèvres, c<sup>ne</sup> de Brou, arr<sup>t</sup> de Châteaudun.

FAIO (NEMUS DE), 34, 39. *Le bois de Fay*, près la Chauvelière, c<sup>ne</sup> de Saint-Hilaire-la-Gravelle, c<sup>on</sup> de Morée, arr<sup>t</sup> de Vendôme (Loir-et-Cher).

FAVELLÆ, 150. *Favelle*, h., c<sup>ne</sup> de Pré-Nouvelon, c<sup>on</sup> d'Ouzouer-le-Marché, arr<sup>t</sup> de Blois (Loir-et-Cher).

*Faverolles*, 121, h., c<sup>ne</sup> de Dangeau, c<sup>on</sup> de Brou, arr<sup>t</sup> de Châteaudun.

FIRMA-MANUS, 148. *La Mainferme*, h., c<sup>ne</sup> de Lanneray, c<sup>on</sup> et arr<sup>t</sup> de Châteaudun.

FOETELLI, 7. *Les Fouteaux*, prieuré dépendant de l'abbaye de Tiron, c<sup>ne</sup> de Bouffry, c<sup>on</sup> de Droué, arr<sup>t</sup> de Vendôme (Loir-et-Cher).

FONS-RADULFI, 7, 23, 52. *Fontaine-Raoul*, ch.-l. de c<sup>ne</sup>, c<sup>on</sup> de Droué, arr<sup>t</sup> de Vendôme (Loir-et-Cher).

FONS-TALEVAZ, 75 ; FONTAINE-MARIE, 63. *Fontaine Marie*, h., c<sup>ne</sup> de Douy, c<sup>on</sup> de Cloyes, arr<sup>t</sup> de Châteaudun.

FONTANÆ, 12. *Fontaine-la-Guyon*, ch.-l. de c<sup>ne</sup>, c<sup>on</sup> de Courville, arr<sup>t</sup> de Chartres.

*Fontenay-sur-Conie*, 199, ch.-l. de c<sup>ne</sup>, c<sup>on</sup> d'Orgères, arr<sup>t</sup> de Châteaudun.

FONTENEIUM, 46. *Fontenay*, vigne, à Châteaudun.

FONTENELLA, 197. *La Fontenelle*, ch.-l. de c<sup>ne</sup>, c<sup>on</sup> de Droué, arr<sup>t</sup> de Vendôme (Loir-et-Cher).

*Fontenelle (La)*, 97, censive, près Nivouville, c<sup>ne</sup> de Châteaudun.

*Fosse (La)*, 213, terroir, c<sup>ne</sup> de la Chapelle-du-Noyer, entre Malainville et Villechèvre ; réuni à la métairie de la Bourdillière.

*Fournière (La)*, 190, clos, près Nivouville, faisant partie de la métairie de la Bourdillière.

Fracta-Vallis, 23, 37, 38, 73, 101, 106, 107, 113, 147, 159, 176, 177, 195; Frecteval, 191; Freiteval, 202, 206; Fracteval, 217; Fréteval, 192, 193. *Fréteval,* ch.-l. de c$^{ne}$, c$^{on}$ de Morée, arr$^{t}$ de Vendôme (Loir-et-Cher).

Francorvilla, 77. *Francourville,* ch.-l. de c$^{ne}$, c$^{on}$ d'Auneau, arr$^{t}$ de Chartres.

*Frescolière* (La), 197, vigne, à Montigny-le-Ganelon, ch.-l. de c$^{ne}$, c$^{on}$ de Cloyes, arr$^{t}$ de Châteaudun.

Frescotum, 197; Fréquot, 198. *Frécot,* h., c$^{ne}$ de Trizay-lès-Bonneval, c$^{on}$ de Bonneval, arr$^{t}$ de Châteaudun.

Fresnaium, 131, 140; Fresneium, 118, 158, 178. *Fresnay,* f., c$^{ne}$ et c$^{on}$ de Cloyes, arr$^{t}$ de Châteaudun.

Frigidum-Pallium, 210; Froitmentel, 198. *Saint-Jean-Froidmentel,* ch.-l. de c$^{ne}$, c$^{on}$ de Morée, arr$^{t}$ de Vendôme (Loir-et-Cher).

Frilosum, 161. *Frileuse,* fief, c$^{ne}$ de la Chapelle-Vicomtesse, c$^{on}$ de Droué, arr$^{t}$ de Vendôme (Loir-et-Cher).

Frodonneria, 65. *La Fredonnière,* h., c$^{ne}$ du Temple, c$^{on}$ de Mondoubleau, arr$^{t}$ de Vendôme (Loir-et-Cher).

*Frogerée* (La), 87, vigne, à Châteaudun.

*Froitval,* 46, vigne, à Châteaudun.

Gaudonvilla, 43. *Godonville,* vill., c$^{ne}$ de Villiers-Saint-Orien, c$^{on}$ de Bonneval, arr$^{t}$ de Châteaudun.

Gaudum, 67, 68. *Le Gault-en-Beauce,* ch.-l. de c$^{ne}$, c$^{on}$ de Bonneval, arr$^{t}$ de Châteaudun.

Genez (Les), 155. *Les Genets,* bordage, c$^{ne}$ de Saint-Denis-les-Ponts, c$^{on}$ et arr$^{t}$ de Châteaudun.

Gisiviæ, 9. *Gié,* f., c$^{ne}$ de Santenay, c$^{on}$ d'Herbault, arr$^{t}$ de Blois (Loir-et-Cher).

Grandis-Campus, 86. Abbaye dans la c$^{ne}$ de *Grandchamp,* c$^{on}$ d'Houdan, arr$^{t}$ de Mantes (Seine-et-Oise).

*Grange* (La), 166, f., c$^{ne}$ de la Chapelle-du-Noyer, c$^{on}$ et arr$^{t}$ de Châteaudun.

*Grasmolet,* 166, vigne au clos de la Marbonnière, c$^{ne}$ de la Chapelle-du-Noyer.

Grava, 27. Moulin de *la Grève,* au faubourg de ce nom, en la ville de Vendôme (Loir-et-Cher).

Guarzeliæ, 7. *Gardais,* vill., c$^{ne}$ et c$^{on}$ de Thiron, arr$^{t}$ de Nogent-le-Rotrou.

Guathe, 7. *La Bizolière,* f., c$^{ne}$ de Choue, c$^{on}$ de Mondoubleau, arr$^{t}$ de Vendôme (Loir-et-Cher).

Guillonville, 175, ch.-l. de c⁻ᵉ, c⁻ⁿ d'Orgères, arr' de Châteaudun.

GULETUM, 124, 167, 204; GULLETUM, 194; LE GOLET, 172, 173. *Le Goulet*, f., c⁻ᵉ de Donnemain-Saint-Mamert, c⁻ⁿ et arr' de Châteaudun. — RIVIÈRE DU GOULET, 163.

HAUZ, 39. *Archembaldus de Hauz* est témoin de la charte de commune octroyée à Châteaudun en 1197. M. Poulain de Bossay, en publiant cette charte, a traduit Hauz par Ozoir-le-Breuil ; c'est une traduction au moins fort douteuse, déjà adoptée cependant par l'abbé Bordas.

HELYERIA, 164. *La Hélière*, f., près le Champ-Raimbaut, c⁻ᵉ de Marboué, c⁻ⁿ et arr' de Châteaudun. Elle tirait son nom de Garnier Hélye qui en était propriétaire vers 1200.

HORREVILLA, 77 ; OUARVILLE, 69. *Ouarville*, ch.-l. de c⁻ᵉ, c⁻ⁿ de Voves, arr' de Chartres.

HUELINA, 46, vigne, à Châteaudun.

INFERNO (CELLARIUM DE), 121. Le cellier de *l'Enfer*, rue du Coq, paroisse de Saint-Valérien de Châteaudun.

INSULA, 38, 45, 93. *Lisle*, ch.-l. de c⁻ᵉ, c⁻ⁿ de Morée, arr' de Vendôme (Loir-et-Cher).

JALENS, 133. *Jallans*, ch.-l. de c⁻ᵉ, c⁻ⁿ et arr' de Châteaudun.

JONVILLA, 167. *Jonville*, h., c⁻ᵉ de Neuvy-en-Dunois, c⁻ⁿ de Bonneval, arr' de Châteaudun.

JOSSELINARIA, 42. *La Jousselinière*, f., c⁻ᵉ de Saint-Ouen, c⁻ⁿ et arr' de Vendôme (Loir-et-Cher). — BEATUS-EGIDIUS DE JOSELINARIA, 152 ; SANCTUS-EGIDIUS DE LA JOSCELINIÈRE, 99. *Le prieuré de Saint-Gilles de la Jousselinière*, dépendant de l'abbaye de la Madeleine.

JUPEELLUM, 10, 23. *Jupeau*, vill., c⁻ᵉ et c⁻ⁿ de Bonneval, arr' de Châteaudun.

KATHERINE, 216. *Catherine*, vigne, à Saint-Avit, c⁻ᵉ de Saint-Denis-les-Ponts, c⁻ⁿ et arr' de Châteaudun.

LAMENAI, 25. *Lamnay*, ch.-l. de c⁻ᵉ, c⁻ⁿ de Montmirail, arr' de Mamers (Sarthe).

LANDA-LESARDI, 22 ; LANDA-LOSARDI, 23, 175. *La Lande*, h., c⁻ᵉ de Bouffry, c⁻ⁿ de Droué, arr' de Vendôme (Loir-et-Cher).

LANERIACUM, 108, 110, 115, 120, 199 ; LANNERIACUM, 43, 56, 77, 87 ;

LENNERIACUM, 55 ; LANEREIUM, 59, 77 ; LANEIRE, 145. *Lanneray*, ch.-l. de c<sup>ne</sup>, c<sup>on</sup> et arr<sup>t</sup> de Châteaudun. — SANCTUS-PETRUS DE LANNERIACO, 21, 26, 31 ; SANCTUS PETRUS DE LANERIACO, 19, 28, 42. *Église de Saint-Pierre de Lanneray.* — BEATI-THOME DE LANEREIO (CAPELLA), 77. *Chapelle de Sainte-Radegonde de Lanneray.*

LANGEIUM, 57, 109, 157, 161 ; LANGI, 85, 173 ; *Langey*, ch.-l. de c<sup>ne</sup>, c<sup>on</sup> de Cloyes, arr<sup>t</sup> de Châteaudun.

LATERANUM, 21, 42, 96. *Saint-Jean-de-Latran*, basilique, à Rome, construite par Constantin sur le mont Cœlius, à la place d'un domaine confisqué autrefois sur Plautus Lateranus, mis à mort sous Néron.

LAVARZINUM, 8, 27, 40. *Lavardin*, ch.-l. de c<sup>ne</sup>, c<sup>on</sup> de Montoire, arr<sup>t</sup> de Vendôme (Loir-et-Cher). — LA MAISON-DÉ DE LAVARDIN, 212. *L'Hôtel-Dieu de Lavardin.* — *Saint-Gervais de Lavardin*, 212, prieuré dépendant de l'abbaye de Marmoutier.

LEDUM, 7, 172, 173 ; LIDUM, 87, 113, 176 ; LIRUM, 129. *Le Loir*, riv., prend actuellement sa source à une fontaine sur la place publique de Saint-Éman et se jette dans la Sarthe près de Briolay (Maine-et-Loire).

LICUNCIS, 23 ; LICONCY, 184, 198; LICONCI, 200. *Liconces*, vill., c<sup>ne</sup> de Villamblain, c<sup>on</sup> de Patay, arr<sup>t</sup> d'Orléans (Loiret).

*Ligaudry*, 91, vill., c<sup>ne</sup> de Neuvy-en-Dunois, c<sup>on</sup> de Bonneval, arr<sup>t</sup> de Châteaudun.

*Lignières*, 141, ch.-l. de c<sup>ne</sup>, c<sup>on</sup> de Morée, arr<sup>t</sup> de Vendôme (Loir-et-Cher).

LORÈRES, 122. *Lorières*, terroir, c<sup>ne</sup> de Membrolles, c<sup>on</sup> d'Ouzouer-le-Marché, arr<sup>t</sup> de Blois (Loir-et-Cher).

*Logron*, 85, ch.-l. de c<sup>ne</sup>, c<sup>on</sup> et arr<sup>t</sup> de Châteaudun. — LUGRONE (CAPELLA DE), 42; LUGRO, 26 ; LEUGRO, 19, 28, 31. *Chapelle de Logron*, dépendant de l'abbaye de la Madeleine.

LUZ, 173; LUT, 172; LUTZ, 183. *Lutz*, ch.-l. de c<sup>ne</sup>, c<sup>on</sup> et arr<sup>t</sup> de Châteaudun. — SANCTUS-PETRUS DE LUTZ, 19 ; DE LUZ, 21, 26, 31 ; DE LU, 28, 42. *Église Saint-Pierre de Lutz*, dépendant de l'abbaye de la Madeleine.

MACHOVILLER, 101. *Massonvilliers*, f., c<sup>ne</sup> de Beauvilliers, c<sup>on</sup> de Voves, arr<sup>t</sup> de Chartres.

MAGDUNUM, 9 ; MAUGDUNUM, 111. *Meung-sur-Loire*, ch.-l. de c<sup>on</sup>, arr<sup>t</sup> d'Orléans (Loiret).

MAGLIA, 200. *Maule*, terroir, c<sup>ne</sup> de Villamblain, c<sup>on</sup> de Patay, arr<sup>t</sup> d'Orléans (Loiret).

*Maison-Seule*, 169, métairie, c^ne de la Chapelle-du-Noyer, entre Chanteloup et Malainville ; réunie à la métairie de la Grange en 1656.

MALUM-GASTELLUM, 149. *Maugastel*, terroir, au Bois-de-Lèves, c^ne de Lèves, c^on et arr^t de Chartres.

MALVEIUM, MAUVEIUM, 53. *Mauvoy*, h., c^ne de Talcy, c^on de Marchenoir, arr^t de Blois (Loir-et-Cher).

MARBOIUM, 85 ; MARBOE, 124 ; MARBOUÉ, 56, 91, 98, 106. *Marboué*, ch.-l. de c^ne, c^on et arr^t de Châteaudun. — PONS-MARBOII, 121 ; PONS, 106, 126, 128, 150, 170, 172. *Le pont de Marboué*.

MARBONNERIA, 166. *La Marbonnière*, clos, c^ne de la Chapelle-du-Noyer, c^on et arr^t de Châteaudun.

MASCHEREINVILLA, 77 ; MASCHERENVILLA, 187 ; MACHELAINVILLE, 11. *Machelainville*, vill., c^ne de Péronville, c^on d'Orgères, arr^t de Châteaudun.

*Mauratière (La)*, 103, vigne, à Châteaudun, près le chemin d'Orléans.

MELLAIUM, 55, 73, 101, 176, 177, 195 ; MELLEIUM, 34 ; MERLAIUM, 39, 106 ; MERLAI, 34 ; MELLEI, 191, 193, 206 ; MELLEY, 192 ; MELLAI, 202 ; MELLAY, 217. *Meslay-le-Vidame*, ch.-l. de c^ne, c^on de Bonneval, arr^t de Châteaudun. — *Prieuré de Meslay-le-Vidame*, 73, dépendant de l'abbaye de Marmoutier.

MELLENVILLA, 11 ; MALAINVILLA, 213. *Malainville*, f., c^ne de La Chapelle-du-Noyer, c^on et arr^t de Châteaudun.

*Melon*, 167, terroir, près de Deury, c^ne de Donnemain-Saint-Mamert, c^on et arr^t de Châteaudun.

MEMBEROLÆ, 23, 25, 60, 63, 77 ; MEMBROLIÆ, 22 ; MANBEROLÆ, 122. *Membrolles*, ch.-l. de c^ne, c^on d'Ouzouer-le-Marché, arr^t de Blois (Loir-et-Cher).

MENLEI, 27. *Meslay*, ch.-l. de c^ne, c^on et arr^t de Vendôme (Loir-et-Cher).

MERREVILLA, 84. *Melleville*, h., c^ne de Neuvy-en-Dunois, c^on de Bonneval, arr^t de Châteaudun.

MESIUM, 3,6 37, 43, 63, 70, 80, 85. *Le Mée*, ch.-l. de c^ne, c^on de Cloyes, arr^t de Châteaudun.

MESMILUN, 47 ; MÉMILON, 82. *Mémillon*, f., c^ne de Saint-Maur, c^on de Bonneval, arr^t de Châteaudun.

MILLIACUM, 37, 79, 166 ; MILIACUM, 127, 129 ; MILLI, 36. *Milly*, ch.-l. de c^on, arr^t d'Étampes (Seine-et-Oise).

MODALES, 7. *Les Muids*, h., c^ne de Saint-Denis d'Authou, c^on de Thiron, arr^t de Nogent-le-Rotrou.

MOHERVILLA, 63 ; MORREVILLA, 70 ; MORRINVILLA, 43. *Morville*, h., c^ne d'Yèvres, c^on de Brou, arr^t de Châteaudun.

Moisiacum, 160 ; Mesiacum, 154, 157. *Moisy*, ch.-l. de c$^{ne}$, c$^{on}$ d'Ou-zouer-le-Marché, arr$^t$ de Blois (Loir-et-Cher).

*Moléans*, 204, ch.-l. de c$^{ne}$, c$^{on}$ et arr$^t$ de Châteaudun.

Moleria, 84. *La Molière*, h., c$^{ne}$ de Saint-Christophe, c$^{on}$ et arr$^t$ de Châteaudun.

Monceium, 99. *Moncy*, lieu dit, c$^{ne}$ de Péronville, c$^{on}$ d'Orgères, arr$^t$ de Châteaudun.

Mondoucet, 150. *Mondoucet*, clos de vignes, c$^{ne}$ de la Chapelle-du-Noyer, aboutant à la Croix Saint-Jacques et au clos d'Épiez.

Mons-Boum, 2. *Montbeau*, h., c$^{ne}$ de Saint-Avit, c$^{on}$ de Brou, arr$^t$ de Châteaudun.

Mons-Duplex, 2, 8, 35, 50, 80 ; Mons-Dublellus, 23, 24, 30 ; Mons-Dupplex, 49 ; Mondublel, 52. *Mondoubleau*, ch.-l. de c$^{on}$, arr$^t$ de Vendôme (Loir-et-Cher). — Sanctus-Dionisius de Monte-Dublello, 65, 72. Prieuré et église paroissiale de *Saint-Denis de Mondoubleau*.

Mons-Foleti, 11 ; Mons-Fauni, 23. *Saint-Mandé*, h., c$^{ne}$ de Viévy-le-Rayé, c$^{on}$ d'Ouzouer-le-Marché, arr$^t$ de Blois (Loir-et-Cher).

*Montflart*, 46, vigne, à Châteaudun.

Montigniacum, 22, 56, 59, 64, 69, 78, 109, 130, 143, 171, 184, 197, 198, 211 ; Montiniacum, 58 ; Monteigniacum, 129 ; Montheigny, 173. *Montigny-le-Gannelon*, ch.-l. de c$^{ne}$, c$^{on}$ de Cloyes, arr$^t$ de Châteaudun.

Montorium, 205. *Montoire*, ch.-l. de c$^{on}$, arr$^t$ de Vendôme (Loir-et-Cher).

Montsorel, 202 ; Monsorerel, 206. *Monsoreau*, ch.-l. de c$^{ne}$, c$^{on}$ et arr$^t$ de Saumur (Maine-et-Loire).

Montyon, Moncium, 84. *Monthion*, f., c$^{ne}$ de Saint-Christophe, c$^{on}$ et arr$^t$ de Châteaudun.

Morenesio (Foresta de), 45, 93. *La forêt de Morée*, se reliant à la Forêt-Longue. L'église de Morée, (ch.-l. de c$^{on}$, arr$^t$ de Vendôme,) porte encore le nom de Notre-Dame-des-Hautes-Forêts.

Mosterolum, 24. *Montreuil*, lieu dit, c$^{ne}$ de Péronville, c$^{on}$ d'Orgères, arr$^t$ de Châteaudun.

*Moutonnière (La)*, 167, f., c$^{ne}$ de Vieuvicq, c$^{on}$ d'Orgères, arr$^t$ de Châteaudun.

Nemus-Garnerii, 24. *Le Bois-Gasnier*, h., c$^{on}$ de Montigny-le-Gannelon, c$^{on}$ de Cloyes, arr$^t$ de Châteaudun.

Nielfa, 9. *Neauphle-le-Château*, ch.-l. de c$^{ne}$, c$^{on}$ de Montfort-l'Amaury, arr$^t$ de Rambouillet (Seine-et-Oise).

NIVOVILLA, 97, 98, 164 ; NIVARVILLA, 86 ; NIVOUVILLE, 91, 213. *Nivouville*, vill., paroisse de Saint-Valérien de Châteaudun.

*Nottonville*, 16, 120, ch.-l. de c<sup>ne</sup>, c<sup>on</sup> d'Orgères, arr<sup>t</sup> de Châteaudun. Le prieuré de Nottonville dépendait de l'abbaye de Marmoutier.

NOVIGENTUM, 7. *Nogent-le-Rotrou*, ch.-l. d'arr<sup>t</sup>.

NOVUS-VICUS, 25. *Neuvy-en-Dunois*, ch.-l. de c<sup>ne</sup>, c<sup>on</sup> de Bonneval, arr<sup>t</sup> de Châteaudun.

NUILI, 24. *Neuilly-sur-Eure*, ch.-l. de c<sup>ne</sup>, c<sup>on</sup> de Longni, arr<sup>t</sup> de Mortagne (Orne).

OQUÆ, 37 ; OCA, 27 ; OUQUES, 177. *Oucques*, ch.-l. de c<sup>ne</sup>, c<sup>on</sup> de Marchenoir, arr<sup>t</sup> de Blois (Loir-et-Cher).

ORATORIUM-DE-BRUILL, 85. *Ozoir-le-Breuil*, ch.-l. de c<sup>ne</sup>, c<sup>on</sup> et arr<sup>t</sup> de Châteaudun.

ORGERIÆ, 102. *Orgères*, ch.-l. de c<sup>on</sup>, arr<sup>t</sup> de Châteaudun. — SANCTUS-PETRUS DE ORGERIIS, 19, 21, 26, 28, 31, 42. *Prieuré de Saint-Pierre d'Orgères*, dépendant de l'abbaye de la Madeleine.

PATAICUM, 23 ; PATAY, 11. *Patay*, ch.-l. de c<sup>on</sup>, arr<sup>t</sup> d'Orléans (Loiret).

*Paudasnière* (La), 186, f., c<sup>ne</sup> de Lanneray, c<sup>on</sup> et arr<sup>t</sup> de Châteaudun.

PEREIUM-NIVELONIS, 37. *Pré-Nouvelon*, ch.-l. de c<sup>ne</sup>, c<sup>on</sup> d'Ouzouer-le-Marché, arr<sup>t</sup> de Blois (Loir-et-Cher).

*Planches* (Les), 173, terroir, près Châteaudun.

PLEISSEICIUM-HERMINGARDIS, 24. *Le Plessis-Ermengarde*, terroir, à Ruan, ch.-l. de c<sup>ne</sup>, c<sup>on</sup> de Droué, arr<sup>t</sup> de Vendôme (Loir-et-Cher).

PONCIACUM, 30 ; PONCHAY, 44. *Poncé*, ch.-l. de c<sup>ne</sup>, c<sup>on</sup> de la Chartre-sur-le-Loir, arr<sup>t</sup> de Mamers (Sarthe).

PONS-BELLOCIER, 130 ; PONT-BELOCIER, 79, 127, 129, 172, 188 ; PONT-BELORCIER, 173, 212 ; PONT-BLOCIER, 198. *Pont-Blossier*, h., c<sup>ne</sup> de Ruan, c<sup>on</sup> de Droué, arr<sup>t</sup> de Vendôme (Loir-et-Cher).

PONTES, 171. *Saint-Denis-les-Ponts*, ch.-l. de c<sup>ne</sup>, c<sup>on</sup> et arr<sup>t</sup> de Châteaudun.

*Porcherèse* (La haie), 217, près le bois de Bienfol, c<sup>ne</sup> de Donnemain-Saint-Mamert, c<sup>on</sup> et arr<sup>t</sup> de Châteaudun.

*Porcheronville*, 173, h., c<sup>ne</sup> d'Ozoir-le-Breuil, c<sup>on</sup> et arr<sup>t</sup> de Châteaudun.

*Pray*, 45, ch.-l. de c<sup>ne</sup>, c<sup>on</sup> de Selommes, arr<sup>t</sup> de Vendôme (Loir-et-Cher). Le prieuré de Pray dépendait de Marmoutier.

PREMODIS-VILLA, 1. *Pruneville*, vill., c<sup>ne</sup> de Guillonville, c<sup>on</sup> d'Orgères, arr<sup>t</sup> de Châteaudun.

*Puisel (Le)*, 185, f., c<sup>ne</sup> de Châtillon, c<sup>on</sup> de Cloyes, arr<sup>t</sup> de Châteaudun.
PUTEOLUM, 17; PUSATUM, 23; PUISATUM, 36; PUISAGIUM, 74; LE PUISAT, 102. *Le Puiset*, ch.-l. de c<sup>ne</sup>, c<sup>on</sup> de Janville, arr<sup>t</sup> de Chartres.
PUTEUS, 46. *Le Puits*, vigne, à Châteaudun.

QUERCUS, 211. *Le Chêne*, terroir, c<sup>ne</sup> de Ruan, c<sup>on</sup> de Droué, arr<sup>t</sup> de Vendôme (Loir-et-Cher).
*Quille (La)*, 87, terroir, à Châteaudun.

*Rainville (La)*, 190, fief, à Châteaudun.
RESBACUM, 5. *Rebais*, ch.-l. de c<sup>on</sup>, arr<sup>t</sup> de Coulommiers (Seine-et-Marne).
RIBOSUM, 164. *Ribœuf*, f., c<sup>ne</sup> de Romilly-sur-Aigre, c<sup>on</sup> de Cloyes, arr<sup>t</sup> de Châteaudun.
RIDRET, 126. *Les Riderets*, f., c<sup>ne</sup> de Saint-Pellerin, c<sup>on</sup> de Cloyes, arr<sup>t</sup> de Châteaudun.
RIPARIA, 62, 125, 142; RIVERIA, 151. *La Rivière*, fief, c<sup>ne</sup> de Romilly-sur-Aigre, c<sup>on</sup> de Cloyes, arr<sup>t</sup> de Châteaudun.
*Roche-Paradis (La)*, 112, lieu dit, à Châteaudun.
ROCHE-PERDRIAU, 205. *La Roche-Perdreau*, terroir, près Montoire, ch.-l. de c<sup>on</sup>, arr<sup>t</sup> de Vendôme (Loir-et-Cher).
ROCHÈTE (MOLENDINUM DE LA), 164. *Moulin de la Rochelle*, c<sup>ne</sup> de Romilly-sur-Aigre, c<sup>on</sup> de Cloyes, arr<sup>t</sup> de Châteaudun.
ROMILLIACUM-SUPER-UGRIAM, 106; ROMILIACUM, 164. *Romilly-sur-Aigre*, ch.-l. de c<sup>ne</sup>, c<sup>on</sup> de Cloyes, arr<sup>t</sup> de Châteaudun.
*Romilly*, 39, ch.-l. de c<sup>ne</sup>, c<sup>on</sup> de Droué, arr<sup>t</sup> de Vendôme (Loir-et-Cher).
ROTOMAGUM, 7, 23; ROTHOMAGUM, 24, 56, 58, 78, 130, 165, 182; ROTHOMAGUM-IN-PERTHICO, 129, 143, 151, 188, 215; RUEN-OU-PERCHE, 172, 198; ROEN-OU-PERCHE, 173; REUHEN-OU-PERCHE, 212. *Ruan*, ch.-l. de c<sup>ne</sup>, c<sup>on</sup> de Droué, arr<sup>t</sup> de Vendôme (Loir-et-Cher). — SANCTUS-VALERIANUS DE ROTHOMAGO, 19, 21, 26, 28, 31, 42. *Prieuré de Saint-Valérien de Ruan*, dépendant de l'abbaye de la Madeleine.
RUBEUS-MONS, 144, 165; ROUGEMONT, 138. *Rougemont*, vill., c<sup>ne</sup> de Saint-Jean-Froidmentel, c<sup>on</sup> de Morée, arr<sup>t</sup> de Vendôme (Loir-et-Cher).
RUCHEVILLE, 115. *Richeville*, h., c<sup>ne</sup> de Membrolles, c<sup>on</sup> d'Ouzouer-le-Marché, arr<sup>t</sup> de Blois (Loir-et-Cher).

Rupisfortis, 102, 120. *Rochefort*, ch.-l. de c^ne, c^on de Dourdan, arr^t de Rambouillet (Seine-et-Oise).

Sanctus-Albinus, 3, 41, 85, 207 ; Sanctus-Albinus-de-Vineis, 107. *La Chapelle-du-Noyer*, ch.-l. de c^ne, c^on et arr^t de Châteaudun.

Sanctus-Amandus, 116. *Saint-Amand-de-Vendôme*, ch.-l. de c^on, arr^t de Vendôme (Loir-et-Cher).

Sanctus-Andreas de Castriduno, 80, 95, 100, 123, 179, 185. *Saint-André*, église collégiale à Châteaudun.

Sanctus-Anianus, 19, 26, 28, 31, 42, 109. Église paroissiale et faubourg de *Saint-Aignan*, à Châteaudun.

Sanctus-Audoenus, 10, 19, 21, 26, 28, 31, 174 ; Sanctus-Odoenus, 42. *Saint-Ouen*, ch.-l. de c^ne, c^on et arr^t de Vendôme (Loir-et-Cher). Le prieuré de Saint-Ouen dépendait de l'abbaye de la Madeleine.

Sanctus-Avitus, 98, 123, 133, 162, 181, 211, 216. *Saint-Avit*, h., c^ne de Saint-Denis-les-Ponts, c^on et arr^t de Châteaudun. — Sancti-Aviti (Abbatia), 27, 108, 115, 124, 171, 199, 204. *Saint-Avit*, abbaye de femmes, O. S. B., fondée avant 521, restaurée en 1045.

Sancta-Cecilia, 42. Église cardinalice de *Sainte-Cécile* à Rome, construite, dit-on, par le pape Urbain I^er sur l'emplacement du logis de sainte Cécile.

*Sainte-Chapelle de Châteaudun*, 80, construite en 1465 par Jean, bâtard d'Orléans, comte de Dunois, dans l'enceinte du château de Châteaudun.

Sanctus-Clemens, 42. Église cardinalice de *Saint-Clément* à Rome, construite par Constantin entre le Colisée et Saint-Jean-de-Latran.

Sanctus-Clodoaldus Parisiensis, 216. *Saint-Cloud*, ch.-l. de c^ne, c^on de Sèvres, arr^t de Versailles (Seine-et-Oise).

Sanctus-Cosma Turonensis, 83. *Prieuré de Saint-Cosme*, fondé près la ville de Tours, en 1012, par Hervé, trésorier de Saint-Martin de Tours.

*Sainte-Croix*, 53, église cathédrale d'Orléans (Loiret).

*Saint-Denis de Nogent-le-Rotrou*, 24, 61, prieuré de l'ordre de Cluny à Nogent-le-Rotrou.

Sancti-Evulci (Abbatia), 93. *Abbaye de Saint-Évroult*, O. S. B., à Saint-Évroult-Notre-Dame-du-Bois, ch.-l. de c^ne, c^on de la Ferté-Fresnel, arr^t d'Argentan (Orne).

Sanctus-Georgius-ad-Velum-Aureum, 42. Église cardinalice de *Saint-Georges-au-Vélabre*, à Rome, construite au VI^e siècle contre l'Arc des Orfèvres.

Saint-Gilles-du-Tertre, 76, prieuré, à Châteaudun, dépendant de l'abbaye de Saint-Laumer de Blois.

Sanctus-Hillarius, 7. Saint-Hilaire, faubourg, à Nogent-le-Rotrou.

Sanctus-Hyllarius-de-Gravella, 107. Saint-Hilaire-la-Gravelle, ch.-l. de c$^{\text{ne}}$, c$^{\text{on}}$ de Morée, arr$^{\text{t}}$ de Vendôme (Loir-et-Cher).

Sanctus-Ilarius, 23. Saint-Hilaire-sur-Yerre, ch.-l. de c$^{\text{ne}}$, c$^{\text{on}}$ de Cloyes, arr$^{\text{t}}$ de Châteaudun. — Sancti-Hylarii (Prioratus), 69, 197. Prieuré de Saint-Hilaire-sur-Yerre, dépendant de l'abbaye de Marmoutier.

Sanctus-Johannes-de-Cathena, 66, 85, 122, 173. Saint-Jean-de-la-Chaine, église et faubourg, à Châteaudun.

Sanctus-Johannes-de-Valeia, 18, 104. Abbaye de Saint-Jean-en-Vallée, O. S. A., fondée en 1036 à Chartres.

Sanctus-Karileffus, 52. Saint-Calais, h., c$^{\text{ne}}$ de Romilly-sur-Aigre, c$^{\text{on}}$ de Cloyes, arr$^{\text{t}}$ de Châteaudun.

Sanctus-Launomarus Blesensis, 76. Abbaye de Saint-Laumer, O. S. B., fondée en 924 à Blois. L'église abbatiale sert aujourd'hui de paroisse sous le vocable de Saint-Nicolas.

Sanctus-Lazarus, 11, 80, 141, 213. Léproserie de Saint-Lazare, aujourd'hui les Récollets, c$^{\text{ne}}$ de Saint-Denis-les-Ponts, c$^{\text{on}}$ et arr$^{\text{t}}$ de Châteaudun.

Sanctus-Leobinus Dunensis castri, 3, 70. Église paroissiale de Saint-Lubin, à Châteaudun.

Sancti-Leobini (Clausus), 194. Clos de Cerise-Mûre ou de Saint-Gilles, à Châteaudun.

Sanctus-Leobinus-de-Ysigniaco, 18 ; Sanctus-Leobinus-de-Isigniaco, 26 ; Sanctus-Leobinus-de-Ysiniaco, 28 ; Sanctus-Leobinus, 42 ; Ysigniacum, 201. Prieuré de Saint-Lubin d'Isigny, dépendant de l'abbaye de la Madeleine, aujourd'hui f., c$^{\text{ne}}$ de Marboué, c$^{\text{on}}$ et arr$^{\text{t}}$ de Châteaudun.

Sancta-Lucia-in-Ortilæa, 42, église cardinalice à Rome.

Sainte-Marie, 150, clos, paroisse de Saint-Aignan de Châteaudun.

Beatus-Martinus Turonensis, 9. Saint-Martin de Tours, basilique consacrée en 492 par saint Perpet, évêque de Tours ; d'abord abbaye d'hommes, puis église collégiale.

Sanctus-Martinus tituli Equitii, 42, église cardinalice à Rome.

Sanctus-Mauricius, 9. Saint-Maurice, nom primitif de la cathédrale de Tours, aujourd'hui Saint-Gatien.

Sanctus-Medardus, 80, 185. Saint-Médard, église paroissiale de Châteaudun.

Sanctus-Medardus, 8, 11, 19, 21, 26, 28, 30, 31, 42, 44. Prieuré dépendant de l'abbaye de la Madeleine à *Saint-Marc-du-Cor*, ch.-l. de c°°, c°° de Mondoubleau, arr¹ de Vendôme (Loir-et-Cher).

*Saint-Mesmin*, 200, abbaye, O. S. B., c°° de Saint-Hilaire-Saint-Mesmin, c°° et arr¹ d'Orléans (Loiret).

Sanctus-Petrus Carnotensis, 2, 3, 18. *Saint-Père-en-Vallée*, abbaye, O. S. B., fondée, vers le VIII° siècle, à Chartres.

Sanctus-Petrus Castridunensis, 123, 153, 194. *Saint-Pierre*, prieuré-cure dépendant de l'abbaye de Bonneval, à Châteaudun.

Sanctus-Petrus, 26. La basilique de *Saint-Pierre de Rome*.

Sanctus-Petrus-Virorum, 93. Église de *Saint-Pierre-Empont*, à Orléans (Loiret).

*Saint-Sébastien-et-Saint-Roch*, 88, chapelle, fondée en 1446 par Jean d'Orléans, comte de Dunois, sur un emplacement dépendant du château de Châteaudun et appelé les Galeries.

Sanctum-Sepulcrum, 23, 24, 54, 153. *Le Saint-Sépulcre*, prieuré dépendant de Saint-Denis de Nogent-le-Rotrou, fondé à Châteaudun par le vicomte Geoffroi I dans le bourg qui lui appartenait.

Sanctus-Theodorus, 42, église cardinalice à Rome.

Sancta-Trinitas de Vindocino, 27, 38. *La Trinité de Vendôme*, abbaye, O. S. B., fondée en 1032.

Sanctus-Valerianus Castridunensis, 2, 79, 85, 133, 194. Église et faubourg de *Saint-Valérien* à Châteaudun. Le prieuré de Saint-Valérien dépendait de l'abbaye de Pontlevoy.

Sancti-Venantii (Ecclesia), 9. Église de *Saint-Venant*, à Tours, d'abord abbaye d'hommes, puis église collégiale et paroissiale.

Sanctus-Vincentius Cenomannensis, 8. *Saint-Vincent*, abbaye, O. S. B., fondée en 572 au Mans (Sarthe).

Saullièvre, 87, 173. *Saulièvre*, clos, c°° de la Chapelle-du-Noyer, aboutant à la ruelle de la Guinguette à la Bocsme.

Scolæ, 23, peut-être pour Scalæ. *Échelles*, vill., c°° de Terminiers, c°° d'Orgères, arr¹ de Châteaudun.

Seinvilla, 200. *Sainville*, f., c°° de Villamblain, c°° de Patay, arr¹ d'Orléans (Loiret).

Solium, 9. *Sully-sur-Loire*, ch.-l. de c°°, arr¹ de Gien (Loiret).

Solomæ, 27, 48. *Selommes*, ch.-l. de c°°, arr¹ de Vendôme (Loir-et-Cher).

Spineta (Molendinum de), 130, moulin, entre Pont-Blossier et la Bulière, c°° de Ruan, c°° de Droué, arr¹ de Vendôme (Loir-et-Cher).

# TABLE DES NOMS DE LIEUX

Spinetum, 77. *Sainte-Radegonde*, éc., c<sup>ne</sup> de Lanneray, c<sup>on</sup> et arr<sup>t</sup> de Châteaudun.

Stagnum, 164. *L'Étang*, près Romilly-sur-Aigre, c<sup>on</sup> de Cloyes, arr<sup>t</sup> de Châteaudun.

Stagnum, 53. *L'Étang*, c<sup>ne</sup> du Plessis-d'Échelles, c<sup>on</sup> de Marchenoir, arr<sup>t</sup> de Blois (Loir-et-Cher).

Stella (Abbatia de), 205. *L'abbaye de l'Étoile*, ordre de Prémontré, c<sup>ne</sup> d'Authon, c<sup>on</sup> de Saint-Amand, arr<sup>t</sup> de Vendôme (Loir-et-Cher).

Telleium, 23. *Tillay*, vill., c<sup>ne</sup> de Rahard, c<sup>on</sup> de Morée, arr<sup>t</sup> de Vendôme (Loir-et-Cher).

Terræ Dulces, 46. *Les Terres-Douces*, vigne, à Châteaudun.

Thevilla, 85. *Thiville*, ch.-l. de c<sup>on</sup>, c<sup>on</sup> et arr<sup>t</sup> de Châteaudun.

Tironensis abbatia, 7, 52. *Abbaye de Tiron*, O. S. B., fondée en 1113 à Thiron, aujourd'hui ch.-l. de c<sup>on</sup>, arr<sup>t</sup> de Nogent-le-Rotrou.

Tochæ, 62, 125. *Les Touches*, f., c<sup>ne</sup> de Châtillon, c<sup>on</sup> de Cloyes, arr<sup>t</sup> de Châteaudun.

Tonnellariorum (Vadum), 67. *Gué des Tonneliers*, à Choue, ch.-l. de c<sup>on</sup>, c<sup>on</sup> de Mondoubleau, arr<sup>t</sup> de Vendôme (Loir-et-Cher).

Traho, 146, 148. *Tréon*, ch.-l. de c<sup>on</sup>, c<sup>on</sup> et arr<sup>t</sup> de Dreux.

Trôo, 30, ch.-l. de c<sup>ne</sup>, c<sup>on</sup> de Montoire, arr<sup>t</sup> de Vendôme (Loir-et-Cher).

Truncheium, 52; Truncheta, 67. *Le Tronchet*, f., c<sup>ne</sup> de la Chapelle-Vicomtesse, c<sup>on</sup> de Droué, arr<sup>t</sup> de Vendôme (Loir-et-Cher).

*Tuffé (Abbaye de)*, 2, fondée vers 1012 à Tuffé, ch.-l. de c<sup>on</sup>, arr<sup>t</sup> de Mamers (Sarthe).

Turchepot, 115. *Trochepot*, f., c<sup>ne</sup> de Conie, c<sup>on</sup> et arr<sup>t</sup> de Châteaudun.

Turones, 9, 26. *Tours*, ch.-l. de dép<sup>t</sup> (Indre-et-Loire).

Turris, 2, 38, 45. *La Tour-en-Sologne*, ch.-l. de c<sup>ne</sup>, c<sup>on</sup> de Bracieux, arr<sup>t</sup> de Blois (Loir-et-Cher).

Ugria, 164; Ogria, 135. *L'Aigre*, riv., prend sa source près le Moulin-Rouge, c<sup>ne</sup> de la Ferté-Villeneuil, et se jette dans le Loir à Bouche-d'Aigre, c<sup>ne</sup> de Romilly-sur-Aigre.

Ulmi, 122. *Les Ormes*, vigne, au terroir de Lorières.

Valeriæ, 24, 35. *Vallières*, ch.-l. de c<sup>ne</sup>, c<sup>on</sup> de Montrichard, arr<sup>t</sup> de Blois (Loir-et-Cher).

Valeriæ, 118, 171. *Vallières*, fief, c<sup>ne</sup> de Saint-Denis-les-Ponts, c<sup>on</sup> et arr<sup>t</sup> de Châteaudun.

VALLENVILLA, 76. *Valainville*, vill., c<sup>ne</sup> de Moléans, c<sup>on</sup> et arr<sup>t</sup> de Châteaudun.

VARELLIS (MOLENDINUM DE), 16. *Moulin de Vallières*, c<sup>ne</sup> de Nottonville, c<sup>on</sup> d'Orgères, arr<sup>t</sup> de Châteaudun.

VARENNA (MOLENDINUM DE), 111; VARANNA, 119. *Moulin de la Varenne*, c<sup>ne</sup> de Courtalain, c<sup>on</sup> de Cloyes, arr<sup>t</sup> de Châteaudun.

*Varenne (La)*, 124, 172, 173, vill., c<sup>ne</sup> de la Chapelle-du-Noyer, c<sup>on</sup> et arr<sup>t</sup> de Châteaudun.

VEISINES, 137. *Voisines*, f., c<sup>ne</sup> de Courbehaye, c<sup>on</sup> d'Orgères, arr<sup>t</sup> de Châteaudun.

VENCHAICUM, 9. *Saint-Avertin*, ch.-l. de c<sup>ne</sup>, c<sup>on</sup> et arr<sup>t</sup> de Tours (Indre-et-Loire).

VENDRENVILLA, 151; VENDREINVILLA, 211. *Vindrinville*, f., c<sup>ne</sup> de Ruan, c<sup>on</sup> de Droué, arr<sup>t</sup> de Vendôme (Loir-et-Cher.)

VERDA, 162. *Verdes*, ch.-l. de c<sup>ne</sup>, c<sup>on</sup> d'Ouzouer-le-Marché, arr<sup>t</sup> de Blois (Loir-et-Cher).

VETUS-VICUS, 32. *Vieuvicq*, ch.-l. de c<sup>ne</sup>, c<sup>on</sup> de Brou, arr<sup>t</sup> de Châteaudun.

VETUS-VICUS, 11; VIEZVY, 198. *Viévy-le-Rayé*, ch.-l. de c<sup>ne</sup>, c<sup>on</sup> d'Ouzouer-le-Marché, arr<sup>t</sup> de Blois (Loir-et-Cher).

VIARII (MOLENDINUM), 138, 181; VILLICI (MOLENDINUM), 138. *Moulin de Touvoie*, c<sup>ne</sup> de Saint-Denis-les-Ponts, c<sup>on</sup> et arr<sup>t</sup> de Châteaudun.

VILLA-COURTEIN, 115, dîme, paroisse de Lanneray.

VILLA-IN-BLADO, 108, 184; VILLAMBLIN, 198. *Villamblain*, ch.-l. de c<sup>ne</sup>, c<sup>on</sup> de Patay, arr<sup>t</sup> d'Orléans (Loiret).

VILLA-MAURI, 216; VILLEMOR, 24. *Saint-Cloud*, ch.-l. de c<sup>ne</sup>, c<sup>on</sup> et arr<sup>t</sup> de Châteaudun.

VILLAMELLI, 171. *Villemesle*, h., c<sup>ne</sup> de Boisgasson, c<sup>on</sup> de Cloyes, arr<sup>t</sup> de Châteaudun.

*Villandry*, 169, h., c<sup>ne</sup> de Villampuy, c<sup>on</sup> et arr<sup>t</sup> de Châteaudun.

VILLA-PETROSA, 74; VILLERIUM-PETROSUM, 20. *Villepreux*, h., c<sup>ne</sup> de Courbehaye, c<sup>on</sup> d'Orgères, arr<sup>t</sup> de Châteaudun.

VILLARE-BOOL, 104; VILERBOUL, 7, 166. *Villebout*, ch.-l. de c<sup>ne</sup>, c<sup>on</sup> de Droué, arr<sup>t</sup> de Vendôme (Loir-et-Cher). — SANCTA-MARIA DE VILLARI-BOON, 19, 31; DE VILLARI-BOOL, 21; DE VILLARI-BOUM, 28; DE VILLEBOOL, 26; DE VILERIBOUT, 42. *Prieuré de Notre-Dame de Villebout*, dépendant de l'abbaye de la Madeleine.

VILLARE-SANCTI-ORGENTII, 85. *Villiers-Saint-Orien*, ch.-l. de c<sup>ne</sup>, c<sup>on</sup> de Bonneval, arr<sup>t</sup> de Châteaudun.

VILLAVESSON, 35. *Villevoison*, f., c<sup>ne</sup> de Saint-Cloud, c<sup>on</sup> et arr<sup>t</sup> de Châteaudun.

*Villechèvre,* 213, f., c$^{ne}$ de Thiville, c$^{on}$ et arr$^t$ de Châteaudun.

VILLEHERMOI, 141; VILLERMOY, 166; VILLERMOI, 173. *Villarmoy,* h., c$^{ne}$ de Marboué, c$^{on}$ et arr$^t$ de Châteaudun.

VILLE-L'ÉVÊQUE (LA), 87, 173. *Villévêque,* vill., c$^{ne}$ de Villampuy, c$^{on}$ et arr$^t$ de Châteaudun.

VILLERBALAI, 60; VILERBALAI, 69. *Villebalay,* h., c$^{ne}$ de Langey, c$^{on}$ de Cloyes, arr$^t$ de Châteaudun.

VILLERBETON, 43; VILLEBETON, 80. *Villebeton,* h., c$^{ne}$ du Mée, c$^{on}$ de Cloyes, arr$^t$ de Châteaudun. L'abbaye y possédait une métairie connue aussi sous le nom de la Jacquetterie.

VILLERPIUM, 120; VILLARIPION, 157. *Villepion,* h., c$^{ne}$ de Terminiers, c$^{on}$ d'Orgères, arr$^t$ de Châteaudun.

VILLERS, 121. *Villiers,* h., c$^{ne}$ de Saint-Pellerin, c$^{on}$ de Cloyes, arr$^t$ de Châteaudun.

VILLEVUI, 74, 84. *Villevé,* h., c$^{ne}$ et c$^{on}$ d'Orgères, arr$^t$ de Châteaudun.

*Villouzier,* 183, h., c$^{ne}$ de Lutz, c$^{on}$ et arr$^t$ de Châteaudun.

VINDOCINUM, 10. *Vendôme,* ch.-l. d'arr$^t$ (Loir-et-Cher).

VINDOCINENSIS (BOSCUS), 27, 39, 40. *Bois de Vendôme,* entre Romilly et Chauvigny, c$^{on}$ de Droué, arr$^t$ de Vendôme (Loir-et-Cher).

*Virginité (La),* 174, abbaye de femmes, O. C., c$^{ne}$ des Roches-l'Évêque, c$^{on}$ de Montoire, arr$^t$ de Vendôme (Loir-et-Cher).

VIRGULTUM, 150; LE VERGER, 124. *Le Verger,* éc., c$^{ne}$ de Saint-Denis-les-Ponts, c$^{on}$ et arr$^t$ de Châteaudun.

XANTONES, 9. *Saintes,* ch.-l. d'arr$^t$ (Charente-Inférieure).

# TABLE DES NOMS DE PERSONNES [1]

AALIS, uxor Johannis Mali-Vicini, 217 ; — uxor Nivelonis de Mellaio, 37 ; — uxor Odonis Craton, 154.

ACELINE (Johannes), presbiter Sancti-Valeriani, 194.

ADAM, abbas Sancti-Maximi, 200 ; — canonicus, *testis*, 23.

ADELA, comitissa Carnotensis, 4.

ADELAIDIS, uxor Roberti de Memberolis, 60.

ADELICIE, filia Gaufridi IV vicecomitis Castriduni, 72 ; — filia Theobaldi V comitis Blesensis, 36 ; — mater Hucti de Villamelli, 171 ; — uxor Adenini, 136 ; — uxor 1º Fremillon, 2º Girardi armigeri; 71 ; — uxor Gaufridi de Insula, 93 ; — uxor Gaufridi IV, vicecomitis Castriduni, 39, 47, 48, 49, 50, 72 ; — uxor Johannis de Castro, 153 ; — uxor Theobaldi V comitis Blesensis, 36.

ADENINUS, filius Remigii panetarii regis, 136.

ADRIANUS IV, papa, 26, 80.

AGATHA, uxor Hugonis de Boferio, 144.

AGNES, filia Gaufridi IV vicecomitis Castriduni, 72 ; — uxor Johannis de Rubeo-Monte, 138, 144 ; — uxor Nicolai Goriart, 57 ; — uxor Odonis Desreati, 16 ; — uxor Philippi de Villehermoi, 166; — uxor Raginaldi majoris de Rothomago, 129.

AIMERICUS, canonicus Beatæ Mariæ Magdalenæ, *testis*, 45 ; — cardinalis et cancellarius, 5.

ALBANIS (Philippus de), 209.

ALBERICUS (le Cornut), episcopus Carnotensis, 119.

ALBERTUS, *testis*, 1.

ALBUS (Jodoinus), 215.

ALERIO (Adelicia de), filia Lucæ, 121 ; — (Clemencia de), filia Lucæ, uxor Hugonis Baudouin, 121 ; — (Isabella de), filia

---

[1] Pour éviter des renvois trop fréquents, nous avons latinisé la plupart des noms que, dans nos notes, nous avions traduits en français.

Lucæ, uxor Roberti de Faverollis, 121 ; — (Johanna de), filia Lucæ, uxor Oduini Godechiau, 121 ; — (Juliana de), filia Lucæ, 121 ; — (Lucas de), 121, 173 ; — (Mabilia de), filia Lucæ, 121 ; — (Petronilla de), filia Lucæ, uxor Raginaldi Maurat, 121.

ALEXANDER III, papa, 26.

ALIENOR, uxor Raginaldi de Insula, 45.

ALVEREDUS, archidiaconus Turonensis, *testis*, 9.

AMBASIA (Aalidis de), filia Guillelmi, 152 ; — (Guillelmus de), 152 ; — (Sulpicius de), 23.

AMELINA, mater Bernardi Decani, 37.

AMICA (Raginaldus), *testis*, 48.

AMIOT (Johannes), 216.

ANDREAS, abbas Bonnevallensis, 41 ; — cerarius, *testis*, 23 ; — prepositus de Fractavalle, 107 ; — le chanvrier, 216.

ANGLICUS (Herbertus), 44.

ANSELMUS, famulus archiepiscopi Turonensis, *testis*, 7.

ANSONVILLA (Hersendis de), 164 ; — (Hubertus de), 180.

ANSOUT (Guillelmus), filius Johannis, 155 ; — (Johannes), 155, 173.

ARCHEMBAUDUS, abbas Beatæ Mariæ Magdalenæ, 5, 7, 8, 9.

ARCHERIUS (Guillelmus), canonicus Beatæ Mariæ Magdalenæ, *testis*, 57 ; — (Robertus), 39.

ARGENTONIO (Aimericus de), 195 ; — (Gaufridus de), filius Aimerici, 202 ; — (Johannes de), 206.

ARNULPHUS, clericus Henrici archidiaconi Dunensis, *testis*, 57.

ARROTO (Ermengardis de), filia Gaufridi, 56, 143 ; — (Gaufridus de), 7 ; — (Gaufridus de), 56, 62, 64, 70, 125, 158, 172, 173 ; — (Gaufridus de), filius Gaufridi, 124, 158 ; — (Johannes de), 16 ; — (Johannes de), filius Gaufridi, 56, 143 ; — (Ledgardis de), filia Gaufridi, 158 ; — (Simon de), filius Gaufridi, 56, 143, 172, 173.

ASCELINUS, *testis*, 1 ; — miles, *testis*, 3.

ASPERO-MONTE (Hugo de), frater Simonis de Ruperorti, 102.

AUBERTUS le gainier ou le mégissier, 123, 124.

AULA (Gosbertus de), *testis*, 7.

AUMALE (Jean d'), 112.

AUMONE (Ausbert de l'), cordelier, 202.

AURELIANENSIS (Amiotus), 166, 172, 173 ; — (Hugo), *testis*, 9.

AVICENNE (Jean), clerc, 163, 172, 173.


BAILLOU (Marie de), femme de Guillaume Bordin, 184, 198 ; — (Thibaut de), 184.

BALDUINUS, presbiter, *testis*, 23.

BALFREDI (Gauterius), frater Hugoti, *testis*, 25 ; — (Hugotus), *testis*, 25.
BALLARGENT (Gaufridus), *testis*, 7.
BAPAULMES (Andreas de), filius Roberti, 131 ; — (Henricus de), filius Roberti, .132, 173 ; — (Mathildis de), filia Roberti, 132 ; — (Petrus de), filius Roberti, 132 ; — (Robertus de), 132 ; — (Sedilia de), filia Roberti, 132 ; — (Stephanus de), filius Roberti, 132 ; — (Theobaldus de), filius Roberti, 132.
BARVILLE (Alix de), femme de Jean Caillart, 173.
BASIN (Guillelmus), 121.
BAUCEIO (Guillelmus de), 192.
BAUDOUIN (Hugo), 121.
BEATRIX, uxor Johannis Amiot, 216.
BECLAIS (Gaufridus), magister scolarum Beati Martini Turonensis *testis*, 9.
BECOUX (Beneveita), filia Gisleberti, 156 ; — (Gislebertus), 156.
BELELLUS (Petrus), *testis*, 37.
BELLO-MONTE (Gaufridus de), filius Philippi, 35 ; — (Matheus de), frater Philippi, 35 ; — (Philippus de), 35.
BELLO-VIDERE (Herveus de), 77 ; — (Johannes de), 107.
BELOGERI (Odinus), 177.
BERGRUIAU (Robertus), 166.
BERNARDUS, *testis*, 1 ; — capicerius Carnotensis, *testis*, 7 ; — prepositus Castriduni, 11.
BERNE (Guillotus), 98.
BERNON (Gauterius de), *testis*, 11.
BERRUERIA (Robertus de), canonicus Beatæ Mariæ Magdalenæ, 70.
BERTHELOT le mégissier, 212.
BERUER (Gaufridus), clericus, 203.
BEURIER (Ricardus le), 107.
BINCHINNUS (Petrus), canonicus Beati Martini Turonensis, 9.
BLESENSIS (Garinus), *testis*, 35.
BLEVILLA (Guido de), 84, 89.
BOBO, cardinalis Sancti Theodori, 42.
BODIAU (Bernardus), 139 ; — (Guillelmus), filius Bernardi, 139.
BOFERIO (Guillelmus de), 165 ; — (Hugo de), 144 ; — (Johanna de), filia Radulphi, 138 ; — (Philippus de), filius Radulphi, 138 ; — (Radulphus de), 138, 181.
BOGUERELLUS (Beatrix), filia Johannis, 29 ; — (Garinus), 23 ; — (Garnerius), filius Johannis, 29, 162 ; — (Johannes), 29 ; — (Nicolaus) filius Johannis, 29 ; — (Stephanus), clericus, 172, 173.

BOILLUMVILLA (Goherius de), 143.
BOISLÈVE (Ricardus), 203.
BOISSONVILLA (Garnerius de), 135.
BONA (Hubertus), *testis*, 57.
BONAVALLE (Colinus de), 166 ; — (Robertus de), *testis*, 57.
BONELLUS (Evrardus), *testis*, 23 ; — (Herveus), 23 ; — (Hugo), *testis*, 51, 57 ; — (Theobaldus), 23, *testis*, 24.
BON-PAIN (Laurentius), 215.
BOOLLETO (Hugo de), 77 ; — (Raginaldus de), frater Hugonis, 77.
BORBON (Theobaldus de), 123.
BORDIN (Guillaume), 198.
BORDIS (Stephanus de), 180.
BORDUIL (Agatha), soror Mathei, 98 ; — (Margarita), soror Mathei, 98 ; — (Matheus), 98 ; — (Matheus), filius Stephani, 164 ; — (Stephanus), filius Mathei, 98, 164, *testis*, 57.
BORMANT (Geoffroi), dictus *de Chavernay*, 197 ; — Theobaldus, *testis*, 47.
BORRELLUS (Berta), filia Odonis, uxor Raginaldi de Orrevilla, 69 ; — (Hugo), *testis*, 22 ; — (Johannes), dominus Curie-Alani, 189 ; — (Odo), dominus Curie-Alani, 59, 69, 123, 142, 162 ; — (Odo), filius Odonis, 142.
BORRIÈRE (Johannes), 76.
BORVILLA (Stephanus de), clericus, 133.
BOSCHETO (Bucardus de), filius Gosberti, 27 ; — (Gosbertus de), 27, 39 ; — (Guillelmus de), 40, *testis*, 43 ; — (Lancelinus de), filius Gosberti, 27.
BOSCO (Silvester de), 98.
BOUART (Petrus de), 120 ; — (Philippus de), 183.
BOURSE (Rogerius), 216.
BRAIO (Odo de), canonicus Carnotensis, *testis*, 18.
BRESSEL (Johannes), 141.
BRISSACO (Guillelmus de), 151 ; — (Hugo de), 117, 173 ; — (Petrus de), filius Hugonis, 117.
BRITO (Gaufridus), 162 ; — (Henricus), 166 ; — (Radulphus), capicerius Beati Martini Turonensis, *testis*, 9 ; — (Raginaldus), 166.
BROLIO (Robertus de), 119.
BRUERIA (Gaufridus de), *testis*, 36.
BRULON (Gaufridus de), 34, 37, 39, 43, *testis*, 35.
BRUNELLUS (Odo), *testis*, 3.
BUCARDUS, *testis*, 2 ; — comes Vindocinensis, 174 ; — nepos subdecani Aurelianensis, *testis*, 9.

BULLOTO (Bernardus de), 56.
BULOERIA (Agnes de), soror Odonis, 211; — (Odo de), 211; — (Petrus de), frater Odonis, 211.
BULTÉ DE CHÉRY (N.), prieur des Chauvelières, 37.

CAILLART (Bartholomeus), frater Stephani, 173; — (Guillelmus), frater Stephani, 173; — (Johanna), filia Johannis, uxor Johannis, cordubernarii, 173; — (Johannes), filius Johannis, clericus, 173; — (Johannes), filius Stephani, 173; — (Stephanus), 166, 173.
CAMPO-CAPRINO (Ebalus de), *testis*, 9.
CAPELLA (Gaufridus de), 123.
CAPREOLUS (Hubertus), 190.
CARDINALIS (Gaufridus), archidiaconus Dunensis, 69, 75, 76, 104, 150, 198.
CARNOTO (Robertus de), *testis*, 37; — (Simon de), 98.
CASTRO (Johannes de), 153.
CATHERINA, uxor Ludovici, comitis Blesensis, 80.
CATUS (Matheus), 133; — (Raginaldus), 201; — (Stephanus), 97.
CAVANNA (Bucardus de), *testis*, 25.
CENCIUS, cardinalis Sanctæ-Luciæ-in-Orthæa, 42.
CHALET (Berthelot de), 173.
CHALLO (Stephanus), *testis*, 37.
CHALOPIN (Simon), 177.
CHANCAIO (Gilo de), 39.
CHANTEMELLE (Nivelo de), dominus de Lanneriaco, 110, 120, 121, 166.
CHAORCHS (Bucardus de), *testis*, 37; — (Petrus de), 169.
CHAPART (Vincentius), 166.
CHAPELAIN (Robertus), 180.
CHARDONNELLUS (Hugo), 44, *testis*, 48; — (Robertus), frater Hugonis, canonicus Beatæ Mariæ Magdalenæ, 44, *testis*, 25.
CHARRETON (Geoffroy), 212.
CHARREZ (Gaufridus de), *testis*, 27.
CHAUCHEFOIN (Eremburgis), filia Odonis, 175; — (Odo), 175; — (Philippa), filia Odonis, 175; — (Stephanus), filius Odonis, 175.
CHAUTIER (Theobaldus), 160.
CHENIO (Ernaudus de), *testis*, 7.
CHEVALIER (Thomas), 105.
CHOLETO (Odo de), clericus, 201.
CLEMENCIA, uxor 1° Theobaldi, comitis Blesensis, 2° Gaufridi IV, vicecomitis Castriduni, 88, 172, 173.
CLENCHIUS (Hugo), *testis*, 25.

17

CLOIA (Adam de), 175; — (Jobertus de), 175; — (Mathildis de), filia Joberti, uxor Odonis Chauchefoin, 175.
COINTET (Gaufridus), 82, 172, 173, *testis*, 36, 37; — (Johanna), filia Gaufridi, uxor Guillelmi de Mesmilum, 82, 172, 173.
CONFONS (Bernardus de), 125.
CORINTHA, mater Hugonis Chardonnelli, 44.
CORMIER (Guillaume du), 212; — (Jean du), 212.
CORTOLLEIN (Adamus de), prior de Capella, *testis*, 52; — (Robertus de), *testis*, 52.
COUDRAI (Johannes), 120.
COUSIN (Girard), prieur de Mondoubleau, 72.
COUSTELIER (Étienne le), chanoine de Saint-André, 87.
CRATON (Gaufridus), filius Odonis, 154; — (Matheus), filius Odonis, 154; — (Odo), alias *Infans*, 124, 154, 157, 160; — (Raimbaudus), filius Odonis, 154.
CREMISE (Gaufridus de), *testis*, 44.
CRISPINI (Raginaldus), alias *Paganus*, senescallus Gaufridi IV, vicecomitis Castriduni, *testis*, 36, 51.
CROSET (Gaufridus), 186.
CUSTURA (Odo de), 102; — (Petrus de), canonicus Beatæ Mariæ Magdalenæ, 204.
CYMARD (Jean), prieur de Lanneray, 77.

DAGO, presbiter, *testis*, 3.
DAIRON (Robertus), *testis*, 52; — (Stephanus), 143.
DANJOLIO (Isabella de), uxor Johannis de Magduno, filia Theobaldi, 111; — (Theobaldus de), 84, 111, 119.
DAUDE (Gaufridus), 39; — (Raginaldus), 39.
DAVID (Lancelinus), *testis*, 9.
DECANUS (Bartholomeus), frater Bernardi, 37; — (Bernardus), 37, *testis*, 11, 23; — (Lambertus), 76; — (Odo), *testis*, 36; — (Theobaldus), frater Bernardi, 37, 46.
DESPREZ (Denis), prieur de Lanneray, 77.
DESREDATUS (Garinus), 157; — (Gaufridus), filius Odonis, 16, 164; — (Gilduinus), filius Odonis, 16; — (Girardus), filius Odonis, 16; — (Hugo), filius Odonis, canonicus Beatæ Mariæ Magdalenæ, 16, 23; — (Odo), 16; — (Odo), filius Odonis, 16; — (Radulphus), alias *Monachus*, 178; — (Richildis), filia Odonis, uxor Johannis de Arroto, 16.
DEU (Nicolas), curé de Saint-Médard, 185.
DIONISIA, domina de Frodonneria, 65; — domina de Azeio, uxor

Guillelmi de Ambasia, 152; — uxor Laurentii Bon-Pain, 215; — uxor Roberti Villici, 30.

DIRUM (Petrus), 56.

DODO, canonicus Sancti-Petri Carnotensis, *testis*, 3.

DROGO, *testis*, 1, 2.

DRUGENSIS (Petrus), *testis*, 37.

DUOA (Bernardus de), *testis*, 11.

EBRARDUS, grammaticus Carnotensis, *testis*, 2.

ELBERTUS, frater Firmati, 3; — frater Hermentei abbatis, canonicus Beatæ Mariæ Magdalenæ, 2.

ELISABETH, uxor Roberti de Bapaumes, 132.

EMMA, uxor Ursionis de Mellaio, 73.

ENGELARDI (Theobaldus), *testis*, 24.

ENGELBALDUS, miles, *testis*, 3.

ENJORRANDUS, faber, *testis*, 23.

EREMBURGIS, abbatissa Sancti-Aviti, *testis*, 27; — filia Milesendis la meunière, 205; — uxor Mathei de Monceio, 99; — uxor Theobaldi de Borbon, 123.

ERNAUDUS, archidiaconus Drocensis, *testis*, 32; — forestarius, *testis*, 45.

ESCHANÇON (Bartholomeus l'), 154, 157.

ESPESONVILLA (Archembaudus de), *testis*, 35.

ESSA (Engelardus de), 23.

ESTRIVART (Denise), femme de Jean du Fresne, 11; — (Gervasius), *testis*, 57; — (Odo), præpositus Castriduni, *testis*, 11, 23, 24.

ÉTIENNE le charretier, 212.

EUGENIUS III, papa, 21, 80.

FACIER (Odo), *testis*, 35.

FAVELLIS (Garinus de), 150.

FAVEROLIS (Robertus de), 121.

FERRONIUS (Johannes), capellanus vicecomitis Castriduni, 80, *testis*, 48.

FERTÉ (Jean de la), abbé de la Madeleine, 77.

FILAUDARIUS (Odo), canonicus Beatæ Mariæ Magdalenæ, 134; — (Robertus), canonicus Beatæ Mariæ Magdalenæ, 134, 168.

FIRMATUS, sacerdos Sancti-Leobini, 3.

FLAVUS (Hugo), *testis*, 25.

FONTAINE (Gautier de la), 173.

FOQUETUS, presbiter de Verda, 162, 172, 173, 176.

Formica (Alcherius), 23 ; — (Johannes), 23.
Forrerius (Drogo), *testis*, 48, 49, 51.
Fossatis (Johannes de), 162, 173.
Foucault (Johannes), 162.
Fractavalle (Stephanus de), filius Andreæ, præpositi de Fractavalle, 107.
Fredericus, presbiter, *testis*, 3.
Fremillon, 71.
Frescoto (Gauterius de), canonicus Carnotensis, 197, 198.
Fresne (Jean du), 11.
Frodo, canonicus, 30.
Fromundus (Johannes), 215.
Fulbertus, episcopus Carnotensis, 2.
Fulcaudus, abbas Sancti-Johannis-in-Valeia, *testis*, 18.
Fulcherius, abbas Beatæ Mariæ Magdalenæ, 11, 18, 19, 21, 22, 23, 24, 25, 26, 28, 29 ; — abbas Sancti-Petri Carnotensis, *testis*, 18 ; — cantor Beati Martini Turonensis, *testis*, 9.
Fulco, decanus Aurelianensis, 53 ; — decanus Vindocinensis, 10.
Fulperius (Radulphus), canonicus Beatæ Mariæ Magdalenæ, *testis*, 38.

Galerandus, sexterarius, 23.
Garinus, major Beatæ Mariæ Magdalenæ, *testis*, 23.
Garnerius, famulus Hervei, abbatis Tironensis, *testis*, 52.
Garrel (Simon), 84, 89.
Gasnier (Pierre), clerc, 212.
Gaudo (Guillelmus de), procurator Eleemosinæ Castriduni, 67, 68.
Gaudonvilla (Gauterius de), *testis*, 43.
Gaudree (Stephanus), 76.
Gaufridus, *testis*, 30 ; — abbas Boni-Portus, 105 ; — armiger Hugonis IV, vicecomitis Castriduni, *testis*, 22 ; — capellanus Gaufridi IV, vicecomitis Castriduni, 44, *testis*, 48, 49 ; — cocus abbatis Vindocinensis, *testis*, 7 ; — V, comes Andegavensis, 16 ; — decanus Carnotensis, *testis*, 32 ; — decanus Dunensis in Pertico, 127, 129 ; — decanus Novigenti, *testis*, 7 ; — (de Lèves), episcopus Carnotensis, 7, 8, 9, 10, 11, 18 ; — episcopus Carnotensis, 92 ; — famulus Hugonis IV, vicecomitis Castriduni, *testis*, 30 ; — filius Dionisiæ de Frodonneria, 65 ; — filius Raginaldi, præpositi de Monte-Duplici, *testis*, 52 ; — legis-doctus, 23 ; — præpositus Carnotensis, *testis*, 32 ; — subdecanus Turonensis, 9 ; — I, vicecomes Castriduni, 2 ; — II, vicecomes Castriduni, 11, 25 ; — IV, filius Hugonis, vicecomes Castriduni, 30, 37, 39, 44,

47, 48, 49, 50, 51, 71, 72, 88, 109 ; — V, filius Gaufridi, vicecomes Castriduni, 47, 48, 50, 72, 108, 147 ; — vicedominus Carnotensis, 126, 146, 148, 156.

GAUTERIUS, *testis*, 2, 30 ; — abbas Grandis-Campi, 86 ; — archidiaconus Dunensis, 32 ; — archidiaconus Pissiacensis, *testis*, 32 ; — episcopus Carnotensis, 85 ; — thesaurarius Beati Martini Turonensis, *testis*, 9.

GAUTIER (Garnier), 207.

GERVASIUS, abbas Beatæ Mariæ Magdalenæ, 104, 107, 133.

GESNELS (Guillelmus), *testis*, 2.

GILLOTUS, pelliparius, 180.

GILO, clericus Henrici episcopi Carnotensis, 104 ; — le faultrier, 124.

GIRARD (Pierre de), seigneur de l'Épinay, 77 ; — (Jacob de), fils de Pierre, seigneur de l'Épinay, 77.

GIRARDUS, abbas Bonevallensis, 94 ; — abbas Beatæ Mariæ Magdalenæ, 215 ; — armiger, 71 ; — rector de Capella-Regali, 168.

GIRBERTUS, gantierus, *testis*, 23.

GISIVIIS (Ulgerius de), *testis*, 9.

GISLEBERTUS, presbiter de Doeto, 75.

GODE (Adelicia), filia Radulphi, 123 ; — (Agnes), filia Radulphi, 123 ; — (Albertus), alias *de Chamblesio*, filius Gaufridi, canonicus Sancti-Andreæ, 185 ; — (Colinus), filius Gaufridi, 185 ; — (Gaufridus), filius Radulphi, 123, 185 ; — (Guillelmus), filius Gaufridi, 185 ; — (Johanna), filia Radulphi, 123 ; — (Johannes), filius Radulphi, 123 ; — (Juliana), filia Radulphi, 123 ; — (Mathildis), filia Radulphi, 123 ; — (Radulphus), 123, 162, 163, 167, 172, 173 ; — (Radulphus), filius Gaufridi, 185 ; — (Radulphus), filius Radulphi, 123 ; — (Raginaldus), filius Radulphi, 123.

GODECHIAU (Oduinus), 121.

GODESCALLUS, *testis*, 2 ; — miles, *testis*, 3.

GODETUS, *testis*, 38.

GOHERIUS, decanus Castriduni, 81, 98, 103, 156.

GOHIER (Ricardus), 166.

GONAS (Guillelmus), 125.

GORET (Étienne), clerc, 190.

GORIART (Hugo), filius Nicolai, 57 ; — (Nicolaus), 57.

GOSBERTUS, canonicus Beati Martini Turonensis, 9.

GOSLENUS (de Lèves), episcopus Carnotensis, 11, 12, 14, 18, 19, 21, 25.

GRAVA (Theobaldus de), *testis*, 27.

GREGORIUS, cardinalis Sancti-Georgii ad Velum Aureum, 42 ; — IX, papa, 96.

GROSSUS (Johannes), prior Insulæ, *testis*, 38.
GUÉNIER (Hubert), 172, 173.
GUIERCHIA (Eremburgis de), filia Herberti, uxor Radulphi de Ridereto, 62, 125, 126, 131, 140 ; — (Helvisis de), filia Herberti, uxor Radulphi Desredati, 62, 125, 126, 131, 140, 178 ; — (Helvisis de), soror Nivelonis, uxor Gaufridi de Arroto, 56, 62, 125, 158 ; — (Herbertus de), filius Herberti, 62, 125, 126, 131, 140 ; — (Herbertus de), alias *de Fresneio*, frater Nivelonis, 62, 125, 126, 131, 140, 158, 159, 172, 173, 178 ; — (Johannes de), filius Herberti, 62, 125, 126 ; — (Juliana de), soror Nivelonis, 62, 125 ; — (Nivelo de), 62, 125 ; — (Nivelo de), filius Herberti, 62, 113, 125, 126, 131, 140, 172, 173, 178 ; — (Petrus de), filius Herberti, 62, 125, 126, 131, 140 ; — (Theophania de), filia Herberti, uxor Bernardi de Confons, 62, 125, 126, 131, 140.
GUÉRIN, maître de la Maison-Dieu de Lavardin, 212.
GUICHETO (Bernardus de), 123 ; — (Raginaldus de), *testis*, 23.
GUIDO, canonicus Beatæ Mariæ Magdalenæ, *testis*, 45 ; — episcopus Cenomannensis, *testis*, 8 ; — sacerdos de Cormenon, *testis*, 44.
GUIENNUM (Stephanus), *testis*, 51.
GUIET (Robinus), 177.
GUILLELMUS, abbas Sancti-Vincentii Cenomannensis, 8 ; — abbas Tironensis, 7 ; — camerarius Carnotensis, *testis*, 18, 32 ; — canonicus Beati Martini Turonensis, 9 ; — filius Theobaldi IV, comitis Blesensis, episcopus Carnotensis, 13, 31 ; — episcopus Cenomannensis, 15 ; — episcopus Nivernensis, 61 ; — famulus Eremburgis, abbatissæ Sancti-Aviti, *testis*, 27 ; — filius Julianæ de Guerchia, 62, 125 ; — frater Hugonis IV, vicecomitis Castriduni, *testis*, 22 ; — medicus Aurelianensis, *testis*, 8, 9 ; — præpositus de Nogento, *testis*, 12 ; — sacerdos de Fonte-Radulphi, *testis*, 52 ; — filius Gaufridi, vicedominus Carnotensis, 145, 146, 147, 148, 149.
GUINA (Bartholomeus), *testis*, 23.
GULETO (Paganus de), 124.
GUMPHER (Robertus le), 166.
GUNTERII (Henricus), *testis*, 23.

HADEBURGIS, uxor Ricardi Boislève, 203.
HAIMO, capicerius Carnotensis, *testis*, 32.
HALO (Odo), *testis*, 57.
HARENC (Haois), filia Ricardi, 87 ; — (Johanna), filia Ricardi, uxor Goherii de Lanneriaco, 87, 108 ; — (Petronilla), filia Ricardi, 87 ;

— (Philippa), filia Ricardi, 87 ; — (Ricardus), 87, 108, 173 ; — (Ricardus), filius Ricardi, 87.

Hauz (Archembaldus de), 39 ; — (Gaufridus de), 39 ; — (Paganus de), 39,

Helgaudus, 1.

Helissendis, domina de Trahone, uxor Gaufridi, vicedomini Carnotensis, 146, 147, 148, 149, 208.

Hellot (Johannes), 162.

Heloinus (Colinus), 173 ; — (Petrus), 76, 81, 107.

Helvisis, uxor Gaufridi II, vicecomitis Castriduni, 11, 23, 25 ; — uxor Hugonis, vicecomitis Castriduni, *testis*, 2 ; — uxor Johannis de Tochis, 62, 125 ; — uxor Hervei de Mesio, 63.

Hely (Garnerius), 166.

Henricus, archidiaconus Dunensis, *testis*, 57 ; — episcopus Carnotensis, 104.

Herbertus, *testis*, 2 ; — abbas Beatæ Mariæ Magdalenæ, 30, 31, 32, 35 ; — cubicularius Gosleni, episcopi Carnotensis, *testis*, 12 ; — decanus Nivernensis, 61, 70 ; — famulus Herberti, abbatis Beatæ Mariæ Magdalenæ, 30 ; — presbiter Sancti-Hilarii, *testis*, 7.

Hermannus, notarius Romanæ ecclesiæ, 26.

Hermenfreio (Herveus de), filius Raginaldi, 114 ; — (Raginaldus de), 114, 164 ; — (Raginaldus de), filius Raginaldi, 114.

Hermenteus, abbas Tufflacensis, 2 ; — juvenis, presbiter, 2.

Hersendis, uxor Simonis Garrel, 84 ; — uxor Thomæ Chevalier, 105.

Hervé, prieur de Saint-Gervais de Lavardin, 212.

Herveus, abbas Tironensis, 52 ; — archidiaconus Carnotensis, *testis*, 2 ; — presbiter de Sancto-Sepulcro, *testis*, 23.

Hildeburgis, uxor Guillelmi Pugier, 76.

Hildierius, clericus, *testis*, 3.

Hirebert (Herbertus), 164.

Hodeardis, uxor Gaufridi Nigri, 119 ; — uxor Gisleberti Becoux, 156.

Hondoin (Perrignanus), 215.

Hoson (Thomas), 155.

Hubertus, *testis*, 1 ; — canonicus Beatæ Mariæ Magdalenæ, *testis*, 48 ; — molendinarius, *testis*, 48.

Hugo, *testis*, 30 ; — archiepiscopus Turonensis, *testis*, 9 ; — cardinalis Sancti-Martini tituli Equitii, 42 ; — filius Dionisiæ de Frodonneria, 65 ; — filius Gaufridi I, vicecomitis Castriduni, *testis*, 2 ; — filius Gaufridi IV, vicecomitis Castriduni, 39 ; — filius Hugonis IV, vicecomitis Castriduni, 30 ; — frater Helgaudi, 1 ; — miles, filius Ascelini, *testis*, 3 ; — nepos Hugonis IV, vicecomitis

Castriduni, *testis*, 22; — quadrigarius, 46; — vicecomes Castriduni, 1; — IV, vicecomes Castriduni, 14, 15, 22, 23, 24, 25, 30, 35, 39; — vigerius, 23, *testis*, 11.
HUGON (Theobaldus), 196.
HUGUES de Châtillon, comte de Blois, 214.

INFANS (Henricus), 182; — (Johannes), *testis*, 43.
INFERNALIS (Robertus), *testis*, 22.
INNOCENTIUS II, papa, 5; — III, papa, 37, 42, 70.
INSULA (Adelicia de), filia Gaufridi, 93; — (Beatrix de), filia Jeremiæ, uxor Ursionis de Mellaio, 38; — (Fulcherius de), filius Rogerii, 38; — (Garinus de), alias *de Turre*, *testis*, 2; — (Gaufridus de), filius Gaufridi, 93; — (Gaufridus de), filius Roberti, 38, 45, 93; — (Guillelmus de), filius Jeremiæ, 38; — (Isabella de), filia Gaufridi, 93; — (Jeremias de), filius Fulcherii, 38, 45; — (Mathildis de), filia Gaufridi, 93; — (Philippus de), filius Gaufridi, 93; — (Raginaldus de), filius Gaufridi, 93; — (Raginaldus de), filius Jeremiæ, 38, 45; — (Raginaldus de), filius Roberti, 38, 45; — (Robertus de), filius Gaufridi, 93; — (Robertus de), filius Raginaldi, 38, 45; — (Rogerius de), alias *de Turre*, 38.
ISABELLA, comitissa Carnotensis, 100; — filia Gaufridi IV, vicecomitis Castriduni, 47, 50, 72; — filia Raginaldi, majoris de Rothomago, 129; — filia Theobaldi V, comitis Blesensis, 36, 80; — uxor Gaufridi de Mohervilla, 84; — uxor Philippi de RubeoMonte, 144, 165; — uxor Radulphi de Bofereio, 138.
ISEMBARDUS, *testis*, 23.
IVO, *testis*, 2; — episcopus Carnotensis, 4; — famulus abbatis Tironensis, *testis*, 7; — legis-doctus, *testis*, 9.

JAUBERT (N.), prieur de la Madeleine, 37.
JEAN de Châtillon, comte de Blois, 172, 173, 193, 202; — le voyer, 212.
JEANNE, femme de Pierre, comte d'Alençon, 210.
JOARDUS (Odo), *testis*, 25.
JOHANNA, filia Gaufridi IV, vicecomitis Castriduni, 50, 72; — filia Ludovici, comitis Blesensis, 80; — uxor 1º Gaufridi Nivart, 2º Raginaldi Cati, 201; — uxor Guillelmi, vicedomini Carnotensis, 145, 149; — uxor Guillelmi de Villehermoi, 141; — uxor Nivelonis de Mellaio, 191; — uxor Philippi de Bellomonte, 35; — uxor Raginaldi Rabiau, 160; — uxor Ricardi le Beurier, 107; — uxor Stephani Caillart, 173.
JOHANNES, cardinalis Sancti-Clementis, 42; — comes Vindocinensis,

27; — cordubernarius, 173; — decanus de Sancto-Karileffo, *testis*, 52; — (de Salisbury), episcopus Carnotensis, 32; — filius Gaufridi, vicedomini Carnotensis, 146; — filius Milesendis la meunière, 205; — frater magistri Harpini, *testis*, 9; — presbiter de Jalent, 133; — presbiter Sancti-Valeriani, 133.

JONVILLA (Philippus de), 167.
JUDEUS (Bucardus), *testis*, 9.
JULIANA, uxor 1º Simonis Garrel, 2º Guidonis de Blevilla, 3º Auberti de Villevui, 84, 89; — uxor Gaufridi de Lanneriaco, 120.
JUPEELLO (Theobaldus de), *testis*, 11, 23.

LABÉRÉE (Adeline), 97.
LAMBERTUS, decanus Aurelianensis, 117; — presbiter, *testis*, 32.
LANGEIO (Garnerius de), 57, 157, 161, 173; — (Matheus de), presbiter, 157.
LANNERIACO (Aubertus de), filius Gaufridi, 120; — (Gaufridus de), filius Gaufridi, 120; — (Gaufridus de), alias *de Valeriis*, nepos Goherii, 77, 118, 120, 199; — (Goherius de), 56, 77, 108, 199, *testis*, 43; — (Goherius de), 108, 199; — (Hugo de), filius Gaufridi, 120; — (Isabella de), soror Goherii, 77; — (Jaquelina de), filia Gaufridi, uxor Petri de Villerpium, 120; — (Johanna de), filia Gaufridi, 120; — (Juliana de), filia Gaufridi, 120; — (Lucia de), soror Goherii, 77; — (Martha de), 199; — (Odo de), filius Gaufridi, 120; — (Odo de), nepos Goherii, 59, 77; — (Petronilla de), filia Gaufridi, uxor Johannis Coudrai, 120.
LARRONEOR (Gaufridus), 166.
LAURENTIUS, abbas Sancti-Launomari Blesensis, 76; — famulus Hugonis IV, vicecomitis Castriduni, 30.
LAVAL (Gaufridus de), *testis*, 22.
LAVARZINO (Gaufridus de), 27, 40; — (Hugo de), archidiaconus Cenomannensis, *testis*, 8.
LEDGARDIS, uxor Nicolai de Villevui, 74.
LEJAI (Johannes), 134; — (Robertus), 121.
LETUE (Jean), 206.
LICUNCIS (Frogerius de), *testis*, 23.
LIGAUDRY (Thibaut de), 91.
LORO (Gauterius), 23.
LOVEAU (Guillaume), 177.
LOVILLA (Gauterius de), 76, 81, 84, 107.
LUCIA, uxor Philippi de Albanis, 209.
LUDOVICUS, filius Theobaldi, comes Blesensis, 36, 37, 43, 46, 80; — VII, rex Francorum, 17, 20.

MAGDUNO (Ascelina de), filia Johannis, 111 ; — (Gervasius de), filius Johannis, 111 ; — (Guillelmus de), *testis*, 9 ; — (Guillelmus de), filius Johannis, 111 ; — (Johannes de), 111 ; — (Johannes de), filius Johannis, 111 ; — (Theobaldus de), filius Johannis, 111.

MAGNICO (Richerius de), *testis*, 2.

MAGNUS (Guillelmus), 48.

MAIRLIN (Guido de), *testis*, 2.

MAJORISSA (Petrus), canonicus Beatæ Mariæ Magdalenæ, *testis*, 57.

MALA-AVIS (Bienvenue), 116 ; — (Johannes), 116.

MALA-MUSCA (Drogo), *testis*, 9.

MALE-NUTRITUS (Guillelmus), 118, 120.

MALUS-VICINUS (Johannes), filius Petri, 217 ; — (Petrus), 206.

MALVEIO (Herbertus de), 53.

MANSELLUS (Johannes), 173 ; — (Paganus), *testis*, 23.

MARBOETO (Johannes de), 91, 97 ; — (Martinus de), quadrigarius, 56.

MARGARITA, comitissa Blesensis, 90 ; — filia Richerii, 123 ; — filia Theobaldi V, comitis Blesensis, 36, 80 ; — uxor Henrici Infantis, 182 ; — uxor Hugonis IV, vicecomitis Castriduni, 23, 30 ; — uxor Johannis Ansout, 155 ; — uxor Mathei Borduil, 98 ; — uxor Odonis Borrelli, 69.

MARIA, mater Gaufridi de Arroto, 56 ; — uxor Arnulphi Morelli, 209 ; — uxor Gaufridi de Arroto, 124 ; — uxor Garnerii de Langeio, 157 ; — uxor Radulphi Gode, 123, 163 ; — filia Niterii, uxor 1º Remigii, panetarii regis, 2º Gaufridi Varandai, 136 ; — uxor Roberti Morelli, 66.

MARTHA, uxor Johannis de Ponte, 124.

MARTILLY (Gaufridus de), 135.

MARTINUS, cardinalis Sancti-Laurentii-in-Lucina, 42.

MASCHERAINVILLA (Gaufridus de), 77, 187 ; — (Goherius de), filius Gaufridi, 187.

MATHEA, uxor Huberti Capreoli, 190.

MATHEUS, clericus, *testis*, 48 ; — (des Champs), episcopus Carnotensis, 152, 161, 179 ; — filius Gaufridi, vicedominus Carnotensis, 145, 146, 147, 148, 149, 172, 173, 208, 210.

MATHILDIS, filia Milesendis la meunière, 205 ; — uxor Gaufridi Croset, 186 ; — uxor Herberti de Guerchia, 62, 125, 126, 131, 140 ; — uxor Hugonis de Montigniaco, 109 ; — uxor Johannis de Montigniaco, 58, 69 ; — uxor Petri de Riparia, 62, 125 ; — uxor Roberti de Insula, 38 ; — uxor Stephani de Ponte, 106, 124, 150 ; — uxor Ursionis de Mellaio, 101.

MAURAT (Raginaldus), 103, 121.

Mauricius, abbas Beatæ Mariæ Magdalenæ, 58, 61, 67, 68, 71, *testis*, 48, 49.

Mellaio (Aalis de), filia Ursionis, uxor Guillelmi de Bauccio, 192, 202, 206 ; — (Fulcherius de), 73 ; — (Fulcherius de), frater Nivelonis, 37, 55 ; — (Gaufridus de), filius Nivelonis, 73 ; — (Hamelinus de), frater Nivelonis, *testis*, 23 ; — (Hugo de), filius Nivelonis, 37, 73 ; — (Isabella de), filia Nivelonis, 73 ; — (Isabella de), filia Ursionis, 106 ; — (Johanna de), filia Ursionis, uxor Petri Mali-Vicini, 206, 217 ; — (Johannes de), filius Theobaldi, 106 ; — (Margarita de), filia Nivelonis, 73 ; — (Margarita de), filia Ursionis, uxor Aimerici de Argentonio, 106, 195 ; — (Matheus de), frater Nivelonis, 37, 55 ; — (Nivelo de), alias *de Fractavalle*, 34, 37, 39, *testis*, 23 ; — (Nivelo de), filius Ursionis, 106, 147, 176, 177, 191, 192, 193, 195, 202, 206, 217 ; — (Philippus de), frater Nivelonis, 37 ; — (Sedilia de), filia Nivelonis, uxor Simonis de Remis, 73 ; — (Sedilia de), soror Fulcherii, 73 ; — (Theobaldus de), 106 ; — (Ursio de), filius Nivelonis, 37, 73, 101, 106, 107, 113, 176.

Mellenvilla (Theobaldus de), *testis*, 11.

Memberolis (Goherius de), frater Roberti, 60, 77 ; — (Robertus de), nepos Guillelmi de Mohervilla, 23, 60, 63 ; — (Robertus de), 122 ; — (Roscelinus de), frater Roberti, 60, *testis*, 22, 25 ; — (Roscelinus de), filius Roberti, 60.

Menant (Raginaldus), 166.

Menaudus (Michael), 123.

Mengarini (Matheus), 23.

Menlei (Galebrunus de), *testis*, 27.

Mesiaco (Philippus de), presbiter, 154, 157, 160.

Mesio (Guillelmus de), filius Hervei, 63 ; — (Herveus de), 63 ; — (Herveus de), filius Hervei, 63 ; — (Hugo de), filius Hervei, 63 ; — (Johannes de), filius Hervei, 63 ; — (Petrus de), filius Hervei, 63 ; — (Robertus de), 63, 70, *testis*, 36, 37, 43, 80.

Mesmilum (Clemencia de), filia Guillelmi, 82 ; — (Dionisius de), filius Guillelmi, 82 ; — (Guillelmus de), 82, *testis*, 47 ; — (Herveus de), filius Guillelmi, 82 ; — (Johannes de), filius Guillelmi, 82.

Mesrachon (Stephanus de), 122.

Michael, filius Adelinæ Labérée, 97 ; — monachus Elemosinæ Cisterciensis, 164.

Milesendis la meunière, 205 ; — uxor Johannis Bressel, 141.

Milliaco (Gislebertus de), *testis*, 36 ; — (Michael de), frater Stephani, clericus, 127, 129 ; — (Raginaldus de), 166, *testis*, 36, 37 ;

— (Robertus de), 97 ; — (Stephanus de), clericus, 79, 127, 129 ; — (Theobaldus de), filius Stephani, 127, 129.

MILO, archidiaconus Carnotensis, *testis*, 18 ; — capellanus Gosleni, episcopi Carnotensis, *testis*, 12, 18 ; — comes Bari-super-Sequanam, 74.

MOCELLUS (Theobaldus), 23.

MODALIBUS (Guillelmus de), *testis*, 7.

MOHERVILLA (Clemencia de), filia Gaufridi, 84 ; — (Gaufridus de), 84 ; — (Guillelmus de), nepos Roberti de Mesio, 63, 70, *testis*, 43 ; — (Margarita de), filia Gaufridi, 84 ; — (Raginaldus de), filius Gaufridi, 84.

MOIEL (Gilo), 86.

MONACHUS (Aubertus), *testis*, 11.

MONCEIO (Aalis de), filia Mathei, 99 ; — (Agnes de), filia Mathei, 99 ; — (Gervasius de), filius Lancelini, 99 ; — (Lancelinus de), 99 ; — (Lancelinus de), filius Gervasii, 99 ; — (Matheus de), filius Lancelini, 99 ; — (Petrus de), filius Mathei, 99 ; — (Philippus de), filius Mathei, 99 ; — (Robertus de), filius Mathei, 99.

MONETUS, *testis*, 38.

MONTE-BOUM (Robertus de), *testis*, 2.

MONTE-DUBLELLI (Hugo de), 2 ; — (Paganus de), *testis*, 35.

MONTE-FOLETI (Gaufridus de), alias *de Monte-Fauni*, 23, *testis*, 11.

MONTIGNIACO (Adelicia de), filia Johannis, 58, 69 ; — (Gaufridus de), frater Johannis, 58 ; — (Hugo de), filius Hugonis, 109 ; — (Hugo de), filius Johannis, 58, 69, 109, 129, 143 ; — (Hugo de), filius Raherii, *testis*, 11 ; — (Isabella de), filia Hugonis, 109 ; — (Isabella de), filia Johannis, 69 ; — (Johanna de), filia Hugonis, 109 ; — (Johannes de), 56, 58, 64, 69, 78, 130 ; — (Johannes de), filius Hugonis, 109, 129, 130, 143, 171, 184, 197, 198, 211 ; — (Johannes de), filius Johannis, 129, 130 ; — (Margarita de), filia Johannis, 58, 69 ; — (Odo de), filius Hugonis, 109 ; — (Odo de), filius Johannis, 58 ; — (Raherius de), alias *de Veteri-Vico*, 22, 23, *testis*, 11 ; — (Raherius de), filius Hugonis, 109.

MORANT (Hugo de), *testis*, 11.

MORELLUS (Arnulphus), 209 ; — (Robertus), 66.

MOSTEROLO (Gervasius de), *testis*, 24.

MOUTONNERIA (Petrus de), 167.

NEMORE (Gaufridus de), 117.

NEMORE-GARNERII (Matheus de), *testis*, 24.

NEPOS (Garinus), clericus, 129.

TABLE DES NOMS DE PERSONNES . 269

Nicolaus, canonicus Beatæ Mariæ Magdalenæ, *testis*, 38 ; — cancellarius Theobaldi V, comitis Blesensis, *testis*, 36.
Nielfa (Henricus de), *testis*, 9.
Niger (Gaufridus), 119.
Nivart (Gaufridus), 201.
Nivarvilla (Gaufridus de), filius Gilonis Moiel, 86.
Nivovilla (Aubertus de), 213.
Normand (Guillaume le), 212.
Novo-Vico (Garinus de), *testis*, 25.
Nuili (Robertus de), *testis*, 24.

Odo, *testis*, 1 ; — abbas Beatæ Mariæ Magdalenæ, 71, 75, 76, 85, 107 ; — archidiaconus Carnotensis, *testis*, 3 ; — clericus de Poili, *testis*, 45 ; — decanus Carnotensis, *testis*, 3 ; — decanus Beati Martini Turonensis, *testis*, 9 ; — falconarius Hugonis IV, vicecomitis Castriduni, *testis*, 22 ; — filius Raginaldi, majoris de Rothomago, 129 ; — præpositus de Fontanis, *testis*, 12 ; — senescallus, *testis*, 35.
Ogerius, cordubernarius, *testis*, 23.
Ogre (Bartholomeus le), 106.
Oquis (Archembaudus de), *testis*, 27 ; — (Harduinus de), avunculus Bernardi Decani, 37 ; — (Laurentius de), 177.
Orgeriis (Guillelmus de), 102 ; — (Hadeburgis de), filia Guillelmi, uxor Odonis de Custura, 102 ; — (Jaquelinus de), filius Guillelmi, 102 ; — (Odo de), filius Guillelmi, 102 ; — (Petrus de), filius Guillelmi, 102.
Orléans (François d'), comte de Dunois, 80.
Orrevilla (Beatrix de), filia Raginaldi, 69 ; — (Gaufridus de), frater Raginaldi, 77 ; — (Guillelmus de), filius Raginaldi, 69 ; — (Ledgardis de), filia Raginaldi, uxor Goherii de Lanneriaco, 69, 77 ; — (Raginaldus de), 69 ; — (Raginaldus de), filius Raginaldi, 69, 77.

Paganus, canonicus Carnotensis, *testis*, 12 ; — famulus archiepiscopi Turonensis, *testis*, 7 ; — filius Hugonis IV, vicecomitis Castriduni, 30 ; — pincerna, *testis*, 25.
Paganus (Hubertus), filius Gaufridi II, vicecomitis Castriduni, *testis*, 11 ; — (Raginaldus), 197.
Pannart (Johannes), 101.
Papilio (Petrus), *testis*, 38, 45.
Pataico (Hugo de), *testis*, 23 ; — (Raginaldus), 11.
Patericus, sacerdos de Lamenai, *testis*, 25.

PATRIS (Geoffroy), 212.
PATRON (Herricus), 137, 172, 173 ; — (Petrus), 87.
PAUVERT (Johannes), 148.
PEIRIER (Johannes), 177.
PETRONILLA, mater Philippæ, uxoris Ricardi Harenc, 87 ; — uxor 1º Philippi Tuebof, 2º Stephani de Mesrachon, 122 ; — uxor Roberti de Brolio, 119 ; — uxor Roberti de Mesio, 63 ; — uxor Roberti Tiherii, 203.
PETRUS, capellanus, 30 ; — cardinalis, apostolicæ sedis legatus, 32, 33, 42 ; — filius Raginaldi, majoris de Rothomago, 129, 143 ; — piscator, 121.
PHILIPPA, uxor Ricardi Harenc, 87.
PHILIPPUS, filius Gaufridi IV, vicecomitis Castriduni, 39 ; — filius Gaufridi, vicedomini Carnotensis, 146, 172, 173 ; — filius Theobaldi V, comitis Blesensis, 36, 80 ; — presbiter Fontenellæ, 197.
PHILOMÈNE (Guillaume), 103.
PICHART (Gaufridus), 167.
PICQUOIS (Guillelmus), 111.
PIERRE, comte d'Alençon, 210.
PINEL (Bricius), frater Gaufridi, 47 ; — (Gaufridus), 47.
PISZAT (Odo), testis, 7.
PONCIACO (Johannes de), 30 ; — (Paganus de), testis, 44.
PONTE (Jodoinus de), 215 ; — (Johannes de), filius Stephani, 106, 108, 124 ; — (Laurentius de), 106 ; — (Radulphus de), 106 ; — (Stephanus de), 106, 124, 128, 150, 170, 172, 173.
PONTE-BELOCIER (Garinus de), filius Gaufridi, 188 ; — (Gaufridus de), dictus *Nepos*, 188 ; — (Laurentia de), filia Philippi, 188 ; — (Philippus de), frater Gaufridi, 188 ; — (Ricardus de), filius Philippi, 188.
PORCHERONVILLA (Gaufridus de), 173.
PORCIAU (Bernardus), 123 ; — (Henricus), 143.
POTARDUS (Aubertus), testis, 24 ; — (Petrus), 74.
POTET (Colin), 97, 133 ; — (Robert), frère de Colin, 97.
PRANPINCHON (Jean), 212 ; — (Pierre), 212.
PRAXEDIS, uxor Johannis de Marboeto, 91, 97.
PRECOR (Bartholomeus), testis, 48.
PUGIER (Guillaume), 76.
PUISATO (Ebrardus de), 17, testis, 23 ; — (Henricus de), testis, 36.

RABELLUS (Raginaldus), 155, 160, 173 ; — (Stephanus), 23, testis, 57 ; — (Theobaldus), 173.

RADULPHUS, capellanus Theobaldi IV, comitis Blesensis, *testis*, 11; — carpentarius, *testis*, 25; — filius Julianæ de Guerchia, 62, 125; — monachus. 70.

RAFIN (Macé), 212.

RAGINALDUS, abbas de Sancto-Karileffo, *testis*, 52; — archipresbiter Aurelianensis, 53; — (de Mouçon), episcopus Carnotensis, 87; — famulus abbatis Tironensis, *testis*, 7; — famulus Fulcherii, abbatis Beatæ Mariæ Magdalenæ, *testis*, 22; — filius Engelbaldi, *testis*, 3; — major de Rothomago, 56, 78, 129, 130; — notarius papæ, 42; — præpositus Capellæ, *testis*, 52; — præpositus Castriduni, 98; — præpositus de Monte-Duplici, *testis*, 52; — prior de Choa, *testis*, 44.

RAHERIUS, *testis*, 2; — archidiaconus Carnotensis, 25; — cordubernarius, 172, 173; — sacerdos, *testis*, 44.

RAINVILLE (Thibaut de la), 190.

RASPE (Guillelmus), 117; — (Hugo), frater Guillelmi, 117.

RASSE (Fleurie la), 173.

RASTEL (Robertus), *testis*, 22, 23; — (Theobaldus), 46.

REMIGIUS, panetarius regis, 136.

REMIS (Simon de), 73.

RICARDUS le guesderon, 124.

RICHERIUS, cantor Carnotensis, *testis*, 32; — sacerdos Sancti-Medardi, *testis*, 80.

RIDERETO (Radulphus de), 125.

RIPARIA (Hugo de), 120; — (Juliana de), filia Petri, neptis Guillelmi de Brissaco, 151; — (Petrus de), 62, 125, 142, 151.

ROBERTUS, abbas Beatæ Mariæ Magdalenæ, 194, 204; — abbas Vindocinensis, *testis*, 17; — archidiaconus Blesensis, *testis*, 32; — canonicus Carnotensis, *testis*, 8; — canonicus Beati Martini Turonensis, 9; — capellanus Gaufridi, episcopi Carnotensis, *testis*, 9; — capellanus Hugonis IV, vicecomitis Castriduni, *testis*, 23; — decanus Castriduni, 127; — episcopus Carnotensis, 28; — monachus Bonevallis, *testis*, 9; — presbiter, *testis*, 7; — presbiter de Sancto-Florentino, *testis*, 23; — prior de Brueria, *testis*, 57.

ROEIN (Bartholomeus), 166.

ROGERIUS, famulus abbatis Tironensis, *testis*, 7; — prior de Calvaleria, *testis*, 48, 49.

ROLANDUS, cardinalis et cancellarius, 26.

ROSEL (Odo), *testis*, 47.

ROSSIGNOL (Guillelmus), presbiter, 194.

RUBEO-MONTE (Johannes de), 138, 144 ; — (Philippus de), 144, 165.
RUCHEVILLA (Isabella de), uxor Mauricii de Turchepot, 115 ; — (Robertus de), 115.
RUFUS (Fulcoius), 23 ; — (Johannes), 172, 173 ; — (Matheus), *testis*, 11.
RUPEFORTI (Simon de), dominus de Puisato, 102, 120.

SABELLA (Gauterius), *testis*, 23.
SACCUS (Lambertus), *testis*, 11.
SAGIO (Guillelmus de), clericus, 70.
SALMON (Gaufridus), 180.
SALVAGIUS (Bernardus), *testis*, 9.
SALVUS (Stephanus), famulus Gaufridi IV, vicecomitis Castriduni, *testis*, 47, 49.
SANCIO, major Beatæ Mariæ Magdalenæ, 51, 81, 94, 123.
SANCTO-AMANDO (Gaufridus de), 116.
SANCTO-AVITO (Agnes de), 123 ; — (Gaufridus de), 98 ; — (Hubertus de), 133, 162 ; — (Joscelinus de), 181 ; — (Raginaldus de), 209.
SANCTO-ILARIO (Thomas de), 23.
SANCTO-LAZARO (Nicolaus de), *testis*, 80.
SANCTO-MARTINO (Guillelmus de), 65.
SANCTO-MEDARDO (Guillelmus de), *testis*, 44.
SANCTO-PETRO (Odo de), 123.
SAVARI (Nicolaus), *testis*, 57.
SCOLIS (Girardus de), 23.
SEDILIA, uxor Gaufridi de Arroto, 56.
SEGUINUS, abbas Beatæ Mariæ Magdalenæ, 37, 41, 42, *testis*, 44.
SERVIENS-IN-BONUM (Gaufridus), 76.
SIRARDI (Odo), 23.
SOLIO (Raginaldus de), *testis*, 9.
SOLOMIS (Brito de), *testis*, 27, 48.
STEPHANUS, capellanus, *testis*, 24, 25 ; — cognatus Roscelini de Memberolis, *testis*, 25 ; — decanus Dunensis, 89 ; — famulus Henrici, abbatis Tironensis, *testis*, 52 ; — prior Beatæ Mariæ Magdalenæ, *testis*, 22, 25 ; — situlari, 166.

TELLEIO (Cophinus de), 23.
TESART (Guillelmus), 123.
TESTART (Raimundus), clericus, 95.
TEUDO, frater Herberti, *testis*, 2.
THEOBALDUS, cancellarius Ludovici, comitis Blesensis, 43, 46, 80 ; — comes Carnotensis, *testis*, 1 ; — IV, comes Blesensis, 11, 13, 26,

31, 33, 80 ; — V, comes Blesensis, 11, 33, 36, 37 ; — VI, filius Ludovici, comes Carnotensis, 73, 80 ; — magister, *testis*, 23 ; — miles de Camarcio, *testis*, 23.

THEODERICUS, episcopus Carnotensis, 3.
THIROUX (N.), seigneur de Langey, 109.
THOMAS, archidiaconus Dunensis, 66 ; — prior de Insula, *testis*, 45.
TIBERII (Robertus), 203.
TOCHIS (Johannes de), 62, 125.
TORCHEFEU (Gaufridus), 157.
TOUZTEMPS, regratarius, 196.
TROO (Amaury de), 30.
TROSSELLUS, præpositus Castriduni, *testis*, 11, 23.
TROUSSEAU (Hugo), 123.
TUEBOF (Philippus), 122, 166.
TUFFIER (Louis), seigneur des Chauvelières, 37.
TURCHEPOT (Mauricius de), 115.

ULRICUS, canonicus Beatæ Mariæ Magdalenæ, *testis*, 38.

VALERIIS (Garnerius de), *testis*, 24 ; — (Hugo de), *testis*, 35.
VALLE (Guillelmus de), 77 ; — (Michael de), frater Guillelmi, 77.
VALLENVILLA (Mathildis de), 76.
VALOGIER (Robert de), 97.
VARANDAI (Gaufridus), 136 ; — (Radulphus), canonicus Beatæ Mariæ Magdalenæ, 164.
VAVASSEUR (Geoffroy le), seigneur d'Éguilly, 11.
VEISINES (Odelina de), filia Pagani, uxor Herrici Patron, 137 ; — (Paganus de), 137.
VERRIÈRES (Guillaume de), 177.
VETERI-VICO (Herbertus de), canonicus Carnotensis, *testis*, 32.
VETUS-AURIS (Michael), 123.
VICO-VASSALORUM (Goscelinus de), 10.
VIEIL (Robertus le), 166.
VILLAMELLI (Adelicia de), soror Hueti, 171 ; — (Gaufridus de), frater Hueti, 171 ; — (Herveus de), frater Hueti, 171 ; — (Huetus de), 171.
VILLANUS, armiger Hugonis IV, vicecomitis Castriduni, *testis*, 22.
VILLAVESSON (Herveus de), *testis*, 35.
VILLEHERMOI (Agatha de), filia Guillelmi, 141 ; — (Agnes de), filia Guillelmi, 141 ; — (Guillelmus de), 141 ; — (Guillelmus de), filius Guillelmi, 141 ; — (Philippus de), 166, 173 ; — (Stephanus de), filius Guillelmi, 141.

VILLERBALAI (Matheus de), canonicus Beatæ Mariæ Magdalenæ, 69.
VILLERBETON (Petrus de), *testis*, 43, 80.
VILLERPIUM (Aubertus de), 167 ; — (Herveus de), 167 ; — (Petrus de), 120, 167.
VILLERS (Radulphus de), 121.
VILLEVUI (Agnes de), filia Nicolai, 74 ; — (Aubertus de), filius Nicolai, 74, 84 ; — (Gauterius de), filius Nicolai, 74 ; — (Nicolaus de), 74 ; — (Petrus de), filius Nicolai, 74 ; — (Umbaudus de), filius Nicolai, 74.
VILLICUS (Guillelmus), 30 ; — (Matheus), frater Roberti, 30 ; — (Odo), frater Roberti, 30 ; — (Robertus), 30, *testis*, 44, 48, 49.
VILLOUZIER (Gillot de), 183 ; — (Philippe de), fils de Gillot, 183.
VINCENTIUS, cutellarius, 160.
VINDOCINO (Adelais de), filia Fulcherii, uxor Rogerii de Insula, 38 ; — (Adelais de), filia Bartholomei, uxor Gosberti de Boscheto, 27, 39 ; — (Bartholomeus de), alias *Dives*, 27, 38, 40 ; — (Engelbaudus de), frater Bartholomei, archiepiscopus Turonensis, 27 ; — (Fulcherius de), 38 ; — (Maria de), uxor Gaufridi de Lavarzino, 27, 40 ; — (Vulgrinus de), frater Bartholomei, 27.

XANTONENSIS (Petrus), *testis*, 9.

ACHEVÉ D'IMPRIMER

le 1ᵉʳ août 1896

POUR LA SOCIÉTÉ DUNOISE

par la

SOCIÉTÉ TYPOGRAPHIQUE

DE CHATEAUDUN

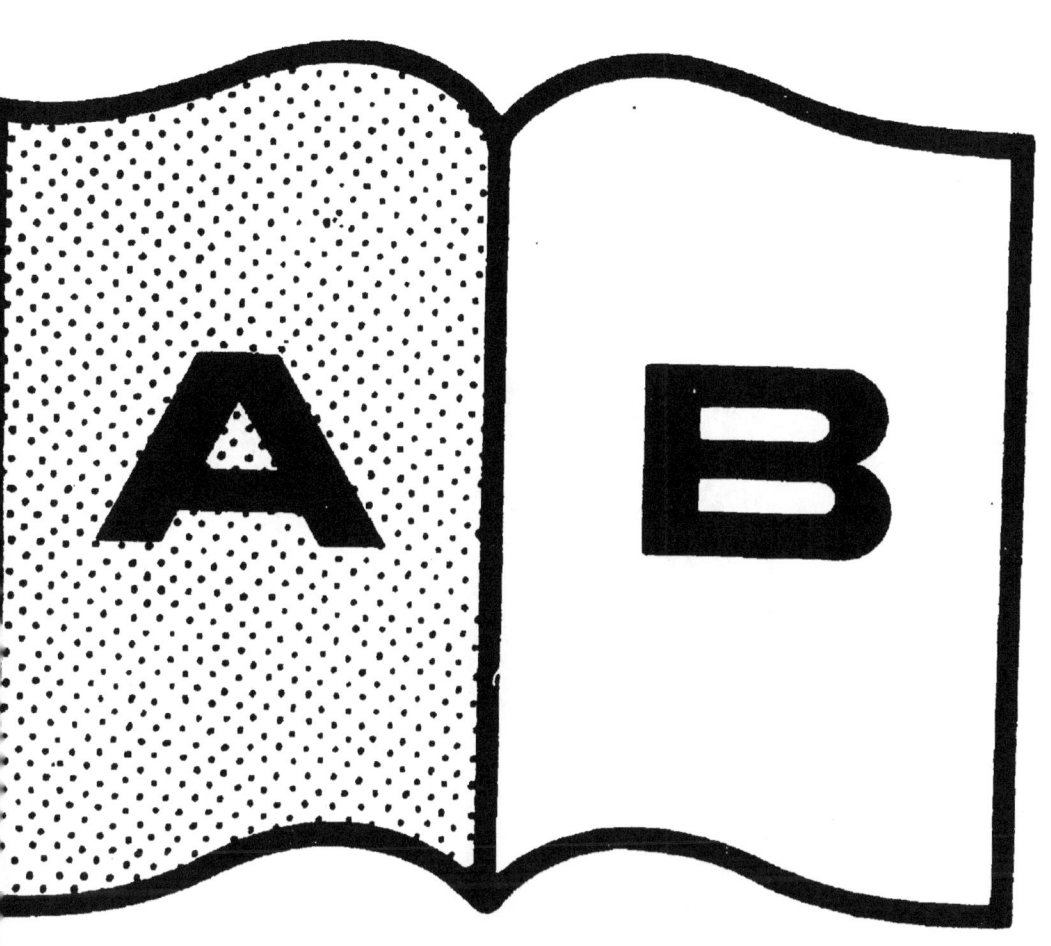

Contraste insuffisant

**NF Z** 43-120-14

www.ingramcontent.com/pod-product-compliance
Lightning Source LLC
Chambersburg PA
CBHW060508170426
43199CB00011B/1365